U0049827

人際溝通

Interpersonal Communication

Sarah Trenholm ： Arthur Jensen／著

黃囇莉 校閱

李燕 李浦群 譯

Interpersonal Communication

Chinese edition copyright © 1995
by Yang-Chih Book Co., Ltd.
for sales in Worldwide.

ISBN 957−9272−18−2

Printed in Taiwan, Republic of China

前言

一、致教師

　　《人際溝通》第一版在讀者中獲得了良好的迴響，我們深感榮幸。同時亦有不少評論家建議我們修訂再版。他們的建議包括了幾個新的特點：

- ·新增加一章專門探討跨文化溝通
- ·於各章後面附加一節理解練習
- ·對某些章節進行修改和重組，並按我們認為更好的順序重排各章節

　　雖然如此，我們的目標仍未改變。我們希望鼓勵學生透過現象觀察事物，質疑「常識」，思考判斷我們是如何進行溝通及建立人際關係的。我們相信，這種努力將增進他們對人際關係的理解，提高他們與各種人有效溝通的能力。在此期望「修訂版」能為實現上述目標做好引導。

　　全書依舊分為三個部分。第一部分介紹言語溝通。其中(第 1 章)對溝通做出了界定，討論其重要性，並探討擅長溝通者應具備的素質。對已熟悉我們早先提出的溝通能力模式的讀者來講，修改後的模式包含五個主要元素(認知、角色、自我、目標以及訊息能力)。第二部分主要探討這個模式。(第 2 章)詳細地集中探討人際溝通，說明建立人際關係的涵義。

　　第二部分考察溝通能力背後的基本過程。(第 3 章)探討認知與成功溝通之間的關係。該章補充了一些新材料，並做了適當調整，使之顯得更加流暢。(第 4 章)和(第 5 章)集中討論社會和個人認同是如何形成的，以及它們對人際溝通的影響。(第 5 章)進行了徹底修改，清晰地表明溝通在塑造個人認同方面的作用。(第 6 章)是對第一版(第 9 章)的修改，集中討論人們如何以能勝任的形式利用人際影響過程實現目標。調整各章位置是為

了適應新修改的能力模式，實現上述目標。實際上就是要培養一種溝通能力，它既不同於角色扮演，也有別於預期自我形象的簡單呈現。非語言符碼和語言符碼是(第 7 章)和(第 8 章)的主題，而(第 9 章)則考察人們運用這些符碼互相傳遞關係訊息的方式。

第三部分說明多種背景下的溝通原則。(第 10 章)探討家庭中的人際溝通。經過修改，(第 10 章)更多地探討了夫妻間、父母與子女間以及兄弟姐妹間的溝通。原先論述親密關係的(第 11 章)，又融會了許多溝通策略的新研究，比如人們如何利用溝通策略測試人際關係的力度，並不斷增強親密程度。(第 12 章)考察職業的角色定向關係——人們對這些人際關係類型習以為常，認為它們不是「個人的」關係，所以並不加以重視。全新的(第 13 章)探索跨文化關係的本質，特別要探討性別間、種族間關係的本質。

讀過第一版的讀者也許會吃驚地發現，原來論述衝突處理和傾聽的(第 13 章)未被列入新版的目錄。不必擔心，原來的材料並未取消，而是被分散到更合適的位置。新版在(第 3 章)的結尾，就談到了傾聽，在這裡傾聽被設想為一種認知的技能。圍繞衝突處理的各種問題現在被包含在(第 11 章)當中(親密關係)，而商談策略則成為(第 12 章)的組成部分(社團關係)。我們認為，這種安排可促使學生在具體關係背景下思考衝突處理的技巧，而不是泛泛地考慮針對任一關係或所有關係的總體策略。

書中還附有不少參考資料。這些資料分別選自人類學、生態學、歷史學、心理學、教育學、語言學和流行文化等等，表明溝通發生在許多不同的背景下，其中包含許多關於溝通原則有趣而鮮為人知的應用實例。選用這些材料，不僅因為我們認為它們饒有趣味，而且因為它們為進一步的閱讀和研究提供了資料來源。

每章最後都有一些新特點。最突出的是專門為技能培養附加的一節(〈技能訓練〉)。每章都選出一個相關的溝通技能，描述提高這種技能的原則、步驟及必須的子技能。技能培養提供了把相應章節內容付諸實踐的實際方法。這些技能包括傾聽、克服漫不經心、自我暴露、果斷溝通、表達情感、開始談話、表示同感、安慰他人、處理衝突和壓力、商談以及增強文化敏感性等等。各章後面還有一節〈實踐過程〉，這部分包括：討論題(問題討論)、觀察指南(課外觀察指南)及練習(課堂練習)，目的是為了進一步幫助學生提高技能。

二、致學生

我們希冀,閱讀本書會打開你在溝通這個新領域的視野。雖然你一生都在溝通,但你可能從未真正認識它。大多數人根本不去抽時間觀察和分析熟悉的日常活動。當觀察或分析這些活動時,他們常常會發現,原來日常活動具有如此令人驚奇的豐富性和複雜性。我們相信,讀完此書,你決不會再輕率地認為溝通是乏味或無趣的。你將掌握觀察溝通背景的方法,屆時你的溝通能力也會相對的增強。

三、致謝

我們感謝向我們提出建議,幫助我們改進和充實本書的朋友。他們對本書的貢獻是無法估量的。我們要感謝南弗羅里達大學的肯尼思・錫斯納、印第安大學的里查德・K・柯蒂斯,波士頓大學的馬里蘭・魯特,邁阿密大學(俄亥俄)的羅賓・J・特納-馬修斯,弗羅里達大學的林恩・韋布,中部密蘇里州立大學的傑瑞・L・溫色,尤其要感謝波士頓大學的布倫特・R・布萊森,從第一版的草稿起,他就一直為本書作出了極大的幫助和出色的評論。他希望此書成功的決心是無與倫比的。儘管新版沒有採納他的全部建議,我們仍受惠於他。書茲沃斯出版社的編輯佩吉・蘭德爾和克賴斯蒂・克勒金對我們的鼓勵,以及對本書既要具有學術性又要富有文采的要求都值得我們大加讚賞。另外,我們還要感謝艾撒卡學院和希拉庫斯大學的學生和同事對我們的啟發和支持。

Sarah Trenholm

Arthur Jensen

目錄

SECOND EDITION

Interpersonal Communication

SARAH TRENHOLM
Ithaca College

ARTHUR JENSEN
Syracuse University

Wadsworth Publishing Company
Belmont, California
A Division of Wadsworth, Inc.

1

Introductory Perspectives

Chapter 1

導論
——溝通與能力

In attempting to understand our world, we often look outward toward the remote and the exotic. Everyday processes, however, are equally fascinating and complex. We can discover worlds in our own behavior.

現在，我不僅不否認，而且也不懷疑，溝通之謎應該被揭開。溝通這種人際間的互動是非常強大——這倒不是由於訊息有內容，而是在於訊息實際上能夠被接收。它告訴人類「我們在宇宙中不是孤獨的」。我認為，這本身就證明尋求外星人的任何探索都具有合理性。①

——W. H. 麥克內爾

僅僅在幾年前，認為人類有朝一日將與外星人進行溝通的觀點還顯得幼稚可笑。相信這種溝通可能的人，往好的來說被認為是誤入迷途；往壞的來說，則簡直被視為精神病患者。然而，如今一些具有相當權威的天體物理學家正在認真地對待這個觀點。他們相信，有朝一日與外星人溝通是可能的。②

試著站在這些科學家的位置上思考一下這個問題。設想你將要與外星人接觸。記住你將碰到外星人(如果他們確實存在的話)沒有給你他們的地址。你所知道的一切不過是，他們生活在離我們成百上千光年之外的茫茫宇宙之中。即使你接觸成功了，你仍必須設計一種可理解的訊息。儘管像《外星人》(*E.T.*)和《第三類接觸》(*Close Encounters of the Third Kind*)等科幻電影，都描繪了不少外星人的情況，但實際上，外星人的反應方式(甚至面貌)，都不可能像我們曾見過的任何有機體那樣。他們能夠理解人類語言(更不用說英語)的可能性微乎其微。你怎麼能確信外星人將理解你的溝通？你又怎麼能夠認識他們的溝通？如果你已接觸到他們的訊息却無法識別，那會怎樣呢？

面對所有這些問題，唯一的選擇就是做我們溝通時所做的一切：求助猜測和信仰。一開始，假設外星人有和我們進行合作的溝通的要求，接著試著猜測外星人的形象，他們如何看待世界，以尋求一個據以建立聯繫的共同點。然後，你就只需等待和希望。

當然，本書的主題不是講**星際溝通**(interstellar communication)，而是講更習以為常的人類溝通：人類在日常的生活中是如何溝通的。儘管如此，我們還是相信，不尋常的例子有助於我們以新的方法看待平凡的事物。③

稍加思考就會發現，地球上的溝通與**銀河間溝通**(intergalactic com-

為擺脫孤獨與別人建立關係是人們進行溝通的一個基本原因 。

munication)之間存在一些有趣的相似點。首先，在兩種情形下，都必須拒絕「溝通的沙文主義」，即認為別人的思考和行為都應跟我們一樣。而實際上，溝通需建立在對差異的敏感以及對建立共同領域的真正需要上。第二，希望溝通的人必須學會「說同一種語言」；溝通雙方必須花費時間克服困難以達到互相調適。溝通的必要條件是合作和協調，無論是與另一條街上的鄰居進行溝通或是與外星人進行溝通。

我們常常認為 **人際溝通** (interpersonal communication)是理所當然的事，忽視其令人迷惑的實際過程。本書的目的就是幫助人們以新的眼光看待人際溝通。雖然它不如星際溝通那樣奇異，但它仍是複雜而迷人的。我們希望等你讀完此書會對人際溝通有一個更好的理解。

我們生活在一個構成的現實世界中。

考慮這個凶猛的武士：

對我們來講這個形象只不過是一個稀奇的工藝品，

而對 13 世紀的日本人而言，其涵義是完全不同的。

什麼是溝通

關於「溝通」的著述雖已歷經兩千五百多年的歷史，④但至今對如何定義它仍是眾說紛紜。這一節首先考察一些關於**人類溝通**(human communication)的定義，然後提出我們的定義，並對其涵義進行闡釋。

人類溝通的定義

弗蘭克·譚斯(*Frank Dance*)和卡爾·拉森(*Carl Larson*)在1973年考察了關於溝通的種種定義。⑤他們共找到126種定義。從那以後，更多的定義又相繼提出。顯然，像溝通這樣複雜的過程是難以總結和界定的。每個認真思考過溝通的人都會提出一個不同的見解。觀察一個過程有多種有效方式，而每種方式都能提出一個不同的識見。

下面提出一些定義供你思考，不過，在此之前，請先寫下你自己對於溝通的看法。然後把你的定義與下列定義作一比較。看看哪一個與你對溝通的理解最相近。更重要的是，問問自己為什麼。

- 定義1：溝通是有機體對刺激的識辨性反應。⑥
- 定義2：溝通是一種追問意義的努力，是人的創造性行為，在這種行為中人希望識別和組織各種暗示，從而在所處環境中定位自我並且滿足自己不斷變化的需要。⑦
- 定義3：**口語溝通**(speech communication)是人類了解世界的意義並與他人分享意義的過程。⑧
- 定義4：溝通：利用符號傳遞資訊、觀點、情感、技能等。⑨
- 定義5：溝通是訊息源透過某種管道把訊息傳送給接收者的過程。

定義的目的是為了判定界限以便集中人們的注意力。定義要求人注意過程的某些部分而忽略其他部分。評價一個定義，要問的問題不是「它是正確還是錯誤的？」而是「它是不是研究的有益指南？」上述每個定義都劃出了不同的界限。

（定義1）非常廣泛。根據這個定義，任何生物有機體的任何反應都算

傳播。植物尋覓陽光，獵物發覺食肉動物，人閱讀一本書……都是溝通的例子。不僅如此，該定義不把重點集中在溝通中接受者的角色，而對訊號傳送者幾乎不予注意。相對而言，（定義2）就比較狹窄，它主要專注於人類溝通並強調溝通的原因。（定義3）增加了一個共同概念。根據（定義3），溝通不啻是資訊處理過程；而且也是資訊向他人的傳送過程。（定義4）也論及傳送，而且附加了進一步的限制：人創造的訊息是由符號構成的。（定義5）重點強調訊息傳送的方式，並且提出溝通發起者就是訊息的輸出者。每個定義都談到溝通過程的一定內容，但也都有所侷限。每個定義都考察了溝通過程的某個不同方面。人們可能選擇這個定義不選擇那個，但這並不說明某個定義必然正確而另一個則是錯誤的。相反的，不同的定義對不同的目的各有益處。下面我們也提出一個定義，它不一定更接近溝通的真實情況，但賦予我們一個更具社會性的觀點，並且它強調互動具有創造性。我們認為，這個定義尤其有助於我們在人際背景下理解溝通。

溝通的特點

我們認為，**溝通**（communication）是人類所共同創造且用以調節社會現實的過程。下面我們分述定義的各個部分，以便理解整個定義。

溝通是一種過程

任何物體或活動既可視為事物，也可看作**過程**（process）。事物是靜態，不言的。過程則是動態的，無始無終，不斷變化的。溝通是一個過程而非一個事物。

溝通過程猶如一條河流：活躍、連綿不斷，流動不息，每時每刻都處在變化之中，分析從河流中提取的一桶水並不能理解整條河流。溝通的情況亦復如此。單個句子、詞語或姿態只有作為事件之流動的組成部分才有意義。要想理解溝通，必須考察我們的言行與別人之間是如何聯繫的。因此必須把溝通看成一個流動的過程。

溝通是人類所特有的

溝通這個詞一直被用來描述為許多有機體的行為。例如：遺傳學家把蛋白質細胞的成長指令描述為一種溝通。生理學家認為，人體的自我維持和調節是一種溝通。生物學家則視一切動物行為為溝通，包括：鳥的哀鳴，

蜘蛛的求偶方式，暹羅(泰國)鬥魚的相互威脅，以及猿和狒狒的遊戲行為等等。⑩

不過，我們感興趣的是人類的溝通。我們認為，人類溝通的方式是獨特且強有力的。它與其他動物的溝通截然不同。雖然近來有人一直在嘗試著教大猩猩使用人類溝通的符碼，但研究的結果迄今尚無定論。(**專欄 1.1**)概括了這方面的一些研究情況。

差不多人人都會認為，只有人才自然而自發地使用語言，語言賦予人類所有其他動物都不具有的靈活性和創造性，當然，誠如阿道斯‧赫胥黎(*Aldous Huxley*)指出，這種能力並非總是對我們有利：

> 「好也罷壞也罷，語言使我們成為現實的人類。除去語言，我們將如猴狗一般。擁有了語言，我們才是既會犯罪又同樣能為善的男人和女人，才能超越任何動物的侷限取得智力成就，但同時也出現夢想不到的愚蠢和笨拙。」⑪

溝通是一種集體活動

一切語言都要有社會公認的意義。這就是我們定義的另一部分涵義：溝通是集體性的。人類社會與人類溝通之間的關係是循環的，兩者缺一不可，互為依存。社會成員的整體協調行動能力支撐著社會，沒有溝通，這是不可能的。另一方面，溝通促進了社會合作，至少要有兩個人共同參與創造意義的活動，人際溝通才能發生。

朱斯特‧米羅(*Joost Meerloo*)指出，溝通這個字，源於 munia 意思是服務，它意味著：「互助、交換和隸屬同一社會人們之間的互動。」⑫在古代，社會成員被免去公共服務叫作**被豁免**(immunity)。如果某人犯了十惡不赦之罪，認為他(或她)不再適合與社會中的其他人共事，就被置於**溝通之外**(excommunicated)。米羅解釋說，「溝通概念一出現，就強調共享物質、社會和精神財富，社會的互相影響，相互交換以及感情和思想的互相交流。」⑬

溝通是一種創造性的努力

人類溝通的一個直接結果是促成人類的創造性。當我們與別人都同意某事物被談論時，我們就創造了這個事物：我們使它存在。我們同意去談

論的事物(比如：書或電話)在客觀世界中業已存在，有些(比如：真理或正義)則只在語言創造的共同符號世界中存在。但這並不意味著，符號事物對我們不具有強大的影響。

讓我們以魔鬼為例來加以說明。對大多數人來說，該詞幾乎沒有現實性。但對世界上許多地方的許多人而言，魔鬼確有其真實而客觀的存在性。比如在印度尼西亞的巴厘島，魔鬼使人生病；使莊稼毀壞，牲畜死亡甚至火山爆發。為了生存，巴厘人必須討好和哄騙魔鬼。比如：在**寂日**(Day of Silence)，人人都必須「緘默不語，不動地坐一整天，以免碰到從地獄中突然竄出的魔鬼之流。」⑭巴厘人生活在棲居有魔鬼等物的象徵世界當中。

我們比巴厘人高級嗎？我們的世界比巴厘人的世界更具象徵性呢？還是更具真實性？試想，你所知和所信有多少來自直接經驗，又有多少是溝通的結果。你會驚奇地發現，你的實際認識狀況絕大部分是由溝通建立和維持的。

溝通是調節性的

溝通不僅使我們創造周圍世界，而且使我們擁有這個世界。透過溝通，我們能在我們的世界裏活動。從這個意義上講，溝通是調節性的。如果你曾患過嚴重的喉炎，你就會知道不能講話是多麼無助。這就說明溝通與力量存在著密切的關係。

溝通與力量的關係與文明一樣悠久。甚至時至今日語言仍與魔法密切相關。原始人希望利用默背咒語或把敵人的名字寫在紙上，然後燒掉來制服敵人。⑮更複雜的現代人對溝通仍舊持著一些迷信。最常見的一例就是不願談論運氣的好壞。比如：兩個朋友正在準備一次考試，一個說「要是我們考糟了，怎麼辦？」另一個可能回答說，「別這麼說。」現代人仍然保持著殘存的古老信念：即相信談論某事可以使之實現或者使之失敗。

除了迷信以外，溝通是一種有力的行動調節方式。通過溝通，我們可以相互說明、勸阻、激怒、傷害、安慰、娛樂或惹煩。我們甚至還可以用溝通控制自己的行為，說服自己去冒險或在恐懼時自我安慰。總之溝通是調節和控制世界的一種有力方式。

溝通是構成人際親近關係的紐帶,並使活動協調化。
(Paul Gauguin, *Breton Girls Dancing, Pont Aven,* 1888)

總結與涵義

　　所有定義都有各自的涵義。我們定義的溝通是什麼涵義呢？我們至少看到有四種涵義,讀者或許能夠想到更多的涵義。

　　許多我們認為是現實的東西實際上是溝通的產物　這就隱含著:現實不是單一的。相反地,透過溝通每個人都建造起自己的現實。具有不同溝通經驗的人對世界的看法也有所不同。我們決不能全然斷定別人對世界的看法與我們一樣。如果我們經常停下來檢查我們的認知,嘗試以別人的眼光看事物,我們就會驚奇地看到迥然不同的世界。

　　現實是溝通的產物還有另一涵義　即我們經常讓溝通中建立的世界反過來控制我們。巴厘人創造出魔鬼來解釋自然事件,反倒將自己置於這樣的境地,窮其餘生去安撫一個概念(魔鬼)。我們當然也創造出種種魔鬼。例如:我們預期諸如成功、完美和榮譽等事物,而這些觀念能夠主宰我們的生活及各種關係。

個人不是隨心所欲地創造現實 絕大多數人受到所處文化的強烈影響。溝通總是產生於一定文化背景下。忘記這個事實就等於淪為文化的囚徒。戈夫曼(*Erving Goffman*)曾對支配溝通的強有力而未被明確說明的社會規則進行過分析。⑯本書還將談到戈夫曼，不過為了說明問題現在先介紹他的面子概念。

戈夫曼把**面子**(face)定義為一種公認的社會形象，人們展現給他人並得到他人認同的形象。他認為，我們花費大量時間努力使面子既適合於環境又適合於自我形象。與面子不符的溝通在社交中是不能被接受的。對戈夫曼來說，儘管面子可能是個人最鍾愛的東西，但「它恰恰是社會租借給個人的；如果個人舉止行為配不上這個面子，面子就將丟掉。被公認的特徵及其與面子的關係使每個人都成為自己的囚犯。這也是一種根本的社會限制，即是個人都喜歡面對這個單人牢房。」⑰

顯然，許多個人特性的行為也有其文化根源。人人都體驗到獨立與趨從之間的緊張。為了成功地溝通，我們必須趨從社會規則，而且要創造性地活動，就必須經常違犯這些規則。(第2章)將更詳細探討這種緊張。

溝通需要合作 人們不但受到自己文化的影響，而且受到與之溝通的每個人的影響。這就意味著：在人際溝通中重要的是人們共同做什麼，而不是每個人單獨做什麼。貫穿本書，我們將強調人際溝通是相互的行為。要理解各種人際關係就必須注意關係本身，而不是注意關係的某一方。然而遺憾的是多數情況下人們並沒有這麼做。例如：當某一人際關係破裂時，多數人試圖弄清該責備誰。我們可以指責某人，說他(或她)不關心人或以自我為中心；或者我們自責，認為自己要是更坦率些或不那麼自私就好了。而實際情況是，溝通絕不是一個人努力的結果。人際關係要發揮作用，參與雙方都必須力爭成為有能力的溝通者。

溝通能力的本質

溝通並不總是一帆風順的。這可能是研究人際溝通的主要原因之一。如果你與大多數人並無二致，生活中你必也曾碰到溝通問題。你可能碰到過這樣的尷尬處境：想不起來說些什麼。或者你不能清楚地表達自己。也

透過有效的溝通我們建立持久的紐帶
我們將成爲什麼樣的人常常取決於早
期的溝通經驗。
(Jean-François Millet, *The Knitting Lesson*, 1869)

許你無意地侮辱了某人，或者不愼漏說了某件事。假如你曾遇過這類處境，
你就會知道能夠勝任溝通之職是多麼重要。

有能力溝通的意義究竟是什麼呢？**溝通能力**（communicative compe-
tence）是指以從個人來講有效，從社會來講恰當的方式進行溝通的能力。定
義雖然顯得十分簡單，但是能力本身並不簡單，它是一個引起大量研究和
探討的複雜課題。原因之一在於：有能力的溝通包括兩個獨立的層次：**表
層**：它包括可見的能力部分…日常行爲的實際表現。**深層**：它包括爲進行
溝通必須了解的一切內容。人們對表層命名有許多，我們稱之爲 **實踐能力**
（performative competence）。實踐能力表現在人們每次有效而恰當的溝
通行爲當中；深層叫作**處理能力**（process competence），它包括所有認知
活動以及進行恰當溝通的必要知識。

例如：某人對你過分地阿諛奉承，這只是表層現象。他潛在的活動你
是觀察不到的。讚譽別人包括複雜的精神活動。旣要掌握讚譽的時機，弄
清何時合適何時不合適，又要預測接受者的反應是高興還是難堪；還要選
擇聽起來眞誠而又不過分迎合的讚譽之辭。了解如何以優雅而討人喜歡的

方式組織譬辭。所有這一切都屬於處理能力。

溝通能力的模式

溝通能力的模式是多樣化的。有的偏重於執行方面，⑱有的偏重於處理方面，⑲而有的則兼顧二者。⑳(**表1.1**)中的模式主要是一種處理模式，它回答了下列問題：為了進行對個人有效、對社會恰當的溝通，人們必須了解或做些什麼？要想成為有能力的溝通者，必須做好以下五點：

- 賦予周圍世界以意義。
- 策略地建立目標。
- 恰當地承擔社會角色。
- 向世界展現自己受尊重的形象。
- 建立可理解的訊息。

這五種能力與模式的處理能力類型相應。即解釋能力、目標能力、角色能力、自我能力和訊息能力。

這五種能力都是隱含的而非顯明的知識。**隱含知識**(implicit knowledge)是未加思考，無意識地用來指導人們行為的知識。語法知識便是個很好的例子。人們從年幼時起就不僅能以結構合理而有意義的方式表達事物，還能識別並改正所犯的語法錯誤。而大多數小孩(以及大多數成人)並不願意去背誦語法規則。我們在英語課上學習正式語法規則，其目的是為了表達在說話時遵守的隱含規則。

人們需要的關於世界的第一種隱含知識是知覺知識。要溝通就必須能賦予世界意義，必須知道如何去觀察世界。這種能力我們稱之為 **解釋能力** (interpretive competence)。我們還必須能設定溝通目標，預見溝通結果和擬訂計劃，此稱為**目標能力**(goal competence)。接著，我們必須適應別人的需要和期望，必須了解什麼行為是適當的，被預期的，什麼行為是被禁止的。這就涉及到 **角色能力**(role competence)。在學著適應別人的同時，還必須誠實待己。人們必須培養基於自我感的個人風格，這叫作 **自我能力**(self competence)。最後，人們還必須能在實際言語環境中運用所有這些知識。因此，這又需要**訊息能力**(message competence)，即以別人能夠理解的方式表達自己的觀點。然而在上述這些方面中如果缺少處理知

識，那麼表層執行活動將難以成功。雖然下面將分述這些能力類型，但牢記這一點十分重要，即這些能力是相互聯繫，互為依存的。總之，具備了這些能力，我們才能與別人一道進行創造意義的共同活動。

解釋能力

溝通能力模型中的第一個過程是知覺過程。它包括解釋能力——標定、組織和解釋溝通環境的能力。我們生活和溝通的世界充滿著各種各樣的刺激。知覺不是簡單地記錄「在那裏」的每件事，而是一種選擇和解釋。如果企圖注意全部細節，那麼，經驗的負擔就會過重。因此，必須理解重要的資訊。

身處一個完全陌生的環境，你就發覺難以理解感覺的印象。頭一次外出露營，孤獨地躺在帳篷裏，會聽到所有陌生而無法解釋的聲音。老練的露營者能很容易地對這些聲音刺激加以歸類和解釋。新手要認識和標定對象有一定困難，他們難以弄清面臨環境的性質，並且常常陷於手足無措的境地。他們所缺乏的就是解釋能力。

恰當地賦予意義在人際溝通過程中特別重要。因為要想進行有效的溝通，我們必須對所處背景的性質及他人達成一致意見。還必須能確定自己的感受和需要。假如誤解所處環境或交談對象的意思，或者忽略自己的感受，都會使溝通陷入嚴重的困境。

獲得解釋能力可能是困難的。因為不敏感、不用心，或者只看重自己之見解，都可能使人忽視或低估關鍵的資訊。知覺能力有助於我們估計環境和人，對其命名，確定其鮮明的特點，從而不可避免地決定人對它們的態度。這一點做好了，溝通就會有一個堅實的基礎；否則就會出現種種混亂和誤解。

目標能力

溝通能力的第二個必要方面是做計劃。它涉及目標能力：設定目標，預期可能結果，選擇有效行為路線的能力。雖然並非所有溝通都是有意識的，但大量包括**策略性的語言選擇**(strategic verbal choice-making)。為了做出恰當的選擇，溝通者必須了解自己的目標，確定實現目標道路上存在的障礙，並且找到克服這些障礙的行動路線。[21]海員們應對這個程序十分熟悉。我們有位學生向一家大公司推銷百科全書，在培訓時他得到一份設

想顧客拒購意見表。每個意見下面附有針對拒絕意見的勸說句子。

例如：如果顧客買不起一套百科全書，推銷員可以說，「在孩子的教育上花錢就是對未來投資」。假如顧客想要與丈夫（或妻子）商量一下再做決定，推銷員可以問顧客：「難道你丈夫（或妻子）不相信你為了孩子所做出的決定嗎？」倘若顧客指出圖書館有大量書籍可看，比較好的回答是：「是啊！街角有電話亭，但當你想打電話時，你總想用快速而方便的電話，不是嗎？實際上，如果你每次都去外面打電話，那麼許多電話你可能就打不成了。」

公司考慮了各種可能，然後逐一制定出對策性的答覆。受訓者都必須背下「千篇一律的」商品說明。在現實生活中，做計劃要求極大的創造性和想像力。反對意見十分清楚，我們獨立地主張的思路也十分明確，這種情況相當少見。我們必須能夠思考問題。

擁有目標能力同樣不容易。如果不能像別人那樣觀察世界，如果缺乏同感，我們就會陷於麻煩。有些人缺乏選擇能力，他們發現威嚇或勉強只會惹人討厭而自己也無能為力。目標能力幫助人們設定目標，想像別人將如何反應，選擇對個人最有效的訊息。

角色能力

由於溝通是雙方參與的活動，因此不能適應別人的人不會成為有效的溝通者。個人不僅必須學會明確表達自己的目標，而且還必須學習以文化認可的方式達到這些目標。這就是所謂角色能力——進行適當角色行為的能力。

擁有角色能力的人知道在任一情況下自己行為與他人行為的可靠性，即是說，哪些行為是適當的，哪些行為是超越了界限。當出現相互牴觸時，他們知道如何從中做出選擇。具備角色能力的個人力爭保持社會形象。他們還知道如何關心和照顧別人以保持別人的形象。

有角色能力的個人必須認識關於溝通是很少被明確表達的微妙規則，他們必須能夠知道什麼情況違犯了未明確表達的社交規則。如果你想到社會禁止的水域航行，你就必須對任何微小的危險信號保持警覺。

在自己文化背景時，認識社交規則就顯得特別必要。儘管我們多數都努力學習過所屬群體的規範，但要跟與我們有著不同成長背景的人打交

道，我們却常常顯得手足無措。如果一個人從他所處的環境中抽取出來並被拋入另一迥然不同的環境，他就會鬧出許多笑話。「魚兒離水」型喜劇、電影和戲劇中充滿著因缺乏角色能力而逗人發笑的角色，不管是出身勞工階層的女主角突然發覺自己躋身社會上層(《窈窕淑女》My Fair Lady)或者是時間旅行者莫名其妙地停在不同的時代(《回到未來》Back to the Future、《時間機器》The Time Machine)，他們都必須學習新的行為方式。當然我們之所以理解這些角色，是因為我們都企圖去「適應」我們的新角色。

溝通規範是受社會制約的，這一點很容易被人忘却。比如人們往往認為自己的行為方式是唯一可能的方式。本書將舉例說明各種文化均有各自對溝通能力的定義方式，本書最後一章還將專門探討**跨文化溝通**(cross-culture communication)。(**專欄 1.2**)關於溝通行為的說明只是一個導論。它將強調，文化不同，解決人際問題的方式也各異。

自我能力

當然，有能力的溝通不僅僅是要遵守社會規則而已。嚴格遵守每一個禮儀規則的人或完全受社會限定的人只能算是社交機器人。我們稱這類人為仿製品，因為他們缺乏我們多數人賦予高價值的重要特徵——**個體性**(individuality)。我們都是具有獨特思想和感情的個人，我們必須以各自的方式表達這些思想和感情。因此，這就要求另一種重要的溝通能力，即自我能力——選擇並表現一個欲求自我形象的能力。擁有自我能力的個人知道自己的現實形象和欲求形象，並能將自我形象展示給別人。

成長過程中最重要的方面之一就是培養一種個體感和個人的溝通方式。其中重要的是應建立健康的**自我概念**(self-concept)，因為我們對自己的看法與我們向別人展示自己的方式是緊密相關的。如果我們的自我概念包含消極因素即缺乏**自尊**(self-esteem)，我們就可能迴避某些溝通，在溝通時表現出躊躇和怯懦。相反地，如果自我概念是積極的，自尊度高，我們將在各種情況下充滿信心地參與溝通。

訊息能力

不論我們多麼敏感、多麼富有同理心，也不論我們如何成功地設定了目標，遵守了社會規則、表達了我們的個體性，假如我們不能有效地編碼訊息，我們仍不能成為有能力的溝通者。**符碼**（code）一詞可能使人想到發送秘密訊息的特務形象，或者想到摩爾斯電碼的點和劃。這些當然是代碼實例。不過這只是日常語言或非語言行為。符碼是一種符號系統，它是用來讓人熟悉交換有意義訊息的系統。訊息能力是將一般的行為路線轉化為別人能夠理解並且做出反應的具體訊息選擇。

每個人都可以至少支配兩種符碼：語言符碼和非語言符碼。為了有效而恰當地溝通，我們必須掌握這兩者。我們必須知道在適當的時候按恰當的方式說恰如其分的話，同時必須知道如何恰當地行為。

了解詞語的涵義及其聯繫方式，顯然是訊息能力所必須具備的。因為如果缺乏了解溝通，將無法理解精神分裂者以一種奇怪而個性化的方式使用語言，因而脫離了普通日常談話方式，建構了一個無法溝通的私人世界。缺乏詞彙和語法知識的外國人必須依賴基本的符號語言；他們不能傳達複雜的觀點或要求。然而只掌握詞語的意義以及語法還是不夠的。要想真正掌握溝通的訊息能力還必須了解別人對我們的語言和姿態會如何反應。我們必須運用符碼實現目標。

處理與實踐之間的聯繫

良好的溝通活動必須包括上述五種處理能力。但是，知道如何溝通並不保證一言一行都恰當貼切。㉒一個人可以清楚地知道在特定條件下該如何言說但仍不能恰當地溝通。原因是多方面的：個人身心不佳，例如：疲勞或焦慮；各種態度、信仰及價值觀內部有矛盾；缺乏動機；固執不化等。最後，缺乏實踐鍛練也會使溝通活動做作、不自然。

本書提供了一些理解和分析溝通必須的理論知識。下一章將對人際關係做出定義，然後考察我們提出的溝通模式中的五種能力，（第 3 章）考察與溝通相關的認識。（第 4 章）講社會角色的重要性。（第 5 章）研究個體和自我概念的重要性。（第 6 章）講如何利用溝通實現目標。（第 7 章）至（第 9 章）談訊息能力——研究非語言、語言相關訊息是何以形成的。接下來，（第 10 章）至（第 12 章），集中探討在重要溝通背景下如何提高溝通效果。這些

背景包括：家庭互動，朋友間及同事間的溝通。最後以日趨重要的課題：跨文化溝通結束全書。

　　想要成為一個良好的溝通者，首先必須理解幾個基本處理能力，但是還應指出理論並不能涵蓋一切。要想全面掌握溝通能力，必須把理論付諸實踐。為了幫助讀者達到這一點，每章最後都附有一節技能訓練，做為你提高人際溝通技巧的指南。藉助課堂活動和各章後面「實踐過程」的指示，希望讀者能掌握和利用一般溝通方法。

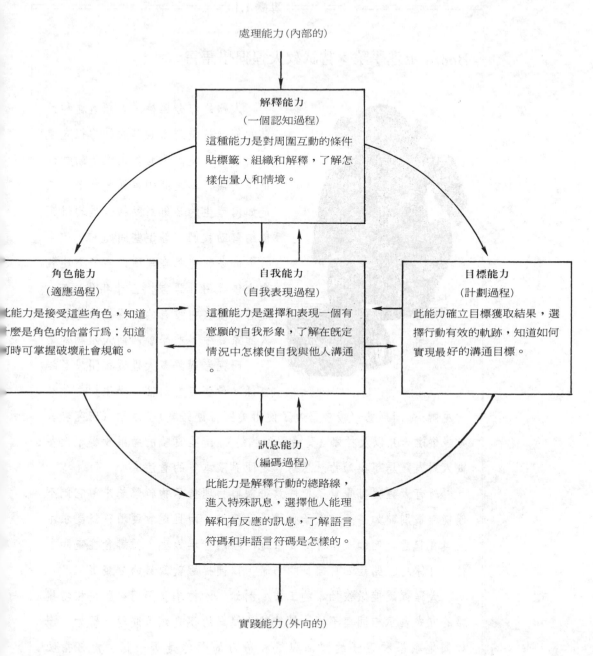

處理能力(內部的)

解釋能力

(一個認知過程)

這種能力是對周圍互動的條件貼標籤、組織和解釋，了解怎樣估量人和情境。

角色能力

(適應過程)

此能力是接受這些角色，知道什麼是角色的恰當行為；知道何時可掌握破壞社會規範。

自我能力

(自我表現過程)

這種能力是選擇和表現一個有意願的自我形象，了解在既定情況中怎樣使自我與他人溝通。

目標能力

(計劃過程)

此能力確立目標獲取結果，選擇行動有效的軌跡，知道如何實現最好的溝通目標。

訊息能力

(編碼過程)

此能力是解釋行動的總路線，進入特殊訊息，選擇他人能理解和有反應的訊息，了解語言符碼和非語言符碼是怎樣的。

實踐能力(外向的)

圖 1.1   人際溝通能力之模式

Bonzo 走進學院：嘗試教大猩猩學語言

人類的部分屬性，人類溝通和行爲的部分特徵是由我們的動物祖先遺傳而來的。這部分有多大呢？動物行爲與人類行爲之間的差異是什麼？它是如何產生的？針對動物行爲的研究能夠幫助我們回答這些問題。

許多研究都在集中探索能不能教會大猩猩用「語言」。五十年代以來，隨著一隻名叫維奇的大猩猩被寄養在人類家庭中，並學會四個人類詞彙之後，研究者對許多大猩猩都開設了語言課。最著名的四個「學生」是華舒和尼姆·奇姆斯基（後者學會了使用美國符號語言）；沙拉（研究者教她操縱磁卡）以及拉娜（受過電腦訓練）。這些實驗的結果改變了大多數人對人類思想與動物「思想」之間界限本質的看法。

所有大猩猩都學會了把任意符號與物理指示物聯繫起來。它們不僅能夠識別諸如香蕉、猴子和腸子等符號，而且還會運用符號要求主人獎賞它們。例如：華舒會要求她的培訓者逗她玩，拉娜會在電腦上打出「休息，開始喝可樂」的句子，以便提醒軟飲料的分發者。

大猩猩還能做較抽象的工作。例如：沙拉學會了用符號按相當複雜的方式表示相同與不同。她能解決簡單的視覺類推問題。譬如；假如問她蘋果和刀子的關係與紙和剪刀的關係是否一樣，她將指明「是」。如果把剪刀換成一碗水，她就會指明「否」。她似乎還能識別

符號所屬的種類。當問她記號「香蕉」是一個名字還是顏色時，她將正確地識別出是名字。同樣她會標出記號「黃色」是一種顏色。

從這些研究成果中可以得到什麼啓示呢？大猩猩能夠認知符號的傳達功能，並以同人類幼兒開始學習語言時十分相似的方式在這些符號和物體間建立簡單的聯繫。但是大猩猩決不會將符號聯結成複雜的「句子」。儘管它們可以使用語言達到直接目標，但它們對用語言談論世界則顯得毫無興趣。它們也沒有幼兒早期形成講故事的能力。

大猩猩沒有表現出創造語言的能力，也不會用語言去指導行動，而兒童則能透過大聲談話指導他們整個活動過程。大猩猩決不會自發地創造它們自己的語言。正如斯蒂芬·沃爾克(Stephen Walker)指出的，「在自然狀態下，我們可以預期人類會談話，但比較之下，儘管人類爲了讓其近親揭示其潛在的語言能力做出不了解的努力，結果却表明「人類語言與動物溝通間的」間斷性是鮮明而嚴酷的。

資料來源：

斯蒂芬·沃爾克著《動物思維》(*Animal Thought*)，倫敦：路特利希與凱根·保羅出版社，1983 年。

辱罵獵物：一種人際溝通的儀式

實際上文化理解指導著人類生活的各個方面。它影響著我們的衣食、住行和語言行為。它告訴我們怎麼交朋友，如何與人為敵，甚至如何做愛。文化理解指明該積聚什麼、尊重什麼人、以及崇拜什麼神。然而，也許正是由於它告訴我們的太多，所以我們才常常意識不到它的影響。研究一下不同文化的風俗能夠提醒我們，我們的行為方式並不是唯一自然而適當的方式。

理查德·李(Richard Lee)曾描述過一種文化的溝通情況。他研究了南非卡拉哈里沙漠地區游牧部落中的康人(The Dobe! Kung)。康人是游牧民族，生活在惡劣嚴酷的環境裡，靠打獵和採集為生。他們建立的許多儀式都是為了適應這種生活方式。其中最有趣的一種儀式是所謂「辱罵獵物」的儀式。

在康人社會，群體成員捕捉到野獸或採集到可食的植物，通常由整個部落分享。為了公平分享食物，尤其是肉食，要花費大量時間和精力。下面這個溝通模式就是其確保分配公平的一種方式。

獵手捕捉到獵物返回之後，嚴格的規範限制著他不能輕易説出打獵的結果。如果沒有人問他打獵的情況，他必須默不作聲地坐在那裡，且必須説他沒有發現什麼有價值的東西。第二天，當他與夥伴一起去取被打死的獵物時，夥伴們不能表現出任何熱情，而且嘴裡還不住地

高聲抱怨路途遙遠獵物骯髒。這時獵手不但不覺受辱，而且還得要隨
聲附和，並對其獵技之差表示歉意。

這種行爲説明了什麼？難道獵手爲成功的獵獲感到自豪不更「自
然」嗎？李告訴我們，這種「嚴肅的玩笑和嘲弄均指向一個目標——消
除獵手可能的自大行爲」。李認爲，「辱罵獵物」是保持平等感的一種
方式。因爲康人依賴公平分享而生存，慷慨不應當表揚而恰恰是理所
當然的。表揚可能導致驕傲自大，從而可能威脅康人的生活方式。一
個名叫土馬卒的康人説：「一個年輕人要是獵獲許多獵物，他逐漸會
認爲自己是主人或大人物，而認爲我們是他的僕人和下人。我們不能
接受這一點。我們反對任何人以驕傲自居，因爲有朝一日他的驕傲之
心將使他殺死別人。因此，我們總是説他們獵物毫無價值。我們用這
種方式平息他的自傲之心，使之保持慷慨善良。」

我們大多數人都認爲，這是一種奇怪的行爲方式。人應當爲其成
功而自豪，應當對別人的慷慨之舉表示感激。可是還應考慮一下「感
激」、「成功」、「慷慨」這些概念對社交的影響。比如它們是如何影響
我們與他人的關係的？對此的回答將使你更清楚地看到，表面上瑣碎
而單純的溝通模式是與更大的社會問題密切相關的。

資料來源：

理查德·李（Richard B. Lee）《康人部落》（*The Dobe! Kung*），紐約：霍爾特，
來因哈德與溫斯頓公司，1984 年。

技能訓練：掌握一種過程觀

按照行文的順序，我們本該考察提高具體技能，如：傾聽、輸出和接收回饋，更具斷定性等的方法。不過現在，我們還想對技能訓練總體上說幾句話。改善溝通的重要一步，是學著掌握所謂一種**過程觀**(process perspective)，即意識到溝通時正在發生什麼，開始認識到在日常溝通活動中是如何將溝通之潛在過程表現出來的。人們在大多數溝通中都不介意。他們只忙於考慮正在說和做(溝通的內容)什麼，以致於無法顧及他們是如何經歷這個過程的(溝通的形式)。採取過程的觀點就不僅要關注溝通的內容還要顧及溝通的形式，即要靜下心來觀察溝通過程中的自己。

一開始這是很難以去做到的，因為它涉及到了所謂的**双重意識**(double consciousness)的問題。溝通者必須能自然和自發地進行溝通，同時觀察和分析溝通的模式。這就好像要做一個好演員，一方面需投入於戲劇中的一個想像世界，重演劇本角色的言行。另一方面，仍要保持自我意識，注視顯示進退場的燈光變化，記著他們的位置和活動路線，並針對觀眾的反應進行調適。新演員常常難以找到角色投入與拉開距離之間的契合點。

剛開始學口語溝通的學生，必須找到溝通活動與分析活動的平衡點。開頭學生難以使自己進入內容層次，他們還未學會觀察過程。後來，隨著他們對溝通越來越多的了解，就會過於注重分析，不停地分析每一次溝通，以致可能惹怒溝通的對方。不過，只要堅持實踐，學會何時行為何時分析是可能的，這種轉化會變得輕而易舉、自然而然。

開展分析活動的重要性一言難盡。首先，它可使理論學習變得更有趣味性、娛樂性。你將看到本書中的理論跟你與周圍人的實際溝通之間的聯繫。更重要的是培養觀察的能力，使你診斷和改善自己的溝通活動。

實踐過程

討論題

1.本章導論試圖對比外星人溝通與人際溝通。跨文化溝通過程與人際溝通過程是相似的，試想出至少另外五種相似方式。(本書把與外星人溝通作為跨文化的極端形式)

2.給溝通下定義。你的溝通定義中包括什麼行為？排除什麼行為？根據你的定義，一個獨自坐在屋裏想找一個朋友，這是不是溝通？羞愧難堪是不是溝通？如果你變成啞巴，你想傳達的訊息被歪曲，溝通還會發生嗎？溝通是否必須包括兩個人？是否必須是有意識的？是否必須成功？

3.本章指出，人們在溝通中建構的現實常常反過來控制他們。例如：巴厘人的魔鬼崇拜。你能否想出我們文化中控制人們生活的語詞或概念？並討論之。

4.戈夫曼主張，我們的許多行為，包括溝通是由於社會要求而產生的。你認為自己受社會規則和角色支配的程度如何？你有多大的自由？

5.知覺是一個複雜的過程，它不僅包括解釋環境和事件中正發生的情況，而且包括解釋別人的情況，以及我們自己之所思所感。至少想出 3 個例子，說明知覺問題將導致溝通失敗。

6.討論角色能力與目標能力之間的關係。兩者可否單獨存在？如果一個人只具角色能力而無目標能力，將會怎樣？反過來，只具目標能力而無角色能力可能嗎？

7.設想一個外星來客向你徵求意見，尋問如何在你所在學院或大學學習生活。撿一個簡單的活動，例如：上一小時的課，在體操館鍛練，或外出吃比薩。從觀察上看，外星人為了應付這些情況必須做些什麼？他必須掌握什麼樣的社會角色？他需要何種計劃和策略？他必須遵守什麼言語和非言語規則才能擁有溝通的能力？

8.你是否碰到過由於自己無法有效地掌握語言而引起人際溝通問題的情況？你是否出現過非言語的失態行為？如果你的經歷不是什麼隱私，把

它告訴同學們。這些情況使你對訊息能力產生何種認識？

9.掌握處理能力不一定導致最佳的溝通活動。處理能力與實際溝通活動之間還存在什麼因素？如何對待這些因素？

10.討論辱罵獵物儀式（**專欄1.2**），你能否想出我們文化中的其他具有社會控制功能的儀式？

觀察指南

1.運用本章提出的溝通能力模式分析最近的一次交談。明確你與談話對方達到的目標、角色及訊息各能力層次。例如：你在估計環境時的成功度如何？你實際上是否認識到交談對象的意圖？你考慮了多少種訊息策略？你對所要求的社會角色是否具有清晰的理解？是否出現言語或非言語誤解？評估你的溝通活動，是否達到你期望的效果。

2.注意一下本學期你修的其他課程。它們在何種程度上使你理解了溝通？列一個表，指出其他課程中至少 15 個與人際溝通相關的論題。選出一個論題，描述它對溝通過程有何說明。例如：你可能在文學課上讀過一篇描述人際關係的短篇小說。你可能在心理學中學習說明溝通的某些方面的理論。詳細描述所學到的內容。

練習

1.成對進行。首先，兩人獨自想出自己了解的最好和最糟的溝通者。然後，兩人互通有無。共同商議出一個表，列出你想出的成功溝通者和失敗溝通者之間至少 10 個區別點。接著讓你的夥伴描述他（或她）所見到的最好或最壞的溝通者，重複上述過程。你們倆的觀點有何差別？你可否把你們兩人的表疊加起來？你強調最多的是什麼？哪些地方需要進一步研究？討論之。

2.採取過程觀意識到人們之間是如何溝通的，意味著找出指示人們之間發生的過程信號。找個夥伴一同去校園的一個公共場所。找一個看上去有趣的人，聚精會神地觀察 10-15 分鐘。在觀察過程中，記錄下他們溝通的過程。兩人的記錄綜合起來。根據你們共同的觀察，列出僅憑觀察能談論的關於人際關係的所有情況。下次上課時，把這個表讓別人看。同時列出一個觀察指南列出一些在溝通中應注意的因素。利用這個觀察指南去觀

察另一群體。隨著你在觀察別人時不斷獲得經驗，你將開始看到愈來愈多的細節。

　　3.模式是對過程的簡化解釋。它能幫助我們理解過程的特點，影響過程的因素，過程的運作方式等等。描述過程的方式是多種多樣的；因而過程的模式也有許多種型式。

A.試著設計一些模式，想出一個你熟悉且比較複雜的過程或對象（一場足球賽，在飯店用餐，中學畢業，第一次約會）。大家一起建構一個關於該過程的模式。假設來自截然不同文化的人即將參觀你們的學院，你正為他們準備材料。你的模式將幫助他們了解在你所處文化中如何言行。你可以進行文字描述，也可以畫出流程、圖解或編寫一本規則手冊，把你的模式講給同學聽。

B.試著建構你自己的溝通模式。

專有名詞

下面是在本章中介紹過的主要概念，順序列出如下：

- 人際溝通　　*interpersonal communication*
- 溝通　　　　*communication*
- 過程　　　　*process*
- 面子　　　　*face*
- 溝通能力　　*communicative competence*
- 實踐能力　　*performative competence*
- 處理能力　　*process competence*
- 隱含知識　　*implicit knowledge*
- 解釋能力　　*interpretive competence*
- 目標能力　　*goal competence*
- 角色能力　　*role competence*
- 自我能力　　*self competence*
- 自我概念　　*self-concept*
- 自尊　　　　*self-esteem*
- 符碼　　　　*code*
- 訊息能力　　*message competence*
- 過程觀　　　*process perspective*

建議讀物

Budd, Richard W., and Brent D. Ruben, eds. *Interdisciplinary Approaches to Human Communication.* Rochelle Park, N. J.: Hayden, 1979. An interesting collection of essays on communication written by scholars from many disciplines. The essays are well chosen and should provide you with new ideas and insights.

Civikly, Jean M. *Contexts of Communication.* New York: Holt, Rinehart & Winston, 1981. Essays that give an overview of the field of speech communication by examining the forms communication takes in a variety of contexts. Easy reading, and useful if you want to get a feel for what is studied in speech communication.

Matson, Floyd W., and Ashley Montagu. *The Human Dialogue: Perspectives on Human Communication.* New York: Free Press, 1967. A compilation of essays from a variety of fields, including works by mathematicians, physicists, psychoanalysts, philosophers, theologians, sociologists, psychologists, novelists, and essayists, Hannah Arendt, Jacques Barzun, Martin Buber, Albert Camus, Erich Fromm, Oliver Wendell Holmes, and E. B. White are just a few of the contributors.

Walker, Stephen. *Animal Thought.* London: Routledge & Kegan Paul, 1983. If you are at all intrigued by animal communication, you will find this book fascinating. It is clear and easy to read, but it also does a thorough job of evaluating the scientific literature.

Chapter 2

人際溝通
——建立關係

Interpersonal relationships are varied——some fleeting and public, others long-lasting and intimate Each relationship will follow its own unique trajectory.

(Pierre-Auguste Renoir, The Luncheon of the Boating Party, 1881)

人際溝通有若干形式。它可以是給人微笑般地簡單而直接，也可像小說情節般的複雜而富有雄辯。它可在兩個人之間進行，亦可在成千上萬人之間發生，可以是一群朋友們的友誼，或者是機構內部人與人之間的行為，因為溝通具有許多不同的形式，所以人們很容易忘記這樣的事實：這一切不過是相同過程中的不同部分——創造意義和分享意義的行動。不管在多高級的技術系統中，也不管有多少聽眾，溝通都必須與別人分享意義。原因很簡單，因為溝通畢竟是一個人際的過程。

　　本書的作者之一曾在一個聚會上被人問起，教授何種課程。當他回答：教「人際溝通」的時候，別人又問他，「那並不是指所有人際之間的溝通吧？難道溝通不是發生在人們中間嗎？」這個問題提得好。這裡所謂的 **人際**（interpersonal）通常親近的溝通是兩個人面對面的互動，這很清楚地說明，在某種意義上，所有的溝通都是在人與人之間進行的。

　　在本章中，我們探討人際的溝通與其他溝通方式之間的關係。我們先來看看人際溝通的傳統方法，從而提出我們自己的定義，然後再作描述：當人際關係形成時，人們是如何表現的。同時，我們還要考慮人際溝通及其表現之關聯性。最後，我們再考慮建立關係所需要的特殊能力。

什麼是人際溝通

　　區分人際溝通和其他種類的溝通形式有幾種方法。在這一部分，我們要討論和批評最流行的兩種：情境取向和發展取向。

情境取向

　　情境取向（situational approach）指出，溝通發生時情境決定著溝通進行的方式；不同的情境就會產生出不同形式的溝通結果。①

　　例如；當我們獨處時，我們的溝通就與和別人共處時不一樣。首先，它是沉靜的，一切都發生在我們的內心裡。大多數人都認為，這種溝通稱之為**個人內在溝通**（intrapersonal communication），它與其他溝通形式比起來有更多非連續性，重複性和較少的邏輯性。②不管你在什麼時候做白日夢或幻想，都去考慮一個個困難的個人問題，或去感覺一下你周圍的世

人際溝通有許多功能。世界的領導者可以討論政治、教師可以傳授知識,兩位老朋友可以共享他們互為朋伴的美好時光;1964 年 7 月 6 日,在全印度代表大會上,甘地(Mohandas Gandhi)與尼赫魯(Jawaharlal Nehru)互相交談。

界,並努力進行個人內在溝通。你就會發出和接收到你自己的訊息。

　　根據情境取向,個人內在溝通與人際溝通是能夠彼此區分開來的,而個人之間的溝通,通常是面對面地互動。這種溝通又稱為**二元的**(dyadic)。**二人溝通**(dyadic communication)通常是自發的,不拘形式的;參與者從另一個人那裡可以得到最多的回饋。這些角色是相當靈活的,合作者隨時轉換其行動,既是訊息的發送者,又是接收者。當你與一個朋友坐在一起回憶過去時光,當你向教授詢問考試事宜,或者,當你與所愛的人作認真的討論時,你便是在進行人際溝通。

　　當第三者參與到一個相互行為時,這種人際的溝通便發展為 **小眾傳播**(small-group communication)。然而,小組的規模可以是多樣的,它必須是小到足以使每個人相互作用是自由的。在二人溝通中,彼此聯繫是直接的,如果這種聯繫被中斷,則關係便不復存在。而在小組內,當兩個成

員間的聯繫被切斷時，其溝通並不會遭到毀滅。每位成員均可以與另一位成員以多種方式進行溝通。

協調的團體互動是相當複雜的。對我們大多數人來說，團體在心理學上比二人互動更難把握。其原因之一是：形式化角色——領導者的出現是容許團體去處理協調活動中的困難問題。③例如：同一班級的學生共同進行設計工作，運動隊和聯誼會等都是從事小衆傳播的。

下一個情境層次是**組織的溝通**（organizational communication）。它出現在一些複雜的結構組織中，諸如：大公司、大產業集團、政府部門。在這裡，溝通發生在一個較強等級界限的統治集團內部。組織成員也有體驗人際溝通和團體關係在同事中進一步展開，這是組織自身和官僚機構進行組織和管理的一種關係。角色也變得比其他兩個層次（諸如兩人之間的和團體的）更特殊化和差別化，其行爲規則也更標準化了。卓有成效的溝通需具備有關於這種角色和規則的知識，並經常給予其成員以**組織文化**（organizational culture）。④

當一演講者向由個體組成的大團體演說時，他或她便參與了**面對面的公衆溝通**（face-to-face public communication）。這位講演者並不知道聽衆每個人的情境，因而必然地向他假設的接收者組構訊息。由於聽衆範圍的緣故，彼此間的互動是不可能的。這位演講者的行動因此成爲在聽衆扮演一種熱心的（訊息）接收者的角色時候的訊息發送者。弄清組織，細心預定計劃，以及一種恰到好處的（形式）標準，非對話形態等都是公衆溝通的特徵。關於短期旅行的政治候選人、福音傳道者規勸全體教徒，甚至在大量註冊入學者的課程教授，都可稱爲人們在公衆層次上溝通的樣本。

最後，當演講者和聽衆在時間和空間上分離開時，使用的便是訊息發送和接收的不直接方式。這時，訊息就要儲存起來，直到它們被有意向性的聽衆接收。當聽衆數量很多而傳達又不直接時，我們稱這種情況爲**有媒介的公衆溝通**（mediated public communication）。無論何時，「一種媒介的複製品，副件和廣爲溝通的確定內容，在人口衆多的地理區域上，流傳的範圍更加廣泛。」**大衆傳播**（mass communication）就由此而產生了。⑤無線電廣播和電視廣播、報紙和雜誌文章，以及錄音帶都可堪稱是這類樣本。

從情境觀點來看，當我們從個人內在溝通轉移向大衆傳播時，便隨之

出現元素的變化：

- 互動的成員。
- 他們肢體的接近程度。
- 他們迅即捕捉和接收回饋的能力。
- 溝通角色標準化層次(程度)。
- 接收訊息以爲他人的特殊需求的互動能力。
- 提出預定計劃與建構溝通目標的等級。⑥

　　所有這些可變性，範圍是最大的影響力，因爲在範圍上的一個變化導致了所有其他變化出現。⑦(**表 2.1**)顯示這些因素如何影響溝通。

　　從情境的觀點來看，無論何時，兩個人互動具有直接的接近性，彼此間的溝通由此而發生。我們若要決定它是不是一個有用的方法，還需考察確定人際溝通的第二個方法。

發展取向

　　根據情境取向，買者要買一雙新鞋，而賣者則迫不及待地等著他或她，他們之間的這種相互變化，恰似情人間要在彼此的關係上解決這些問題的互動方式。**發展的取向**(developmental approach)則拒絕這種看法，它指出，人際溝通還有質的方面。根據這種取向，僅僅在長期有持續互惠關係及在互動時有選擇性和特殊性，才可稱爲人際(兩個人相互間)的溝通，而簡單的商業互動則不是。⑧

　　提出發展的取向最詳細的解釋是基萊爾德·米勒(*Gerald Miller*)和馬克·史丹博格(*Mark Steinberg*)。⑨他們指出，所有動態關係的發生都是非個人的，即使某些變化使它們變成人際溝通。首先，制約這些互動的規則必定由文化轉移到心理層次。米勒和史丹博格相信，有三個層次的規則指導著我們的行動。**文化層次的規則**(cultural-level rules)，是對某種文化所有成員都表認同的規則。例如：大多數美國人都遵守問候和道別的規則。我們知道，在我們與人相遇時表示問候，通常會使用較熟悉的方式：微笑、點頭，或說「哈囉！」。另一方面，**社會層次的規則**(sociological-level rules)，是要求人們——在一種文化之內的特殊小團體的成員遵守的規則。例如：士兵有一種獨特的問候儀式，行軍禮。共濟會的成員應該遵守社會

人們總是試圖透過不斷運用符號 (標誌) 去控制外部力量。

(Fred Kabotie, *Pueblo Green Corn Dance*)

層次的規則,亦即是他們對同志問候時行一種祕密的握手禮。最後,**心理層次的規則** (psychological-level rules) 是適合於個體的規則。有些朋友相互問候時會拍對方的肩膀;另外有些人則是以擁抱表示問候。有些人用開玩笑的方式交談,有些人則總是以讚美的話開始交談。這沒有文化上或團體中的規則去限定這種實際溝通。

米勒和史丹博格認為,溝通只有達到心理層次才變成是人際的。他們還認為,有些變化是作為一些關係而成為人際的。例如:人們所用來彼此交流的方式成為獨一無二的;結果是,他們彼此加深了知識的層次。人際關係不再基於成規之上,而各種型式能夠預見彼此的行為和動機。

在我們與鞋店那位陌生職員互動的時候，我們並沒有任何背景知識。我們不能把他看作具有個性的職員，而需根據他或她完成的角色來決定。我們的關係只是表層的。它是**非個人的**（impersonal），而不是人際的互動。當我們與朋友交往時，不管怎樣，我們都有分享的經歷背景；我們可以說在事情發生之前就感覺到他或她的情緒；我們知道他是一位具有個性的個人。我們的關係是人際的，而不是非個人的。

情境取向和發展取向的批判

顯然，這兩種取向都有其優點。研究外部要素時，情境取向可關注於溝通的周圍條件。它告訴我們，內容是重要的，它讓我們將溝通分為幾個不同層次，發展的取向，則是關注於關係的內在方面的研究，它提醒我們相互關係在本質上的不同，它們不隨時間的變化而變化。它強調，所謂外部變量僅僅是互動的感覺和行動之間如何的取向。

難道這些觀念就沒有任何缺點嗎？我們想提出的建議是它們將溝通界定內容的問題，太過簡化，——既不能綜觀溝通的重要類別，也忽視各種內容間的互動。讓我們逐一地看看這些缺失。

發展的取向往往導致對個人內在溝通涵義的限定。根據發展的觀點只有內心深處的關係才是存在的。然而內心深處的關係雖非常重要，它們却是比較少有的。比如：這是你典型的一天，也許你先去最喜歡的咖啡館吃早餐，然後去換取新駕照，再駕車到學校去。如果你要得到適當的服務，你就要與這些人有效地打交道。一旦到了學校，你就要處理各種情境的變化，你需與強佔你停車位的人溝通，教授要知道你為什麼遲到，辦公室職員堅持說學校從來沒有接到你的支票，學生將向你借的筆記遺失了。然而這些反應既不是內心深處的，也不是與基本生命有關的，如果你是這樣度過一天的話，你做得越有效率、越嫻熟越好。在每種情況下，你和另一個人是透過你們雙方共同努力使得交談有其意義存在，而取得簡短的聯繫。就發展的觀點來看，這些種類的關係並不受到太多的關注。

情境取向的一個缺點就是，它忽視了溝通不同層次之間的複雜關係。依照情境觀點你既不屬於人際溝通，也不是其他方式的溝通。既不能同時包括幾種不同的層次情境，也不允許一種不同於另一種的情境重複產生。事實上，我們經常在層次上反覆調適。和老闆談論時，我們可以操作有組

織性的內容，然而我們和老闆之間也有直接面對面的互動，正如考慮我們正在討論的課題一般，因此我們需致力於組織上，個人內部及人際的溝通。

當你停下來思考時，決定以何種溝通層次來參與是相當困難的。混合運用和互動是較有趣的使用方式。(**專欄 2.1**)討論不同層次的溝通能相互纏繞在一起。

不要把人際溝通看成與其他溝通方式是分離的，我們認爲所有的溝通都有一種相互作用的個人因素存在，由於互動最清楚的範圍是發生在兩個直接和兩人間的互動，而其他許多互動本質上是屬於部分人際間的，它是有助於去思考哲學家和心理學家所提出的模糊領域之人際溝通。因此人際溝通發生在兩個個體之間，他們彼此分享著(訊息)發送者和接受者的角色，透過創造意義的相互活動而達成聯結。進一步的說，個人間的相互變換可以是簡短或持久的，它的內容可以是私人的，或公衆的，它可以發生在兩個人單獨相處或周圍還有別人存在的時候，它也可以是間接的或直接的。重要的是兩個人彼此都爲形成一些或其他的互動做出了努力。

人際間聯結的建立

人際聯結是什麼意思？當人們分享意義時會如何？也許回答這些問題的最好方式是請你作些想像。回想一下你最近完全獨處的情形，試著儘可能清楚地描述你自己。你認爲怎麼樣？你在做什麼？你在想什麼？現在想像另一個人突然地闖入你的境界，坐在或站在你的身旁，描述一下你的反應。你如何與你自己及你周圍變化發生關係？當僅有另一種表現結果出現時你怎麼辦？

創造人際關係

無論何時，兩個人彼此相知(而相知是指人際溝通的開始)，至少會出現兩個基本變化。第一，他們重定方位。第二，他們的行爲形成某種約束。如果想得到一幅更清晰的圖，表明建構一種人際關係意味著什麼，還需要看它們的每一種變化。

重定方位

確定方位是指一個人在時空中找到自己所在的地方，**重定方位**(reor-ientation)是指這種所在地方的定義發生了改變。完全獨處的人經常滑入幻想和白日夢的世界。另一種人僅僅表現於把他們帶回到一個更加客觀的地位。這第一件事之一是表現爲一種粗魯的醒狀。也許這是一種生存的機制，它使有機體感到危險。不管它爲什麼出現，另一些人的表現，其結果之一是提高對世界和對自己的察覺。

突然間了解他們正在被觀察的人們會產生一些有趣的變化。他們直直地坐著，緊張的肌肉難以放鬆，下意識地重整自己的頭髮和衣服，停止做一些很糟地反射在他們身上的事情。被觀察似乎是提醒他們有關肢體表現和行爲。心理學家們把這種狀況稱之爲 **客觀的自我察覺**(objective self-awareness)。[10]

他人的出現可當作是一面鏡子，反映出自己的形象，如果不感到滿意時，就應修正我們行爲以表現一個更使人滿意的形象。這種自我察覺是人際聯結極爲重要的特徵。這個話題在本書最後會有更詳盡的探討。現在，重要的是說明：人際關係向我們展示出我們是誰。

行爲上的約束

他人的出現不僅給我們以認同，而且也對我們的行動加以約束。當我們和陌生人打交道時，我們馬上可以預見到他或她是怎麼樣的。這種預見告訴我們互動中有什麼是可能的，它約束了我們的行爲。

行爲上受到約束，是發生在所有的關係中。即使是最短暫的接觸，也不例外。你是否曾看見過一群人在大城市橫穿馬路的情景？儘管數以百計的人從街這邊來到那邊，只需幾秒鐘，他們卻很少相撞。如果你看到慢鏡頭，他們的互動就像一種難懂的舞蹈。他們間的「關係」僅僅持續幾秒鐘，但它們的行爲卻是協調的。

威廉·威爾莫特(*William Wilmot*)對這些方式作出了一種很有趣的描述。使我們可以對其他類型的溝通有較多了解。[11]這情景的開場是威爾莫特坐在一間咖啡館裡，看到一位欲與他交談的青年人，爲了避免這位陌生人的注視，威爾莫特轉目別處。當他緊張地瞥了周圍一眼，他看到年輕人仍在觀察著他。最後，他立起身來走了出去，當他走出時還朝年輕人看了

當你獨處時，是否和他人相處時是同樣的？(如果森林裏的一棵樹倒落了，並沒有人在那裏的話，它會發出一種什麼樣的聲音呢？)是否獨處比和別人互動來得更加「真實」？

一眼。有趣的是威爾莫特將這偶然事件說了出來。威爾莫特認為，人際互動開始時於一個「察覺到被察覺」。一旦兩個人彼此意識到，某種關係便建立起來，而關係建立之後，反應的自由便失去了。威爾莫特認為透過注視他，陌生人便使他走入一種他並不想要的關係。他不滿於他的行為會受到陌生人約束這項事實。

當然，行為上的受約束在持久的關係中更為重要。當我們建立一種關係時我們便達成了一種不成文的契約，同意遵守共同制定的制約。或許這就是為什麼許多人把**契合**(commitment)看作是自由喪失根源所在。

發送人際的訊息

兩個人一旦彼此相知，他們便發送使人際關係建立的訊息。這些訊息可以是意向性的，也可以是非意向性的，可以是語言的或非語言的，可以是直接談論事實本身，也可以集中於參加者或他們的互動中。這些訊息中有些容易被認定，另一些就不容易被認定，這些不可見的訊息在建立人際

關係時扮演了一個重要角色。

　　我們不論什麼時候進行溝通，我們的溝通至少有兩個層次：內容和關係，**內容層次**(content level)是指公開和明顯的意義包含在一個詞語中。當我對你說「去年這個時候十分溫暖」我所談論的內容是天氣。同時，我還說了其他。在**關係層次**(relational level)上，我正發送訊息關於我對你的看法，我們的關係將會怎樣發展和你是如何看待我。怎樣發送這些關係的訊息呢？通常是透過我的非言詞的行為。在內容層次上，我說了什麼那是很重要的；在關係層次上，我是如何在行動中表現它。在這前面的例子中，如果我很友善地且以公開的方式談論天氣，且表明我要出去，這就是我認可你，且喜歡和你接觸。然而如果我轉達我的訊息，以諷譏、挖苦的方式，這就是告訴你我不喜歡你，不想與你交談，也許，我感覺比你優秀。這些關係訊息常常伴隨著言詞的內容訊息，但他們也能獨立存在。如果我們很快轉向在咖啡館裡陌生人盯著威爾莫特的例子。事實上，我們看到這種互動是十分不安的，這種注視是沈默的，非欣賞的，還有一些不可思議的關係訊息。

　　在本書(第3章)中，我們將要回到關係訊息課題上，在那裡將分析它們在互動中的重要性。在此我們想驅策你開始思考你可以發送給他人漫不經心的訊息。我們想使你知道我們透過溝通而建立關係，這種溝通包括非語言的訊息，也包括語言的訊息。

人際溝通的系統觀念

　　到目前為止，我們已經論述了無論何時兩人彼此相知，則一種人際的關係就被創造出來。另一種方式表達這種觀點，是說當人們之間的溝通建立起來時，他們便組成一種人際的系統。探索這種系統的部分意義，我們將建立一種理論，稱作**一般系統理論**(general systems theory)。

　　這種理論提出，當科學家們在許多領域工作時，他們察覺到相同的基本原則可以用來說明不同的過程。原子結構、生物學方式、社會形態都有一些共同點，它們能夠作為系統而加以描述。⑫

　　系統是一個簡單的術語，它是若干內在相互依存的部分的有機集合體。並不是每一種部分的集合體都是系統。我們看到不毛之地上一堆生銹的汽車零件，它們既不是組織也沒有內在相互的依存性，它們是一堆而不

是一個系統。在化學實驗室架子上各類化學物品也不是系統，因爲他們彼此都是漠不相關的。公園裏坐在陽光下的人們也不是系統，因爲他們的行爲是非相互依存的。當然所有部分均可組成一個集合體，從而構成系統。如果汽車零件能夠回收，而組裝成一台具有功能的機器，它們便組成了一個機器的系統。如果化學家選取能夠起化合作用的化學物品，在實驗中把它們倒入同一個試管中，一個化學系統便形成了。如果公園裡的人們決定一起玩棒球，人類的系統也就產生了。

人類系統的特性

許多系統的特性可以幫助我們了解如何操作相互關係，人際溝通的最明顯的四種特性是整體性、內在相互依存性(相關性)、非加和性、和非決定性。

整體性(wholeness)　一個系統與一堆的區別就是它具有整體性——也就是說，它是操作一個整體的，具有獨一無二的性質和特性。系統行動具有共同性。一輛汽車雖然由許多零件組成，我們却不是駕駛零件，而是駕駛汽車。雖然一個球隊是由許多具有個性的球員組成，勝敗卻不是由某個球員一人完成的，而是整個球隊。如果我們想了解一個系統，我們就需要看這些獨一無二的方式在那些部分有機地組織起來，共同工作。重要的是系統的各部分聯結成一個總體，它能夠被定義，也能夠被觀察。

內在相互依存性(interdependence)　我們說一個系統各部分是作爲一個整體而行動，就是暗示了這些部分具有彼此相互依存性。每個部分與另一個部分形成作用和被作用，任何一個部分的變化將影響整體中的其他部分，從而也影響到系統本身。生態系統是一個很好的例子，我們知道生物環境是完全平衡的，其中一部分的毀壞和變化都會影響整個自然久遠的變化。

非加和性(nonsummativity)　簡言之，非加和性是指整個系統總是大於各部分的相加。一個系統的形象比起每一個有個性的成員來講是更爲複雜的。水是由氫和氧兩種元素組成的，但此組合性，它絲毫不同於它的每一種元素。同樣，當人們參加軍隊，他們組成的隊伍，就會使自己變得與以前大不相同。

非決定性(equifinality)　整體性的一個最終暗示就是它是不可預見

的，一個系統在開始的時候並不能預見到將來要發生什麼。人類系統能夠自我規約。他們可以通過他們重新組構自己而使環境發生變化。

人際系統的整體性

所有這些在人際關係中是怎樣作用的呢？系統理論家指出，當人們參與到人際溝通時，他們便建立了一個系統。也就是說，他們的關係具有整體性、內在相互依存性、非決定性和非加和性這四種特性。

首先，當兩個人溝通時，他們創立的關係是獨一無二不可分的整體。每一種關係都發展了它自己的特性；每一種關係都是由獨一無二的角色、規則、儀式所控制。這就是為什麼你所建立的二元關係看起來總是有很不相同的途徑。每一種關係使你展示了你人格中不同的層面，因為你是一個不同整體的部分。

當兩個人以人際的方式溝通時，他們也就形成內在相互依存。這就是說每一個人都影響著另一個人。我們經常希望，我們能夠不被它影響就進入了一種關係。根據系統論觀點，這是不可能的。我們總是在與他人的關係中有所變化。就像他人與我們交往時也會發生變化一樣。同時，我們總是以某種方式對我們的互動有所反應。關係是雙方相互創造的。如果它們進展順利，就會因此而使雙方達到具有成效的合作；同樣地，如果出現問題，雙方都會有所反應。

如果我們想了解雙方，就應明白這個事實：整體大於它的部分相加之和，我們應該嚐試去分析，其一，他們作為成員時做些什麼，其二，當他們在一起時，他們是怎樣運作的，後者更為重要。嚴格的系統理論家認為，分析個人的人格以至於了解人際的溝通是反生產性的。既然個性是互動中逐步變化而來的，了解他們關係的最佳途徑是：看他們相互在一起時的行為。關係的定義是以人們做什麼而不是以他們是誰來界定。

最後，關係是非決定性的意義是說，不管系統組織的方式和適應環境的壓力而去預測關係中將發生什麼，這是困難的。例如：兩對情侶，在背景和教育上大致相同；就像任何人可能預知的，他們幸福的可能性相當，也會在同一時間進行婚禮。其中一對永遠待在一起，建立一種強而有力、牢不可破的關係，而另一對可能會在五年之內經歷一個痛苦的過程。另一方面，第三對可能是與人們心裏認為將會失敗的倒楣者結婚。然而，結果

溝通聯結個人的努力組成一個獨特的整體。這個「友誼被子」是人際溝通的產物,是一個完美的典範,它混合了個體和群體,私人和公眾的努力。

(Baltimore, 1848)

是,伴侶猶在,並努力地創立一種持久的關係。

人類系統中的回饋

系統如何調整自己去適應他們的環境?它們所使用的方法是回饋。**回饋**(feedback)是一個系統比較它的作用的當下水平,並使用這種比較來控制它的產出的過程。這種水平的例子──回饋機制是根據溫度自動啟動的裝置。⑬它是怎樣工作的呢?一種自動啟動的裝置接受室溫的定期續數,將

它們與一定標準相比較，如果室溫升到標準以上，其火爐就自動關閉，使熱量下降。如果室溫降至標準點以下時，自動裝置開關就會打開。以這種方法，使室溫保持在穩定狀態中，系統操作的訊息回饋回系統，並用作一種控制機制。

這種回饋稱作**負回饋**（negative feedback）。這種設置是為了阻抗系統的偏差；它意味著從變化中來保持系統。當你日常檢查你的體重時，從獲得或失去的太多中保持它，你就是參與了一個負回饋的過程。你，正運用關於你自己的訊息來控制你的行為。

當然，很多時候我們不希望一個系統停滯，而希望它增加或減少它的產量。支持偏離的回饋被稱之為**正回饋**（positive feedback）。教練試著鼓勵運動員打破他先前的記錄，這便是正回饋。關於作用的訊息給運動員以至於使他能提高速度，而不是保持他的穩定狀態。希望進入「**金氏世界紀錄**」（Guiness Book of World Records）而成為世界最胖的人，也是使用正回饋。他必須每天都要超出他原來的重量。

你可能不習慣於把負回饋當作回饋，以為它是使人不快和遭受懲罰的，而正回饋則是安定的和有報酬的。不要讓日常的使用迷惑你。我們在更多的技術意義中用了這些術語。僅僅記住負回饋必須阻控偏差於某一層次，而正回饋則支持變化。

這兩種回饋都是在關係中建立起來的。如果關係進行順利，則雙方都要經過這回饋而防止變化。例如：他們知道，有多少爭論他們是能夠容忍的。當衝突逐步升級時，負回饋將使之保持不要超過控制之外，然而，在其他時候，正回饋則支持變化。例如：信任常導向更多的信任。

關係的途徑：親密與距離

　　人際的系統很少停止在同一點上。當一系統的各部分對另一系統和外界壓力產生反應時，系統就參與其中，並發生了變化。多數的系統能量介入參與界定變化的本質。你和我組成了人際關係，我們也涉及到關係進行的途徑。這些關係將成為持久的和親密的，其特徵是通過雙方相互信任和相互依靠產生的。另一種關係是很複雜的，具有一定的距離，雙方將彼此保持謙恭但又彼此遠離。大多數關係存在於兩種狀況之間的中間地帶。關係的途徑常常作為它的**關係軌道**（relational trajectory）展示出來。⑭在這個方面，我們要思考溝通是怎樣決定了關係進行的途徑。

人際的軌跡：私人的和公眾的途徑

　　在他對於人際聯結的深刻觀察中，亞瑟・巴赫奈（*Arthur Bochner*）告訴我們，有兩種一般的相互聯繫軌道：「一種是社會聯結型，是得自於相干性——在那些本質上是同類的人們之間的一種情感上的聯結；另一方面，是整合完全差異性型，一同進入一個實際的組織，在這裡，親密的感情是不必要的。」⑮區別這兩種相互聯結途徑的方法就是把第一種稱為私人的，第二種為公眾的。

　　私人的關係（private relationships）：很像發展的觀念中所描述的那種關係。隨著時間推移，他們越來越具有個性和獨特性。在私人的關係中，我們的夥伴是誰有很大的差異性。如果我們喪失了朋友和情人，我們將不會輕易地由別人來取代，因為我們的聯結是密切的和相互依存的。我們以各種重要方式相互影響，而我們的關係是牢不可破的。在和人的關係中我們因獨特而相互產生感覺，相互有著特別的訊息。總之，我們遵循的行為規則是個性化的，彼此具有默契。在整體上，私人關係有很多感情投入，這種關係被視作他們自己內在價值的酬賞。

　　公眾的關係（public relationships）　則是極為不同的。公眾關係的成員是以非個人性的方式彼此聯結，在時間推移中，幾乎沒有什麼變化。成員之間都是可以替代的。如果那服侍我們的侍者由其他侍者代替，這將是

可能的，而且對我們來說毫無差別。這裡沒有相互依存，相對的我們都是自主的。我們的聯結是可以看到的，也很容易中止的。在公衆的關係中，我們幾乎沒有彼此間特有的訊息；相反地，我們成為一個班級的成員，便會相互形成感覺。這些控制行為的規則是社會性的而非個人性的——我們是彬彬有禮而又謙恭的。這些關係的原因常常是實際的而非情感的，它的指向是外在的而不是內在的。(表2.2)所表現的正是在公衆的關係和私人的關係之間的差異特徵。

四種這種關係的模式如下：

這兩種關係類型，我們描述為極端化，因而它們可能有各種不同的特徵
正如你在(表2.2)中所看到的，我們列舉了六個方面來區別私人的關係和公衆的關係。產生出一種關係的個性必定在每個方面都能發現一個立場。例如：他們確立了他們夥伴的重要性和獨特性的層次，以及大量依賴性表達了他們的聯結和特徵。他們還必須決定資訊應該怎樣交換，規則類型將在相互過程中隨蹤而至。最後，他們必須知道更多情緒上的能量怎樣投射，是否這些關係本身是基本相關的，或它是意味著一種直接地結果。

在一種既定的文化中，有些關係類型通常比另一些發生得更多。例如：在我們的文化中，人們都希望在私人關係中誠實和公開，而在公衆的關係中謹慎小心。雙方都希望分享各種事情，而與陌生人則很少交談。然而我們中的每一個都可以決定達到這種相隨相伴的文化標準有多遠。這雖然說明文化可以闡釋一些關聯的基本方式，實際上，仍有一些像關係途徑類型的數量一樣的文化準則。

隨著時間的推移，關係將是流動不息和變化不已的　關係是動態的。它是不斷地運動和判斷我們所加以描述的每個方面。面對婚姻雙方一般說來是相互依賴的。在婚姻生活中他們要求的自主的等級和相互依賴的等級將是不同的。因而有必要對他們的立場不斷進行重新調整。朋友也需要不斷地控制自己的行為，決定有多少依賴和有多少自由將使他們的關係特徵化。⑯

不同的技巧和感覺是不同的關係所需要的　因為我們建立不同類型的聯結關係，所以我們就應該學習不同的技巧。我們需要知道怎樣通過自我揭露以建立私人的相互聯結，同樣地需要知道怎樣與他人保持距離。人與人之間充裕的生活條件常常需要知道是使用公衆的關係，還是私人關係的行

人類系統的這四種特性是怎樣表現在紐約股票交易市場？

為規則。

關係軌道是通過溝通來定義的　怎樣才能把我們確立在我們將要有的關係的途徑上？我們通過溝通來界定關係軌道。我們彼此不斷地發送我們關係期待的訊息（語言和非語言的）。通過契約過程，我們細審這些訊息，決定建立在以親密且令人滿意的結果之上。有時候這個過程比較容易些，兩個人進入愛情伴隨著密切的途徑。另一些時候，它却是令人頭疼的；比如：當一個夥伴想加深他們的關係時，另一個却想將其關係保持在公眾的層次上。關係是不穩定的，確定和保持它們需要經過極大的努力。

相互依存對趨從：人際的兩難

將私人的關係與公眾的關係聚合起來的一種途徑，也就是說，私人關係使我們展示了相互依存性和獨特性，而公眾關係則強調趨從和社會基礎。由於人類需要將社會組織聯結起來，也要將它們相互區別開來，這就是為什麼公眾的關係與私人的關係是必須的和為什麼契約關係是一個嚴肅的問題。

我們生活在社會裡，其價值取向是對個人人格的張揚。美國人一般不

喜歡與充當社會角色的人們打交道。陌生人的觀念仍困擾著我們；當我們遇見人們時，我們幾乎馬上嘗試著去認識他們，「我們很友善地，非正式地與他打交道，開始時總要先介紹姓名。」⑰

我們把這個意願帶到我們持久的關係中，相信隨著時光推移，關係就會增加其個人性。一種關係總是在原地不動，無論時間有多長，常被說成是無前景的。我們希望在我們個人生活中同樣有所進展，以使我們在事業上有番作為。有時候我們越努力越迅速，我們越不能使我們的關係按照它自己的步調發展（欲速則不達）。

作為一種文化，我們不能強調公眾的關係，我們經常無視這樣的事實，人們需要有距離，就像他們需要親近一樣。公眾的關係企圖給予我們距離，他們意欲控制和步入內在性，使其他人不要對我們做個人意欲的要求，或使別人不要知道我們太多。的確，在公眾場合我們處在社會結構中，而不是處在我們所擁有的我們的個性之上。我們是以正常角色來規定的，我們企望按照規則行動，遵循禮貌規範。

公眾的關係似乎對有些人不太民主，它們却也有一定的優點。首先，它們維持社會秩序，它們提醒我們具有社會意願和義務，並使我們清楚自己是某個集體的一員。其次，它實際上允許我們發展分離的感覺。社會心理學家告訴我們，我們沒有能力在自我和他人之間劃清界限，我們有很多困難去發展一個穩定的認同。⑱公眾的關係給予我們大量的社會心理投射。思考你的生活將像什麼，如果你希望從你所遇見的人中去「分享思想和感覺，揭開內在訊息和祕密，擴大情緒支持和尋找規勸」。⑲在純實際的層次上，它是不可能的。儘管我們大多數重要的關係是私人的，對於公眾的關係來說仍有些優點。(**專欄 2.2**)，給予我們的是一個作者的觀念，闡述在公眾關係保持彬彬有禮的重要性，這是我們在進入內在性層次所產生的問題。

在對親密和距離的需要之間有一個張力，在那裡，既具有獨一無二的個性特徵，又需有社會集體的基礎。當我們得出我們關係的本性時，我們便是在回答這個兩難推理。因為我們相信，這是一個十分重要的人際關係的地帶（張力）。我們將在這本書的後面內容中多次談到這個問題。

建立關係：關係能力的層次

在(第 1 章)裡，我們介紹了我們關於溝通能力的標準。我們認為為了成為有能力的溝通者，每一個人必須能夠做到：

- 精確地、感性地察覺世界。
- 確立真實的和實際的目標。
- 知道在什麼時候，以什麼方式(或途徑)去遵循社會規範禮儀。
- 有效地使用訊息符碼。
- 保持個人的認同。

當個體形成人際的聯結時，一種複雜的新層次便出現了。不僅交往者個人必須具有能力，而且他們必須是雙方均具有能力。為了建立一個和諧的人際系統，他們必須能夠彼此相互適應。

正如琳達‧哈里斯(*Linda Harris*)所提出的，這並不是一種輕而易舉的事。⑳有些人對如何操作關係持有非常堅定的看法，雖然他們能掌握簡單而熟悉的情況，但他們並不能適應不尋常的插曲，或不能滿足同伴的要求。他們對合作問題的解決是強迫對方去適應，或去改變(也就是說，去選擇一個同伴，他(她)同意扮演糾正人際關係的角色)。如果兩位固執的個體(有個性的個人)要發生互動，如果他們人際的相互模式不同，其結果就會有如災難一般。哈里斯給這些人貼的標籤是**最低限度的能力**(minimally competent)。

另一些人提出了一個廣泛多樣性的情況，以使他們有一個較富彈性的關係模式。他們承認適應性的價值。他們希望變化以便符合他們的感覺，即這種意願是相互的。哈里斯為這些人貼的標籤是 **令人滿意的能力**(satisfactorily competent)。雖有些保守，他們喜愛的態度是和解；每一方都有所放棄，以致能得到一些東西。哈里斯以為，這些人是在家庭環境中最容易滿足的，但缺乏在新穎和創造方式方面提出問題的能力。

還有一些人是擁有**最適化的能力**(optimally competent)的，知道什麼時候可以適合，什麼時候不能適合，他們所了解的方式是他們對關係系統

的操作，他們能夠創造性地和有效率地掌握關係的問題。

他們的系統是開放性的。

為什麼接受最適化的能力，而不接受最低限度的能力呢？

首先，最適化的能力是體驗性和靈活性的。一個人若僅僅知道事情的一種方法，在面對新的接觸時就會有麻煩；我們學到各種有機關係的轉換方法越多，我們就會變得更靈活。其次，關係的能力包含着有效地適用回饋的能力，我們前面說過，關係系統的運行離不開訊息。一個人不想給予或接收回饋是有效地限制他的控制相互系統的能力，討論一個人在這個系統中的地位，對於最適化的能力來說，是極為重要的。

表 2.1 情境諸特性與溝通的各種範圍

互動的特性		
個人數量	少	多
互動的接近程度	密切	疏遠
回饋性質	瞬動	延持
溝通角色	非形式	形式的
訊息接收	特殊	總體
目標和目的	非建構性	建構性
情況層次	個人內在溝通　　　小團體的　　　　公眾 　　　人際　　　組織　　　大眾	

表 2.2 一種聯繫的二分法：私人的聯結和公眾的聯結

私人的	公眾的
與另一個人相互反應是以個人的 　　和私人的方式	我們對於另外一個人的反應是非 　　個人式或公眾的
相互聯繫成員是不可替代的，與 　　另一個人之間有差別	相互聯繫成員是可替代的，他們 　　之間沒有差別
成員是相互依存的	成員是自主的
了解對方的方式是特殊的	了解對方的方式是普通的
約束行為的規則是個性化的	約束行為的規則是共通性的
相互聯繫的配合是情感上的	相互聯繫的配合是實際上的
報酬是內在的主要	報酬是外在的主要
例如：性夥伴、玩耍夥伴、婚姻雙 　　方、最好的朋友	例如：陌生人、熟人、同事、工 　　作合作者

是生活還是回憶？有媒介的人際溝通的形成

說出溝通情境的差異性並不是容易的，有時它們是重疊在一起的。在這個參考資料中，我們將看到個人和大衆溝通的三種結合。

1.人際有媒介的溝通是人際溝通時，有媒介物介於互動中。

在電話或市民頻道的收音機上談話，使用信件或電函發送消息，以及電視廣播都包括在其中。電話交談是一個有趣的例子。因爲它們要求一定距離和熟悉正常規則須置於其中。當我們在電話中交談時，我們夥伴的聲音眞實地在我們身旁響起。這聲音的相近程度一般只是在最熟悉的面對面互動時才會發生，同時在肉體上我們是被分離的；另一種發生在人際間的互動之感覺（視覺、觸覺、嗅覺、溫暖的感覺、親近的感覺）是不存在的。羅伯特‧凱西卡特(Robert Cathcart)和葛瑞‧甘帕特(Gary Gumpert)以爲「也許這就是爲什麼有時候電話如此具有威脅性，它侵入了私人空間，但却否定了我們在親密情況下所使用溝通控制和表達意義的感官方法。」

市民頻道的溝通是另一個範例，即一種溝通的混合式。通常私人和會談相調和時，它是公開的，因爲每個人都能收聽到它。因此訊息發送者成爲一種表演者。如果你有收聽過廣播，你會注意到它強調一般的訊息（天氣概況，警察表現）或娛樂（在歲月的流逝中人們經常唱歌、說笑話，或製造幽默）。這種媒介中有效的溝通者必定是一種人際的 D.J.。

2.模仿性媒體的人際溝通是一種公衆的溝通方式。例如：在電視脫口秀中，聽衆聽到一番交談，它有所有典型的人際互動的表徵。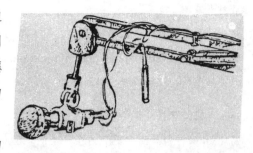

聽衆邀請主人和有名氣的客人，進入他們的客廳，在那兒他們展示出個人的天地,聽衆通常知道更多關於名人的生活情況,遠甚於他們做所謂的「平凡人」。事實上,「它很少要求某些人對強尼‧卡森(Johnny Carson)建立更親密的聯繫,遠超出對他們的鄰居」。這種親密的感覺僅僅是虛幻的,因爲（訊息）發送者和接收者雙重角色從來不曾眞正地彼此相互變化。

收音機 call-in 節目的表現是另一種虛幻親密性的例子,這種形式在和人電話交談時也會產生。然而,主人爲使和諧結合起來而作出公衆的表演。反過來對於他們的合作來說,這些人被允許樹立一種帶有人際的聯繫性質,每個人都要有衆所周知的公衆人格。許多這種互動的方式,可以支持或構成「眞實生活」的親密聯繫。

3.單一的溝通是另一種有媒介的人際溝通的形式。它包括「通過各種物質媒介,諸如衣物、裝飾品,以及個人財產……,人們選擇和展示在另一些方面：他們的地位、隸屬會員、和尊嚴等的溝通。」之訊息。穿上一件印有「拯救鯨魚」的 T 恤衫或一條精心設計的牛仔褲,可使個性表現得甚佳（上策）,它在與世界溝通時設有直接因素。在單一效應（通訊）中個性是一種活動的廣告牌。因爲接收者被這些訊息一天轟炸許多次,單一溝通創造一種民族的人際關於價值角色和地位的對話。

凱西卡特和甘帕特以爲,「傳統的溝通研究將溝通劃分爲人際、組織和公衆的溝通是不適當的,因爲它忽略了媒介的傳遞和功能。」

資料來源：

羅伯特和凱西卡特和葛瑞・甘帕特，〈人際的有媒介的傳播：走向新的類型學〉
(Mediated Interpersonal Communication: Toward a New Typology)刊載於
《講演季刊》(*Quarterly Journal of Speech*)，69 期，1983 年，第 267-277 頁。

進一步閱讀資料：

葛瑞・甘帕特和羅伯特著，《內在／媒介：在一個媒介的世界裏人際傳播》(*Inter/
Media: Interpersonal Communication in a Media World*)，紐約，牛津大學出版
社，1979 年。

麥克爾・納威克著(Michael Novack)，〈電視塑造心靈〉(Television Shapes the
Soul)，刊於《大眾媒介論文》(*Mass Media Issues*)，L.L.塞拉斯和 W.C 瑞洛斯(L.
L. Sellars and W.C. Rivers)編，Prentice-Hall 出版公司，1977 年。

阿爾文・托夫勒著，《第三次浪潮》(*The Third Wave*)，紐約，Morrow 出版社，
1980 年。

注意你的風度：禮節的社會功能

在你的想法中禮節的規則是什麼？它們是不能表現生活方式的非現代標幟？它們是一些虛假的表面形式和欺騙人們真實情感的東西嗎？或者它們是爲了某種有用的社會目的服務的呢？朱蒂絲·瑪汀（Judith Martin），一位頗有女士風度的作家，曾撰寫關於禮儀指導的幾本專著，她認爲風度儀態具有十分有用的功能，而非文明社會的人們是不具有這種社會儀式的。

瑪汀認爲在今天，大多數人不相信好的風度儀態的觀念。她揭示其歷史原因，這種看法來自於──盧騷（Jean-Jacques Rousseau）的影響，他認爲文明摧毀了自然和善良的人性。瑪汀還發現，這個觀念作爲生活的方式包含於公開性和真實性人類潛在的運動慶祝儀式之中。

瑪汀以爲儀態禮節的符碼可能是消極的。比如，它們可以被用作階級意識的武器，但她還指出，風度儀態是順利地展開社會互動所必須的。通過無休無止的衝突，社會符碼使人們不相容的差異獲得共存。對瑪汀來說，個人自由是以社會需要爲根據的。也就是說，人們不能夠憑自己的意願自行其事。自由和平等決不是說每個人都完全自立和絕對相同。因此瑪汀指出，完全忽視差別，所有等級並爲一個總體水平，其結果，將在一般的幼稚園裏出現，在那裏，所有的孩子都穿同樣的衣服，在所有的時間和所有的機遇都一樣，他們希望將所有的時間參加到能夠表現並講故事的活動裏。

瑪汀認爲，今天的人們相信在完全開放和自主的情境中，確立名字的關係，無論多少人都是可能的。我們對待陌生人的方式和對待親密的人的方式之間不再形成任何區分。她感覺到，這是有危險性的，一個人可以把建造會議室的技術用於建造宿舍。每一件事都有自己的範圍（領域）。如果你想陷於愛情，她問你，你從事什麼工

時髦的 SF 廣泛地尋求
SM，爲了聯結成相互
關係，愛情和歡愉者，
請寄上照片。

信箱 556 號

分享幻想，MWM，尋找
敢於冒險的女性；高個
子、漂亮，愛開玩笑，
考慮周到，有經驗的。
生命是短暫的，不是
嗎？

信箱 557 號

愉快的 WJM，熱情、理
智、直覺。尋求不抽烟
的婚姻伴侶，喜歡歌
劇、會法國配餐，會打
網球，愛徒步旅行的未
婚者，靜候機會再臨。

信箱 4488 號

作？「你負責（管理）一個領域的廣告，聲稱有空缺並對你工作以最
細緻最富有技巧性的要求加以描述。」會雇用朋友們和戀人，但在解
雇時如對待雇員一樣地缺乏感情。

當親密的人們被像雇員一樣對待時，對待陌生人也就會像對親密
的人那樣了。現今，由于你和侍者是以名字爲基礎的（「嘿，我是泰瑞，
今晚我將爲你服務,你想要點什麼？」）以及由於你擁有自己個人的銀
行家（「你在第一聯邦交了一個朋友」）這似乎是不可避免的。在工作
的世界裏（公衆範圍）和家庭之間（私人範圍），我們不再製造任何界
限。瑪汀指出，在這種原因之中基本錯誤是：當它成爲事業的目標去
推行和實現的時候,友誼和愛情的目標便成爲「反覆去做同樣的事情，
以致於像你的壯志一樣」。

瑪汀認爲，人們對於他們的義務（職責、責任）感到迷惑。她強
調，我們不得不重建個人範圍和職務範圍的二元化，以至於每個人在
這兩個方面都有適當的位置。你們認爲呢？

資料來源：

朱蒂絲、瑪汀，《普遍禮節學》（*Common Courtesy*），紐約，艾森紐曼，1985 年，這本教科
書是針對哈佛大學的課題「貝佛萊‧查佛遜的問題」(The Question That Baffled Jefferson)
作出系統性解答。上述言論可從哈佛論壇得到其錄音帶。

═══ 續專欄 2.2 ═══

進一步閱讀資料：

朱蒂絲，瑪汀《女士風度儀誌指南：非常正確的行為》（*Miss Manner's Guide to Excruciatingly Correct Behavior*），紐約，艾森紐曼，1982 年。

艾米·范德比(Amy Vanderbilt)，《艾米·范德比禮儀大全》（*The Amy Vanderbilt Complete Book of Etiquette*），花園城市，紐約，雙日出版公司，1978 年。

技能訓練：全書概觀

在(第2章)結束的時候，我們開始關注到關係能力的特殊技巧。我們沒有自稱這些選定的技巧具有一個完整的名冊，我們相信對它們的把握可以幫助你改進你的關係能力。在這裡，我們提供你一個關於每一章的概括闡述，以及它的技巧建構分析。

(第3章)，審查社會認知——我們知覺人、關係和社會事件等的一些途徑，這些技巧的建構領域最重要的問題之一是觀察所有的關係，以及聽取各類關係的訊息。當我們想到溝通時，我們經常概括地聽取和分析發送的訊息中較積極的任務。事實上，聽取並不是可有可無的，而是良好溝通的一個極為重要的部分。因而它是我們討論的第一個技巧。

(第4章)，焦點集中在角色和規則，從社會上的各個觀點來指導我們如何的溝通。社會經常鼓勵我們以潛意識的方式去行動，運用嘗試錯誤的社會基模是創造，而不是非創造。在這一章裡我們貢獻的技巧建構是克服僵化的思維，以及創造性地進行溝通。

(第5章)，討論的是個體本身的發展，解釋我們的自我概念是怎樣對溝通產生影響的。在這一章裡，我們討論自我發展的技巧。由於大多數讀者同意人們應該向他人展示自己，做起來却不容易。我們分析使別人了解我們是誰和我們想什麼等適當的途徑和不適當的途徑。

(第6章)，討論的是透過溝通獲得實現目標的途徑。它涵蓋了一些方法，為我們提出產生人際溝通的各種途徑。有些人在達到目標過程中有困難，這是因為他們要求的既不太少也不太多，在這一章裡我們討論實現目標由此達彼的重要技巧。

(第7章)，涉及的是非語言溝通。在這一章裡，我們看到我們發送給別人無聲的訊息。對我們之中的多數人來說，問題是如何應用語言和非語言的內在途徑，清楚地且一致性地表達我們的情感。在本章中，我們所關注的技巧是情感的表達。

(第8章)，讓我們來看語言的符碼，以及我們如何應用言談來建立關係，我們還要提出控制談話的技巧。特別注意談話中那些最困難的部分：

開場和結束。

（第 9 章），所考察的是爲確定我們與他人聯結服務的關係性訊息。同時還要看一下，好像螺旋式和雙向結合的各種問題的相互關聯。我們認爲許多類問題能夠在關係中加以避免，只要雙方具有相互透視的能力和同情地反應能力。關係得不到解決是因爲關係成員不能夠從彼此的觀點中看出些事情，這是很常見的。

（第 10 章），我們討論家庭關係。在這方面我們有許多不同技巧，我們認爲令人舒服的技巧和積極的聽衆是最重要的兩個要點。家庭成員依賴於相互間的支持。而較成功的成員需要知道如何給予家人這種支持。

（第 11 章），解釋在建立和保持親密關係中的各種要素。同時還要分析在各種關係中得不到解決時的幾個階段。關係常常失敗，這是因爲人們不知道怎樣去有效地處理衝突。由於他們沒有技巧去公平地戰鬥，他們的爭論導致毀滅而不是改進其關係。

（第 12 章），考察人與人之間在工作場所中的關係，討論因此而形成職業關係的各種效益類型。這種技巧，在這裡我們強調的是談判。

最後，（第 13 章）討論跨文化的溝通。我們的世界每年都在變小，而我們跨國際性的溝通機會卻日益增多。如何避免文化碰撞和在內在文化比較方面獲益，我們將給予一些指導，以此結束全書。

實踐過程

討論題

1.想一個主題，比如說，一個目前的事件。作爲一個溝通者，將如何在變化時溝通，其變化是從個人之間到團體，組織的和公衆的以及大衆的溝通的內容？討論內容和溝通形式兩者之間的變化。你是否認爲所討論的問題的原因也在發生變化？在每一個層次上討論溝通的功能。

2.思考你最近建立的密切的個人關係。當你了解了你的夥伴時，你們的溝通有何變化？你在何時轉回到非個人的層次？你認爲在非個人和個人的關係之間能雙向轉換嗎？你認爲一種關係是個人之間的，它們保持乃至解決的途徑是什麼？

3.評價一下情境取向和發展取向的優點和缺點。你認爲那一種方法在考慮人際溝通時是最好的方法？你能提供解決這一問題的第三種方法嗎？

4.考慮一下人際的聯結對改變自我察覺的幾種方法。列舉今天你所遇到的五個人。他們使你在哪些方面對你自己和你的環境有所認識？你在遇到他們時所產生的自我評價是什麼？

5.他們用什麼方法限制我們的行爲？思考問題 4 中你列舉的五個人，你是否以同樣的方法對待他們中的每一個人？當你一個人時你是怎樣行動的？

6.想一個人與人之間的系統，比如：一個運動隊伍、一羣親密的朋友、一個家庭、或一個你所參與的人與人的雙方關係。運用整體性概念，互相依存性，非加和性非決定性和來分析這些系統。你對這些作爲系統的集合體的思考，在理解方向上有何收獲？

7.在典型的一天過程中，你依賴回饋有多少？從你醒來的時候開始，一直持續到一天結束，列出你尋求回饋的途徑(比如：當你刷牙時照鏡子，在你與別人相遇打招呼時，他們對你所作出的非語言反應，等等)。討論一下，如果你在你的環境中沒有接收到來自其他人的回饋，你會怎麼樣？對於一個系統來說，沒有回饋，存在是否還有可能？

8.討論一些經由回饋，他人控制我們的微妙手法。注意非語言方面。在控制你的行爲中非語言回饋的力量有多強大？

9.許多社會評論家認爲，我們的文化是建構在強調私人關係的基礎之上。美國人他們爭論，只不過是一個總體上的相似。討論我們文化中支持個人聯結發展的途徑(比如：依照規範，職員對陌生人說「祝你有愉快的一天」)討論一下將關係推進到「持續的親密性」的優點和缺點。

10.思考你所認識屬於哈里斯能力類型的人，描述一下他們的行爲。

觀察指南

1.觀察你認識的一對伴侶半小時，仔細地看他們所有的方式，語言的和非語言的，這對伴侶之間相互給予和尋求的回饋。描述這些回饋的態度，以及他們是怎樣尋找回饋的？他們在接受了之後反應如何？你可以在他們建立的關係中獲得什麼參考？

2.想一個對你來說重要的並且持續了一些時候的人際關係，從我們私人／公衆關係發展中，抓住下面的特徵？

他們是

不能替換的   可取代的

      1   2   3   4   5   6   7

我們是

相互依存   自主的

      1   2   3   4   5   6   7

我們所遵守的規範

個人主義的   規範性的

      1   2   3   4   5   6   7

情感色彩是

多愁善感的   實際的

      1   2   3   4   5   6   7

我得到的報酬是

內在的   外在的

      1   2   3   4   5   6   7

是不是關係總是有這種外觀，還是隨時間推移而變化着？引起你們關

係外觀變化的關連事件是什麼？在這一點上，你現在是否是正確的？

練習

1.以班為單位，討論一下人際關係的隱喻。完成下面的句子：人際關係就像——。試著思考一下許多夥伴的可能性，然後再看他們告訴你什麼是關於關係聯結的本性。你所掌握的一般主題是什麼，透過思考我們語言中包含的隱喻展開討論。比如：思考以下用來描述愛情的隱喻：愛情囚犯、捆綁夫妻、廝守一起、急忙成婚。在這些訊息後面的隱喻是什麼？你還能提出其他的嗎？

2.挑選一個夥伴，並決定誰是(訊息)發送者，誰是(訊息)接收者？(訊息)發送者必須思考一個最近的個人體驗包括在溝通中出現的問題和接收者的體驗記錄。接收者是在沒有什麼語言和非語言的回饋中聽取訊息的。如果接收者溜出和給予回饋，就須從頭開始，一旦你們之間結束了，便修改角色。然後討論在規範儀態中，你在這個練習過程裏有何體驗。避免給予回饋是容易還是困難的？談論一個沒有回饋的人，你感覺是怎麼樣？總之，回饋對於人際的溝通究竟有多重要？

專有名詞

下面是在本章中介紹過的主要概念，在這裡最先提到的是在下面所列
出的概念：

- 情境取向　　　　　　*situational approach*
- 個人內在溝通　　　　*intrapersonal communication*
- 小眾傳播　　　　　　*small-group communication*
- 組織的溝通　　　　　*organizational communication*
- 面對面的公眾溝通　　*face-to-face public communication*
- 有媒介的公眾溝通　　*mediated public communication*
- 發展的取向　　　　　*developmental approach*
- 文化層次的規則　　　*cultural-level rules*
- 社會層次的規則　　　*sociological-level rules*
- 心理層次的規則　　　*psychological-level rules*
- 客觀的自我察覺　　　*objective self-awareness*
- 內容層次　　　　　　*content level*
- 關係層次　　　　　　*relational level*
- 一般系統理論　　　　*general systems theory*
- 系統　　　　　　　　*system*
- 整體性　　　　　　　*wholeness*
- 內在相互依存性　　　*interdependence*
- 非加和性　　　　　　*nonsummativity*
- 非決定性　　　　　　*equifinality*
- 回饋　　　　　　　　*feedback*
- 關係的軌道　　　　　*relational trajectory*
- 私人的關係　　　　　*private relationship*
- 公眾的關係　　　　　*public relationship*
- 最低限度的能力　　　*minimal competence*

- 令人滿意的能力　　　 *satisfactory competence*
- 最適化的能力　　　　 *optimal competence*

建議讀物

Borden, George A. *Human Communication Systems*. Boston, Mass.: American Press, 1985. If you want to know more about systems theory this is one place to start. In Chapters 2, 3, and 4 Borden offers a nice introduction to systems concepts. His endnotes also provide useful sources for further reading.

Miller, Gerald R., and Mark Steinberg, *Between People: A New Analysis of Interpersonal Communication*. Palo Alto, Calif.: Science Research Associates, 1975. Miller and Steinberg introduced the developmental approach in a basic interpersonal text that has become a classic.

Sennett, Richard. *The Fall of Public Man*. New York: Random House, Vintage Books, 1974. If you are at all interested in history, this book will prove fascinating. Sennett traces some of the ways interpersonal relationships have changed since the eighteenth century. He provides an interesting comparison between the private and public spheres of interpersonal life.

Swanson, David L., and Jesse G. Delia. "The Nature of Human Communication." In *Modules in Speech Communication*. Chicago: Science Research Associates, 1976. This well-written monograph is a good all-around introduction to the field of human communication. In addition, it gives a very sensible description of each of the situational leves and their relationship to one another.

2

Interpersonal Processes

Chapter 3

社交認識
——我們如何理解個體、
關係和社會事件

This 19th-century engraving, entitled Puzzle-Brain Mountain, demonstrates how people can have multiple interpretations of the same object or event. If you look at the drawing in a straightforward fashion, you probably perceive a mountain landscape; turning the picture on its side will reveal the outline and features of a man's face.

你的一位朋友為了替你爭取她服務公司的一個重要職務，而為你安排面試。事實上，她也是接見面試者中的一員。當然，她已經向你表示過，她不能表現出任何偏袒，而是持頗為正規、講求實際的態度來處理這次會見。你得知會見將在本地一家餐館喝咖啡時舉行，公司代表有 2～3 人參加會見，其中也包括你的朋友。你的朋友囑咐你應該在下午 3 時趕到，然後在大廳裡等她來。自然地，你很快就趕到了會見地點而且提前了 15 分鐘。於是你在大廳徘徊，心情隨著每一分鐘的流逝，感到更加緊張。

終於到了約定的時間，你向餐館裡面瞥了一眼，你見到：你的朋友已同另外兩個人坐在桌子旁，一個是男的，一個是女的，他們都穿一套正式的服裝。兩個女士在喝酒，那個年輕男士在啜飲一杯咖啡。你的朋友十分嚴肅地在同那個年輕男士談話，他很坦誠，但是看起來有些緊張。另一名女士正向周圍張望，好像在等待什麼人。你開始擔心是否誤解了你朋友的叮囑。只見她從男士那裡掃來一眼，但是沒有看見你。最後，你肯定他們一定在等候你。於是，你在穿衣鏡前自我整理一下，然後向他們的座位走去。當你靠近桌子時，你聽到你的朋友正同那位女士談話：「克里斯，你還有其他問題要問甘農先生嗎？」突然，你的朋友注意到你，她看起來有些詫異，然後她對你表現的非常冷漠，而且表情猶豫，似乎不能確定將要做些什麼。

在繼續閱讀下文之前，請您用一點時間回答下列問題：

- 您如何解釋上述情況，或者您怎樣描述在四個參與者之中所發生的事情真相？您的注意力集中在哪個行為者身上才有助於您的判斷？
- 什麼人捲入到上述事實之中？你對他們每個人各有什麼印象？
- 這四個參與者是怎樣彼此關聯的？
- 你怎麼解釋他們的行為？

然後，將你認為是上述事實中的重要情況記下來。

你剛剛考慮的四個問題都與**社會認知**（social cognition）、認知結構及過程的研究有關係，後兩者影響我們對人和社交活動的理解（見**表 3.1**）。社會認知可以使我們對人進行類型劃分，並理解社交互動的意義。**刻板印象**（stereotype）是一種最常見的認知結構類型，它影響我們同其他人溝通的方式。當遇見陌生人時，我們可將他（她）歸為某一群體的成員（例如：一個

令人生厭的中產階級的白人男子），然後依據我們對那個群體其他成員的經驗形成我們的估量。刻板印象和社會認知的其它形式可能是有益的，或者是有害的，然而它們却是無法避免的。我們人類對於分類具有無法滿足的欲求。在這一章裏，我們將看到人們為了理解社交活動而採取的諸多分類方式。

在論述特殊社會認知要素之前，我們約略談一談為什麼社會認知過程是交往的重要組成部分。然後，我們看一看社會認知的結構特徵是什麼，知覺過程是如何運作的。最後，我們將要評述四個主要社會認知過程：

- 判斷情況。
- 判斷人。
- 判斷關係。
- 闡釋人際關係的行為。

本章將以某些建議作結束語，即改善我們最重要的一種知覺能力——聽力。

為什麼社會認知在人際溝通中如此重要

在人際關係著作裏，用整整一章的篇幅敘述社會認知，這的確令人不可思議。但是畢竟對於如何理解人和事物，社會認知在心理學領域超越了溝通關係，似乎成為一種內在的過程。這一區別儘管很重要，但是也會使人誤解。對於我們來說，如何區分社會現象的類別，有助於我們完全了解和改善我們進行溝通的方式。社會認知和人際溝通至少與四個方面有關係。我們區分社交活動的方式不僅影響下述幾種情況，即：我們獲取訊息的途徑、我們認為什麼活動是合適的，我們如何調適我們自己的關係，（或者控制我們自己）。而且，我們區分人及其脈絡關係的方式可以因為同其他人溝通的結果而改變。在這一節裏，我們將分別探討在社會認知和人際溝通之中的四種關係。

社會認知和訊息的接收力

　　我們的觀察能力受我們的參考架構影響(精神狀態、過去的經驗、偏見等等)。在我們所處的環境裏，參考架構影響我們對許多訊息的注意。假如你有飢餓感並想到食物時，你的參考架構將率先使你注意到你朋友呼吸中所散發出來的洋葱味道、廣告欄上的熱狗圖像、汽車收音機裡發出令人耳熟的快餐店的叮叮聲。如果你希望碰到一個對你來說是「丑角」的人，你很快便可將注意力集中到那個人所講的趣聞上，而且要麼你忘記其它的事，要麼為你所聽到的嚴肅議論而驚訝。儘管我們不可能完全注意到所獲得的每一個訊息，我們得到的訊息卻受我們認識的參考架構的重大影響。

　　學術研究者們已經指出：在許多方面，人們能夠先入為主地去理解那些模稜兩可的刺激因素，這些因素同運作的特殊社會認知是一致的。①認知結構極易透過報上的一則訊息或者通過某些人告訴你們的一些情況而獲得訊息。例如：吉姆‧史密斯(*Jim Smith*)是多種不同社會群體中的一員(美國人、中產階級、城市居民、男性、鐵路模型愛好者、受雇從事電腦工作、父親等等)。在任何特定時間裡，這些社會身分在他的思緒中，只有一個或兩個是重要的。早晨送來的有關模範鐵路員和個人計算新問題的郵件，使他悄悄地做好準備，以便整天利用此興趣適應性結構作參照去解釋訊息。他的妻子簡單地詢問他：「今天晚上你願意做什麼？」對他而言會使他認為是對他如何支配閒暇時間作沒有必要的要求，他可以把時間花費在尋求他的癖好上。

　　同樣地，排除上述明顯的社交範疇可以改變獲取訊息的方式。在對兒童社交生活變化的考察方面，托里‧希金斯(*Tory Higgins*)和賈桂琳‧帕森斯(*Jacquelynne Parsons*)記下重要的結果，即他們到學校參與孩子們相互進行的評價活動。分年齡階段的課堂明顯地減少了孩子們和年少者或年長者平等地進行交往。社會閱歷的這種變化易使年齡成為不太明顯的社交範疇。因此，兒童們根據自己的個性也開始相互注意和彼此評價。②

社會認知與行動

在任何特定情況下，以適宜的或者動人的態度進行溝通的能力依賴於我們所具有的參考架構，我們行為也依賴於我們的觀念。我們發出我們認為合適的訊息取決於我們如何看待情況；那個人是誰，她正在做什麼，我們認為她的動機是什麼，我們自己的目標及意識是什麼，以及我們確信和她具有何種類型的關係。喬恩（*Jon*）在和一位小汽車推銷員談話時，如果他看出推銷員是一個「老傢伙」，那麼喬恩在各方面的活動中很可能和有關老年人的社會認知及信念保持一致，儘管喬恩相信老年人是瀕於衰老。喬恩也許會認為，他比那個汽車推銷員更老練，而且在買賣新汽車的交易上會做得更好。注意喬恩的行為將如何迅速地轉變，雖然他腦中的刻板印象包括許多關於老推銷員的信念，諸如：「老年人和聰明者」，「敏銳精明」，「在這之前就全部聽說了」等等。

社會認知與控制

由於觀念引導行為，因此我們運用自我調節的能力直接與我們關於社會認知過程的觀念相聯繫。我們曾多次對訊息發送的選擇權進行限定，因為在外界環境中，或者從能夠啟動比較合適的認知結構那裏尚未抓住相應的要點。我們極易陷入同樣老舊的認知窠臼中，其前提是假定我們了解關於所有情況的認知。當我們這樣做的時候，一定是以足以使我們犯錯誤的愚笨態度去活動。我們要證明以下兩個互相結合的情況，即一些人經常將整個晚上時間都用在看電視上，却不管電視裡的節目情節如何。這裏，脚本也一塊兒成為他們活動的參考架構（如果這是星期二晚上，我們必須看⋯⋯）。他們每個人都可能相信看電視是別人想做的事。實際上，他們並沒有注意到選擇其它有關係的活動。例如：晚上參加社交活動，參加比賽，或者談天說地。當我們充分意識到我們的參考架構時，或者意識到試圖觀察多元化結構的狀況時，我們就可以加強訊息數量和質量的選擇以滿足我們的要求。

先前所描述的無意識互動的類型已得到心理學家艾倫・朗格爾（*Ellen Langer*）的廣泛研究。③他在研究中注意到，人類的創造性是在我們周圍世界裡創造新範疇或差別的有意識的活動結果。無論如何，一旦我們虛構出

新範疇，它就趨向於得到自己的生命，而且我們被我們自己的範疇所誘騙。這樣，我們就猶如沿著預定軌跡運動的彈射，④我們越不謹慎，則越不能控制。

人們彼此之間的問候是無意識互動的一般形式。在一個擁擠吵雜的通道裏，你同帕特（*Pat*）已發生過多次無意識的溝通：

帕特：早安！克里斯，近況如何？

克里斯：很好，我想情況良好。您好嗎？

帕特：（一邊由通道西向東走去，一邊回頭說）我很好，謝謝！

克里斯：（試圖引起帕特的注意）如果有時間的話，我們能否談談？

帕特：（一面走開，一面回答）好的，希望能再見到你，保重！

注意帕特是如何設定克里斯的回答將遵循典型的問候方式（「喂，您好！」「我很好，您好嗎？」「好的，謝謝！」），然而他並沒有真正注意如何進一步證實克里斯實際上所說的內容。

在許多情況下，我們都具有無意識地互動的傾向。其緣由在於：我們如此詳盡地學習和了解那些情況，使得我們的活動實質上是依照思維中的腳本進行的。事實上，我們許多的互動都是經過修正的——我們有能力非常精確的預示下一步將要發生的情況（在本章後面，我們打算談談關於這樣一些腳本）。查爾斯・伯格（*Charles Berger*）和威廉・道格拉斯（*William Douglas*）論證道：只是在比較特殊的條件下，我們才密切注意我們自己及他人的行為。例如：

- 在思想中無腳本可供參照的條件下，新情況出現了。
- 外在因素阻斷了依據思想中的腳本進行的互動。
- 依據思想中的腳本而進行的活動需要比平時有更多的成就。
- 這種狀況的後果並非我們所期待的。
- 思想中增多的腳本將發生衝突。⑤

在大多數情況下，我們處於活動之中，但是却沒有完全意識到我們正在從事的活動。

在各種條件下，許多無意識的互動實際上有可能造成更加強烈的影響。如果我們停下來，思考一下我們所做的每一件事，那麼我們的互動會

比平常充滿更多的猶豫和棘手的躊躇。然而，無意識互動穩定的日常性可以使我們消除溝通的控制。由於我們難以記住所發生的情況，因此我們將冒著與他人邂逅而不能進行成功溝通的危險。當然，在我們尚未意識到那些不良的習慣方式之前，它們正在不斷地被重演。

社會認知中的溝通和變化

社會認知過程和溝通的關係並不是唯一的。就如同我們的認知參考架構影響我們如何發出和獲得訊息，我們同其他人交換訊息可以影響我們自己和其他人對社會領域所進行的認知和描述。或許對兒童而言，這是最為明顯的。一個兒童學習使用社交概念，是由父母傳授給他(她)的。幾個探索者已經論證了重要的結論，即父母親溝通的方式可以了解一個兒童社會認知能力的發展情況。例如：父母的武斷作風使他們有可能運用他們的權威，使用特殊的獎懲方式作為獎罰措施(這正是我說的原因)。另一方面，具有以人為中心作風的父母設法解釋他們對孩子活動、鑒別的理由和目的的認識。研究工作提出：以人為中心的作風促進了兒童社會認知的發展，因為它教孩子們去思考各種看法，從而增進他們比較好地理解其它概念的能力、動機和情感。⑥這樣看來，我們的溝通方式確實對人們產生的社會認知發生影響。

作為成年人，我們與他人的互動也能改變劃分人和社交活動的方式。譬如：當你進入一個新的社交圈子或組織時，請思考一下所發生的情況。社會化過程的要素是學會交談，如同這個社交圈子中的其他人一樣，你也以相同的方式和言語進行思考(使用相同的社交範疇)，同他們所做的一樣。當一個人成為一家國立大製造廠的銷售或採購職員時，他(她)的「顧客」概念就會發生明顯地變化。人們不再單純地被看作消費者，而是被看作18～32歲的成年人，向上進取的有成就者，競爭者，經驗豐富者，有主見者，或是具有內在意識的人。這些就是麥迪遜大街習慣於描述不同消費者生活方式的專門術語。⑦這些專門術語也是作為謀劃買賣銷售焦點的概念。

社會認知結構

在我們完全理解我們的社會認知是怎樣影響我們的溝通方式之前，我們需要對社會認知過程如何起作用有一個基本的了解。在這一部分，我們先從一個簡短的敍述入手，即：認知心理學家是怎樣確信意識功能促成類別的產生，是什麼因素使某一個類別的運用超越於其它類別。然後，我們便可以闡述某些和社會知覺相關聯的特殊認知結構。

心靈的活動方式

今天，大多數認知心理學家都確信：人腦不僅僅是接收來自周圍環境刺激的簡單錄音機，在轉換獲得訊息方面，人腦起著非常主動的組織作用。從環境中輸入訊息是以傳遞感覺刺激因素（熱或冷的感覺，光波、聲波，等等）的方式被接收的。這些刺激因素沿著神經通路傳送到大腦。大腦本身是由那些神經通路聯結起來的細微結構或結節構成的。這些相互聯繫的神經通路可以被認為是我們所體驗到的主動心智模型。當我們突然遇到一個新情況或者意見出現分歧的時候，傳入的刺激因素則被喻為預先貯藏的模型，如果當前的刺激完全比得上最近或經常發生的被啓動的模型，那麼那個結構或模型可能被再次啓動。認識模型作為一種導向，通過處理其它的刺激因素而與我們的期望一致起來。而實際上，我們的感覺經常被歪曲。由於大腦將智力模型作用於刺激因素，並將其組織起來，因而使之在較高的程度上同這一模型相符合。

回憶一下你每天上班或上學所走過的路徑。如果你必須繪製出一幅如何到達辦公室或學校的路線圖，憑藉地圖你不會再倉促地回憶馬路上的每一個轉彎，或者沿途十字路口的每一座路標。你會淡忘路標及特徵，因為它們沒有同心智模型相一致，而且在你所依賴的家與辦公室之間並不是一幅真實的風景畫。我們的社會認知與其差不多相同的方式起作用。例如：我們每個人都具有不同類型的人的內心形象。如果我們對某些人的最初印象同我們對一個「預科生」的認知模式極其相似，那麼我們有可能會理解那個人，因為有許多特徵貯存於我們的認知模型裡，即使那個人實際上並

一個範式是一個人的關於人或事物類型的「最好例證」。羅伯特‧比徹特勒(Robert Bechtle)的畫面闡釋了他的典型化美國家庭思想。

(*'61 Pontiac*, 1968–69)

沒有表現出這些特徵。例如：我們可能想到穿廉價平底鞋的人，即使他(她)不是這種人。

認知結構類型

很多不同類型的認知結構影響我們的社會行爲。認知心理學家已創造出專門術語**基模**(schemata)作爲這些內在結構的一般符號。一個基模即是一種認知結構，它幫助我們處理和組織資訊，⑧到目前爲止，研究者們已經鑒別了我們認可的四種基本類型的基模，這些基模同人際的溝通有關，它們是：原型、人格構念、刻板印象和脚本。

原型(prototypes)有助於我們對事物、人及其活動進行分類，回答「這是什麼？」的問題。一個原型就是一套有條理的認知，它反映出人、物或活動範疇的典型實例。⑨這樣，我們每個人都有我們自己對人、事物及活動的典型形象，諸如關於舊汽車推銷員、一個好朋友的品性或者是首次取得好效果的談話形式等方面的典型形象。我們知道，世間沒有兩隻完全相同的德國種短毛獵犬，我們只有「看起來比較像」的內心形象。任何一條

狗，只要它看起來越像那個典型形象，對其分類也就越容易。在人際溝通中，通過表現、行爲方式以及對已知典型品質的理解，可以幫助我們識別與我們打交道者是哪一種類型。我們中的多數人可能都具有「友好者」的認知原型，這個原型經常幫助我們做出決定，即是否與陌生人交往談話。假如這個陌生人的外表，眼神以及他的一切舉止都與我們的「友好者」原型相符合，那麼這個會談很有可能舉行。

另一方面，**人格構念**（personal construct）可以任由我們在細節上描述情況，並對這些情況作出判斷。人格構念是內心的尺度，這些尺度可以確證兩個事物的相似性而又不同於第三者。⑩它們回答這樣一些問題：「這件事的特點是什麼？」「我對這件事的看法如何？」例如：你會作出這樣的判斷，相對於加利福尼亞天使棒球隊員，地獄凶神和守護神棒球職員是暴烈和危險的。儘管地獄凶神球隊被視爲消極角色模式，其他人或許認爲守護神隊同加利福尼亞天使隊一樣，都是積極的角色模式。這裡的暴烈、危險和**積極的**（positive）與消極角色模式概念相對，它們是人格構念的例證。在本書後面，我們將看到人們觀念上的人格構念的例證。

思想中的刻板印象與原型聯繫密切，然而兩者並非同樣的東西。原型對人進行劃分，而刻板印象則超越了對預測水平的劃分。刻板印象其實只是一套信念，即關於特殊群體成員或然行爲的信念。⑪刻板印象對於那些信念具有一定的整體性判斷力，比如：同一個階級的每一位成員總是表現出對其他成員的愛心。這樣，刻板印象回答的問題便成爲：「我能夠期望它做什麼嗎？」你也許會對多伯曼短毛獵犬（一種攻擊性的狗）產生成見，預料到如果你太接近它，它便會咬掉你的腿。刻板印象的預料可能準確，也可能不準確。刻板印象或許因其陳舊而毫無用處，它們對個人也許是不公正的，然而刻板印象卻使得萬事萬物更加有條理，更能夠作出判斷。文化是刻板印象較爲重要的根源之一，而許多文化現象往往對那些見識淺薄者的群體成員持有偏見，在（第 13 章），我們將探討與偏見相關的溝通方式。

腳本（script）是行動的指南。腳本可以定義爲：被參與者或觀察者個人所期待活動的連續性結果。⑫腳本回答這樣一些問題：「我們可以一起做什麼？」「我如何去做？」以及「下一步我將做什麼？」許多腳本在諸如參加傳統婚禮或者前往天主教堂做彌撒等活動中被令人滿意地規定了，從而使這些腳本更易於指導我們活動，並且明確其後去做什麼。請整理下列與「餐

館」脚本相聯繫的行為目錄，然後按照通常順序將其條理化。

- 侍者取走你的點菜單。
- 你付賬。
- 你到沙拉櫃台。
- 你在看點菜單。
- 你留下小費。
- 女侍者幫助你找到座位。
- 侍者端來你的餐點。
- 侍者端來水。
- 你詢問新聞號外。

機緣在於你應當比較透徹地了解脚本。你知道哪些情況完全是脚本化的？你能夠處理這些情況的結果嗎？哪種情況是最困難的？哪種情況可以不使脚本失去作用而被忽略？

原型、人格構念、刻板印象和脚本都是非常有用的認知基模。我們將在本章後一部分進一步考察在人際關係中，這些基模是如何發生作用的。

知覺過程：一個總體回顧

人們認為，在活動與我們對它的知覺之間的關係方面存在兩個途徑。一種觀點認為，客觀現實剛剛發生時，如果它們未被損害，那麼在不同程度的客觀情況下，我們的觀念簡單地記錄外面所發生的情況。有的人則認為，我們只是傳遞過來的刺激的被動接受者，這很像我們汽車上的擋風玻璃，上面沾滿偶然落在其上的小昆蟲和污垢塵埃。但是，多數理論家們相信，知覺是一個積極的認知過程。或者將那些使我們產生觀念意識的各種情況和經驗以各種方式聯繫起來。例如：如果知覺是一個消極過程，我們就不會產生電視節目的觀念。尤其是當電視節目的情節線索離開主題時，我們的思想必然會積極地對其進行鑒別，並且以完整的技術常規進行控制。例如：以漸顯和漸隱的信號來模擬逝去的時間，以圖象模糊的效果使人沉緬於夢幻般的聯想狀態等等。我們大腦完成的工作幫助我們對這個世

界理解相當於全部工作日的工作內容。在這一部分，當我們忽視其它方面時，我們將要探索我們是如何積極地營造我們的環境，如何專心於我們完全領會的某些原理、闡釋工作和整理工作。

創設結構，穩定性及其意義

我們以富有意義的方式，透過建構、鞏固和聯繫我們周圍的一連串的刺激因素，構築了我們自己的現實。⑬我們的文化正常地向我們提供許多方法以組織我們的活動。我們不可能誕生於一個完全沒有意義的世界。而意義在很大程度上體現在社會群體成員所規定的社會習俗和契約。例如：每一種文化都可以找到它自己的方式來規定時間的。在我們的文化中，「一天」被劃分為小時、分和秒等時間單位。然而，我們卻無法客觀地觀察到每一個時間單位。在有些情況下，譬如：在觀看一場籃球比賽臨近終場時，或者在對 100 米跑衝刺的計時過程中，我們對時間的規定是以秒甚至以百分之一秒來計算的；而在另外一些場合中，我們對時間的規定如此鬆散，以至於若干小時作為時間單位來計算，甚至可以不必透過儀表進行指示。當我們對一本好書懷有濃厚的興趣時，亦或沉浸在與一位多年未見的老朋友親切交談時，我們也許廢寢忘食，忘記了上學。在這種狀態下，我們不會簡單地覺察到時間的流逝。

在一場棒球比賽過程中，本壘裁判必須組織和調整每個擊球手的好球區，但是絕沒有這種情況，比如一個客觀的好球區（投球必須越過本壘範圍，並且穿過擊球手的腋窩與膝部之間，這種球才能算作好球）。投手、捕手和打擊手，他們對於好球區都各有其看法。對於他們個人來講，投球的刺激和打擊手的反應將被區分為一個壞球或者好球，一個正常的球或犯規的球等等。每個人都可能形成刺激因素以細微的不同區別於其他運動員或裁判。

人們將客體理解為穩定不變的。下一次，你在看電視時請密切注意螢幕圖象的大小（圖象映射在眼睛中的視網膜上）。當電視攝影機拍攝鏡頭關閉時，一個人的面孔也許同整個螢幕一般大小，而當影像逐漸消失時，人的頭部也逐漸變小了，這裡你並沒有錯，即認為同一個人有相應大小的頭；你還認為，人的頭部並非經常膨脹和收縮的。因此，你積極地對刺激因素進行加工處理，使得處理後的那些因素在規格上顯示穩定性。這個觀點還

意味著：人眼中視網膜上的實際圖象不是穩定的，它在規格上處於變化狀態，而我們在思想上卻將其理解為穩定、不變的。

最後，我們彼此間以各種方式將活動或刺激因素聯繫起來，從而為我們提供它們的內涵。當你出現頭痛症狀時，你可能試圖將致病因同所處環境中的某些情況聯繫起來。戶外的汽車聲，你電腦螢幕上的眩光，亦或在你的生日晚會上，你所鄙視的某些人的到場，所有這些因素都有可能引起你的頭痛。當然，這些因素基本都是無責任的，然而它們一旦同病痛聯繫起來，就會對你的行為發生影響：關上窗戶，關閉電腦，試圖離開晚會。醫學研究者們以富有意義的方式從事於同一過程的探討，即設法將環境刺激和人體生理反應聯繫起來，他們運用頗為精緻的理論和統計學的模型來確定「意義豐富」的內涵。

研究表明，即使在沒有明確的程序或涵義存在的條件下，知覺作用也是非常強的。在研究方面，模糊不清的無音字母可向人們提供如下訊息：「這是一名男子講話的錄音，他說話很不清楚，但是如果你認真地聽，還是能夠了解他所講的內容。我將不停地放錄音帶，這樣你們就能夠聽懂了。一旦你聽懂了，請立即告訴我。」令人驚奇的是，人們很少犯這樣的錯誤：既理解語句的內涵，又不曾覺察到這些語句。這完全是他們自己的創造。⑭我們人類非常迫切地要求體驗我們耳聞目睹的每一件事的內涵和程序，以至於我們必須以改變對刺激因素知覺的方式，經常性地創造出這種體驗。

在建構我們的知覺程序方面，文化是開啟疑難之鎖。我們被教於用傳統方式理解人及客觀事物。事實上，文化正是構成社會認知的「社會」。每一個體都有能力形成認知的特點，但是我們的認知在大多數情況下是社會性的，這種社會性是與其他人相互溝通中獲得的，而他們也是同另外的人們互動而具有了社會性。

美洲的地圖顯示：關於北美洲被繪製在南美洲「之上」是理所當然的認知，我們是怎樣形成的。如同大多數文明一樣，我們象徵性地設定：我們自己的生活方式至少比大多數人要「好」一點；我們這是從其他文化出發，對人進行判斷，並以他們同我們自身的區別為依據。研究顯示：即使是觀看一場電影都反映出人的知覺能力，這種能力是經過文化學習而獲得的。(**專欄 3.1**) 揭示了電影製片人是如何以他們對知覺過程的理解為依據，

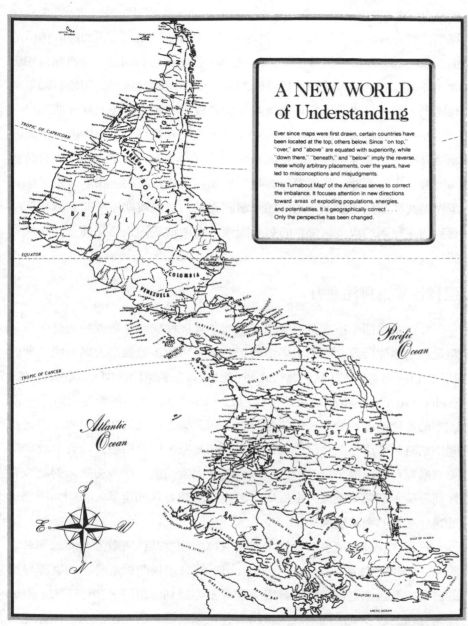

A NEW WORLD of Understanding

Ever since maps were first drawn, certain countries have been located at the top, others below. Since "on top," "over," and "above" are equated with superiority, while "down there," "beneath," and "below" imply the reverse, these wholly arbitrary placements, over the years, have led to misconceptions and misjudgments.

This Turnabout Map* of the Americas serves to correct the imbalance. It focuses attention in new directions toward areas of exploding populations, energies, and potentialities. It is geographically correct . . . Only the perspective has been changed.

我們的參考架構測定我們所見所聞。在這幅巧妙的美洲調向地圖裏，我們的設想正在被鮮明地顛倒過來。

並嘗試着使電影拍攝符合我們的知覺過程。這一過程附加許多常規的表現手法(比如：運用音樂配樂方式模擬恐怖氣氛、快樂或者其他情感)。我們採用什麼方式去影響他人，使他們理解我們的表現手法？(諸如選取相似的道具或者改變電影情節等)。在某些方面，就一定意義而言，我們都是攝影師，亦即我們都以人的知覺特性的知識來改變人們對我們的印象。如果說有區別，無非是我們中的某些人對知覺過程的理解比其他人強一些而已。

在我們對事物、情況和人的知覺中，我們究竟起了多少作用，這個問題應當明確。過程可以被任意細分爲一系列的步驟，即使有些步驟有時會同時發生也不例外。我們看一看我們是如何自我暴露的，我們又是怎樣有選擇地關注某些刺激因，如何加強鞏固先前的知識或期望，即關於我們所看到的、聽到的或者感覺到的刺激因素，並使這些因素結合爲一個有機整體。

選擇性暴露與注意力

在日常生活中不乏有刺激因素，而不管這種局面是單獨的活動所致，還是溝通事件所致。我們所揭示的刺激因素可能多於我們大腦所能處理的刺激因素。有些時候，我們還特意將自己暴露在刺激因素中。「**選擇性暴露**」(selective exposure)涉及到隱匿自己，或者有意避開可能遇上特殊刺激因素的各種情況。於是，我們希望遇上願意與之接觸的特殊刺激因素。訪問別國時，要用外語登記或者需要人類學知識，以及用短波收音機收聽國際廣播電台的廣播，這就將自己置於刺激因素面前。許多美國人對此沒有任何經驗。關閉電視機和拒服咖啡因也是多種方式的選擇，亦即你所揭示的是什麼樣的刺激因素。

只有在一種環境裏，我們才能有選擇地注意某些刺激因素而忽視其它因素。「**選擇性注意**」(selective attention)易使我們對當前我們實際覺察的許多刺激因素進行積極地參與處理。當你讀到這裏時，請停下來，對你能夠處理的許多刺激因素做些嘗試，查驗你所具有的全部觀念，使你能夠把背景和雜音集中於一個焦點上。(例如：立體照片、電視、發出嗡嗡聲的電冰箱)，你能夠從中感覺到什麼？即使在不久以前你也許尚未注意到這些因素，但是如果你真正做到全神貫注，那麼在你的視野裏，你會見到什麼現象呢？現在，在隨時規定的時間範圍裏，我們剛好有一些處理加工某些

觀看約翰・哈伯勒(John Haberle)的作品「外婆的爐邊」一會兒；然後將目光移開，並試一試你能回憶出多少爐上的東西。這個訓練將使你獲得某些觀念，即你怎樣選擇你的注意力並且能夠記住注意對象。

刺激因素的想法。但是，我們不能設想將這些視覺形象和聲音畫出草圖，以便可以重複閱讀這一章節，因爲這種努力是徒勞的！

幸運的是，我們可以有選擇地接收和拒收我們接觸到的刺激因素，而且在很大程度上，這一過程是在我們的意識之外發生的。某些環境特徵似乎可以引起我們的注意。例如：色彩鮮明的移動物體一般來說比色澤單調的靜止物體更易於吸引我們的注意力；身材高䠷者在人群中會給人以鶴立雞群之感；相對於寬闊的路面，高速公路上的車印，却不能引人注意。在其它場合(或在平時)，生理狀態對我們所理解的對象可能發生影響。患過敏症的人，比如花粉熱患者，對空氣中的花粉異常敏感。他們在電視(或廣播)播出晚間天氣情況節目時，有選擇地收聽花粉計數，而且很少忽視治療過敏症的藥物廣告。

上述例證使我們的注意力被外部環境事物所吸引和支配時，我們竭盡全力去調控我們所領會的對象。我們比較注意有利於我們的事情，或者我們有精神上的準備對一些事物進行觀察和傾聽。例如：你最親密的朋友駕駛一輛棕色的，有損傷的追獵黑斑羚羊，這一事實會使你去注意每一輛通過你面前的這種類型的車。

過去的經驗，現實的動機和未來的目標，都在發揮一種作用，即我們對來自這個世界上的千變萬化的刺激因素作出選擇。

闡釋和整理刺激因素

既然刺激因素已經引起我們的注意，那麼我們就必須以某種方式對其進行劃分，並將這些因素同其它的已知刺激因素範疇聯繫起來。首先，讓我們來看看，我們是怎樣闡釋我們所理解的東西。

闡釋客體

猶如一個嬰孩一樣，對於你來說，整個世界每天都是新的。在你的視野內，你需要求教並仔細研究每一個客體，只有這樣你才能夠理解什麼事物同它有關。此刻。無論如何，我們可能已完全或大部分地領會這些客體了。區別在於：你現在將許多客體理解爲已得到闡釋的對象。一旦你沒有多大把握，那麼對客體的闡釋過程將進展迅速，以至於我們來不及領會它。例如：當你駕駛汽車去工作和上學時，你馬上對沿路邊紅色的、八角形的、

固定在 10 英尺標杆上的標記作出判斷。停車標記對於每一個司機都很熟悉，但是，假設你突然發現在你的汽車前方出現一個小的、帶褐色污痕的髒東西時，你能否像你處理停車標誌那樣迅速地作出判斷？它也許是一隻松鼠，一隻小狗，或者一個棕色的紙袋。有時，如上述情況那樣，你比較明確地意識到你正在解釋的現實與你看到它一樣。如果我們偶然碰到闡釋具體客體的困難，並設想我們所面臨的問題時，那麼對某些客體的闡釋同其他人行為的溝通一樣深奧。

組織刺激因素

我們所關注和闡釋的刺激因素在隔離狀態下是不存在的。就像我們先前看到的那樣，我們以那些將使各種不同的刺激因素更有意義的多種方式，把它們(刺激因素)聯繫起來。我們的大腦積極地處理那些刺激因素，運用我們先前所確定的認知結構：原型、人格構念、刻板印象和脚本。

以一個司機為例，她在駕駛汽車時發現前方路面上有一個褐色的、模糊不清的移動物，在這種情況下，她會如何處理這個與其它刺激因素有關的異常刺激因素呢？讓我們看一看在她的直接環境裏，她是怎樣依據她所掌握的可能發生的幾種情況及她的內在認知結構，去處理這一異常現象。假如，她注意到剛剛駛離的市郊商業中心，她很可能認為路面上那個模糊不清的物體是一件來自食品雜貨店的一卷紙袋；另一方面，如果她剛剛離開家，領着愛犬散步，那麼最近活顯於頭腦中的關於「狗」的認知基模使她將那個模糊物看作是一條小狗。或者也可以假設，清晨她一面打掃後面的走廊，一面查驗被松鼠挖出的西紅柿幼苗，這會使她的「松鼠」認知基模活躍起來，而且也使那些「骯髒的」、「腐敗的」，以及「沒有一點益處」的人格構念活躍起來。如果處於這樣一種狀態，那麼她必定施全力試圖打擊那個模糊物。當然，除非她贊同一種包括虐待動物者會發生什麼變故的認知脚本的生活方式。換言之，我們對單一刺激因素的知覺總是被我們所整理的那個刺激因素以及與其相關的其它刺激因素和由此產生的認知所歪曲。

在知覺過程的整理階段，我們不僅對刺激因素進行分類，而且我們還以過去的經驗、偏見，以及有關人，物或者活動等刺激因素的相關信條掩飾這些因素。我們是通過把我們的認知系統強加於我們所見到的外部對象

來做上述事情的。一首流行歌曲有一句歌詞，「多麼愚蠢的輕信，他明白了！」，我們去掉「愚蠢」一詞，便會改變這種陳述。這表明：我們完全被自己的認知腳本所影響。爲了確切地了解這些程式是怎樣影響人與人之間的關係，我們需要回到本章開始時所提及的四個社會認知過程上來。

人際知覺的四個過程

爲了有效地同其它事物互動，需要運用大量的社會知識。因此，你一定要理解你所置身的社會環境，要非常準確地了解你的記憶庫中的數以百計的基模。當然，這些基模都是被提取的最佳者。不過，這種提取是一項非常複雜的操作。認知心理學家們剛剛開始了解我們怎樣去做這件事。通過突出人們在進行社交互動之前、期間和以後所參與的四個認知過程，我們試圖簡化這個問題。這些內容包括鑑別：

- 是什麼情況。
- 其他人是誰。
- 你是誰，在自我和他人之間有什麼樣的關係。
- 爲什麼所做的事物逐步顯露出他們採用的方式。

讓我們愼重地對這些過程中的每一過程進行考察。

判斷情況

我們對自己同其他人互動的特殊情況了解得越多，我們就越有可能產生有效的訊息。這裏，我們提出處理訊息情況的三個有用的方法：

- 鑑別一系列事件中的某些事件。
- 了解腳本。
- 領會其後的腳本及其潛在的後果。

自我調整：對系列事件中的某一事件的鑑別

有些時候，我們完全處於盲目狀態，不知道還應做什麼或者如何去做。探討外國文化或者加入大學生聯誼會的婦女社團對我們來說，是劃分含混

情況的實例。了解這種情況，就能夠使互動更容易發生。在它的極其簡單的形式裏，一種情況便是「一個位置加上一個界定」。⑮當我們進入這個位置後，首要的任務應當進行自我調整，或者確定我們的方位。還要採取一個方法，就是提出一個簡單的問題：「我在哪裏？」我們發現自己每天都處於不同的場所，在汽車裏，在家裏或者在工作崗位上，在商業區的林蔭路上；在動物園、教堂或者公共汽車站等等。在上述這些場合進行交往，我們的意願極有可能成為現實。但是，僅僅鑒別所處位置是不夠的。例如：一座教堂建築可以作為禮拜場所，結婚場所，冰淇淋聯歡會場所，甚至賭博場所。為了適當地溝通，要求我們認識那些自然和社會角色，它們是所界定的正在發生的某個事件和活動。

每一種文化對於其成員而言，都有大量的事件或活動延續下來。對於個體而言，「**社交情節**」（social episodes）是「內在認識的共同陳述在已經界定的文化社會環境內，重新發生互動的程序。」⑯那麼，哪些典型的社交情節呢？比如：舉行一次大型的家庭晚宴；出席家長和教師聯繫會議；計劃辦一個晚會；聚集在一起談天說地。我們是怎樣了解到某些事件是法定的？當我們開始同某些人交談時，頭腦中經常會產生一個特殊事件。也許你了解和喜歡「找碴兒打架」或者取笑兄弟姐妹，目的是為了惹他（她）發怒。對一個事件進行規定是一個經常性的協商過程。當一個人建議開展一次活動時，他只是具有了開展活動的有利條件和其它的選擇權，如同下面這段談話一樣：

勞拉：我注意到克馬特正在出售割草機。

巴德：數周以來，這是我感受到自由自在的唯一的夜晚，因此我不願
　　　將時間白白地消磨在購買割草機上。

除此之外，今晚，麥克卡車競賽繼續在美麗的庭園裏進行。

社交互動猶如一個連續性的舞會，參加者們接受和謝絕彼此的邀請來表演一段情節。譬如：當兩個老朋友有機會在大街上見面時，提出的要求是：「我能請你喝飲料嗎？」這一邀請的目的在於一同議論流逝的往事。如果你不渴而謝絕，那麼邀請的意義將喪失，——這種狀況反映出被邀請者尚未認識到邀請者對邀請所賦予的深刻涵義。

我們的個人品性在許多社交情境中被極度輕視，使我們的行為與社會期望相一致。注意塞扎恩是怎樣突出玩牌者全神貫注於遊戲上的——他們是如此地專心致志，使得他們的個人性格被抑制。

(Paul Cezanne, *The Card Players*)

運用脚本引導互動：開放型、封閉型和界定型情節

當人們結束一個事件時，他們也許遵循着脚本，正如我們已經看到的那樣，脚本是一個完全可以預示的活動結果。一些班級的學習脚本被完全改變，而其它脚本却沒有變化。例如：你可以預知(從經驗中)每周三早晨，你的歷史教授將點名，並做一次小型測驗，收集測驗卷，上大約 20 分鐘的課，然後用幽默的奇聞軼事來結束這節課。這表明：活動的結果愈能夠被預示，相互之間的溝通就愈益變動。另一節課的教法也許完全不同，以至於你根本無法確定這節課將會發生什麼情況。這兩個例子都是課堂活動，但是只有第一個例子完全遵循脚本。

脚本和事件有助於指導互動。處理事件的結果縮小了正反作用的可能性範圍。如果掌握程式可以使社交活動更具有預知性，邁克爾·布倫（*Michael Brenner*）提出：大多數社交情節可以歸結爲三種類型中的一種，即：封閉型、開放型和界定型。⑰

　　封閉型情節（closed episodes）　一種情境差不多被完全限定時，它就是封閉型情節。對正當行爲的裁定，出師有名，並且對相互之間的交流進行調控。儀式，例如致賀辭和舉行宗教儀式，是一種封閉型情節。許多商業團體在其內部訓練他們的員工，以求得一絲不苟地遵循所設計的一套禮儀進行工作，並且使人們之間的互動不斷地變動。如果你曾經在一家銀行申請貸款，那麼你可能已經置身於封閉情節之中。你有一套規範的、需要得到解答的問題（貸款利率、定期還是活期、償付款項的時間長短等等）；貸款辦公室也是一樣，也需要得到問題的答案（收入、附屬擔保品、地址、信用貸款範圍等等）。另外，非正式的互動也會發生程度不同的變動。在「聊天」中，人們總要圍繞一個被限定的話題來海闊天空地大談特談，但是他們討論的結果有可能發生變動，即偏離了原定的話題。

　　開放型情節（open episodes）　當參與者不需要任何預定計劃，或者僅憑一項十分普通的計劃而進入一種情境時，他們便捲入到一個開放型情節之中。在這種情況下，創造互動的新形式以及中途改變事件具有較大的自由度。例如：「與朋友們居住」的事件，有時被變動，但並不總是這樣。當差不多任何事情都可以作爲談話的話題或者作爲一次活動來完成時，那麼這個事件便是開放型情節。一支管弦樂隊演奏約翰·菲利浦·索沙進行曲時，明確地按照音樂曲譜進行演奏；但是一組樂師在「爵士樂即席演奏會」上則完全不同。即席演奏打破規則所體現的自由度是開放情節的典型特徵。有些開放情節可能使人感到不安，儘管下一步該做什麼尚未有成熟的打算。或許你正處於一種似乎無人知曉該做什麼的情境之中。我們聽說有一位講師，他在第一天上課時，其程序是：走進教室，然後在他的講台上盤腿打坐，前半節課他什麼都沒講。他的觀點是：說明如何溝通是過去慣常界定含混情況的方式。最後，學生們在開始互相交談時，試圖斷定他們的老師在做什麼。從學生們的意圖來看，這是一種開放型情節。

　　界定型情節（defined episodes）　當封閉型情節被認爲是作爲預先期待的結果時，許多情況在發展中被規定爲：參與者們按照他們自己個人目

標和計劃活動，以取得工作意見的一致。即使這樣，這種意見的一致性也往往是暫時的——對情況的限定，其受挫也許同其發展一樣迅速。一個界定型情節也是開放型情節，參與者們都試圖協商處理一些收尾工作。區別在於：開放型情節體現爲創造性和掙脫束縛；而界定型情節則具有競爭性，它試圖控制我們的活動。布倫提出，說明型情節往往是含混的和無結構的相互交流，因爲每一個合作者也許正在爲事件提出選擇方向。

例如：一位不太稱職的營業員可能會發動一個「銷售事件」，但是，他最終還要屈從於一個聰明的、却不願意購物的顧客對情境的限定，好似「吹牛皮」而不付諸行動一樣。當一個燭光晚宴重新被界定爲一個「做作的會談」情節時，或者被界定爲「關於小山羊皮製做的手套」之類的談話時，夜晚那種浪漫的情調可能很快地遭到破壞。與此密切相關，人們可以花費大量的時間，而僅僅是爲了確定其後所界定的是什麼情節。一個晚上，我們聽說四個朋友爲了那個夜晚而提出 20 多項不同的活動。不用說，最終他們結束毫無內容的行動，並談論起他們所做的事情。人們不可能以那種方式而有計劃地花費那一晚上時間，但是我們對四個朋友那一晚上表現的觀察却使我們相信這些，即我們的朋友們屢次去做並且結束「今晚你們想要做什麼」的事件。

雖然我們可以認爲，封閉型情節非常有限制性，並且對他們所提供的開放型情節的自由度做出評價，然後停下來，再去思考無序的社會生活何以無更加有效的規定或者是被修正的事件；然而，重要的事實是：我們對其他人提出的各種類型情節的認知，使得我們能夠接受或者謝絕邀請。

確定情節和腳本之後果

有時預知情況可能出現的後果是十分重要的，這就像能看出後幾步棋路的弈棋者一樣。如果我們能夠看出哪些情況將要發生，我們就可以避免有害後果的出現。

售貨員經常使用試一試，然後再肯定的「同意方式」來提示那些不知行情的顧客們。他提出的問題似乎同他們所出售的商品毫無關係。比如：「那些圖片是你們孩子的可愛照片嗎？」或者「我很難在家裏與你連絡上，你的工作一定需花費很久的時間，對吧」？顧客無意識地認可回答每一個問題；或者在事件結束時，顧客的評論確立了大量花錢購物的習慣方式。

對腳本的理解可能導致積極的或者消極的後果。有時，我們十分了解腳本，以至於我們可以告訴朋友們，他們稍後打算說些什麼。如果我們結束對他們的判斷，那麼我們可以更好地理解他們，從而使他們得到滿足；或者我們中斷了對他們的判斷，從而引起他們的憤懣。另一個消極後果是，處於變動狀態的互動會使人感到厭煩。如果這種厭煩感重複發生，甚至可能損害這種交流。研究婚姻衝突方式的探討者們常常評論道，夫妻兩人都捲入了他們並不想開始的「衝突腳本」，而且他們都感覺到令人心酸的結局，儘管事件剛剛開始，就像我們所見到的那樣。只有當我們被腳本完全限制時，領會腳本所期待的溝通才能妨礙我們理解其他人傳送給我們的重要信息，也才會限制我們的創造性。而較小的變動，諸如即席創作以及與腳本有關的其它活動形式可以將一些特色加諸到每天的互動之中。

判斷人

當我們互動時，我們逐漸理解別人所喜愛的事物。了解如何去判斷個人是減少我們對溝通誤解的另一種方式。在對印象構成的研究過程中，學術探討者們已經發現影響我們判斷的幾種因素。我們將討論四種因素：

- 人格構念之使用。
- 隱含的人格理論。
- 自足式的預言。
- 認知複雜性。

使用人格構念去判斷他人

在本章以前的論述中，我們將人格構念界定為評價客體，活動和人的內心尺度。這裏，我們將焦點集中在我們是如何使用這些結構來形成我們與之溝通的那些人的印象。儘管結構都屬於「個人的」，但是尚無兩個人以同樣準確的方式去運用個人的結構。你和我也許都觀察到比爾正在分兩次吃一塊三明治，深黃色的粉碴碎屑零零散散地沾在他的下頦上。當我認為他是「骯髒的」和「粗俗的」時候，你也許認為他「敢作敢為」。另一方面，我們所看到的是他們的實際行為和我們構成他們行為的個體結構相結合。這些結構對於我們同樣可以產生上述對比爾的看法。

儘管我們各自以不同的結構去判斷其他人，但是我們卻是以相接近的方式來運用這些結構的。史蒂文‧達克（*Steven Duck*）曾經指出運用四種不同類型結構的方式。⑱

　　這四種類型分別是：

‧ 物理結構類型（高――矮，美麗的――醜陋的）。
‧ 角色結構類型（買主――賣主，教師――學生）。
‧ 互動結構類型（友好的――敵對的，文雅的――粗俗的）。
‧ 心理結構類型（孜孜不倦的――懶惰的，仁慈的――殘酷的）。

　　我們最初的印象經常依賴於物理性質――我們評價人們是如何穿著打扮，或者他們具有多麼大的吸引力。這些印象很快就被角色結構類型所注視，如同我們試圖在社交界裡理解人們彼此間的態度一樣。我們在交談時，也許將注意力集中在互動結構類型上，或者是溝通類型的其它方面。最後，我們根據通過觀察得到的情況進行推斷：是什麼原因促使人們這樣地活動（心理結構類型）――我們開始推測出：這是促動因素和為別人建構人格所致。當我們達到這個階段時，已經超越了只是簡單地闡釋我們所見所聞的階段，並且開始對人們的內部情況進行了解和推測。

內隱的人格理論：組織特質印象

　　我們不是簡單地得到其他人的看法，確切地說，我們是通過填滿許多失去的訊息，整理我們個人的全部觀念而形成一種較為完整的意見與境況。我們所做的方式之一，就是要通過所涉及到的、作為一種「**內隱的人格理論**」（implicit personality theory）。就我們這方面來講，確定個人特質與其他特質是相關的，這就是一種信念。假如我們觀察我們所認為的一種特質是一組特質的一部分時，那麼我們將猜測到個人也具有那些特質的其它部分。對於什麼樣的特質能相配合，我們每個人都有自己的觀點。就某些人而言，特質「聰明的」、「安靜的」和「友好的」等等，可以組成一組。⑲如果我們觀察到的行為是我們所以認定的友好和安靜的行為，那麼我們就可能將聰明的特質加諸於那個人，而不需要憑藉任何直接的根據。特質印象的構成依賴於幾個因素：

人體類型經常被用來作為人格的暗示，然而這樣的性質則改變了所依賴的文化。日本畫家后古賽(Hokusai)將骨瘦如柴的人們描繪成為充滿精力和緊張的人。他筆下描繪的胖人們似乎比較懈怠和令人愉悅。

- 核心特質的觀念。
- 觀察特質的程序。
- 原型和刻板印象的影響。

核心特質(central traits)　一些特質在形成印象和可以被稱之為「核心特性」，也許比其它特質更具有份量。目前，主要特質改變了我們理解所有特質的方式。在傳統的研究項目中，社會心理學家哈洛德・凱利(*Harold Kelley*)介紹兩組學生和下列名單，即採用修飾的方法來描繪他們即將要遇見的一個新講師。一組學生聽說這個講師「**熱情**(warm)、勤奮，富有批評精神，注重實際和態度果斷」；另一組學生則聽說這個講師「**冷漠**(cold)、勤奮，富有批評精神，注重實際和態度果斷」。

你認為哪一種描述可以使學生們形成一個好印象？如果你選擇第一種描述，那麼你在這個研究項目中，同大多數學生是一致的。

核心特質（熱情──冷漠）改變了理解者對其它特質進行判斷的方式，並且順勢影響著綜合印象。⑳

首要對 **新近的效應**（recency effect） 使一些特質突出的另一個因素是他們第一次的理解（領會）在何時。第一印象的趨向具有恒久性，被認為是最佳印象。當更多最近的觀察逐步改變我們的最初印象時，我們便有了最近的印象。哪種印象可能更佳？一般來說，最佳印象支配我們留心於對象，並很快形成印象和緊握住他們。例如，你去參加一個社交聯誼會，在會上見到皮特，而你並不認識他。皮特正將狂歡用的坐墊放在一些不被想到者的椅子上，你猜測他做這件事一定很費力氣。皮特焦慮地等待片刻，然後去做他的惡作劇。於是你很快便形成了一個印象：他是「小丑」，而你却未給那些人留下深刻印象。尤其是你後來聽見他嘲笑那些口吐污言穢語而受到報應的幽默語調以後，你對他的印象便固定下來。即使他耗費了一晚上的休息時間一本正經地做事，你的印象也不可能改變。精神病學者倫納德‧朱寧（*Leonard Zunin*）評價道：第一印象是在同陌生人互動的前四分鐘以內形成的，接著決定繼續或者停止事件的進行。㉑

原型和刻板印象（prototypes and stereotypes） 原型和刻板印象對印象的形成可能造成影響。物理屬性或關鍵詞以及被人用過的詞組非常類似於我們的原型。對於「業務經理」類型的形象，我們無論採取什麼方式都難以描述它。此外，如果你具有一個聯想性的刻板印象，亦即：由售貨員不加約束的品行以及他們所講的令人作嘔的玩笑話產生聯想而形成的刻板印象，那麼你在較短的時間裡可以使形成的印象更加完整。即使是形成印象，你也許只注意到與形象相一致的行為，而忽視與之不符的那些行為。假設有的人不同於皮特，他帶著狂歡用的坐墊一起離開晚會。對於這種情況，客觀地講，也許會使你的思想對於皮特為了那個晚會而設計了一系列的惡作劇產生疑慮，而你却沒有這樣的打算，因為你知道皮特是一種什麼類型的人。在這方面，我們甚至要強化面臨矛盾事件的刻板印象。

人與人之間關係的自足式的預言

另一個重要的感覺傾向是**自足式的預言**（self-fulfilling prophecy）。這不同於較爲被動的內隱人格理論（在思想層面上同特性相關聯），自我實現的預言涉及到知覺和行爲。當一個人，即觀察者相信關於作爲目標的另一個情況是眞實的時候，他就開始將行爲取向指向這一目標，就好像這個觀念即爲事實。這個行動促使這個目標的表現與觀察者的期待相一致。如果你認爲你的朋友是個「棘手」的人物，那麼在與他交談中，你會有意避開敏感的話題，而且對你所說的話也頗感猶豫。那麼，你的行爲效果如何？你的朋友變得過分敏感了，這是因爲你活動過分謹愼所致。無意之中，你幫助他營造了一個敏感的氣氛。於是，你自言自語道：「我的天，這是眞的，你不能同他講任何事情！」

認知的複雜性：影響印象結構的因素

並非每一個人都以同樣的方式形成印象。觀察者們在他們習慣用來評價其他人的人格構念的量與質等方面均有差異。認知複雜的人的人格構念系統在量上的**區別**（differentiation）是非常大的，包括比較抽象的心理學範疇（**抽象**）（abstraction），以及具有聯繫各種不同結構的複雜方式（**整合作用**）（integration）。㉒認知簡單的人幾乎沒有關於人的抽象結構，並將其看作相對孤立的印象。我們看一看以下所對比的兩個極端的例子。

假設帕特和克里斯在幾種場合觀察馬文，他們都在場，當馬文：

- 在英語測驗時作弊。
- 負責照料並將每一個人從失火的建築裡搶救出來。
- 拒絕慈善團體沖刷汽車的幫助。
- 爲應付困難的數學測驗，去幫助一個朋友學習。
- 在眾人面前，指出一個朋友的缺點，使其深感窘迫。
- 一有機會他總是捐血。

如果你想要自我測驗，那麼在你繼續下去之前，先記下你自己對馬文的印象，然後回過頭來再了解克里斯和帕特對馬文的印象。

對於帕特來說，馬文是「一個身材高䠷、面容清秀的人，但是他特別自私，和他相處困難，而且不可信賴。」當馬文做過一些有益的事情而被

人記起時，帕特則聳聳肩，然後不屑一顧地說：「這只是一個表面現象，真實的馬文是一個騙子。」

對於克里斯來說，他以為「當馬文對自己缺乏信心時，他似乎顯得有些自私，然而當他知道他可以協助他人做某些事時，他又變得無私了。馬文也是一個非常坦誠和直率的人，他心口合一。如果他確信一個目標時，就會支持它；如果他以為，那不是重要的，那麼他不會為此而多付一分鐘的時間」。克里斯對馬文行為的總結，是出於他的不安全感。「如果他不過分擔心被人注意，他就不會使自己看起如此糟糕。他具有真實的潛力」。

為什麼這兩種印象如此截然不同呢？帕特運用一些比較具體的描述方法(例如：「高個兒和長得清秀」)，但是却忽略了許多不能形成印象的信息。假如，這個印象是典型性的，帕特的結構系統就是一個相對不成熟的系統。同帕特相對比，克里斯論證了認知的高度複雜性。通過將馬文的行為所表現出來的矛盾統一起來，克里斯達到對馬文的比較敏銳的了解，達到對情境的緊張感以及心理動力的認識。

研究表明：認知複雜的人們在處理其它方面的訊息上是比較精確的，在發掘其他人的作用方面，能夠很好地安排他們自己，而且在用公式表示完整的印象之前，還要對很多根據進行衡量。㉓認知不太複雜的人，只是易於淡忘他們的最初印象，忽視存在矛盾的訊息，就是改變印象去適應他們擁有的、比較新的訊息。㉔他們缺乏能力去闡釋較為完整的他人形象的結構。

就認知較為複雜和不太複雜的人們之間的不同而論，你會獲得較為複雜和比較好的印象。實際上，印象的獲得依賴於情境和他人。想像一下帕特和克里斯相互間的交談，他們互相迫使對方狂躁。帕特會聲稱：克里斯想的太多，而且對每一人都進行解析；克里斯可能會指責帕特作出極其簡單的判斷。一般說來，認知複雜者在社交的情境中具有多方面的才能；在對跨文化的適應方面，也有比較強的適應能力。(我們將在第 13 章裏看到這些內容)。但是，一個認知複雜的人不一定是一個「好」人。就像我們中的任何人一樣，這樣的人可以用不道德的、感覺遲鈍等指責來污蔑他的(她的)能力。

判斷關係

當我們考察他人情況並形成印象時，我們也就面臨一項感性的任務，即決定**自我**(self)的哪些相應方面適合於這種情況，以及應該怎樣表現自我與他人之間形成的**關係**(relationships)。

自我監控：決定做什麼樣的人

我們將在(第 4 章)、(第 5 章)兩章中作較詳盡地考察自我概念與溝通。現在重要的是要了解：自我概念經常同我們對情況的闡釋產生關聯。在我們形成對他人的印象時，我們也使他人形成和表現出對我們的印象。類似這種使自己的形象與現時情況相適應的認識及能力，即被稱為**自我監控**(self-monitoring)。㉕一個高層次的自我監控者勢必首先考察社會情況，而後方顯示出與其相適應的面貌，不會在任何情況下單純地表現固定不變的自我形象。

馬克·辛德爾(*Mark Snyder*)指出：高層次和低層次的自我監控者在闡釋情況時，他們各人可能詢問的問題是有區別的：

> 高層次的自我監控者問道：「是誰造成這種情況希望我成為這種人的，我如何才能夠成為這種人？」這樣，高層次的自我監控者便研究了有關情況的特性，以識別這類情況所需要的這一類人，形成一種精神面貌或者這類人的最佳典型，並運用典型人物的自我介紹和表現行為作為監控他(她)本身言語的或非言語的行為指南。
>
> 低層次的自我監控者則問：「我是哪種人，我怎樣才能夠在這種情況下成為這種人？」㉖

低層次的自我監控者按照他(她)的「真實」的自我形象行事，而不是按照典型來引導自己的行動。

請自我測試一下，然後做一個短表，列出你經常與的五、六個不同的社交場合，寫下你在每種場合如何典型地行事，最好的辦法是有某個人在每種場合對你進行觀察，並記下你做了些什麼，然後將你的實際行動與辛德爾的自我監控的問題相比較，以此確定你是否通常表現出一個固定不變

的自我形象；或者你會在不同場合改變你的自我表現？

我們的文化經常傳遞混雜的訊息給我們。例如：我們被告知要「自行其是」和「對自我要存真」，這些信息似乎是對低層次的自我監控者的認可。另一方面，研究者們論證道：適應性強（成為高層次的自我監控者）是社會成功的一把鑰匙。對兩種極端最好都要加以限制。如果我們總是試圖保持一種一貫的自我概念，我們就會缺少靈活性和不大通人情，因為我們體驗不到人類感情和潛能的全部。但是，如果我們經常變化自我概念，以適應情況或適應某人對我們的自我概念的看法，則可能會損害重要的標準和價值觀。最好的辦法是問問自己，在一個特定的場合裡，什麼事更為重要——是適應性還是一貫性。在一種場合，你以為重要的是發揮你的個性，並破壞「每人都回家過聖誕節」的家庭準則。而在第二年你可能會謝絕作一次奇妙的滑雪旅行，只是為了回家和重新適應家庭準則。

闡釋關係：在關係中的自我

當人們相互影響時，每個人都向他人表現自我形象，雖然這些形象通常很容易發生變化。我們對他人的反饋是敏感的，並開始迅速地明確自我與他人之間的關係。於是，一個重要的感知過程就是對特定情況下的關係類型進行識別。辦公室工作者在公司舉辦的野餐會上可能會感到和老板的上下級關係不同於壘球比賽。如果老板也這樣看就沒有問題了，但是，如果老板認為，他（她）仍舊在管理並企圖佈置工作，這又將如何呢？這種觀念上的差異將導致人們產生從未有過的反感。

我們使用範圍廣泛的關係標籤。我們由於某種原因可能認識很多人，也可能是老相識、朋友、摯友、已成為朋友，剛剛成為朋友、同事、鄰居、投球的球友、戀人、夫妻、前夫和前妻、親兄弟（親姐妹）、生意合夥人，正直的人與狡詐的人，同房間的人，律師和顧問、主人與僕人，甚至學生和老師。這個表還能繼續列下去。

關係標籤一旦在我們心中固定下來，它勢必要限制我們的觀念，並參與我們的活動。大多數美國夫婦在剛開始約會時，幾乎沒有想過草擬和簽定有關財務、子女和財產等方面的婚前協議書，在真正的浪漫關係中，他們看不到在這些方面有什麼要做的事情。

雖然還沒有以經驗為根據的研究作出這樣的結論，即我們知道有被證

實的關係典型存在，但是這種關係典型肯定是存在的。同樣，我們具有典型性格的思想印象，就可能具有浪漫關係或良好友誼最好例證的認知模式。毫無疑問，你一定聽說過「全美夫婦」或「巴比和肯」的名詞，這些詞彙被用來描述典型的男女關係。

羅伯特・卡森（Robert Carson）使用「**總合約**」（master contract）一詞來指某一關係已被界定，並引導任何一對事物再次發生互動。㉗這意味着當關係發展時，過去由典型模式所引導的認知觀念幾乎讓一個已知的口頭協議或者悄悄接受的已經建立起來的行為規範所取代。在本書其它各章節中，我們將更多地討論關係。現在重要的是應當確認：當闡述你所介入的關係是何種類型時，了解情況或者形成對他人有用的印象可能是最有決定性的意義。

解釋行為：歸因理論

當事情全部說完、做完時，我們還常常留下疑問：「為什麼他（她）做這件事？」或者「為什麼我做這件事？」大多數情況下，我們可以迅速作出某種解釋。如果我們的理解是促使我們或者他人行動，我們將能減少某些變化不定的現象，使我們在做事情時，有些預見性。關於一般人如何指出社會行為的發生理由的理論被稱為**歸因理論**（attribution theories）。在考察這一理論的某些部分以前，讓我們看看一次典型的對話，並嘗試着解釋每個人的行為。

設想你去拜訪你的朋友安吉拉和豪威已經有些日子了。你與豪威現在正坐在廚房的桌子旁，而安吉拉正下班回家。她看上去有些疲勞。接着發生了以下的交談：

豪威：（從他已裝配好的塑料模型汽車的工具箱上仰視）嗨！親愛的，
　　　工作怎麼樣？
安吉拉：（向你問好以後，她審視着房間）豪威，你還沒有洗完盤子呢？
　　　　從昨天晚上一直留到現在。你能不能做點別人要你去做的
　　　　事？
豪威：早上太忙，我沒有時間。
安吉拉：沒有時間！你沒有工作，也不去找工作。難道你就找不出十

兒童們模仿他們父母的行為和活動，了解了他們將來能夠(或不能夠)成為什麼人。

五分鐘來清洗一打盤子嗎？

豪威：由於你的提醒，我已經徹底查過分類廣告了。

安吉拉：你寄出過履歷表嗎？

豪威：沒，沒有……

安吉拉：我們再接着說，是我強迫你坐下來寫信求職寄履歷表的嗎？

豪威：我是要做的，我是要做的。

安吉拉：你要做什麼？洗盤子還是寄履歷表？……

你將如何解釋你朋友的溝通行為？安吉拉是經常責罵和輕視別人的那種人嗎？或者，這是豪威挑起的一場爭論呢？還可能有其它的解釋嗎？

歸因理論發現了幾種不同的方法，使你我可以據此推斷別人相互行為的原因。我們將考察兩個比較著名的歸因理論——相應推斷理論和協變理論——看看這些理論是怎樣解釋我們對安吉拉和豪威的互動的觀察。

作出相應推斷

當我們觀察別人的行為時，通常將此行為歸因於兩類原因之一：內在

性格或外部情況因素。任何時候我們都按照他（她）的個性、動機或個人偏愛來解釋其行為，我們正在進行**內部歸因**（internal attribution）的工作。例如你可能相信豪威的行為是由於他天性懶惰。當我們察覺到行為是社會壓力、異常情況或人力不能控制的物質力量所引起的結果時，我們進行着**情境歸因**（situational attribution）工作。如果你知道安吉拉剛剛下班回家，她被告知，由於削減預算，她將面臨失業的危險，對此她將如何去做呢？你也許認為，她的行為是由於一時挫折或憂慮所致，並非她的本性。愛德華·瓊斯（*Edward Jones*）和基斯·戴維斯（*Keith Davis*）在他們的**相應推斷理論**（correspondent inference theory）中着重引導人們創造環境歸因的條件。他們發現，如果我們察覺行動者在兩個或者更多種行為中，選擇了非規範的或者有異常效果的行為時，我們就更容易做出性格的判斷。㉘

　　當沒有強勁的社會期待或行為與這些期待相對抗時，這個選擇就是**非規範的**（nonnormative）。例如：一個交通警察如果在指揮交通時，突然跳起舞來，那麼他行為便是非規範的，也就是說不是大多數交通警察的典型行為。觀察者大概會解釋他的行為是由於他的個性所致。說謊提供了一些有趣的情況。在我們的文化中，在很大程度上，說謊是不受歡迎的（非規範的）。如果我們發現某人說謊，通常認為這是該人性格的反映。但是，在「白色謊言」中則是個例外。埃倫在晚餐上回答她的主人說，煮過了頭的醃牛肉「有味道」，為更多的公眾所採用（規範的），而不是將其形容為「浸在水裡的橡皮」（非規範的）。對於後一種說法，我們一概會解釋為是埃倫的個性所致，而前一種說法則不會有如此解釋。

　　如果兩者將產生完全不同的效果，兩者擇一便具有**不同尋常的效果**（noncommon effects）。例如：凱特告訴你，她已經決定今晚去看電影。如果你已知道她的其它選擇是什麼，你也許會把她的行為歸因於不同的原因。如果她考慮去看電影，而不是去租錄影帶、看電視或者外出用餐，你就沒有更多的理由做出有關性格的判斷。所有這些選擇都具有普遍的效果：凱特想自己尋求娛樂。另一方面，如果她選擇電影，而不是去教堂，你將以為按照宗教義務，結果是不同的。如果她去教堂，你以為她是信教的，如果她去看電影那麼她是不太虔誠的教友。由於她的選擇具有不同尋常的效果，所以你更容易做出有關性格歸因的判斷。

對於安吉拉和豪威的對話，相應推斷理論將如何解釋呢？你是否已經注意到，任何非規範的選擇或不平常的效果都是怎樣影響你的歸因？我們通常認為，有親密關係的人，當他們在長長的一天結束時第一次相互見面，便會親切地互相致意。豪威這樣做了，但是，安吉拉開始注意盤子時，可能會給你留下一個非規範的印象。她似乎一開始就有權利斥責豪威；但是豪威的行為又如何呢？如果他失業了，我們傾向於認為，他裝配模型工具箱是在工作與遊戲之間所作的一種選擇，一種承擔了不平常效果的選擇。進一步說，我們的文化仍然不能容忍男人不去工作，而不管其原因是什麼。似乎安吉拉和豪威雙方的行為都提供了做出性格歸因的理由。

運用共變資訊

另一種歸因理論是哈羅德・凱利（*Harold Kelley*）倡導的共變模式。㉙**共變理論**（covariance theory）是考察我們收集到的各類資訊以便找出某人行為的原因。凱利和其他研究者設想了我們常用的四種類型的歸因。我們可能將一個人的行為歸因於下：

- 行動者（完成行為之人）。
- 行動對象（行為針對的刺激物或人）。
- 環境（物質情況或社會背景）。
- 關係（當行動者與行動對象相互影響時，管理他們的總合約）。

你將注意到其中第一條是性格歸因，而後三條更多的是情境歸因。我們做出哪一種歸因決定於我們使用的三類資訊：共認的、一致性的、有區別的。㉚

共認的（consensus）判斷向我們提出問題：別的行為者在相似的情況下是否會以同樣的方式行事。當一個事件被贊同並傳播出去，大多數人都起而仿效時，我們會對他們的行為作出解釋，指出這是意料之中的情況。例如：你們班上如果每個人都舉手回答導師的問題，那麼對珍尼弗的舉手，你就不會認為有什麼特別。你可能將其歸因於公共法則或禮貌。如果珍尼弗是唯一的舉手者（別人已經說出來了），你可能會做更具有個性的歸因。你會認為她打算更加引人注意，或者她對 1950 年時間的歷史記載感到迷惑不解。

如果行動者在廣泛的情況下都以同樣的方式行事,我們信息指向高度的**一致性**(consistency)。如果安吉拉似乎樂於經常挑剔,而不論什麼情況,也不管別人是否在場,她一的一致性使我們以認為她的人性是主要原因。

提出高度、**有區別的**(distinctiveness)判斷是這樣一種行為,即:假如我們知道除了行動對象以外,沒有人會經常引發行動者的行動。觀察下(**表3.2**),然後再想安吉拉與豪威。如果我們已知多數人不會對髒盤子或懶丈夫過表的心煩意亂(程度不高的共認),而安吉拉又很少表現出惱怒的情緒(高度的一致性),而豪威則有試探人們忍耐性的習慣(特別有區別的),然後,凱利的理論指出:你應當去責怪豪威。

最後可能將豪威與安吉拉的行為歸因於他們已經發展的自然關係性質。按照凱利的模式,也有可能是這種情況:當我們認為大多數人不會為這種情況所干擾(程度不高的共認),而你又很少見到安吉拉或豪威對任何人有過喪失冷靜的情況(程度不高的一致性),便可以認為只是在他們之間才會發生喪失冷靜的事情(特別有區別的)。

辨識歸因的偏見(Identifying Attributional Biases)

如果我們所有歸因的行為原因都是完全合乎邏輯的,並利用了所有可信的信息,我們的社會生活將是非常容易管理的。不幸的是,我們人類有時會出奇地不合理。很多認知上的偏差影響了我們對原因的歸因。當我們對被觀察者的從前沒有任何了解時,我們依賴於某些偏差,另一些時候,偏差正好使我們具有的這種了解喪失作用。

對他人的人格偏見(Personality Bias Toward Others)

最普遍的偏見是用人格來解釋他人的行為。[31]在觀察陌生人時,我們特別容易傾向於這種**人格偏見**(personality bias)。我們自然而然地假定一個把鞋子扔向電視螢幕的陌生人是缺乏自制力或情緒不穩定的人。如果人們的行為違反了我們的期待,偏見就會更加強烈。[32]我們預想在餐廳裏的人是為了吃喝,我們可能認為只有演滑稽戲的人才會在這種場合唱歌,我們很少去尋找其他的解釋——例如某人給他 50 美元要他這樣做或是和他一起的女人接受了他的求婚等這種種可能性。認知複雜的個人可能較少受偏見的影響,或許因為他們傾向於從事領會對方的角色。當我們試圖從他人的觀點觀察一個情況時,我們可能看到更多的情境上或關係上的原因。

對自我的情境偏見(Situational Bias Toward Self)

當我們被人要求解釋我們自己的行為時,事情就有些不同了——我們更易於依靠**情境偏見**(situational bias)。如果我對電視螢幕扔鞋子,我可以解釋是因為在辦公室引起的緊張,裁判員的愚蠢裁決,或是電視製作人鬆散乏味的說教。有幾種理由使我們將自己的行為歸因於情況因素。在消極行為的場合,把責任歸罪於情況可以原諒或為行為辯解。另一個問題是我們對自己過去和現在的經驗比一個觀察我們的人得到的信息要多些。我們知道自己是否不好過的日子,觀察我們的人大概不會知道。最後,我們直觀的優勢也有所不同。當我們行事時,我們看不到自己在完成行動,我們看到的是別人和外部環境,這很容易使我們認為情境是我們行為的原因。

對團體的偏見(Bias Toward Groups)

除上述兩種偏見之外,對組群成員也會產生偏見。我們對具有陳規的**團體之外**(out-group)(我們不隸屬的組群)的成員行為的解釋就不同於**對內團體**(in-group)的成員(例如:朋友,同伴或民族團體)。一般來說,研究者發現我們把團體內部成員的積極行為歸因於個性,而對消極行為則解釋為由於環境因素所造成的。對團體之外的成員行為的解釋則持完全相反的態度。積極行為被解釋為環境造成的,而消極行為則看成是人格或組織文化的產物。[33]例如:假設你正在看一位好友比賽網球,當她大聲抗議裁判員判她擊球出界時,你轉向你身邊的人說「不久以前她受過很多壓力,我想她只是需要發洩感情而已。」過些時候,她的對手(來自主要的對手團體)憤怒地責罵對另一次擊球出界的裁決。你自己會想:「為什麼他們允許人打球卻不講禮貌?」

為什麼我們傾向於區別對待,贊成朋友而反對其他社會團體的成員呢?我們通常認為朋友在很多方面和我們相似,而與一個局外人比較時就把他們看成更加相似了。這種團體內外的對比似乎起動了一個理解過程,使我們更接近內部集團成員並按照他(她)的觀點看待事物。結果我們常為行為考慮環境原因。相反我們看待外部成員很少用同情和理解。容易假定某人為此行事與環境無關。

對文化的偏見(Bias Toward Cultures)

在產生歸因偏見時文化也扮演了重要角色。我們文化是極其個人主義的。結果我們更加相信個人對他(她)的行為所負有的責任。在集團主義文化(例如：日本和印度)中，更普遍地歸因於環境。㉞**集體主義文化**(collectivist culture)是將集團的目標遠遠優先於個人目標；忠於集團通常表現在不同情況下都按照法則行事。這樣，在集團主義文化中人們更加意識到環境的強制性而較少意識到個人之間的區別。

上述原因圖式和歸因偏見的知識如何能幫助我們改善人際溝通呢？第一步是了解我們過去與他人的互動如何影響我們決定現在的溝通。在很大程度上，對過去互動的記憶是用歸因的形式儲存起來的。如果你傾向單一原因來解釋互動(例如：個人的或刺激的歸因)，你可能常用埋怨或責怪別人的方式進行溝通。你甚至在不了解別人以前就這樣做了。有機會寫下來評估你過去是如何解釋發生在你的重要關係中的事件，這可能是有益的。

表 3.1   四個社會認知問題

會談或者社交互動
1.每個參與者是如何考慮上述情況的？每個人認爲他(她)參與什麼類型的事物或活動？ 2.參與者相互之間有什麼印象？ 3.參與者們形成了什麼樣的關係？當具有同樣的身份時(如朋友或者偶然相識的)，參與者雙方考慮過這種關係嗎？ 4.參與者提供什麼樣的說明用來解釋他們自己及其相互之間的行爲？

表a.：原型範疇分類

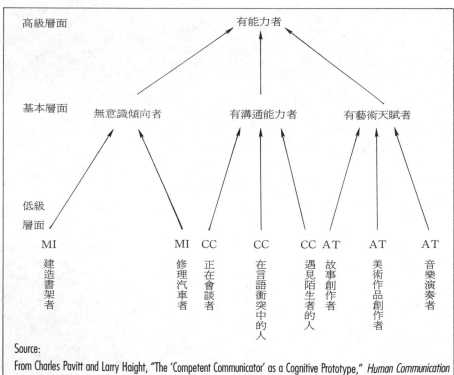

Source:
From Charles Pavitt and Larry Haight, "The 'Competent Communicator' as a Cognitive Prototype," *Human Communication Research 12* (1985): 230.   Reprinted by permission of Sage Publications.

表 3.2　歸因理論結論的模式(引自哈羅德‧H‧凱利的著作)

何時	通常將責任歸於
公認程度不高 高度的一貫性 較少有特色	行動者(完成行為的人)
公認程度很高 高度的一貫性 非常具有特色	行動對象(行為指向者)
公認程度很高 一貫性不太高 較少有特色	情境(背景或外部環境控制着雙方)
公認程度不高 一貫性不太高 非常具有特色	關係(行為雙方明確的或默認的協議)

看電影的感覺：電影攝影師是如何影響我們看

a

電影製片人面臨通過被限定的傳播媒介傳送他們的視覺圖像的挑戰。「大螢幕」只是一個反映二維圖象的平面矩形的東西，而電影中的每一個情節都必須在螢幕內得到完美的表現。爲了克服「平面」的局限，創造出具有景深和高度的表現形象，焦慮的感覺，或者喚起情緒，導演和攝影師必須了解許多知識，即觀衆的感知過程。他們必須確定，在鏡頭內我們怎樣做才能表現和反映出人物安排、自然環境的變化、燈光及色彩的效果，不同的攝影角度等等。那麼攝影師了解我們什麼呢？這種了解能否有助於達到他們的預期效果。

不管他們的知識是含混的，還是明晰的，製片人對感知覺規律的把握已成爲電影製片規則的根據。首先，他們了解到，我們的注意力是最有可能被吸引到螢幕的中心部位。我們希望螢幕形象和情節處於平衡狀態，儘管就大多數中間鏡頭而言，主要情節一般處於電影畫面的中心附近，或者中心偏上。當一個導演的目的是打算實現其現實主義創造意圖時，那麼大部分拍攝將以這種表現手法加以平衡。因爲那是他（她）所了解的觀衆的期待，然而其效果並不理想。當戲劇性的觀念被需要時，「規範」經常被違反。居主要地位的圖象和畫面可能被安排在靠近螢幕邊緣的位置，甚至使畫面逐漸變淡。

爲了創造出有優勢和力度的感覺效果，重要情節可以安排在螢幕

b

的三分之一以上部位。有時候可以將拍攝焦點清晰集中在螢幕中間的三分之一部位的人物身上，同時將其他人物從焦點處稍微移開一些，從而取得應有的藝術效果。這樣處理的結果，使人物形象成爲實際控制畫面的「信號」(見**照片 a**)。在拍攝中，也可以採用低角度攝影，這樣可使鏡頭中的圖象顯得較爲突出，如同俯視我們或他人及物一樣。

　　將人物角色安排在鏡頭較低部分，可以取得相反的效果。與螢幕底部孤立的圖象形成對比的是，被安排上述部位的人物角色看起來顯得特別單薄和不協調，而螢幕的其餘部位是空的，毫無內容。鳥瞰式電影圖象（攝影機直接架空操作）將電影觀衆搞得暈頭轉向，儘管在日常生活中我們很少見到這樣的景象。設計新穎獨特的拍攝情節常常被用來描繪主題的結局或命運。

　　在我們的文化裏，我們還期望從左向右反映圖象的運動，通過表現運動的「牽拉性」，製片人可以使觀衆感覺到處於一種拉伸狀態中。鏡頭圖象向下運動可以被用來表現危險或遭受攻擊的情節。

　　明快或暗淡的色彩，以及特殊的光線能夠在電影畫面上居於主要

地位。我們的注意力被比較明亮的顏色以及其它的黑暗螢幕中的投光部位所吸引（見**照片 b**）。光線暗淡的景物和黑顏色對那些置身其間的人物角色，它象徵着厄運和死亡。色彩還可以被用來平衡螢幕上其它的構圖特徵。在螢幕一側的一個主要的朦朧形象可以被螢幕另一側的鮮明色彩所補償。

　　這些常規（除了幾種職業習慣以外）是電影攝影師同電影進行溝通的依據。在感知過程中，每個人都以調查研究爲根據。你能夠想出電影製片人試圖把握住你在螢幕上所看到的其它方式嗎？

進一步閱讀資料：

路易斯·D·吉尼蒂(Louis D. Giannetti)，《認識電影》（*Understanding Movies*），Prentice-Hall 出版公司，1976 年。

比爾·尼科爾斯(Bill Nichols)，《思維方式與形象》（*Ideology and the Image*），印第安納大學，1981 年出版。

爲什麼會留下印象？關於有能力的溝通者的原型判斷

在第一章裏，我們概括出溝通能力不同方面的模式。這一章，我們已經較詳細地敘述了一個方面的內容，即感覺能力。許多作者確信，我們的感知覺是最具決定性影響判斷能力。「美在觀看者的心目中」的陳述是上述思想的完美說明。但是，這個假設卻提出了問題一我們是如何做出這種判斷。在這一章裏，我們的論點是：人們運用認識原型彼此形成印象。研究者查理士‧帕維特(Charles Pavitt)和拉里‧海德(Larry Haight)以一系列的研究活動，考察這一假設，說明那些領會者們正是通過將自己的關於「溝通能力的人…的認識原型同其他人相互比較而形成印象的。」

上述研究已經表明：原型在三個相關等級的水平上發生作用，它們分別作爲高級的、基本的和從屬的範疇。在人的感情範圍裏，「有能力者」的原型所表達的是一個非常普遍的高級範疇。而比較特殊的類型，例如：機械地彎腰低頭、有藝術天賦者、或者有溝通能力的人會在比較基本的層面上發生作用（見**表a**）。與高級範疇不同的是，基本層面範疇有許多共同的屬性。比如：多數人會把兩個機械地彎腰者理解爲，他們共同具有許多相同的能力。另一方面，我們可以將一些人判斷爲具有很高能力的人。但是，在同一領域，他們的能力完全一樣，這是不可能的。低層次範疇則經常表達能力和品質在基本層面發生作用的不同情況。

爲了進一步證實溝通的感知能力究竟是否依靠認識原型，帕維特及海德要求 77 名學生列舉許多的特徵與其所注意到的（**表a**）列舉的每個範疇相一致。他們發現人們可以描述一個有溝通能力的人。而且那些描述均具有一般性屬性。在這方面的研究中，有溝通能力者常被形容爲：「聰明的」、「表達能力強」、「性格開朗」、「衣着講究」，以及被描述爲「了解諸多思想」和「善於傾聽意見」的人。有溝通能力的人在特點上與通常有能力的人和其它的基本層面範疇（無意識傾向，藝術家）有區別。就特殊情況而論，仔細傾聽和經

常用身體姿勢示意均被理解爲是處理語言衝突的重要行爲；當遇到陌生人時，衣着講究、態度友好、笑容可掬和開始談話被認爲是有能力的行爲；在面談時，有自信心的、毫不拘束的、衣着講究和健談常被認爲是具有表達能力的行爲。當然，這裏所列舉的這些行爲並非是詳盡無遺的，而是通過彼此衡量所指出的比較共同的行爲標準。

帕維特和海德認爲：個人具有的溝通能力的原型是一種「內隱理論」，即一個有能力的溝通者最有可能擁有的品格和行爲能力。當構成對其他人的印象時，在指定的情況下，個人觀察表現出來的特殊行爲，並且對低層次或「情境」原型的功能進行比較。那麼，這種觀察便導致對其他個人可能具有的品格或行爲能力進行推斷。例如：人們都相信，「笑容滿面」是「友好」的體現，或者意味着「可能開始交談」。對於經常面帶微笑的人，人們會形成這樣一種印象，即他（她）在寬廣的行爲範圍裏是有能力的。

由帕維特和海德所進行的另一項研究證明：當要求人們對一個現實中的人作出估價時，如果要求描述理想的或者典型的溝通者，他們就會聯繫與能力相關的品格和行爲，當然其他人的行爲也與其相差不多。換言之，人們似乎正在運用同樣的內隱理論，而不管他們是在判斷一個現實的溝通者，還是一個假設的理想的溝通者。這使人聯想到：原型確實被眞正地運用於構成對他人的印象。

如果自我設問：我的品格是什麼？你會堅決地認爲：最重要的是某些人是否具備了溝通能力（這裏所指的是一般或在特殊情況）。你也許會發現自己的範式同規範有一點區別。最有趣的互動，無疑是那些人具有不同的關於能力的原型。總之，研究者們正在發展一種更好的認識，即：我們如何彼此間形成印象以及在觀察者的觀察力之後發生了什麼情況。

資料來源：
查理士・帕維特和拉里・海德(Charles Pavitt and Larry Haight)「作爲認識原型的——有能力溝通者」(The "Competent Communicator" as a Cognitive Prototype)，《人類溝通研究》(*Human Communication Research*)，1985 年，12

━━━續專欄 3.2━━━

期，第 225-240 頁。

帕維特和海德「溝通能力的內隱理論：情境和能力層面在判斷原型和目標方面的差異」（Impiicit Theories of Communicative Competence: Situational），《溝通專題論文》（*communication Monographs*），1986 年，53 期，第 221-235 頁。

技能訓練：成爲勝任的傾聽者

　　本章着重於我們處理有關社會情況和處理資訊的方法。這種資訊處理使我們能洞察強烈影響我們與人溝通的方式。隨着對認識過程日益增多的了解，我們將能更好的改進人際溝通。

　　我們如何將這些知識轉向於實際的社交技巧呢？有很多方法可以增加我們的洞察能力。秘訣之一是牢記本章介紹的四個社會認知過程：判斷情況，人，關係和解釋行爲。重要的是要記住我們每個人評估事物的差異是因爲我們依靠不同的人格構念、原型，刻板印象，脚本和基模等。

　　較好的學習這些概念的一個方法是花點時間觀察社交情境中的人。觀察人可能是很吸引人的消遣。找一處你可以觀察人而不被人注意的公共場所。看電影，讀小說，請教朋友如何掌握不同情況。然後試圖用本章所敍述的概念解釋你所見所聞。

　　另一個重要的實踐是在你自己社會性溝通之前，之中和之後，「屈曲」你感性的「肌肉」。所謂屈曲肌肉。我們意思是指找時間檢驗你對人和情況的認識，看看是否眞正恰如其分。如果你打算要求老板加薪，事先計劃好你的策略和考慮你想說些什麼，這是很有意義的。我們只建議你採取更多步驟，考慮你對自己、老板的認識，你們的關係和提出的時間，這樣可能引導你變動你的資訊。你也應該提前想到你的老板對這些相同的因素是如何考慮的。在談話以後你應該評價你哪些感覺是正確的，哪些可能引起誤解。在開始時這樣做無疑是困難的。你將感覺到不自然和行動的笨拙，直到這種實踐成爲你的第二性格。從長遠來看，你將發展這種能力來更好的理解自己的習慣。這種理解是變換不合需要習慣的第一步驟。

　　沒有一種實踐比發展傾聽的社交技巧更爲重要。我們大約有 70～80% 清醒的時間花費在參加某種形式的語言溝通上，其中只有 30% 時間在說話，有 45～50% 時間是聽別人說的。研究表明一般人都不是很好的傾聽者。在交談後我們對剛剛聽到的只保留一半左右，在 48 小時內保留了 25%。㉟

　　不僅我們需要改進傾聽的技巧，傾聽也是一種能幫助我們更好地掌握社會認知的技巧。實質上，傾聽是試圖了解用他人的認識框架代替我們自

己認知架構的資訊。如果我們考慮到別人所想所感覺用來發現一個相對的未知世界，那麼傾聽就是最好的（也許是唯一的）進入和探索這一世界的方法。除非我們探索到別人是如何看待事物的，否則便沒有多大的希望了解他們以及我們與他們的交往。傾聽大概是唯一最重要的溝通技巧。我們如果不會傾聽，通常也不會恰當的運用我們的其他語言和非語言的技巧。

傾聽的類型

傾聽有很多定義。最完整的定義是查爾斯·皮特里（*Charles Petrie*）提出的：「按照過去經驗和未來預期去接受、注意（嚴格地和有目的地）、確認、和理解（或綜合）幾種來源用口語溝通的混合過程」。㊱我們希望稍為擴大這一定義，傾聽包含了從我們全部的感官所接收到的信息。我們把很多訊息涵義分給了視覺。我們聽得比說的多。

大多數專家強調傾聽有很多目的。㊲有時傾聽只是辨別哪種刺激物，例如我們努力去辨別深夜聽到的驚叫聲；我們仔細傾聽以確定我們的客人是今天來還是星期二來；我們試圖判定老闆的笑聲是眞誠的還是僞裝的。這種傾聽被稱作**鑒別性的傾聽**（discriminatory listening），它是所有其他傾聽形式的基礎。在這種傾聽中我們確認一個刺激物就是成功。

有時我們傾聽是爲了活動中純粹娛樂。例如我們聽唱片或錄音帶；我們聽和看一齣新戲的舞台演出；我們看一場古典電影並欣賞導演的攝影技巧。所有這些場合我們是從事**欣賞性的傾聽**（appreciative listening）。如果我們體驗了預期方式的刺激，那麼這就是成功。

我們從事的很多傾聽是接受和記憶新的資訊。例如我們聽聽會計師講新稅法的涵義；我們專心聽小孩說他想在生日那天收到什麼禮物；我們在朋友領我們去她家時看和聽。這些情況我們參與的是**綜合性的傾聽**（comprehensive listening）。我們盡全力去理解說話人的意思越準確越好。如果我們能準確的重新創造所說的意義並保存在記憶中就是成功。

我們也爲做出判斷而傾聽。例如我們看見一個電視廣告，我們聽着以決定是否要買這個產品；當我們聽一位政治家講話時，我們必須決定是否支持他的觀點；當一個朋友找我們借錢，我們試圖估計還錢的可能性。這是**評價性的傾聽**（evaluative listening）。

我們越過理解，對一個消息來源的意旨和能力作出判斷，並判斷資訊

的完整性。此時僅僅聽懂了要求還不算是成功，必須對它作出正確的決定才算是成功。

最後，我們為了幫助他人而傾聽。當一個小孩一直地哭，我們打算安慰他使他平靜；當一個朋友最重要的關係破裂了，我們同情的傾聽；當一個熟人需要宣佈一個決定，我們告以毫不隱瞞的觀點。在這些場合我們是參加同情性體會別人**同理的傾聽**(empathic listening)。這時我們的目的是幫助別人，當他們能更好的理解或對付一個問題時，我們就算是成功。

發展傾聽的技巧

每一種傾聽都需要不同的技巧。在 1984 年口語溝通協會年會上，會員們採用了兩種主要傾聽型式的必要技巧表——理解的與評價的。㊳**理解性的傾聽**(comprehensively listening)需要以下主要技巧：

- 確認主要意見。
- 辨別支持某一意見的細節。
- 確認意見之間的明確關係。
- 重述基本意見與細節。

在嚴格**評價**(evaluate)聽說的消息來源時，還需要增加一些技巧：

- 以坦誠之心參加。
- 了解說話人的目的和意見的組成。
- 區分事實的陳述與意見的陳述。
- 注意情感方面的與邏輯方面的論點。
- 探測偏見與歧視。
- 確認說話人的態度。
- 通過邏輯推理和結論進行綜合和評價。
- 回想推斷和論點。
- 確認說話人言語的與非言語的訊息不相符合之處。

所有類型的傾聽都是重要的，最為密切關聯到改進人際溝通的一種是體會別人情感的傾聽，即心理治療的傾聽。當感情介入時更顯得重要。要改進體會別人感情的傾聽需要具有與理解傾聽相同的很多技巧，加上以下

四條重要的指南或法則：

尊重別人的觀點　這意味着我們必須想聽；我們必須注意到別人所想到的和所聽到的。當人們相互衝突時這是特別困難的，因為我們事先有了自己的思想和感情，沒有時間去想我們夥伴的意見。如果和我們相信的不一樣，我們很快摒除了別人的說話。當我們克服了某些不同意的事情時，我們傾向於停止感覺的過程。重要的是要探測別人的觀點而不是迴避它。

作出反應之前要肯定你已充分了解別人說過的話　大多數人花了很多時間去準備自己的話而不是去傾聽別人的陳述。這引出說話以前先理解的法則。在他（她）為了反對或修正做的事以前想想你曾經打斷別人講話多少次。結果你可能認為你不是這樣的而不表同意。打斷盜取了你的訊息而提供其他不確定的訊息。

用意譯檢查你的理解　一旦你認為你理解了別人正在說的話，你應該通過意譯來檢查它。意譯（paraphrasing）就是用你自己的話陳述你認為的別人的意思。意譯不是別人剛剛說過的話，而是代之以你自己的方式描述你對事物的理解。如果一個朋友對你說：「我討厭物理課，誰都比我聰明，我知道我將失敗。無論如何，我不知道你為什麼要待在像我這樣的笨蛋身邊。」檢查一下以肯定你理解朋友真正想說的話。意譯可能像這樣進行：「讓我看看我是否理解。你在功課上有了麻煩，使你懷疑你的能力，如果你做得不好，害怕我認為你是笨蛋。」在公共確認的詞句中，你正在設法確認別人所使用的個人語句或者確認他（她）似乎遵循的原本。

大多數人的最初反應是安慰而不是意譯。「廢話，你會學好的，別發愁」這話只有當你的朋友不認真時才是好的反應。如果她是真正心煩意亂，老實說「你沒有權利這樣認為」這樣一種反應會消除她的恐懼。意譯使你肯定你知道是什麼困擾著她。當你不經常意譯時，它似乎是多餘的。試一試變化意譯的開場白。每次陳述開頭都是「我想我聽見你說的是……」聽起來既陳腐又笨拙。

當意譯時要肯定你表達的是既相關又充分的涵義　在很多交往中感情的語句更重要。如果你的夥伴說：「你知道，你忘記了我的生日，確實，這並不要緊。」你應該弄清楚在這語句後面的感情。有些人很難公開的表達感情，所以他們以暗示代替。好的傾聽者將試圖讀出字裏行間中的意義並幫助別人說出他們真正想說的。

傾聽別人意味着設法用別人的觀點看世界，這時我們必須不要完全成為以別人為中心。為了改進我們的知覺認知，我們必須也傾聽自己。我們可以應用同樣的技巧對準內部來發現我們自己建造起來的世界。問你自己為什麼在某些情況下，同某些特定的人或在特別的關係型式中，你似乎覺得更舒服。不是單純接受你的第一個解釋；試着意譯你自己的看法。你可能發現你真正的感覺不同或是你可能相信自己有別的方法來觀察有關的情況和人。

　　本章提供給你很多關於認知過程的信息和某些人們可以用來了解他們的公共世界的圖表。我們設法簡化你所需要知道的內容，使訊息圍繞四個影響人際溝通的認知過程：我們怎樣判斷情況、人和關係、我們如何解釋社會溝通影響的原因。最後我們建議如何改進你聽的技巧以便更好的理解你自己和別人的認知構成。了解社會認知過程是改進人際溝通的第一步，因為我們所指派給訊息的這麼多意義主要依靠於我們對社會內容和參與者的認知。

實踐過程

討論題

1.再看看安吉拉與豪威的對話。你能否鑒別出你認為兩人都有選擇的注意訊息？有沒有兩人似乎都忽略了的訊息？你能否想起你參加過的談話，在那裏你或者別人有選擇的注意或忽略了訊息？當我們認為別人正在注意壞的訊息時，我們該如何做？我們怎樣才能更好的認識在這種關係上我們自己的傾向？

2.假定你已正確地認識了情況、你自己、別人、你與別人的關係，就去有效地溝通。在小組中，使每人鑒定個人沒有理解到情境、人和關係的一個或幾個方案。電視劇通常是基於類似這樣的環境，可以作為你開始時的良好素材。當你已經鑒別了幾個情況以後，討論我們可能對每一情況做出的各種歸因。

3.你見過的諾得、山谷女郎、普雷皮和雅皮的廣告都是典型的例子。盡你所能去鑒別眾多其他典型的人。談論形成每個典型的特徵。你對情況或關係也能這樣做嗎？

4.肯定你理解典型與陳規的差異，從討論題 3 中找出某些典型並鑒別與每個典型有聯繫的普通陳規。是否所有陳規都是消極的？哪種陳規似乎更有用？在什麼方式上？

5.測試你自己固有的性格理論。基於你的經驗，那些特點似乎自然地一同出現？為什麼你認為它們是有聯繫的？什麼特點是中心環節，它能急劇改變你對一個人的所有印象嗎？

6.本章中自我應驗的預測的例子一般表現為消極的認識傾向。是否必定是這樣？你能想到有時人的積極認識會改變其行為嗎？討論你能做什麼來中途改變一個消極的自我應驗的預測。

7.總合約是管理雙方關係的工作協議。考慮在下列各項中每一項的特定關係：師生，父母子女，戀愛對象，好朋友，同事。現在試著鑒別每種關係的總合約是什麼？然後鑒別有那些方法可用來影響對方，由於合約限

制了你對事物的認識和訊息的範圍。

考慮你介入最後一個主要論點。解釋為什麼別人按照她(他)所做過的方式行事。你做出那一類的歸因？你是否使用了以前的訊息有關公認的、一貫性的、有特色的？現在試試繼續找出你為什麼做出這三種歸因以外的一種歸因的理由。

觀察指南

1.看一齣半小時主要是對話內容的情況喜劇片段或其他電視節目。如果你能做到，把它錄製下來這樣你就能多次重放。挑選諸如誤會之類的有趣片斷，並記錄每次交換訊息的要點。然後寫下為什麼產生這些訊息或解釋這些訊息的最佳理由的認識因素。

2.進行你自己的歸因研究。查閱報章雜誌上對某些事件報導兩人或更多人不同的理解看法。羅賓·吉文斯(*Robin Givens*)與邁克·泰森(*Mike Tyson*)對問題認識不同而引起離婚是個好例子。寫下對情況、談論中的行為、行動者的考慮、行動對象的解釋等等的簡單描述。在這結果中你發現了什麼偏見？他們是否具有本章中所說的一貫性？如果不是，你如何解釋這些差異？

練習

1.本練習的設計為了測試你建構你的交際圈和形成對鑒別印象的方法。它是根據喬治·凱利的安排演出「角色測驗」編製的。最終結果是幾個你自己的人格構念表。按以下步驟進行：

A 觀察下表中的角色名稱，在空格中填入你所知道適合這個角色者的姓名或姓名縮寫。挑選一個不同的人來擔任每個角色。如果你不能想出任何一個人扮演特別角色，就列舉你生活中的幾個其他重要人物，描述他(她)有關的演出。

角色表	人名或其縮寫
母親	_____
父親	_____
男友(或女友)	_____
兄弟(或類似兄弟者)	_____
姐妹(或類似姐妹者)	_____
最要好的同性朋友	_____
最要好的異性朋友	_____
你喜歡的老師	_____
你不喜歡的老師	_____
你認識的最聰明的人	_____
你同情的某個人	_____
老闆或上司	_____
威脅你的某個人	_____
新結識的人	_____
你自己	_____

B 現在考慮你表中的三個人(你母親、你的姐妹和威脅你的某個人)並加以比較。試想在某些重要方面其中二人是 **相似的**(alike)但與第三人不同。例如:你可以說其中二人是友好的而另一個人是很冷酷無情的。在一張紙上,盡你所能地為這三個人列表,列出很多「構件」或相似點與不同點。你的表可能像下面這樣:

友好的──冷酷無情的

好看的──不吸引人的

健談的──沈默寡言的

C 對每一個隨後的角色表重複步驟 B。

- 父親,你的老闆,新認識的人
- 男友,最好的同性朋友,最好的異性朋友
- 喜歡的老師,不喜歡的老師,你自己

- 兄弟，姐妹，最聰明的人
- 最好的異性朋友，母親，姐妹
- 女友，父親，母親

　　你的表現在夠長了，這可以給你非常好的個人構件的概念，這些個人構件你典型的用來形成對別人的印象。比較你和你某些同學的個人構件。它們是怎樣相似或不同的呢？什麼個人構件別人使用而你似乎覺得不重要呢？爲什麼你認爲人們觀察世界如此相似或不同？

　　2.舉辦一次印象形成晚會。好像上一堂課，設計一組 5～10 個問題來問客人以便更好認識他們。然後安排幾個人爲接見小組(一個接見者和一個攝影者)。如果方便，找一台携帶式攝影機和錄影帶，接見不同年齡、民族或社會背景的人。肯定在你提問以前，你爲每個人拍攝了 10～15 秒鐘(我們將在以後解釋理由)。如果你找不到錄影設備，使用磁帶錄音機並對每個人拍攝快照。在規定日期帶著錄影帶和／或快照到小組去。在小組重放錄象，在開始言語溝通以前停放，然後做接見的結論(或在你聽錄音帶之前看快照)。首先小組的每個人都單獨根據非語言的暗示寫下他(她)的印象。然後寫下根據全部的非語言的印象。比較你的印象並談論影響這些印象的認識因素。

專有名詞

下表是本章介紹的主要觀念：

- 社會認知　　　　　*social cognition*
- 認知的複雜性　　　*cognitive complexity*
- 基模　　　　　　　*schema*
- 自我監控　　　　　*self-monitoring*
- 原型　　　　　　　*prototype*
- 總合約　　　　　　*master contract*
- 人格構念　　　　　*personal construct*
- 相應推斷理論　　　*correspondent inference theory*
- 刻板印象　　　　　*stereotypes*
- 共變理論　　　　　*covariance theory*
- 脚本　　　　　　　*scripts*
- 共認的　　　　　　*consensus*
- 選擇性暴露　　　　*selective exposure*
- 一致性　　　　　　*consistency*
- 選擇性注意　　　　*selective attention*
- 有區別的　　　　　*distinctiveness*
- 社交情節　　　　　*social episode*
- 人格偏見　　　　　*personality bias*
- 封閉型情節　　　　*closed episode*
- 情境偏見　　　　　*situational bias*
- 開放型情節　　　　*open episode*
- 鑒別性的傾聽　　　*discriminatory listening*
- 界定型情節　　　　*defined episode*
- 欣賞性的傾聽　　　*appreciative Listening*
- 內隱的人格理論　　*implicit personality theory*
- 理解性的傾聽　　　*comprehensive listening*

- 最初影響　　　　*primacy effect*
- 評價性的傾聽　　*evaluative listening*
- 新近的效應　　　*recency effect*
- 同理的傾聽　　　*empathic listening*
- 自足式的預言　　*self-fulfilling prophecy*
- 意譯　　　　　　*paraphrasing*

建議讀物

Gregory, R. L., and E. H. Gombrich. *Illusion in Nature and Art*. New York: Scribner, 1973. A fascinating look at the nature of illusion and deception as perceptual phenomena. Questions about how we see the world are approached from both scientific and artistic perspectives.

Hall, Edward T. *Beyond Culture*. Garden City, N.Y.: Anchor Books, 1977. An extremely insightful and highly readable book about the role of culture in structuring our perceptions of reality and everyday events.

Hastorf, Albert, David Schneider, and Judith Polefka. *Person Perception*. Baltimore: Penguin Books, 1971. A very thorough overview of the general principles involved in forming impressions of people. It includes information on ways we structure the world, accuracy in person perception, impression formation, and attribution theory.

Watzlawick, Paul. *How Real Is Real?* New York: Random House, 1976. A wide-ranging look at the ways animals, people, and governments manage reality through ritual, perceptual tendencies, and the use of disinformation. The implications for communication are thoroughly explored.

Chapter 4

人際溝通與社會規則
——適應社會期待

Masks disguise and create identity. This royal mask, made in the early 16th century at the Court of Benin (Africa), was used to placate spirits. Although some of us may wear actual masks only at Halloween or costume parties, all of us wear social masks most of our lives.

很小的孩子不知道什麼是「裝扮」。他只知道他有一個家，家裏住著他的姐姐和他的狗，如果他的爺爺、奶奶問起他住在哪裏時，他甚至能重複「47 街」。但是，他不懂得這個觀念：他的家是氣氛和諧的，他也不能確定自己家與別人家的關係。然而，慢慢地，他有了「地址」的概念。這個小孩了解了他朋友的家與自己家的差別。他知道去爺爺奶奶家或去拜訪住在紐約的親戚意味著什麼，他還在地圖上了解他所認識的與每個家庭的位置。假如他要給表哥寄一封信，就會直接寫上「凱利收」，而現在，信封上寫得非常詳細，「美國、紐約、新區艾爾姆大街 1200 號，──這個世界，這個天體，這個宇宙」，這孩子已十分清楚這個世界以及他的位置所在。社會學家彼得‧伯格（*Peter Berger*）告訴我們，「這種對自己所處位置的確知是由陌生人構設的，儘管有些幼稚，但卻是被稱為『成長』的一個重要方面」。①

伯格指出：當孩子在發育中，繼續「裝扮」自己時──他們開始了解他們的社會位置，而不再是一種地理位置了。「我七歲」、「我爸爸媽媽離婚了」、「我上了二年級，可是我的拼寫並不太好」、「我媽媽是個秘書」、「我長大之後，我要去學修汽車，並去駕駛大卡車」。當孩子們在社會地圖上了解了他們的位置時，他們才開始明白，但僅僅只是明白他們所希望的生活是什麼，以及生活希望他們去做什麼。他們使自己適合一個大的社會環境。這種對確定性和溝通的適應性，我們將在這一章和下一章裡討論它。在這一章裏，我們將來看一些形成社會基模並控制我們的方法。在下章中我們思考一下，怎樣適應這些社會壓力，我們將努力創造一種屬於我們自己的獨特性。

作為群體的一部分：遵守社會規則

關於我們自己的基本要素就是：我們是社會的動物。孤獨者的幻想，過著一種獨居的生活，不與任何人為伍，可能對我們有著強烈的吸引力，但是，我們中的大多數人都在我們的生活中遵守由他人制定的各種規則。過一種「文明化」的生活意指我們必須願意達到他人所希望的程度。

溝通者是遵守社會規則的人。在這節裏我們將看到我們所提出和檢驗

的社會控制和社會壓力是什麼，以及社會規則是怎樣發生作用，和它們如何約束著我們的溝通。

社會控制和一致性壓力

為什麼社會對一致性給予如此高度的重視？原因之一就是為了有效地進行操作，社會群體成員必須共同協調他們的活動。每個成員都必須完全接受和遵守規範。既然我們隸屬於許多社會組織，我們就該成為社會控制者多層次上的主體。伯格要求我們設想自己在一系列圓圈中間，每一種都代表著一個控制系統。這些圓圈代表了社會和諧一致，它們作為「許多約束人和強制人的力量而存在。」②

約束我們的力量是多種多樣的。外在的經濟制裁和法律制裁均以明顯的方式控制著我們的行動。此外，還有較具體的壓力影響著我們：希望我們不斷提高水準並能遵守共同體的道德習慣，我們心理上的膽怯、我們的基本需要等。不論何種原因，露絲·班乃廸（*Ruth Benedict*）對此作了如下闡述：

> 一個個人發展的生活歷史，首要和最初的是對隱藏於他的共同體中的傳統模式和層次的適應。從他誕生的那一刻起，這種習俗就進入並構成他的經驗的和行為的內在框架（骨架）。到他會行走時，他便能對他的文化有所創造，而到他長大後，能夠承擔活動時，共同體的習慣就是他的習慣，共同體的信仰就是他的信仰，共同體的不可能性就是他的不可能性。③

我們感到那些個人比起班乃廸所允許的還有一些個人的空間。我們也相信「我們是誰」和「如何進行溝通」的大部分是由社會規則決定的。而對我們的自由最強而有力的限制是來自社會角色。

社會角色的性質

我們每天都面對一些新情況。如果我們必須停止下來並決定如何在這些情況下去行動，我們就會遇上困難。幸運的是，我們沒有更多地思考就能恰如其分地去做事情。這是因為我們經某種暗示而知道某人是怎樣地在我們的位置上行動的：我已學會了社會學家們稱之為角色的社會控制最強

我們了解一下什麼是生命幻想時期所希望的;我們的家庭在位置和角色上提供了我們一些
訊息。

(Pablo Picasso, *Family at Supper*, 1903)

的形式之一。要了解什麼是角色,我們必須先了解階級的基本觀念。**位置**
(position)是一種社會標誌,告訴人們我們是誰,我們的責任和權力是什
麼,以及我們與他人競爭時,我們的立足點所在。社會承認一些位置是與
職業有關的(屠夫、麵包師、糖果製作師)。另一些位置則表明在家庭裏的
地位(祖父母、父母、兒子或女兒)。還有其他的位置是表示年齡、性別、
威望或合作組織等。④所有這些位置都可標明在社會圖景中的立足之地。

　　各類位置並不僅是空談的整體。人們被要求嚴肅地對待他們的位置,
兒童和成年人娛樂的方式是不可能相同的。職業政治家和職業摔跤運動員
在公共場合下的表現截然不同。每一個位置都將帶來一系列的行爲規則。
這些行爲規則便是我們所謂的 **角色**(role):一系列的期待要求是管理人們
如何能更好地掌握他們的位置,正像他們所應做的那樣。我們在這幾個方
面了解角色:

- 角色是學習得來的。
- 角色是普遍的。
- 它們影響到我們的時候。
- 我們中的大多數人扮演著雙重角色。

角色是學習的結果　我們並非生來就俱有角色的知識。我們學習適應社會需求的方法和我們學騎自行車或學拉手風琴是一樣的。我們的學習是透過觀察他人，透過接受管教，透過實際訓練、表揚或批評等途徑的。一般來說，影響我們學習的全部原則都能對角色的形成產生作用。(**專欄 4.1**)表示我們學習角色的許多途徑之一：透過模仿的遊戲。

角色是行為的總體化指南　角色在我們所掌握的位置上如何行動而給予我們一個總體的觀感，它並不告訴我們行動的細節。我們經常有屬於我們自己的位置，這時它需出現在我們各種行為的細節中。例如：大部分的大學生需要時間了解怎樣才能成為一名大學生。由於大學生必須在不同班級裏學習而不只是去註冊，所以他們必須以特殊的方式去行動，去與人交往甚至去思考。新生或重修生在剛開始時可能有一段艱苦的時刻，而這些成果在學校名冊上是很難找到的。角色對行為來說是整體化和觀念化的模式，它不能夠充分地描述其發展。然而充分角色的表現是實驗性、證明性和公正性。

角色影響自我信念　學會一個角色是需要時間的，但是在此之後，一種陌生的面具便被套上了。漸漸地，人們不再改正他們的角色。例如：第一年當教師的人，會十分強烈地感到她的權威的矛盾心理，然而，沒過多久，她就會開始了解教師的權力是指導和規範。她甚至會開始相信調皮搗蛋的學生都是不能管束和無可救藥的。同樣地，一個被接納為軍隊中的新戰士可能被「服從」搞得眼花撩亂。隨後，他不久就會熟悉如何行軍禮，當然，也開始對反抗者表示怨恨。

持續一段時期的角色行為會影響一個人的人格和自我認同。**角色僵化**（role rigidity）出現在當角色接管自我認同之時。大多數專家認為從角色中分離出自我在心理學上是必要的。而那些帶有標記角色的人們過於僵硬以致於缺少透明性。他們可能發現無論用何種其他方式來進行聯繫活動都是困難的。例如：教師們可能對指導者的角色習以為常，他們友善地在課

堂上侃侃而談。軍隊軍官則像對待「小不點」那樣對待他們的孩子。

　　人們扮演多重的角色　人們同時能履行許多職位。這意味他們必須在各種角色之間靈活行動。例如：在醫院裏的一個實習醫生必須是扮演一些不同角色的人：在工作中，他或她是一個醫生；在家裏，是丈夫或妻子；在聚會時，是朋友或鄰居，而在城市議會上，他便是一個公民。我們的實習醫生必須是靈敏的足以認清每一個角色截然不同的要求，並能靈活自如地適應它們，而每種角色又要求十分不同的溝通形式。溝通會議要求所有的情形包括大量的角色多面性。一個有個性的人能夠成功地扮演那些角色稱之為**角色戲目**（role repertoire）。顯然，一個人的角色戲目越大就越有交往的靈活機動性。

　　在大多數情況下，人們能輕而易舉地掌握各種角色。然而有時候，他們卻體驗到**角色衝突**（role conflict）。這種情況發生在當兩個或多個角色要求相對之時。例如：「過分賣力工作的人」經常發現職業化的要求和個人要求的衝突。導向家庭關係（擔心、憂慮）的注意力是讓他們從對事業和其他方面的事情中移開關注。解決這種兩難狀態並不是容易的事情；實際上它將導致痛苦的選擇。

　　角色衝突還發生在社會轉換時。在一種舊的角色成為廢棄而新角色被完全接受之前的時期裏，人們經常被置於各種對立的方向之中。我們改變男女所代表的意義和再確定家庭的結構和目標。

選擇我們的角色

　　如果我們真的扮演多重的角色，我們將如何在某種特定的情況下確定我們是誰呢？喬治・麥克卡羅（*George　McCall*）和 J.L.・西蒙（*J.L.Sim-mons*）提出了這個問題作為他們角色認定的模型。⑤為了完成人生，他們認為，我們不得不確定各種假定情況的肯定性。在某種情況下我們就好像馬戲團表演者試著不要滑出繩索，這條繩索界定著我們的人生之路。

　　然而，我們有許多角色的特性，其中的一些比起另一些更為重要。至於什麼才能夠決定角色的特性呢？麥克卡羅和西蒙認為有三種因素：

- 我們從扮演某種角色所接受到的支持程度。
- 我們趨向於它一定程度的承擔義務(許諾)。
- 各種我們從中所獲得的報酬。

讓我們逐一看看這些要素。

社會支持和角色認同

如果我們周圍的人們都能支持我們的努力,我們就能更好地掌握一個角色;如果人們對我們的努力加以奚落,結果則是相反的。我們生命中的一個事實:即我們無時不受到評價。假設你夢想成為一名馬拉松賽跑運動員,如果你的家庭和朋友都給予你支持和鼓勵,你就會實現你的夢想。如果他們嘲笑你,說你的速度和耐力都不行,那麼你就會對你自己堅持不懈的努力缺乏信心。

鏡觀自我

除了麥克卡羅和西蒙外還有一些社會科學家也強調社會支持對於確定和保持角色的重要性。例如:查爾斯・赫爾頓・庫里(*Charles Horton Cooley*)認為,他人的行為如同一面鏡子般地反射給我們的是我們是誰,以及我們如何行動。庫里在這兩行詩中闡述了這個觀點:「一個又一個的鏡子,反射出他人的行跡。」**鏡觀自我**(looking-glass self)就是指從他人發現自我。⑥請考慮片刻,無論你是多麼地堅強意志和自我確信,如果你所遇到的每個人都以非議的態度對你,你就會對自己的能力提出疑問。或者甚至更糟,每個人都總是無視你,你就可能開始徘徊,對你的夢想就會發生動搖。這就像照鏡子時,你不願再看到自己的形象一般。

社會比較過程

社會支持對於我們大多數人來說是基礎。為什麼呢?雷昂・費斯汀杰(*Leon Festinger*)在他的 **社會比較理論**(social comparison theory)中給予回答。⑦他指出,人們的基本需要是了解他們應該如何去做;他們需要知道,他們的觀點和能力是怎樣較量的。既然在衡量觀念上和信念方面的客觀標準十分困難,我們中的大多數人都必須轉問其他人。

然而,我們不僅轉問任何人,我們熟悉的人們能給予我們最有用的比

別人的行動就如同鏡子般，可使我們看到我們自己，他們的回答給予我們一
種我們是誰的感覺。

(Pablo Picasso, *Girl Before a Mirror,* 1932)

較。一個新的網球運動員會愚蠢地把自己與馬爾蒂納・娜娜提洛娃(*Mar-
tina Navratilova*)相比；看待另一個新網球運動員，這是可理解的。同樣，
大學生從知道他們比幼稚園教師擁有更多的教育中得到一些洞察力。他們
需要知道，他們與另一些大學生相比是屬於何種等級。在大多數時間裡我
們與我們所認爲的「在我們的團體中」的自我或看上去比我們更好的人相
比較。因爲我們需要的社會比較是如此強而有力，我們團體中的大多數人

都是與我們相似的人們。

費斯汀杰提出，社會比較的需要會產生整合的壓力。我們選擇作為朋友的人們，他們同樣能加強角色的特性。如果發現在一種關係中，有未曾預期的變化特性，各種努力都將被用於重新確立相似性。當一個朋友轉而堅持預料不到的意見時，你是否曾產生過震驚和失望呢？如果有的話，你可能會將這種微妙的壓力轉為放棄你的朋友而去找其他的你認為更加滿意的人。你是否曾感到不安，因為你的能力超出或低於你的朋友？有些人偽裝的好於他們自己本身，而另一些人則是「呆呆的」，僅僅適合於目前狀況。讓我們來看我們的比較小組所告訴我們的應該是什麼。

承諾和角色認同

大量材料和心理學文獻指出角色還決定了所要成為的角色有什麼意義。也許你一直希望自己成為長跑運動員，既然你曾是個孩子你就想和她一樣，你的承諾將是偉大的，它甚至使你能夠在面對無支持回饋時形成防衛機制。如果你已作了財務投資也就是通過購買昂貴的運動鞋和雇用教練，這種努力將是十分強而有力的。承諾和投資是決定**角色認同**（role identity）的兩個重要因素。

德萊爾·畢姆（*Daryl Bem*）對於為何承諾和投資會使一定的角色特徵更加顯著給予了一個理論上的解釋。[8]他的**自我知覺理論**（self-perception theory）提出一種方法，即我們透過自我觀察而了解我們思維。畢姆認為直接說出我們正在想什麼和感覺什麼對於我們是困難的。為了對我們的情緒或態度有更清晰的了解，我們觀察我們的外在行為，我們看自己正在做什麼通常有助於解釋含糊的情緒或態度。

這個理論對於你來說也許有點古怪。大多數人都以為他們有情緒和態度的直接使用權。然而畢姆的觀點則認為內在感覺常常是難以確定的。試想，當你在戀愛時你感覺如何？你的心跳怎樣？你的心情是甜蜜的嗎？你的呼吸是否加快？現在再想一想你即將死亡之時，你會體驗到什麼？這感覺不是十分相似嗎？經由觀察外在的暗示可知其不同。如果這些感覺發生在重要的職業面談中，你可能會感到害怕。另一方面，如果它們發生在私人的燭光晚宴中，愛就像是一名罪犯。

畢姆也認為外在提示給予我們關於我們態度和價值的訊息。如果我們

觀察我們自己花了大量時間並力爭做什麼事，我們就會決定它的重要性和價值所在。人們通常說那些事情就像「我真的喜歡這裡的食物，看我吃多少」，或「它也許是一個重大的聚會，我要待到天亮」，或「我花所有的時間訓練馬拉松；它也許是當前我生命中最重要的事情」。我們花在某事上的努力的時間越長，我們就越相信我們做得有價值。

報償和角色認同

無論內在的報償還是外在報償都對我們所成的角色有很大的重要性。每一個跑馬拉松的人都不會因外在報償而動力十足，運動員並不只是追求高酬金的。然而運動員會接受重要的內在報償。業餘馬拉松運動員通常在跑完全程時，有驕傲的感覺，因為只有少數人能做到。這種有能力的感覺使運動員長期獻身於達成強有力的角色。另一方面，一個因腿部抽筋疼痛沒能跑完全程的選手，則因即將違反付費規定而重新考慮跑的重要性。

麥克卡羅和西蒙認為我們所討論的所有因素交互影響著決定角色的行動。在我們的生活中，我們將對社會給予我們的各種不同角色加以嘗試。適合的那些角色被保留，而不適合的則被拒絕，直到我們建立起一個我們願意扮演的角色為止。

社會角色如何影響溝通

人們在許多方面像是個演員，而日常互動則好像是在表演。下面，我們將分析一下，在日常生活的社會戲劇中，人們是如何準備他們的角色的。

創造理想的人格：面子維護的需要

就像舞台演員一樣，社會演員也想讓觀眾留下深刻印象。我們所要創造的人格是既受讚許，又被接受的。麥克卡羅和西蒙認為：「男人的最明確的動機之一便是去迫使並不斷地驅使人們支持他關於自己理想化的概念。」⑨獲得欣賞觀眾的讚揚是對他理想化自我取得的支持，而這樣的做法便是去創造一種人格——他是社會價值的具體表現。

社會學家埃爾溫·戈夫曼運用面子這一概念描述了受到他人讚揚的自

我表現的角色。⑩正如我們在（第 1 章）所提到的，一個人的面子是將社會價值具體化了；它是一個倍受稱讚的特性。**面子的維護**（face-work）就是在向他人顯示的面子方面付出的努力。儘管面子概念乍看之下似乎有些古怪，戈夫曼的理論卻是在實際中通用的。例如：我們說一個人違反社會價值就是「喪失面子」，我們把避免窘迫描述爲「拯救面子」；而有些大學生則寧可把時間用於給別人留下印象，這便是「面子時間」。

在溝通中，我們表現面子要把握住一條**主線**（line）。我們的主線是由我們實踐的各種可見行爲與不可見行爲組成的。我們必須非常謹慎地掌握合適的方式。如果我們的行爲方式沒有按照社會規則，別人就會拒絕我們。中等的社會階層者試圖成爲社交名冊的一份子，或富有的實業家嘗試與他的工廠工人發生聯繫就像是「其中一員」，這二者都超出了他們的界線，這兩種做法都會受到嘲弄。

在溝通中，我們必須謹慎地保護我們自己的面子，並維護他人的面子。不僅我們必須給別人好印象，而且我們必須幫助別人也給人以好印象。例如：如果我們在化妝舞會上，其他客人中有人失禮，我們通常都會避開，禮貌地避免看他或她所做的傻事。如果犯的社會錯誤十分明顯以至不可忽略，我們就會蔑視或貶低它。如果我們的客人因不謹慎而侮辱主人，我們可能將它看成是一個玩笑。

積極地維護我們自己的面子，我們要嘗試避開我們所不能控制的環境。如果某人提出一個我們所忽視的話題，我們就會改變主題以避免陷於窘迫。如果我們冒犯了某人，我們就會通過道歉或提出賠罪來維護我們的面子。

戈夫曼認爲，人際溝通是冒險的事情。我們應隨時隨地的遵守面子和界線：

> 一個無警覺的一瞥、音調發生變化的一瞬間、一個掌握了或尚未掌握的生態學觀點，都是帶有判斷其意義的評論……沒有討論的機遇如此平常，就像沒有要求每個參加者都要表現得嚴肅些，以便使用這種方法來掌握他們自己和其他人的表現。⑪

戈夫曼所給予的形象是剛健的個體盡其所能的避免不幸。然而戈夫曼可能對於人際溝通的危險言過其詞，當然其中也有眞實的一面，即以社會

需要保護面子和界線對於英國王室成員而言尤為強烈，他們擔負着他們民族的象徵作用。
一個王子決不能草率結婚。
你能否摹倣這種社會角色的要求？

讚揚為動機的觀念。除非你具有一種完全自由的精神，否則你就會注意不
要在公衆場合做太古怪或做令人窘迫的事情。還有，除非你完全不願或無
感覺，否則你就會防止其他人做傻事。

　　讓我們換個話題並且想一下，你可能會感到驚奇：發現了關於有多少
溝通重心在保護面子和界線上。

表演的準備：自我表現的其他方面

　　當我們在表演時，我們希望服裝、燈光和場地良好。當我們在日常生
活中互動時，我們也希望有一個適當的背景。

場景、服裝和道具

　　戈夫曼把我們日常表演的場景分為兩部分。⑫公衆場合、舞台，他稱之
為**前台**（front）。前台又有兩個方面：場景和個人的表現。**場景**（setting）包
括所有的舞台佈景和道具，它們是使表演成為可能的條件。**個人外觀**（per-
sonal front）包括：服裝、裝飾、生理特性、手勢等等。

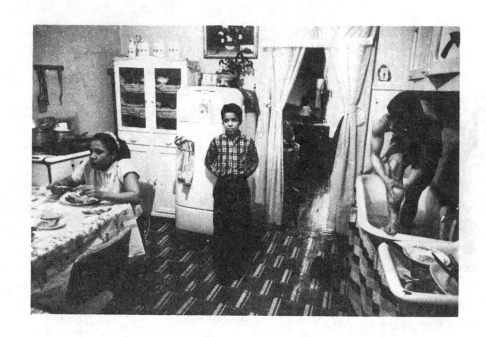

我們生活的空間有助於確定我們溝通的方式。在考慮這兩者之後，可決定哪種環境更能促進更多有報償溝通的進行。

當我們的前台具有創造性設計時，我們就能盡自己的努力開始表演。如果我們不能有令人信服的前台，我們的表演就會砸鍋（崩潰）。公司的總經理懂得豪華環境的價值所在。他們花費巨款購置辦公室家具和進行裝修門面，他們相信，參觀者可以看到在顯耀的地方的紅木牆上一系列畢卡索的畫，這些權勢和財富給人以強烈印象。如果他們還穿著一套價值900美元的西裝，並置身於非凡和令人尊敬的環境中，其影響便會與日俱增。他們的前台行動猶如一個架構，展現出該公司的內在力量。

我們所有的人都反對我們的前台區域的失落。如果我們個人的周圍環境溫暖如春，相親相愛，我們就會很容易地成為朋友。如果我們在冰冷和僵硬的氣氛中溝通，我們將會很難克服它的影響。我們形成場景的方法能夠影響他們的出現。也許你有興趣去分析你的周圍環境對你說些什麼，以及它們如何影響你的溝通方式。這一課題我們將在（第7章）中詳細討論。現在，只是思考一下你的周圍環境所給予的印象。

後台行為

如果演員在台上表演幾個小時，他們就可能會失去與現實的聯繫。幸運的是，在他們的表演中可以有兩種行動交替，即能退回後台，在那裡他們不再表演；他們能夠放鬆並成為他們自己。社會演員的私人範圍可以逃離他們的觀眾批評的眼睛，而這被稱為**後台**（back region）。「功能休息室、俱樂部、洗衣室、練習畫室都是後台的樣本」。⑬戈夫曼認為，角色的獻身並不總是絕對的，大多數人都需要一個地方，使我們能夠溜出角色，做一些我們想做的事情。

後台滿足了我們私人性的需要。透過進入它，我們逃離了角色扮演的領域。但是如果我們沒有一個物理空間可以逃離時該怎麼辦呢？那麼我們就必須依賴於心理空間了。我們發現了一種辦法，使其他人了解我們所扮演的角色並不是完全定義著我們的。戈夫曼稱之為**角色距離**（role distance）。⑭他說，我們遇到的每一種情境都對我們提出要求。偶爾地，我們接近這些要求，並嘗試讓別人知道我們所擁有的比眼睛所見到的更多。

戈夫曼在間接社區方面有很多研究，在那裏，角色有非常好的定義。助理醫生的角色是特別地需要的。雖然助理醫生被期望獻身於他們的職業，但在醫院裡，一個助理醫生的地位並不是很高的。因此，助理醫生可能感到

一個上了年紀的人與他的貓形成了一種相當奇特的印象。當他站在期待他的觀眾面前，他將成為精力充沛的小丑。

需要顯露角色距離。他們做這事有許多方法，他們可以使用一個令人賞心悅目的表達方式來顯示他們地位的不合理性。他們需花比平常更多的時間去服從一項規定，迫使他人向其發問兩次才予以回答。他們可以調情或開玩笑，在外部世界中保留其他角色的表現。這個界線的超越使他們相互爭鬥，而實際上並沒有違背角色要求。回憶一下你的學生時代，你和你的同學們是怎樣抵制你們做爲學生的形象的？我們想請你使用同樣的戰術。

整體表演

　　大部分的表演並不是一個人演出——成功的演出依賴於全體人員。社會角色是處在同樣的情境中的。伴隨著角色而出現了**角色場景**（role sets）。其他的人也幫助完成一場表演。被告辯護律師角色的場景包括：當事人、原告律師、法官、法院職員和陪審團。搖滾樂明星角色的場景包括：樂隊成員、代理人、經理人、保鏢、巡迴演出路線、一個或兩個占星學家。也許還包括若干團體。這些人是使表演成爲可能的條件。與他們一起，每個人都能成爲明星；沒有他們，則任何事情都不會發生。

　　角色場景的成員必須是絕對忠誠，遵守紀律和週到謹慎的。⑮政治家的家庭是一個角色場景很好的範例。他們的功能之一是支持候選人的表現，顯示出一個整體性和自願獻身的形象。他們必須小心翼翼，不要洩漏了候選人的缺陷。他們必須與該角色站在一起，決不違抗團體的紀律也決不對生活失去信心，並且在公衆場合中不貪婪地追尋個人風采。戈夫曼認爲，成爲特殊類型的人是不需要有個人事務的，它包括了在高層次的組織合作之中。

　　顯然地，角色場景的成員必須在一起工作。如果各成員不能協調他們的行動，就會出現混淆情況。這裡有幾種方法可以確保一個密切配合的表演。一是選擇相互關係融洽的夥伴。他們所扮演的部分是可信賴的。例如，政治家選擇配偶僅僅是爲了將來的生涯而考量的，運用這種方法我們稱之爲**重新鑄造**（altercasting）。然而，我們大多數人都不是冷血動物，我們通常選擇支持我們自我特性的朋友。莫利斯·羅森伯格（*Morris Rosenberg*）說過：友誼是宣傳一個人最完美的例證。⑯

　　另一種我們能夠使用於確保表演順利的方法是**鏡相**（Mirroring）。⑰鏡相是重新鑄造的對立面。在這裡藉由跟隨我們夥伴的引導而達到協調一

致。然而，重新鑄造和鏡相二者都能確保協調一致的表演，但它們都不能令人十分滿意，在任何情況下一個合作者是無法獨自作出一切決定的。從相互聯繫的觀點來看，更爲令人滿意的方法是 **共同協商**(mutual negotiation)。合作者們一起工作，組成的角色是彼此都滿意的。如此做而達到成功，我們必須具有複合的能力，這個問題我們在(第 2 章)末已討論過了。

解釋腳本：文化要素

一旦我們設計了場景，準備好所有的道具和服飾，集合分配好角色的人物，我們就要說出我們的界限。迄今我們的分析顯示出我們的選擇界線並不是在個人的風格這一簡單事件上。我們的文化希望給予我們的作家和導演有更深的程度，然而我們卻不是完全自主的，無法預先設定一個完整的內容，我們也不是完全自由地說出我們的願望的。進一步說，落在我們肩上的強制角色，我們的文化給予我們趨向表達的一般態度。這些力量的滙聚，對於我們實際溝通的選擇，是一強有力的控制者。

一些學者調查研究我們的文化方式決定著我們日復一日基本的溝通形式。正如杰瑞·菲利浦森(*Gerry Philipsen*)告訴我們的：

> 不僅不同的文化顯示者說出不同文化的話語，而且，更重要的是，他們抱持著對價值、目標和說話意義不同的假定作爲人類的經驗樣式。就像宗教、政治、法律，可以說在社會互動中是創造意義的主要媒介(工具)。對於那些從各自的世界地位來觀察世界的人來說，它自身有各種不同的意義。⑱

人類學家告訴我們，不同的文化使得溝通有不同的表現。例如：據說美國的中產階級的基本功能之一是說到關係時，能夠分享個人經驗。關係越是重要，自我揭露就越多。談論的目標之一是表達一個人的獨特性。談論企圖主張社會團結，卻很少涉及這個文化組織。

正如我們本書通篇所指出的，其他各種文化並不能分享這個觀念。我們認爲，如何談話和談論什麼不僅是文化組織的一個功能，而且還是我們特殊的歷史時期的一個功能。(**專欄 4.2**)表明，在過去的 200 年裏，如何經營人際關係有很大的改變。18 世紀的手稿所描述的與我們今天的手稿所描述的大相逕庭，其差別並不僅僅是語言結構在這些年裏變化的結果。

他們僅是像我們但不完全與我們相同：性別角色的認同扮演模式及其發展

在男孩和女孩中：玩具角的超級英雄，小學教師 V. G. 帕雷（Vivian Gussin Paley）曾描述了怎樣讓孩子們玩發展性別角色的遊戲。帕雷告訴我們根據幼稚園孩子的年齡，孩子們強烈需要弄清楚對於男孩子和女孩子意味着什麼。小孩子並不關心性別。例如：三歲的孩子，不能區分男人的行爲和女人的行爲。三歲的孩子遊戲中扮演警察，他還去烹煮食物和餵小孩吃飯，同樣的，另一個孩子扮演媽媽也會穿戴男士的背心和帽子。男孩子們會告訴你他們是爸爸，女孩子則在大多數時間是媽媽，偶爾地，他們也會說相反，但並不會令人感到不舒服。

四歲左右的孩子開始能更加逐漸地裝扮出性別基本角色來。女孩子開始在玩家家酒中，承擔她們自己媽媽的角色、嬰兒或姐姐的角色，男孩子則扮演爸爸、合作者、木匠、救火隊員。雖然女孩們有時想改變他們所裝扮的角色：成功女性和超級女孩，而男孩子則比較特殊，他們扮演妖怪或超級英雄。

到了 5、6 歲時，基本性別的遊戲較爲固定地確定了。不僅兒童擔任一種性別的角色，他們還提出一些規則使他們自己能夠分離，儘管社會提供兒童玩具和「星球大戰」（Star Wars）的表演人物來幫助產生遊戲的形式，可是孩子們自己也常以某些創見性的方式來精細地說明性別的內容。在帕雷的小組觀察中，例如：男孩子們外出去買牛奶，

而女孩子們則悄然退到報紙架邊。

在幼稚園裏典型的遊戲是什麼樣的呢？讓我們來看一下在玩具角男孩子們的遊戲。杰里米開始了。他把玩具爐拉到地板中間，說這是電腦終端機。另一些男孩子很快地開始安排這個空間的其他部分。安德略過去穿上拖鞋說：「守航員告訴全體船員，準備着陸。冰雪星球就要降落。」突然男孩子們看見了達西·門德爾。安德略拿起兩個棍棒，跑回到油漆角落，向瑪麗·安妮要了一些紅顏色，把它們改爲輕的軍刀，然後，輕輕地說：「謝謝你小姐，我不會忘記這個的。」說罷便殺入了戰場。

與此同時，女孩子們決定用積木搭一座動物園。他們拿出四個橡膠獅子稱之爲媽媽、爸爸、姐姐和寶寶，把它們放入一個兩層樓的房子裡。帕雷觀察到——「女孩子馴服獅子，是將它們放入房子裏。男孩子則是通過把他們送入空間來征服房子」。

帕雷注意到同齡的男孩子和女孩子們分別講述故事也是非常不同的。女孩子說的總是國王和王后、王子、公主美好的小家庭的故事，而男孩子則喜歡講壞人的故事。帕雷曾經問過女孩子們，爲什麼男孩子不講關於公主的故事呢？女孩子們說，公主的故事對男孩子來說太「輕柔」了。男孩子喜歡性格粗野的人物。有一個幼稚園園長夏洛蒂總結性地說：「這是我個人所考慮的。他們不想太輕柔，因爲那是女孩子的事。他們只喜歡與衆不同。」

資料來源：

威維安·吉森·帕雷(Vivian Gussin Paley)：《男孩與女孩：玩具角的超級英雄》(*Boys and Girls: Superheroes in the Doll Corner*)，芝加哥：芝加哥大學出版社，1984 年。

進一步閱讀資料：

卡里·卡爾米歇爾(Carrie Carmichael)：《無性別差異的兒童》(*Non-sexist Childraising*)，紐約，培根出版社，1971 年。

艾利諾·埃蒙·麥克白和卡略爾·耐基·雅克林(Eleanor Emmon Maccoby and Carol Nagy Jacklin)，《性區別心理學》(*The Psychology of Sex Differences*)，斯坦福大學出版社，1974 年。

沙拉·布尼特·施太因(Sarah Bonnett Stein)，《女孩和男孩：無性別差異者兒童觀的局限》(*Girls and Boys: The Limits of Non-sexist Childrearing*)，紐約，斯克恩伯尼，1983 年。

陌生人的聚集：18 世紀的城市生活

　　我們是歷史的創造者，記住這一點是很重要的，回憶一下那些僅僅是暫時的行為規範。理查德·桑尼(Richard Sennett)在其《公眾人物的墮落》(*The Fall of Public Man*)中描述了自 18 世紀以來相互關係變化的過程。

　　在 18 世紀期間，在歐洲的大首都，一個新興的階級正在形成：資產階級。當任何新的社會組織出現，都會在人們所有生活領域掀起波瀾。生活穿著、談話的新方式，和新的習慣、嗜好和道德都出現新的震撼。

　　17 世紀上流社會裏，人們的等級和地位一望便知。伴隨着 18 世紀一個壯大而雄心勃勃的中產階級的崛起，一種新行為方式出現。桑尼認為，18 世紀城市的居住者有需要去知道其他人並沒有過多地暴露自我，在這種需要的反應中，非個人性和不自然的生活方式特徵形成了。

18 世紀如果你在巴黎或倫敦醒來，你就會發現眾多令人目眩的服裝。上層社會和富有的資產階級戴着巨大的假髮，他們的膚色被染成中風的紅色或陰沈的白色；用紅色的美人斑塗抹於鼻子或前額上加以裝飾，戴面具因而逐漸地興起。較低階層穿着有明顯差別，從絲帶和鈕釦上可確定其等級和地位。那時的人們，這些外在的服飾是辨別每個人的社會階級的象徵。事實上，法律確定了每個人應具有的服飾類別、身體和面孔都是一種背景，在「抽象的特徵和階級的觀念上被突顯出來。」外出到街上去就像是登上舞台一樣。

語言也成爲劇場上和裝飾性的東西。用生硬的語言來問候，也許不帶有批評性的語氣。説到個人的細節則是更糟的形式。在 1747 年，凱斯特菲爾德公爵(Lord Chesterfield)給他的兒子的信中罵道：「所有的事情都與你所談的個人主義疏遠了，不要再想像用你自己的個人關心和私人事務去安慰人們；雖然它們是你所感興趣的，對任何人而言，它們卻是沈悶和粗魯的。」

這時代的非個人性並不意味着人們都是孤立的。的確它是一個緊張的社會領域，伴隨着企望值很高的公眾交談。在咖啡屋裏相遇，人們都要交換有關當天發生事情的名言，在這種氣氛下，一個人的社會階級，雖清晰可見，卻並不曾被涉及，是避免個人查詢的唯一規則。每個人只要交付一個便士，就可以按照咖啡屋的規則受到款待。陌生人是在咖啡屋和街上均受歡迎的談話夥伴，在那裏漫步以展示自己和觀察過往的情景，這是一個重要的社會活動。

我們今天的價值與爲相互之間的溝通是相聯繫的，對於需要個人表達、自我暴露和求同存異，簡直都是一無所知的。的確，對於一位 18 世紀的公民來説，我們所知道的人際溝通的觀念是不可想像的。桑尼讓我們懂得時代發生了變化，是否更好了呢？實在難以知曉。

資料來源：

理查德‧桑尼(Richard Sennett)，《公眾人物的墮落》(*The Fall of Public Man*)，紐約，蘭登出版社，1974 年。

進一步閱讀資料：

羅伯特‧伯拉(Robert N. Bellah)和其他人，《心的習慣：美國人生活中的個體主義和共產主義》(*Habits of the Heart: Individualism and commitment in American life*)，加利福尼亞大學出版社，1985 年。

霍沃爾德‧加德林(Howard Gadlin)：「私人生活和公共秩序：在美國親密關係歷史的批判性觀點。」(Private Lives and Public Order: A Critical View of the History of Intimate Relation in the United States)刊於《封閉關係：關於親密意義的透視》(*Close Relationships: Perspectives on the Meaning of Intimacy*)；喬治‧萊溫格爾(George Levinger)和哈羅爾德‧L‧勞什(Harold L. Raush)合編，麻塞諸塞大學出版社，1977 年。

克里斯多佛‧拉許(Christopher Lasch)，《自戀主義文化》(*The Culture of Narcissism*)，紐約，諾頓出版社，1978 年。

技能訓練：變得更加有意識

在這一章和前一章中，我們已強調讓常規來接管我們的溝通是多麼容易。我們看到，人們對社會和他人的理解是透過他們所擁有的觀念的，而在其中是社會建構了框架。我們還看到，我們扮演社會認可的角色和跟隨社會一致地腳步需要承擔很多壓力。這意味著自動導航度過人生是可能的，用無意識的方式來實行我們的生活。

無意識的行動會有一些利益。當我們依賴於過去的榮譽時，我們就不會停止思考每天的行動。當我們自在地跟隨社會角色時，我們對它的適應就會易如反掌。當我們無意識地做事時，生活似乎非常簡單。同時，無意識地行動也會呈現某些實際的危險。處於無意識狀態時，我們缺乏積極性，這顯示出情緒上和認識力的二難困境，並且發現不可能再去適應新的溝通境遇。我們的相互作用缺乏靈活性和組織性。在這方面我們將看到某些方法，它們能使你變得更加有意識，從而能夠對你的感覺和行動給予更多的控制。這種人際的基本技巧會使你開創更多有回饋的關係文化。

有意識和開放的意識

有意識和無意識是兩種基本的認識狀態。根據心理學家艾倫·J·朗格（*Ellen J. Langer*）的觀點，**無意識**（mindlessness）是減少注意力的狀態。（例如，某個人因過去而陷於困境。）另一方面，**有意識**（mindfulness）則是「具有機智而充滿活力意識」的狀態，包括積極的訊息過程和支持創立嶄新類目的區分。[19]

無意識／有意識二分法與密爾頓·羅凱（*Milton Rokeach*）的封閉的和開放的意識的區分相似。羅凱認為，人們能夠按照他們認識系統中的二難推理來進行分類。羅凱理論的基本特徵是把個人的開放規定為「這範圍即對於從其自身複雜價值中所決定的外部接收之有關訊息，在情境中無關因素及無妨礙的資訊，在此人內部，或來自於外界，個人皆能夠接受、評價和行動。」[20]

心理封閉的人們相對於心理開放的人來說，傾向於很少能接受新的資

訊。他們難以區分資訊和資訊源以致於傾向接受「任何權威的話都是談眞理」的觀念。他們在解決衝突方面有其困難，拒絕和解是因爲他們將和解與失敗視爲相等。

羅斯奇的追隨者常把開放心理和封閉心理當作相對地持久的個人特質，而朗格則強調有意識和無意識是思想狀態，人們能夠從一個又一個的人那裏得到鼓勵。她提出理由：無意識不是一種個人特性，我們同時都能具有這兩種心理狀況。

朗格還否認共同信仰是無意識而不是有意識的看法。心理學家都相信，我們堅持意識的積極性是因爲有意識能產生巨大作用。朗格提出「努力包括在從無意識轉向有意識的模式中，同樣，這些力量要求運動客體作方向性轉變。」但是，有意識狀態，一經我們轉換，就不再比無意識更有束縛性了。㉑

有意識的增強

當我們處於無意識狀態時，從定義上看，我們是無知覺和無判斷力的。減少無意識的第一步，便是使受決定的觀念和行爲的領域變爲有意識。大多數人都不能了解他們的觀念和行爲是宏偉社會的構成概念。我們所遵循的社會規則當然很少有規則的「感覺」。我們認爲我們的行動是自由選擇的，而不是受社會的控制。

不幸的是，我們的行爲大都是由習慣所決定的。我們吃飯並不是因爲飢餓，而是因爲時針已指到中午時分。我們參加舞會，並不是因爲我們眞的想去，而是因爲我們所有的朋友都要去。我們穿著令人賞心悅目的服飾是因爲如果不這樣做就不好。在我們做這些事情時，我們讓社會情境控制我們的反應。爲了變得更加有意識，我們必須對支配我們的行爲開始意識到是以前後關係來判斷。事實上，遵循社會規則並不是壞事，但我們不能決定，直到我們認識到這些行爲是受規則支配的。

處於有意識的狀態時，我們就能以批評的方式來評價我們的觀點。我們也許決定按照常規，並超出我們的角色行動，或者決定超越系統；重要的是我們做出有意識的決定。某人測試你，是否滿足社會期望就是運用「因爲」來描述你的行爲。你應對自己說：「我今晚要進城，因爲……」如果你不能對你的行爲想出一些好的理由，也許那行爲會產生更多的想法。

通常我們做事並無創造性，二分法的運用是因爲我們過早地終止。一旦我們想到做某事的一種方法，我們沒有進一步去做而是試著想出其他可能的方法去做它，這可能發生在我們適應角色要求的過程中或解決問題的努力中。例如：一位教師總是以同樣的方法講課，他或她一直在教書從未受到是否不同的教課方式的困擾。或者，一個小組可以做出普通的決定，因爲它的成員在發現一種解決方法時就停止行動，他們從沒有問過自己是否還有更好的解決問題的方法。這兩個例子說明我們應做出眞實的努力，批判地檢驗思想和行動，尋找新的解決問題的方法和新理論。

增強創造力的一種途徑便是確定我們並不參與自我壓抑或過早認知的承諾。創造力最大的阻礙是我們害怕被評判。我們耐心地回到令人發生興趣的觀念和應允沉悶卻安全的解決問題的辦法。因爲我們害怕有組織的觀念和行動是否是愚蠢的。自我潛意識壓抑的趨向是如此強烈以致於我們必須常常用人造的手段來改變它。諸如集思廣義的技巧，個人受到鼓勵，說出所有想法而不管它代表了什麼，或者對他們最初的害怕感到可笑，是明確且有計劃的幫助我們克服我們對自己創造力的恐懼。然而集思廣義常常使用於正常的組織環境中，它可以被個體運用於解決人與人之間的問題。記住與其他人在一起時，你必須要靈活，適應環境和富有創造性，在相互聯繫中不要害怕嘗試新事物。

增強創造力的另一種途徑是採取多層次透視方法，我們在兒時學到對世界的反應是如此多，隨著我們長大，我們學會了掌握新的觀念，而不是束縛在兒時的思想框架內。但是甚至作爲成年人，我們盡可能從用不同的方法去看世界中獲得利益。皮帕(*Piper*)和朗格做了一個饒富趣味的研究，在那裏他們要求人們以幾種不同的觀念來看肥皂劇，即從政治家、導演、心理學家、律師、醫生、兒童等各個角度來進行。[22]這種有意識的觀念，比一個無意識的控制組織，單一觀念的觀察者，更易於看到複雜和較少陳腔濫調的特性。當採用多層次透視得到鼓勵時，主體便遠離顯示物。我們若努力工作以複雜的多層次方法去看待事物，同樣的方法也許對實際人生經驗來說是正確的。

我們都能獲利的是，把更多的時間用在有意識狀態而非無意識狀態。這樣做的最佳方法是清醒地去理解環境，在那裡我們是由無意識驅使來行動，並對我們自己的行爲品頭論足。

實踐過程

討論題

1.在《社會學中的邀請》(*Invitation to Sociology*)一書中,彼得‧伯格(*Peter Berger*)告訴我們:「人類生活或工作,在有契約的組織中,在那裏,他們以個人而被熟悉並且他們被個人的忠誠感覺所束縛……,非常強有力和同時地非常微妙的心理過程控制逐漸地顯示出異常性。」想想社會組織控制其成員的某些方式,你能確認多少?不要忘記像荒謬、流言蜚語、排斥和不贊成的心理過程。這些心理過程的影響如何?為什麼你想到它們的作用?

2.我們創造「我們的文化」是什麼涵義?你同意班乃迪所說的我們可能性和非可能性都是由文化預先決定的嗎?你能舉例說明為什麼這可能是真實的,或可能是不真實的?

3.你感興趣的職業是什麼?如果你沒有準備去做那種職業,當你進入到那個領域時你會經受什麼類型的角色變化?你能想辦法使角色轉換變得更容易些嗎?

4.在下學期即將進入你的學校的學生,你將給予他什麼忠告?你以為他或她需要去了解能夠「符合」和承擔在你的學校作為已確定的學生角色是什麼?在你的學校中,它告訴你什麼是「理想」的學生角色認同?

5.討論有助於其他人「維護面子」的特殊的社會規則。你能描述一下你在幫助其他人保住面子時的任何情境嗎?你做了些什麼?你對它們感覺如何?

6.雖然我們在本文中沒有充分地討論它,戈夫曼說過,有許多次當我們參與侵略的面具製作時——這行動使我們不顧其他人的損失。有人曾對你這樣做嗎?你如何處理它?總之,是什麼樣的辦法使人們參與到侵略面具製作的?

7.討論一些典型的「界線」。大學生用於對另一個人所產生的印象,哪一種最為成功?哪一種是成功率最小的?

8.(**專欄 4.1**)討論了男——女性角色。你有什麼反應？如果你有了孩子，你會試著去防範或限制他們接受社會化傳統的性角色結果，或者是你會鼓勵他？它和你小時玩的遊戲和比賽有什麼不同？你是傳統的性角色還是非傳統的性角色？

9.在《公衆人物的墮落》一書中，理查德・桑尼所寫的材料安排在(**專欄 4.2**)中，指出溝通的現代模式過於集中在確立逐漸的親密。他認爲在主要距離中有一些美德，依從禮貌和謙恭的基準。你的想法是什麼？你認爲禮貌、尊重他人和自我克制是好的或壞的品質？什麼時候我們追求開放，什麼時候我們應保持距離？

觀察指南

1.對簡單的社會基準你是如何控制的？你希望你所刻劃的面子或主線（界限）是怎樣？在遵守社會準則或違反社會規則之間作出選擇。不要做人們不能容忍的事；而要做看上去古怪或刻板的事情。例如：穿著並不太受人欣賞的衣物。或者你自己做而不是參加到你的朋友中，就如你經常所做的那樣小心地注意反應。這是十分特殊的。你所承受的壓力是什麼？描述一下你做此的感受，這樣做困難嗎？你感到笨拙和不舒服嗎？你受社會規則的影響是太多或是太少了？把這經驗與社會比較過程聯繫起來。

2.從奇特吸引人的觀點來分析你自己的自我表現。想一個給你留下好印象的偶發特殊溝通事件。你所表現的面貌是什麼樣的？你把握的綱要是什麼？你怎樣做有助於或隱沒你的地位和個人的外表？詳細描述所有相應的道具，家具和習慣決定性。這是一個單獨的表演，還是你依賴他人幫你穿上你的外衣？如果互動是成功的，這種外表有多少魅力？如果互動不太如人意，如果還有機會，你會怎樣表演？

練習

1.與合作者一起做。列出你在上星期裡所扮演的所有角色。試著去決定每個角色的溝通需求。對於每一種你所扮演的角色至少寫出三種溝通行爲的規則。

2.與異性夥伴一起做。擬定一個充分顯示男女互動時典型的性別角色計劃。在班級裏表現它，但使用與你自己相反的性別角色；也就是說，如

果你是男的，就扮演女的角色，如果你是女的，就扮演男的角色。以全班為單位討論這種描述。扮演相反的性別角色通常採用什麼行為？是正確的描述嗎？在描述你的角色對你有怎樣的感受？為什麼？這樣做困難還是容易？令人窘迫還是好玩的？

專有名詞

下邊的概念是在本章中有被提及的概念：

- 位置　　　　　　　position
- 角色　　　　　　　role
- 角色僵化　　　　　role rigidity
- 角色戲目　　　　　role repertoire
- 角色衝突　　　　　role conflict
- 鏡觀自我　　　　　looking-glass self
- 社會比較理論　　　social comparison theory
- 自我知覺理論　　　self-perception theory
- 面子　　　　　　　face
- 面子的維護（保持）　face-work
- 主線（界線）　　　line
- 前台（外表）　　　front
- 場景　　　　　　　setting
- 個人外觀　　　　　personal front
- 後台　　　　　　　back region
- 角色距離　　　　　role distance
- 角色場景　　　　　role set.
- 重新鑄造　　　　　altercasting
- 鏡相　　　　　　　mirroring
- 共同協商　　　　　mutual negotiation
- 無意識　　　　　　mindlessness
- 有意識　　　　　　mindfulness

建議讀物

Benedict, Ruth. *Patterns of Culture*. New York: Penguin Books, 1946. Benedict is one of the most famous of the early cultural anthropologists. In this fascinating book she explores the relationship between culture and personality.

Goffman, Erving. *The Presentation of Self in Everyday Life*. Garden City, N. Y.: Anchor Books, 1959. Goffman is not easy reading, but he is well worth the effort. If you take the time to read him solwly and thought-fully, you'll find insights on every page. But watch out—Goffman can be addicting. After reading him, you won't view the world the same again.

Hewitt, John P. *Self and Society: A Symbolic Interactionist Social Psychology*. Boston: Allyn and Bacon, 1976. If you want to explore the complex relationship between self, society, and communication, then you need to understand a school of thought known as symbolic interactionism. This is one of the easiest introductions to this important field.

McCall, George J., and J. L. Simmons. *Identities and Interactions*. New York: Free Press, 1966. One of the best treatments of the development of the self-concept around. If you're interested in psychology, this book should tell you everything you wanted to know about role identity and more.

Chapter 5

人際溝通和性格認同
——確立個性

Many artists have an acute sense of their own identity. Vincent van Gogh painted some 24 self-portraits during one two-year period in Paris. What do you think are the costs and benefits of so much self-reflection?

「不要那樣叫我，我的名字叫托比。」一個三歲的男孩極不高興地對他父親說，因爲他的父親試圖用一些俏皮的綽號稱呼他。給人起名的行爲對我們來說具有很重要的社會性，就像我們知道給我們周圍的世界分類一樣，我們也知道我們處在其中的位置。我們的名字使我們有別於其他任何人，並且是表示我們自己的唯一性——個性的重要方法之一。事實上，關於人類思維和語言進化的新理論認爲：正是這些事情使得我們是人，例如：自我意識和人的記性，不是天生就有的。這些能力好像來源於極早的兒童時期語言本身的運用。①美國文化和語言的特質就在於強調和承認個人的價值和特性。

人際溝通影響了這種特定個性的發展。既然我們不能「認識」我們自己(除非在鏡子裏、相片上及我們的想像力裏)，我們必須依靠其他人對我們的印象和回饋來形成我們對自己的觀點。隨着這種自我知覺開始發展，我們面臨着社會生活中艱難而持久的兩難選擇：是適應社會期望成爲現代社會群體中的一員，還是背離社會成爲脫離群體的個人。當我們使自己合乎於社會標準角色和規則時，我們便承擔了一種由社會定義和提供的**社會認同**(social identity)之中；當我們堅持制定我們自己的規則時，我們就在塑造 **性格認同**(personal identity)。作爲一個完整的人，我們應該學會用社會和個人的自我特性的方式來發展和表達我們的自我，在前一章裏，我們闡述了鼓勵適應和發展我們社會認定的力量；在本章中，我們將來探討培養人的獨立性和個性即個人特徵的各種因素。

在所有的文化裏我們都會在不同的程度上遵循社會規則和保持獨立個性間的張力。但在我們的文化中，這種感覺尤爲強烈一些。在集體主義文化裏如日本和中國，存在適應社會期望的巨大趨勢中——表現個性被看作是無禮的、以自我爲中心的人。適應的壓力還現存於我們的文化裏。(第 4 章)證明了人們使自己的行爲配合他們的文化限定的角色與環境。社會生活的起點是繼承前人複雜的生活方式和傳統象徵。你所出生的家庭在你來到之前已經建立了長久的規則和習慣。學校、教堂、政黨和你以後可能加入的組織機構也是這樣的。

事實上，性格認同的概念或自我的觀念是近代社會發展的產物。在許多有記載的歷史中，人們按照他們的社會地位和社會階層來確定其身份(莊園領主、傭人、商人、農民等。)很多史學家確信是工業革命開創了現代人

的認同觀念。在大機器生產革命以前，人們主要在自己的家裏工作，家庭和廠房是同一個地方，私人生活的觀念無意義，因爲一個人所做的每一件事都被家庭和集體領導者嚴密地檢查，但是店舖和工廠的增多引起公私之間的分化：公共活動場所成爲商業和政治的世界，家庭成爲休息的場所。在十九世紀以後的年代裏，私人的生活開始繁榮起來，隨之性格認同的觀念開始確定了。②

　　對個人和私人的強調，有一個地方比美國獲得巨大的動力。與世界上許多文化相比較，我們生活在高度個性化的社會裏，這種社會已變得越來越強調人的唯一性。用比較的觀點看看本章(**專欄 5.1**)中關於「禪和無我藝術」的討論。今天，我們社會給予我們最大的適應壓力出自於我們的共同信仰，即我們互不相同——所以我們必須透過發現怎樣在同等地位的人中具有獨立性來尋找我們自己。我們並不簡單地採納某種社會角色和像前代人那樣扮演它，我們試圖透過部分遵循社會規則，並部分爲了自己的目標打破它們來改變我們所扮演的角色。我們這樣做，使我們個人和社會認同間的區別變得模糊起來。在一些情形下，我們的文化仍然不贊成個性對基於角色構成的互動方式的侵犯，但在許多形勢下，它會受到鼓勵。例如：我們可以讚賞一個簡潔而高級地完成其工作的出納員，而沒有太多的大驚小怪。另一方面我們期望一個男女演員的個人生活在公開場合被展現出來，如果沒有實現，我們會感到失望。

　　由於在我們的文化裏，個性極爲重要，所以我們必須認識到性格認同和人際溝通兩者間錯綜複雜的聯繫。本章我們將把性格認同定義爲「自我概念」和「人格」兩個術語——一個在社會科學家中產生爭論的區別。然後，我們將討論自我概念在人生過程中是怎樣逐漸形成的，及它作爲一個最有重要意義的人際關係的結果。最後，我們將看看研究人員認爲性格使我們傾向於以一些方式和他人溝通，並透過介紹能幫助我們做更好溝通的技能，使我們必定或即將走向：自我揭露。

自我概念：從社會角色和規則中獲得獨立

正如我們在(第 4 章)所了解的：一個順利運行的社會依靠我們遵守社會賦予我們的角色規則。我們也看到角色並不總是對我們下定義。在特定的環境中我們會在幾種可能的角色中作出自己的選擇。我們比其他人更常扮演某些角色並且對於若干角色很老練，將他們內在化作為我們是誰的一部分。但是，我們也把我們自己與某些角色的距離分開，並盡可能地避免其它一些角色。我們所關心的和影響着我們演出的角色及如何扮演它們的選擇反映了日益增長的對我們文化傳統的獨立性。這種獨立性最終綜合體現在一個或多個穩定的自我概念中。我們用它決定何時應遵從和何時我們應堅持社會的規則。為了能理解自我概念是怎樣出現和逐漸穩固的，我們首先需要給它們下定義。

什麼是自我概念？

自我概念基本上是每一個人對自己作為一個人所持有的主觀觀點或自身的形象。③然而我們通常將自我概念和人格兩詞互換使用，但它們並不是同樣的一件事。許多對**人格**(personality)的學術定義，描述由心理學的測驗所標定的人們行為方式是有組織的、持續性和特徵性的。它們的差別在於：人格是指心理學家如何看待我們；自我概念是指我們怎樣看待自己。儘管其他人(包括：研究人員)對我們有權決定自己的觀點，並可能對我們真正是那種類型的人表不同意，但我們的自我概念是存在我們自己的私人觀點中。在本章第一部分，我們要用自我概念的方法來理解人際溝通和性格認同間多方面的相互影響。在本章的後半部分，我們將考察從人格角度出發的一些研究工作。

「主格的我」和「受格的我」

我們對自我概念是什麼和它如何發展的理解，應歸功於一批把自己的理解稱作 **符號互動論的社會學家**(symbolic interactionists)。其中最著名的是喬治・荷爾伯特・米德(*George Herbert Mead*)，他強調語言和姿勢

是給我們控制自己行爲和最終發展自我意識唯一的能力符號。符號互動論者以兩種不同的方式使用「自我」一詞，④首先自我是指在兩個意識狀態轉換的過程，米德把它指爲「主格的我」和「受格的我」，當一個人處於**主格的我**(I)意識狀態時，他或她作爲主體用直接的、自發的方式對待他人他事。從**受格的我**(me)的觀點來看，人們把他或她看作「客體」並想像其他人會怎樣看待這一同樣的客體。「主格的我」主動行動或感到某種方式的行動，而受格的我則研究那種行動並不停地用自言自語的方式作評論。想像一個人，邁克，他剛在一個典型的路邊飯店吃完了一頓相當平常的飯。服務太一般化，邁克覺得好像應該故意不留小費去懲罰侍者。內部對話隨主格的我反射了邁克在這種狀況下的經驗而受格的我暗示在這種狀況下，別人會怎麼看待邁克。

主格的我：侍者確實花費了五分鐘才帶來菜單和水杯，只來回檢查兩次；服務太差而不該給小費。

受格的我：但是如果我沒有留下小費，侍者將認爲我是一個吝嗇的人，鄰桌一直看着我的人也會這樣認爲。他們將看到我沒有給小費。另一方面，我妻子和岳母也抱怨服務太差，他們還認爲我要求不夠。如果我給了小費，他們將認爲我是一個易受騙的人。

主格的我：再者，侍者是靠小費生活而不是靠薪水生活。除非我對服務很失望，否則我就應給小費。

受格的我：許多人留下一點小費給侍者，一點意思就可以了，我也就這樣做吧。

在這一特例中，邁克根據兩個重要的其他人(妻子和岳母)、幾個其他特殊的人(侍者及其他顧客)和其他一般人(許多人)的看法考慮了他的行爲。根據這一對話代表一種試圖「走出自我」和想像別人如何看待你。米德相信我們不斷地在「I」和「me」的觀點間選擇的這種能力使我們做到自我控制。如果我們希望改變自己的行爲，我們必須能夠像別人看我們一樣來看自己。我們是逐漸間接地認識我們自己的──那就是通過別人的眼睛──透過想像別人會如何對我們作出反應。

米德強調自我事實上是一個過程，符號互動論者(以及我們大部分人)

也用自我一詞指那個過程的結果之一：即人常常把自我看成一個自在的客體或實體。就像我們能觀察一個客體如汽車有特殊的屬性（例如：豪華的式樣、舒適的特點、良好的里程油耗），因此我們會認為自己有一些穩定的特徵（例如：急躁的脾氣、關心他人或樂於冒險）。把自我看作一個過程，或看作一項成品的趨向一般地會互相牴觸。如果我們把自我概念看成因每一個新的互動而變化的事物，我們就不會發展成為一個固定和完整的個人自我知覺。相反地，如果把自我概念看成是一種成品，我們改變人格的能力會受到嚴格地限制。幸運的是，我們大多數人並沒有必要常常要處理這些問題。我們的自我概念甚至在適應新環境時，幾乎不會感覺到它有任何變化。這是因為自我概念的定義是複雜的和模稜兩可的——允許有足夠的變化空間和穩定性。

分歧多義的自我

即使我們習慣於認為我們有真正的自我，實際上我們有好幾個自我，這些自我概念可能受一些因素的影響：

- 多種知覺的準確性。
- 自己或別人對我們的期望。
- 社會的脈絡。
- 關係的脈絡。

各種知覺的準確性（The Accuracy of Various Perceptions）　我們的自我概念不是完全由我們自己形成的，它們也是與他人社會互動的產品。其結果是，我們作為客體經歷自己和形成自己特徵的印象；我們互動的每個人也是如此。既然自我知覺與他人的知覺同樣受到（第 3 章）所討論的同一偏差的影響，「自我」因不同的知覺者而產生不同的定義。換句話說，無法準確制定誰的自我知覺最準確。例如：一位教授做了對她來說好像極好的報告，她自己覺得自己很有能力並對其自我表現很滿意。然而在報告後，兩個學生說報告很難聽懂，同時另一個抱怨學生在報告中睡覺或遞紙條談話。每一種知覺都代表着不同對教授的自我認定的評價。我們可以試圖對這些置之不理，但我們總得意識到別人對我們「自我」的知覺與我們自己是不同的。

期望(Expectations) 自我概念的明晰度可能更加模糊不清，這受我們自己和其他人加諸在我們身上的各種期望的影響。教授認為「教學」和「研究」是她個人角色的同等重要的兩個方面。但是她知道學生期望她對教學和輔導更加投入。同時，她感到很難應付教務長以下的公開聲明：教學是至高的重點，其目的在於給那些已發表足夠研究論文的優秀教師以研究機會。而且，她覺得她丈夫和孩子期望她放棄在家裏編寫教學計劃和升級試題而多花一些時間與他們在一起。在所有這些互相競爭的要求和期望之中，她思考究竟該先做什麼和常常想她是誰或應該是誰，難道這令人驚奇嗎？

社會的脈絡(Social Context) 變換角色及人們的期望和關於自我的互相矛盾的回饋，最使定義自我充其量成為一種無謂舉動。對更複雜的問題，從一種社會環境轉移到另一種，常迫使我們制定不同的自我概念。一些情境似乎要求我們做一種特殊類型的人，然而有些情境允許我們成為我們自己(也就是說，成為我們所喜歡的任何一種自我)。一個高度集中或完整(見第 3 章)的事件，諸如一場辯論比賽，要求參加者表現得迅速敏捷，有攻擊性和競爭性；乘車回家由幾個開放的事件組成(談論聯賽、在餐館吃飯，享受一對一的交談)，這些事件允許他們有很大的活動餘地選擇和表現其它自我概念。馬克‧欣德(*Mark Snyder*)和威廉姆‧艾克斯(*William Ickes*)已證明，人格特性在不太確定的事件中，能較好地顯現，當情境被編定好後，人格就很容易被征服。⑤顯然地，我們在這種情況下對自我的設定是完全不同的，因此，我們改變我們的行為。

這裏討論的每一個因素使得用許多本性或描述力強的特質來定義自我都很困難，這種模稜兩可導致我們大多數人用相當普通的術語像「友好的」或「開朗的」來描寫我們自己。然而這些術語被用於不同的場合時具有相當的靈活性。對鄰居友好也許包括相對地簡單行為如：互相問候或借出我們的工具；它通常需要下更大的功夫和更多種的行為才能在社會團體中被視為是友好的。甚至，我們從一個以友好和開朗的方式做出事件移到另一個我們可能是卑鄙和脾氣很壞的事件上。當這種事情發生時，為何我們不認為我們自己是患精神分裂症的人呢？

我們對採用一種而拋棄另一種人格並不感到極為焦慮的一個原因，是我們很多的自我概念如此根深柢固以致使它感覺不到並好像我們的舉止超

出我們的性格。當我們按規則和既定情況的角色表現時，我們令人賞悅的行為表現可免於解釋為何我們採用這樣的方法。當我們（或他人）知覺它偏離常規時，我們才需解釋我們的表現。且當我們確實偏離這種規則，我們經常訴諸於一個我們想要保持的特殊自我形象而找到違背規則的藉口（「我知道你討厭讓人介紹對象的約會，因此我不告訴你有人要來和我們共進晚餐，我想我只是在我心裏明白的媒人」）。因而只要自我適合情勢，我們就不想承認在自我描繪中的矛盾，無論何時我們確實偏離了社會路線，我們就會加強實現統一自我的觀念。

關係的脈絡（Relational Context）　還有另一個對我們同時擁有幾個自我概念和仍相信自我基本統一的能力的解釋。我們在不同類型的人際關係中運用不同的自我概念，但我們並不一定會感覺到其中的張力。我們能用一種方式劃分我們的人際關係，以至於我們不能知覺到我們如何扮演專橫的老闆和可愛的丈夫間的不一致。查爾斯·霍爾頓·庫里解釋了我們如何在不同人面前以不同的觀點看待自我。你不妨回憶一下（第4章）介紹的庫里的「鏡觀自我」，庫里指出自我概念中的三個基本要素：

・我們是如何想像自己出現在別人面前的。
・我們是如何看待別人對我們的評價的。
・我們是如何感覺別人對我們的知覺所作出的反應的。

注意庫里和米德觀點的相似性，庫里指出了我們如何能感覺我們不是人際關係中一成不變的人，當他說「在一個直率的人面前變得迴避，在一個勇敢的人面前顯得膽小，在一個精練的人面前顯得遲鈍等等，都會使我們覺得可能。」⑥如果我們在五分鐘內遇到所有這三種人，我們會對我們真正是誰感到有點不舒服。但是我們一般地有些喘息的時間能使我們改變方式和建立適當的個性。

與不同類型的人互動有時能檢驗我們的自我概念，但事情並不總是這樣。我們的自我概念對我們顯得相對固定，我們在不同的人際關係中會感到同樣自在。例如：一個人覺得作為自我與父母在一起和與她最好的朋友在一起是一樣自在的，然而在每一情況下，她用有些不同的方式知覺她自己。對她父母她顯得獨立，嚴肅和關心；對她朋友她顯得關心，但也顯得聰明、好玩和無憂無慮。「我偶爾對朋友嚴肅，但很多場合我像一個永遠長

不大的小孩；對父母來說我早已長大而避免被當做小孩看待。」我們和他人的這種類型的人際關係必然影響我們在那種人際關係中的自我。

公共和私人的自我

自我概念在公共或私人傾向方面也有所不同，當我們處於公共場合或展示時，如何認爲自我是一個**公共的自我概念**(public self-concept)。我們扮演一個允許有些自我表達的社會角色時，這些自我方面是顯而易見的。體育評論員們有時指出運動隊伍反映了教練的個性。在這樣的事例中教練用他或她的其中一個公共的自我概念裝飾角色。一個公共自我概念也可能來源於其中的一個我們常扮演和與我們的特性密切配合的社會角色。許多人把他們工作時的表演的角色內在化，並把自己成作是一個警官、教師、社會工作者或推銷員。當一個人在其原來或合適環境之外的角色中繼續扮演原來的角色時，這個角色已被內在化。例如：父親管理他的孩子就好像他是管轄區的首領一樣；妻子責罵她的丈夫時就好像他是她班級裏的一個學生一般；一個社會工作者可能干涉其鄰居的事務，好像它們是其文件夾裏的事情。

我們大多數人可能認爲**私人的自我概念**(private self-concept)與實際事務更加接近。這些對偶然的過路者或甚至比較要好的朋友並不是顯而易見的自我方面。我們對自己心理個性的知覺、個人價值和極平常的情緒狀態是我們描繪私人自我詞彙表的首要語詞。這方面的一種趨向已被威廉‧麥克居爾(*William McGuire*)和他的同事們作爲具有**區別性先天條件**(distinctiveness postulate)而被報導過。⑦按照這種研究，我們總是試圖把我們外觀上或行爲上的不尋常之處納入我們自我概念的有關特性中去。例如：一項研究表明，學生們很可能用出生地、性別或種族背景、頭髮和眼睛的顏色，或其高度和重量這些術語來描寫自己，如果任何這些特徵有別於班裏大多數同學的話。⑧這再次顯示，情境(環境)在我們定義自我認定時所起的重要作用。隨着我們周圍人的變化，我們自我概念的許多方面，也許消失在背景中(因爲它們不再不尋常)，只會被我們發現自己有別於周圍的人的新的方式所代替。

與眾不同的先決條件建議我們如何以與周圍的人不同或獨特的方式來認識自己。
(*Mr. Patrick O'Brien—The Irish Giant,* 18th-century engraving)

自尊

　　自我概念的另一個方面是我們的自尊在性格上所佔據的程度。當我們的自我概念是作爲某一特別種類的人的自我形象時,「自尊」是指我們與我們的自我形象相聯繫的一種積極的或消極的情感。當一個人具有較強的自尊時,他或她就會變得更加敏感、更加自信,更可能表達個人的觀點,即使這種觀點是不受歡迎的。這樣一類的人,也更容易結交朋友。⑨自尊感較低的人需要別人的肯定,但他們往往難以改變自己的思維方式,以至於不能準確地理解和看待別人的行爲。更具體地說,他們經常無法判斷別人是否對自己友善,甚至認爲別人對他們漠不關心並且力圖找到別人討厭他們的證據。⑩其結果是,他們使自己變得更加令人難以接近,不熱情,於是進一步造成社會關係的惡化並愈加自卑。

　　現在我們已經略知什麼是自我概念了,以及它的幾種存在形式,我們還需要弄清楚對一個個體來說,從嬰兒期到成熟期,自我概念是如何形成

與發展的。

自我概念是怎樣發展變化的

　　心理學家與父母也許會認爲新生兒具有一定程度的個體意義，但很少會認爲他們生來就具有成熟的個性。自我概念是透過訊息的轉遞、行動、反應一步步地建立起來的。在社會中建立一個人的認同是一項長期的艱鉅任務。我們通過嘗試不同的認同，並作出最終選擇形成我們自己的認同；以使我們區別並獨立於我們所處的環境。對這一過程我們有所了解。現在我們就隨着人格在幼年的展現，隨着它步入成年去仔細考察這一過程。

幼年的發展

　　本世紀初期，人們相信剛出世的嬰兒就像一張白紙，或像一團軟軟的石膏，任由他們所處的社會環境書寫塑造。現在我們知道嬰兒具備大多數與成人一樣的感官能力，嬰兒可以識別人臉，識別母親的聲音，並具備其它許多辨識能力。儘管有這些值得注意的能力，我們仍認爲嬰兒與具備成熟獨立人格的人之間存在巨大差異。

　　心理學家麥克・劉易斯和珍妮・布魯克-奎因（*Michael Lewis and Jeanne Brooks-Gunn*）曾描述過嬰兒開始發展其自我意識的過程。⑪生物遺傳上的某些特徵，認知發展及社會環境一起使對自我的意識成爲可能。首先，作爲一個嬰兒，其他嬰兒的相片對她而言極具吸引力，這跟我們的行爲類似，她對自己在鏡子中的映象感到莫大的有趣，她注視自己或另外一個嬰兒形象的時間比注視成人形象的時間要長得多。其次，在 3 個月之內，嬰兒就能意識到自己的動作與其在鏡子中的相應的映象運動之間的因果關係。她會發現只要自己動動手，鏡子中的他便也會動動手。這種自我意識的經驗是轉瞬即逝的。只有到 8 個月左右，嬰兒獲得一種 **物體永久性**（object permanence）的概念之後，才能意識到她的身體及其在鏡子中的形象是不凡的實體。這樣，她就可以形成對物體的認識（一個玩具，她的母親或她自己），而不需依賴具體的觸摸和視覺。大約一年後，嬰兒開始具備對物體、人及事件進行分類的能力，自我分類就作爲其社會分類的一種體現。

　　自我分類與其他類型的社會認知像對別人的認知等一起出現（參看第

3章)。正如我們對其他人的認知一樣，嬰兒也通過與其他人的互動而形成自己對其他人的認知。毫無疑問，嬰兒對於那些主要照顧他的人有更特殊而具體的認知，但他會很快就學會按一些簡單的分類來區分自己和其他事物。劉易斯和布魯克-奎因相信有三種特殊類別在一個孩子的早期認知中佔有重要地位：熟悉、年齡和性別。

在 3 個月的時候，嬰兒就能區分她或他母親的臉和一個陌生人的臉。隨後不久，他就能識別父親，兄弟姐妹，祖父母。這表明了熟悉與不熟悉的他人之間的區別，並且對以後形成的與那些極為主要的他人之間關係起着關鍵作用。對於那些熟悉的他人，一個關鍵的因素就是**模式化的互動**（patterned interaction）的期待，它造成連續性的感受。如果他不能體會到他人也是如此，嬰兒就無法感受到自我是一個沿時間連續的實體。

到 9—12 個月，隨着嬰兒學會區分自己的和另外一個年齡相同的嬰兒的相片時，自我識別開始形成。到了 16—18 個月，大多數嬰兒能意識到性別差異，他們會對同性和異性的孩童相片作出不同反應。在那些會說「媽媽」、「爸爸」、「男孩」、「女孩」，18 個月大的嬰兒中，大約有 80-90％ 的嬰兒可以把這些口語正確地應用到孩子和成人的相片上。儘管對性別的偏見在成人社會中仍是讓人爭論不休，但毫無疑問，當孩子會說話時，他或她已經擁有對自己性別相當的知識並且這些知識使孩子的自我認同的意識更加細緻。

耶洛美·卡岡（*Jerome Kagan*）主張更完整的自我知覺大約在 2 歲左右開始發展並隨後日臻完整。⑫認為孩子的自我意識依賴於童年期的兩個互補的發展過程，第一種發展是對自我作為一個具有意願、情感、原則和達到目標能力的獨立的實體所產生日益增長的體驗或知覺。兩歲的孩子可以識別自己的相片，可以談論自己正在進行的行為，並能意識到自己影響其父母行動的能力。到了三歲，佔有意識開始發展，表明孩子認為自己可以擁有物體並把它們置於自己的控制之下。對自我的感覺起初只是意識到一個獨立的身體，但隨着時間，特別是隨着語言能力的發達，孩子會使用語言符號「我」來表明其當時的慾望並發展到表明自身是某種行為的施行者。

嬰兒與主要看護人之間的人際關係在人格的形成中起着關鍵作用。一個孩子要獲得一種意願，那麼首先必須有實現某種目標的能力並切實知道

對我們是誰問題的迷戀，至少在我們
的文化背景下是樂趣不盡的源泉。
(Albrecht Dürer, *Self-Portrait at Age Twenty-two*,
1493)

他是想這樣做的。那麼，一個孩子是如何知道他自己的意願的呢？安德魯‧
洛克（*Andrew Lock*）認爲嬰兒是通過逐步從看護人那裏取得對自己行動
的控制權而獲得這種主動意識的。⑬起初看護人在與嬰兒的互動中施行全
部或者是大多數的行爲。例如：洛克指出母親在幫助孩子完成拼盤遊戲中
是如何扮演一個「傀儡」角色的。首先，她會把一個積木塊放在其位置旁
邊，然後用孩子的手把它推到位置上去。最終地，孩子開始獨立完成所有
這一切，此時他已學會做爲關係的一部分，他該做什麼了。只有到了後來
漸漸地，他的行爲才似乎顯得是他自己的行爲。正如俄國心理學家 L.S.文
哥斯基（*L.S. Vygotsky*）所說：

　　在孩子的文化發展中，每一種功能都會出現兩次：首先是在
　社會層次上，其次是在個人層次；首先是人際的（互動心理範

疇)，然後是嬰兒內部的(內心心理學範疇)……所有更高層次的功
能均起源於個體之間的實際關係。⑭

所以，孩子與重要的他人之間的關係與溝通在孩子的自我意識的發展
中起着中心作用。

看護人在孩子自我意識發育中的中心作用在維多利奧·奎達諾
(*Vittorio Guidano*)看來更爲重要。⑮他相信嬰兒與看護人之間的依賴程
度造成了一種穩固的人際關係環境，這對嬰兒往後逐步獲得個性，啓發孩
子的競爭意識起着基本作用。至少在西方文化中，研究者們證明孩子很難
與多數的人發展穩定而富有安全感的依賴關係。「因爲依賴對象似乎是按
層次排列的，最重要的在頂端。」⑯這說明孩子只是依賴單一的個人的關係
而獲得其自我認同的。對奎達諾來說，嬰兒——看護人之間的人際關係的
唯一性是逐漸把自我視爲唯一的基礎。正是這種關係在認知上起着一種「模
子」作用，而使不然就零碎的自我訊息最終得以融滙成爲有組織的整體。
正是這種人際間的唯一性成爲最終在個體內心所建立的唯一性的原因。

在嬰兒時期，孩子對看護人的依賴造成自我和看護人在認識上是無法
分辨的。到了童年期，奎達諾認爲眞正的自我意識的發育需要從這一認識
的本源上轉移。首先，孩子把其間在這種關係中所感覺到的依賴對象的態
度、行爲方式、動機及情感歸結到其自我感受的某些方面。在整個童年期，
自我意識就是孩子與重要他人之間的情感紐帶，複雜地聯繫在一起。

只有在少年期，隨着邏輯推理認識能力的發展，自我概念才做爲一些
抽象的本質和價值並開始內部化。正如奎達諾所指出的那樣，儘管對其父
母的認識仍主要停留在只可意會的層次上，一個少年往往會認爲其父母的
價值觀念是荒唐的與己無關，一直到多年以後他猛然發覺自己的信念與其
父母的信念是何其相似。

在童年的大部分時期，自我意識也因某種行爲受到鼓勵和批評這種特
殊的交際方式的影響。如果這種方式存在於整個童年期，那麼當孩子一經
有能力 **象徵性角色扮演**(symbolic role-taking)，它就會起更爲關鍵的作
用。這種能力包括學會如何在思想上扮演某種角色而不付諸實施。在這一
階段，自我的世界便在年輕的孩子面前充分展現，這是一個僅受想像力所
限的世界。與他人的溝通也因孩子能夠開始分辨世界對他人會是什麼樣子

而得到強化。

隨着孩子不斷嘗試不同的角色，在其周圍的重要他人就會對其行為不停地作出反應。有些角色得到了有力的讚許，有些則受到指責，還有一些毀譽參半，有些則不置可否。事實上，這些形式的互動通常採取父母告訴孩子的這種方式：「這是你」或「這不是你！」正因為孩子把父母看成是像上帝一樣的權威，他很少會對父母的反應產生懷疑。不斷重複的角色扮演及隨之而來的父母(和以後的權威人士)的評價，當然要經過很長的時間才能確立一個人到底是誰的意識。

成年期的發展

現在我們知道自我概念的發展是經過了與重要的他人和相對來說較為陌生的人之間的互動而緩慢發展起來的。當我們由少年期進入成年期時，自我概念似乎變得穩定了。通過不斷地互動與回饋，我們開始以愈來愈有限的詞語來思考自我個性。當然我們還不能錯誤地認為我們進入成年期後就一成不變了。我們繼續以某種微妙的方式變化，只不過我們自認為和從前一樣罷了。微妙的變化由我們所稱的剩餘自我、自我感受與自我交談而引起。

剩餘自我的變化(Changes in the Residual Self)　如果符號互動論是正確的話，那麼自我在別人眼裏的映象總具有改變我們自我物性的潛力。如果我們看上去和我們周圍不同圈子裏的朋友都不一樣，並且他們把這些不同的個性回饋給我們看，那麼我們如何保持我們是誰的穩固意識呢？威廉·威爾莫特解釋了我們是如何通過引用**剩餘自我**(residual self)而使我們的個性保持穩定的。⑰正如威爾莫特所指出的，我們在進入任何一項社會交往中總是帶着某種由以往的類似場合下產生的經驗，目前場合的預期，未來的預想中所產生的自我概念。因而任何一項交際都駐留有我們過去的個性。我們如果在一個新的場合不顯示出以往基本一致的個性時，並且他人對這種個性表示讚許的話，那麼我們的自我概念就不會產生變化。例如：當遇到新朋友時，霍拉斯認為自己是一個「熱情友好的人」。他很容易結交新朋友，他的老朋友們好心地勸他不要太隨和熱情。設想他參加一個社交聚會，與陌生人交談很愉快，所有人都似乎真的很樂意結識他，那麼他的自我概念就不會受到觸動。有些時候，我們所表現出的自我可能得

不到加強。我們也許會發現別人對我們的看法與我們看自己很不一樣，每當這種時候，我們通常會找到一種調和這兩種看法的方式。這樣，經歷了這些場合之後，我們就會獲得一個略有不同的新的剩餘自我。設想，霍拉斯，那個熱情隨和的人，以一如既往的方式參加另一個社會集會，結識陌生人，但這次別人對他友善的交談表現冷淡，而且聽到有人叫他：「熱情先生」，還有人稱他為「一個騙子」。霍拉斯過後就會有一種新的自我概念，他仍認為他是個熱情友好的人但此刻他也許會自覺對人有點逢迎了。

有些作者把這種逐步構造剩餘自我的過程稱為「回憶錄式的」或「歷史性的」自我，也就是說，儘管我們會在不同的交往中表現出不同的自我，但一個把所有這些自我聯繫起來的事實就是它們都源於一個物理的自我。因此，不管我們表現出那一種自我，只要它看上去合適，為人所讚許，並且不與我們自我概念的其他重要部分產生認識上的衝突，我們是誰的概念就會保持穩定。事實上，安東尼・格林瓦爾德（*Anthony Greenwald*）已經指出了三類有助於保持自我穩定意識的認知上的偏差：自我中心傾向，善意效應傾向以及認知保守傾向。⑱

第一種偏差：**自我中心傾向**（egocentricity），它指的是我們更容易記住那些與我們的自我概念高度一致的資訊。如果你把自己視作天才，那麼你更會容易記住你的「智力測驗」分數，別人是如何評價你的主意的以及你的智力遊戲玩得如何的好。你也會忘記諸如把蛋糕烤焦了，沒把衣服從地板上撿起來此類不中聽的話。

第二種偏差：**善意效應傾向**（beneffectance），使我們覺得好結果總是與我們有關，而壞結果與己無關。這樣，我們的朋友霍拉斯聽到別人讚許時就會增加對自己的信心，如果聽到批評，他也許會使用成語：「眾口難調」來開脫自己。

最後，當我們回顧以往生活的時候，我們會受**認知保守傾向**（cognitive conservatism）的左右。我們總是試圖找到那些能增強自我概念的資訊，並改寫我們的記憶以便其更好地與我們現在的自我概念保持一致。你自己可以在你運氣不佳的時候寫一部簡單的回憶錄來檢驗這一點，然後在你交好運時再另寫一部，然後在你自我感覺平穩的時候比較這兩部回憶錄，它會表明即使對同一事件，你也會根據當你寫下它時對你自己的看法而作出不同的解釋。

自我知覺引起的變化（Changes Through Self-Perception） 認知的偏差，就如同剛才討論的那樣，有助於加強我們的自我概念。但是偶然地簡單地觀察我們自己的行為將使自我概念發展成為一個新的自我觀。回頭看（第 4 章）的內容，德萊爾・畢姆用他的自我概念理論去解釋我們關於自我知覺理論的發生及變化的程度。

畢姆建議我們通過觀察我們自己的行為「事實」以後，逐漸認識到我們是怎樣的人，並且指引我們應該成為什麼樣的人。⑲假設你在打掃你的公寓，並且發現你垃圾桶塡滿了紙和罐頭，你突發奇想地決定把他們送到循環中心。那天以後，溫度降到零度以下，你考慮把暖氣打開但是又決定不這樣做。最後，當你正準備將塑膠包裝物擲出汽車窗外時，你又突然停止住了，反而把它放在垃圾堆上，當你阻止你的行為時，你可能得出一個結論，你是一個自然資源保護論者。這也可能發生在當朋友們指出你忽略的行為時。事實上，你可能對自己說：「我確實把錢捐給了學院基金會，我確實去幫助那些車胎破的人們，我一定是個慈善的人。」

自我交談引起的變化（Changes Through Self-Talk） 有時，我們在同自己交談中改變了我們的自我概念。一些人在自我反思，祈禱或自我交談中花費了大量的時間。這些具有說服力的內心談話常使自我得以改善。通過象徵性的談話作用，我們可以把我們想像為另外一個人或是具有完全不同的人格。我們可能產生一個或許多「理想」的自我概念並且確信我們能夠做到。

正像我們已看到的，自我概念的發展是一個把我們早期的同一性和初期的看護人之間的複雜過程轉換成我們自己的態度，學習扮演社會中的角色，並且採納他們中的一部分使之成為自己的，並且將其他人的內在反應化為自我的更加完全的知覺。當我們長大時，我們父母及同事鼓勵我們去扮演比其他人更多的角色，並且通過加進我們自己出現特性的因素使他更具有意義。我們也試圖使我們自己遠離社會角色以致於不完全被他們所限制。雖然很大程度上我們確信我們自己有固定的或穩定的自我概念這個過程持續到成年，最後的結果是我們把我們自己看成是「獨特的個體」，與他人均無共同之處。

我們個人的特性是我們在不同條件
下控制或行使自我的集合。
(Pablo Picasso, *The Red Armchair*, 1931)

自我概念和人際溝通

　　雖然我們爭論過自我概念和人際溝通的相互影響，我們對一個比較穩
定的自我如何影響我們同其他人的溝通方式說的並不多。自我概念的一個
主要作用是，它就好像是一個嚮導，引導我們的追求，我們如何行動及我
們記住什麼。雖然認知心理學家僅在最近才對研究自我概念顯示出的興
趣，但是他們的努力已經在不同的自我概念怎樣影響我們的感覺及我們的
行為方面投下了一些新的光芒。在這節裏，我們將看到自我概念的三個方
面的影響：

- 自我基模。
- 生活脚本。

・自我障礙策略。

我們也將簡要討論人格和溝通行爲之間的聯繫。

自我基模

現在，我們每個人都有不祇一個自我概念，這已是很明顯的了。當你工作時，與父母在一起時，一個人時或和初識的朋友在一起時，你可能考察到你自己處於某些不同的方式。即使是有差別的，這些不同的自我概念也是有聯繫的。認知心理學家已經在研究人們組織自我概念的方式，他們把**自我基模**(self-schemata)看成認知的結構，它們組織並指導自我有關資訊的發展過程。⑳

人們利用不同的組織原則去知覺他們搜集的自我概念。海澤爾・馬爾庫斯(*Hazel Markus*)確定了它們中的幾個原則。對一些人來說，獨立性或依賴性是他們自我基模的中心原則，對另外一些人來說，男性或女性可能是決定性的原則。㉑不管組織原則如何，它是影響着我們如何認識我們自己及我們的社會。例如：一些人的自我基模基於被鼓勵的組織原則，她有可能記住更多的事件，在這裏，她是具有競爭力的並且很少發生合作。證據還指出，這種人好像是把這種觀點：「每一個人都是競爭性的」，看作是判斷她自己競爭力的證明途徑。

生活脚本

有時一種組織原則變成精心的**生活脚本**(life script)，或是一種相對固定的考慮自我及其他人聯繫的方式。艾里克・伯爾尼(*Eric Berne*)最早提出這個概念並定義了四種非常概括的生活脚本：「我好，你好」，「我好，你不好」，「我不好，你好」，和「我不好，你不好」。㉒每種脚本表示一個基本的及別人如何影響我們知覺社會情境的觀點。巴爾耐特・帕斯(*Barnett Pearce*)和維農・克勞尼(*Vernon Cronen*)提供了一個對個人設定的生活脚本的延長定義。㉓認爲「一個人以他或她自己的同一性知覺插曲中的一個節目」。例如：一個「實際玩笑」的生活脚本，將引起許多插曲諸如：「藏別人的東西」，「把圖釘或狂歡用的墊子放在別人的椅子上」，及另外相似的惡作劇。

自我障礙策略

　　當大多數人不加懷疑的承認生活脚本時，他們相信將導致積極的公衆印象。在一些情況下，一種生命脚本可以被用作一種藉口對潛在的非積極的自我加以體現。一個懼怕他自己不能跳一個新舞步的人，可能通過激發他的「一個眞實的人……」的生命脚本拒絕跳舞的邀請。他可能因而用他的生命脚本作爲一個自我障礙戰略。在他們研究這個課題時，斯泰文·伯爾格拉斯(*Steven Berglas*)和愛德華·約尼斯(*Edward Jones*)定義**自我障礙策略**(self-handicapping strategy)爲一個提前製造保護自己的藉口去阻止將來可能失敗的技術。㉔研究表明一些人將用說或做的方式來保護他們自己免受未來失敗的壓力，他們爲他們考試失敗，財務報告中犯了的錯誤或錯過了一個重要的自由投票提供藉口，推測事先找好的藉口(「我得工作」，「客人來了」，「關節炎老毛病又犯了」)把自己從壓力中解脫並把過失歸咎於周圍的環境。

自我認同和溝通行爲

　　對自我基模，生活脚本及自我障礙策略的研究表明了我們如何看待我們自己及這些看法如何影響人際溝通的普遍意義。實際上，我們的自我認同和實際的溝通行爲之間的關係是一種反射關係。即我們進入一個環境時，剩餘自我形成了我們溝通的方式，反過來，我們溝通的方式能夠影響和修正我們對自己的看法。

　　例如：一個年輕的婦女在她參加工作的第一個星期內走進她老闆的辦公室，去談論如何去接近她的第一個「實際」的顧客。她在另外一家公司工作時有相當多的銷售經驗，因而她把自己看成是一個「有進取心的並且有能力的銷售人員」。這種個性形成了她同老板溝通的模式，她充滿自信地走進辦公室，進行了很短的對話後，開始說出了她吸引顧客購買慾的計劃。然而，在這個過程中她無意中結結巴巴的說話，忘記了她建議中的一個主要環節，並且她幾乎將老闆的咖啡杯撞到地下去。然而這些行爲並沒有完全破壞她有能力做爲一個稱職的售貨員的形象，只是在邊緣的地方破壞了一點。她透過觀察她自己的行爲得到回饋資訊加上老闆的行爲調整了她的個性。當她下一次再走進老闆的辦公室時，她將不會有完全相同的表現方

在希臘神話中，年輕的那喀索斯(Narcissus)愛上了
自己的影子並因而日益憔悴，直到他變成以他的名
字命名的花(水仙花)。

式。

　　自我認同和溝通之間的反射關係，使我們意識到我們的自我概念總是
在不斷的形成中，隨時發生變化。記住，人類最麻煩的特性之一就是我們
產生或實現了社會真實之物(像自我、政府等等)並且忘記我們首次產生他
的地方。我們不會為我們的個性所困惑，我們只是試圖一次又一次地重建
他，透過與我們周圍的環境相一致，我們能夠改變我們自己。

　　把我們的自我概念看成某種超越我們控制事物的趨勢，常常反應在社
會行為中，我們稱之為性格透視法。下一步我們將把我們的注意轉向研究
與溝通有關的個人性格方面，這種個性也能夠影響我們如何溝通。

個別差異與人際溝通

在這一章的開端，我們分別研究自我概念和人格時得到了一種區別。自我概念通常是由測量通過要求一個人去描述他或她的自我私人看法，而測量允許個人強調自我方面，理解成爲相對於一個給定的環境的方法去檢測自我概念。另一方面，人格的假設，明顯地基於個人對一系列問題的反應。這些問題由研究人員產生，並被他們認爲是對行爲的一種重要的預測或解釋。

既然對個別差異和溝通行爲的多數研究已經實現了人格的檢測，我們在這一節裏只報導一些結果。我們所持的偏差是：自我概念的檢測是性格認同和人際溝通之間聯繫的一個比較好的指示器。成爲指示器的原因有二。首先，自我概念被給定環境或聯繫下的個人的感性認知所激發，並且個體常常比研究人員處於一個更好的位置去描述他或她自己的感性認知。這意味着，即使一個人在一個特別的人格測驗中得分很理想（也就是說予以肯定），自我外觀在一個給定的語境上（在線內等着去看一場電影）或是在特別的聯繫規則上（一個最要好的朋友），也許是不太相關的。其次，在描述個人的本體論狀態，人格檢測常常被強烈地認爲是最終的評價語言。這種想法：「如果我在 Machiavellian 評價中得分很高，那麼描述一個給定的複雜人格似乎是不合適的。」

然而，在適當的情況下，從通過人格的途徑入手研究行爲，會是相當有趣並能夠獲得大量訊息的，還要看能否把這研究放在一個恰當的透視上。有時，一個人的人格某方面可能是潛移默化地影響他的行爲，即使他個人沒有清楚地意識到這一點，但是對於大部分來說，人格的特性僅當他們也被覺察與環境相關時才具有影響的。就如你讀這一章的這一部分時，當某個特別的人格方向被規定和被表現爲自我概念的時候，要切記明確的發現是這時候最佳的運用。

像自我概念一樣，個人人格特徵已被證明如何去影響我們的言辭方面或非言辭方面的溝通。在這一節裏，我們綜述三種與溝通有關的人格特性的研究：

- 溝通者的風格。
- 言辭的敏感性。
- 溝通憂慮。

溝通者的風格

溝通者的風格(communicator　style)這個概念被羅伯特・諾爾頓
(*Robert　Norton*)定義爲「一種語言的或非語言的方式以及類似語言的相
互作用的解釋、過濾和理解的顯示,以致如何理解語言的意義。」㉕諾爾頓
認爲有九種突出的溝通風格,不僅豐富了資訊的意義,而且也建立了個人
的同一性。一個人的溝通風格可能是支配型、演劇型、好鬥型、活躍型、
嵌入(印象深刻型)、從容型、注意型、開放型及友好型的。(**表 5.1**)定義並
提供了每一種方式的例子。

一種方式通常是通過簡單重複與那種特定方式聯繫的行爲形成的,其
他人基於規律很快就開始預期這人以這種方式溝通。一個常出妙言或不落
俗套的人可能被視爲給人以深刻印象的人。她使用這種方式越多,其他人
就越有可能把這種方式和她個人的人格聯繫在一起。她沒必要總是聰明的
和不落俗套去保持那種風格,一旦建立,就可能影響知道她的那些人的期
望,一旦她有驚人之語,你就會湊上來。

根據諾爾頓的觀點,人們並不總是拘泥於一種單一的溝通方式,而是
養成可被稱作「方式外觀」——各種可實現的方式以一種結合,一個人可
能以一種友好型、注意型相混合的方式去做溝通。另一個人可能以同樣有
效的方式把支配型和給人以深刻印象型及好鬥型的某些方面相結合。你可
能想查看(**表 5.1**)並想知道你是否能發現自己的溝通風格。你同你最好的朋
友溝通時,使用最多的是哪一種方式或幾種方式的結合。什麼時候同你的
教師或雇主發生互動呢?你能分辨出在什麼環境下你使用的方式可能不是
最有效的?設想一個特定的情境下,諸如告訴一個朋友你最近的感覺。就
在那種情境下,依據一個特殊的溝通者的風格,你想達到何等程度?你所
做的自我定義的鼓勵採用何種方式和阻止採用哪種方式?一個有用的練習
就是在實踐中採用不同的溝通風格,直到你應用與變換自如爲止,然後你
控制你的方式而不是讓方式控制你。

言辭的敏感性

在唐納德・戴納爾（*Donald Darnell*）和威尼・布勞克里德（*Wayne Brockriede*）的觀點中有三種基本的溝通者類型：

- 高尚的自我。
- 言辭的反映者。
- 言辭的敏感者。㉖

高尚的自我

擁有自我基模並強調個人一致性高於一切的是 **高尚的自我**（noble self）。唐納爾和布勞克里德把這種人定義為「把任何對他們行為規則的偏離視為偽善、不誠實和主要罪惡的人」，恪守一整套誠實原則的高尚自我可能經常為諸如此類的問題所困擾，如怎麼回答一個朋友的問題，「你以為我能找到工作嗎？」或「我看起來如何」，高尚的自我將感到答其所想是自己的堅定義務而不管其回答對別人的影響如何。

言辭的反映者

處在另一個極端即是 **言辭的反映者**（the rhetorical reflectors），他們是「沒有什麼可稱得上自我的人」，㉗因為對每個人和每一種情況他們都表現出一個新的自我。這種人最關心的是「恰如其分」她會遵循此種情境的社會規則，或努力去成為其他人希望她成為的那種人，對回答朋友們的問題「我看起來如何？」言辭的反映者將說她認為你想聽的話。

言辭的敏感者

和這兩個極端相比較，**言辭的敏感性**（the rhetorical sensitive），有一個更複雜的自我基模。路德里克・哈特（*Roderick Hart*），和董・布爾克斯（*Don Burks*）以為這種人是「波動的、動搖的總體，這總是不能肯定，總是猜測，總是權衡……價值態度以及其他的哲學傾向」，㉘一旦他理解了環境的複雜性，其他的人及自我，在他實際之前，他將會陷入「可能性的泥淖」。

- 意識到沒有「單一的自我」，任何環境都需要幾個自我。
- 避免溝通的刻板並且不想去堅持或隨意的跟隨社會習俗。
- 避免不顧他人意見而說出自己的見解，而且也不是簡單地盡力去附和他人。
- 意識到有時一個想法不適合溝通。
- 儘量以多種方式與他人溝通思想與感情。㉙

作為言辭的敏感性，要求我們在同別人相溝通之前，溝通過程中，溝通之後都要考慮溝通的方式。

這個討論清楚地表明了一個言辭敏感的溝通者是一個能控制局勢的人，確定了哪一種自我是最合適的從而制定一種行之有效的溝通風格，並且作出一些必要的判斷。毫無疑問，我們將判定這樣的人是很有能力的，當然現在我們知道如何去做，我們將努力去做使我們自己變成一個言辭的敏感者。我們所要做的就是實踐。然而，在實踐過程中將會遇到一個個無法克服的主要障礙：那就是被稱作溝通憂慮的一種使人衰弱的焦慮。

溝通憂慮

溝通憂慮（communication apprehension）是指與一個人或許多人真實的或期望的溝通相聯繫的害怕或焦慮的一種個別的標準，㉚根據詹姆斯·馬克勞斯基（*James McCroskey*）的研究，幾乎 20% 的美國人能夠被認定是具有強烈憂慮感的。㉛我們中的大多數人對在各種情形中溝通是非常焦慮的：公開贈送、求職洽談、第一次約會。在這些情形中憂慮是很平常的。那些有強烈焦慮感的人在很多溝通的情形中都會感到焦慮，包括同他們認識的人講話。

當溝通憂慮到來時，其結果是可想而知的。我們對於溝通交往的各種知識將全部拋到九霄雲外。舉例說：即使我們懂得一個惹人注目的溝通者風格會吸引聽眾的注意力，並且給我們一個演講的機會，但是害怕的感覺會抑制我們的表現，值得慶幸的是研究者們已經發現了一些關於醫治焦慮的因素，從而使它變得易於控制。

溝通憂慮並不是一種天生的無能，而是後天生理上喚起的一種反應。當我們被指派完成一項重要任務時，身體便開始把更多的腎上腺素吸進血

液中以供給能量。從肉體上我們會感到喚起的增強，從認知上我們把這種喚起稱作恐懼。㉜

溝通中的這種恐懼是可以被克服的，首先把這種喚起看作是能量而不是恐懼，然後把注意力集中於潛在的確定上而不是溝通執行中的消極結果上。雖然你不能期望一個突然的變化，但是你可以帶著一種不同的觀點開始接近正常的溝通情形，即使你進入與社會力量相互控制的一種情形中，而不是讓這些力量來控制你。

我們認爲我們自己可以限制自己溝通方面的能力，也可以發展這方面的能力。到目前爲止，這種方式已經很清楚了。我們不能過分強調我們自己在世界上對溝通選擇的重要性，在這裏僅有關於變化的一個問題就是它產生的是有多快而不是是否發生或什麼時間發生。在如此的世界裏，開始我們的溝通需要我們增加我們呈現給他人間的自我意識，並且發現平衡一致性和個性之間的緊張方式。我們通過探索如何使自我概念爲我們服務結束這一章。

表 5.1　溝通者的風格及其表現形式

溝通者的風格	語言表達和非語言表達之表現形式
支配型	傾向於以強有力的形式出現，掌握社會環境，講話很多要不然就是企圖控制談話
演劇型	喜歡以形體動作和聲音表述觀點。以笑話、故事並經常誇張性地說明論點，傾向於使用形象化的語言
好鬥型	喜歡爭論，易向他人挑戰，對已界定的東西百般挑剔，並常常要求他人出示證據，以證明其論點的爭論。一旦興奮起來便很難止住激情
活躍型	非以語言，而是常以身體姿態，豐富的面部表情來顯示自我，能顯露真情實感
嵌入型	以令人難忘的方式談論事情，人們通常不易忘記此人
從容型	在互動中，特別是在有壓力的情況下表現的相當鎮靜，談話節奏及流暢性極少受緊張感的影響
注意型	聽別人講話很細心，並通過非語言的反應如眼神和點頭來讓講話者知道。表現專注，並能準確地重複別人所說的話
開放型	容易透露出個人的資訊，並公開表達情感
友好型	對他人的承認、鼓勵與支援予以積極的回報

Derived from Robert Norton, *Communicator Style: Theory, Application, and Measures* (Beverly Hills, Calif.: Sage, 1983), pp. 64–72.

禪與無我的藝術：「在你父母生你之前，你原來的面貌是什麼？」

我們的文化使得人們崇尚獨立的、與世隔絕的個人價值。花費大量的時間去思考我們自己是怎樣的人。但並非每一種文化對社會生活中的個人或自我都有這麼的重要，事實上，在日本的禪宗文化中，修行者力求去消磨自己的個性，達到虛無的境界。他們不相信人本身能夠成爲思維的對象。

禪宗中人最佳的行爲是：「無爲」，或者是一種「無思的狀態」。根據《禪行爲，禪者》(*Zen Action, Zen Person*)的作者 T‧P‧凱蘇雷(T. P. Kasulis)的說法，這是一種「無意識的反應」，或者是與周圍的社會環境及人際關係保持協調。道教的創始人老子曾說過完美的人就如水一樣敏感而又柔順但卻不相信命運。柔順(或與環境協調)水從水道中流過並最終沖擊阻擋它流動的岩石(這樣就不是宿命論者了)。

　　當然，這種哲理與大部分的日本文化是互補的。日本的社會環境是高度顯示的，所以了解一個人的作用並與這種環境保持協調比在我們自己的文化氛圍中更容易。個人與父母、孩子、丈夫、妻子和親戚們的社會關係限制在一個較大的範圍內。

　　所有這些重要的關係或相聯繫的人們都因一個人進入佛寺而被摒棄。這種訓練一旦成功，結果是一個人的個人觀念基本上被消去了，因為這種訓練開始就根本沒有絲毫個人觀念，Rinzai，一個有名的禪學長老，稱這種成就是「一個沒有地位的真人」。

　　據禪宗理論，個人是一種社會創作，從而得以體驗一種真正的生活。卡蘇雷描述他寫作的過程，包括範圍的筆、紙和其他用具：「在我的體驗中，他們不僅僅是一些實物，他們就是我的經歷。我自己和這些東西沒有任何聯繫，我自己就是這些東西本身。」和我們西方關於一個人遠離卻經歷一次又一次的事物相反，禪宗的觀點是個人作為人只是他或她所在事物中的一部分。個人的感覺可以存在，但作為一個人的個人涵義是絕對的一致的，並且明顯地與他人相聯繫，就像下一盤只有棋子、沒有棋盤或說明書的棋，一個孤立的人是沒有任何意義的。凱蘇雷用下面兩個相互道歉的例子對比這兩種觀點：西方會依下列程式進行：

　　A：噢，對不起。
　　B：噢，不。請原諒。

　　對日本人來說，重點將不會放在應負責任的人身上，而在其關係上，或者兩人的相互關係上：

　　A：感激不盡。
　　B：不，是我感激不盡。

　　毫無疑問，自身是社會造就出來的。但對我們來講，自然而然地難以想像離開自身，我們的生活會是怎樣。對信仰禪宗的人來講，正是自身的原因曲解了對事物及相互聯繫的認識。禪宗長老把這個原因放在禪宗訓練中的最重要的環節之一：如果個性是這麼的重要，那麼「在你父母生你之前你原來的面貌是什麼呢？」

資料來源：

T. P. Kasulis.《禪行為，禪者》(*Zen Action, Zen Person*)，夏威夷大學出版社，1981 年。

一種明尼蘇達鳥在美國消失：什麼是性格認同？

收音機傳來的這首詩「大草原上家庭之伴」對個性的問題及我們如何保持它作出了一些解釋。當你讀到關於這個陰鬱而又沙啞的灰色鳴禽的困境時，想想你自己，想像中的自己是什麼樣子和你的自我觀念有多大程度依賴於你周圍的環境。

蓋里松‧凱里羅(Garrison Keillor)寫了一本書專門報導明尼蘇達鳥：

我們說，「人非聖賢，孰能無過。」也許鳥也會犯錯。

如果一隻鳥兒迷失了，我們不會叫國民兵或海軍來。

我們只抬起頭並說：「天哪，那隻陰鬱而又沙啞的灰鳥在做什麼？這些冰、雪又在哪裏？」

也許鳥兒在俯視並看到了它的明尼蘇達州，並發生個性危機。

他說：「如果我冬天在這裏，也許我不是一隻陰鬱而又沙啞的灰鳥。」

並一遍又一遍的盤算直到它太沮喪而不能發出一個音符。

他如何能確信自己是隻陰鬱而又沙啞的鳥呢，如果他看不到自己的咽喉？

資料來源：

《關於明尼蘇達鳥的報導手冊》(*A Book Report on Minnesota Birds*)，蓋里松‧凱里羅(Garrison Keillor)，寫於 1980 年。

技能訓練：透過自我揭露而改善能力

自我感覺良好——有一個好的自我形象——在有效的人際溝通中是一個重要的部分。如果你沒有感覺到是有能力的，要想表現出有能力是很困難的。如果你不喜歡和不尊重你自己，去喜歡別人或要別人喜歡你是很困難的。當你的自我概念的發展已經很難在你控制下時，就如同一個孩子，在這個階段，你不是一個很成熟的人。你像一個成年人那樣有很多機會：你周圍有這樣一類人，他將為你「拿著鏡子」並且幫助你形成一個一般的生命樂章及自我概念以適應於多種環境和聯繫。

正像你的父母在為發展你少年時的自我概念提供一個穩定的環境起了關鍵作用一樣，在你當前的社會網絡中(及在你的將來)，重要的是別人起了並將繼續起關鍵作用，幫助你成為一個週全的、有溝通能力的成年人。在我們不斷發展的聯繫中，結識新人及處理變化意味著我們的自我概念總是處在形成中。知道這些，有助於我們更進一步發展與呈現及實施自我相關的任何技能，我們需要掌握的很重要的並且常被誤解的溝通技能是自我揭露。

什麼是自我揭露

自我揭露(self-disclosure)常定義為：你自己揭露出的關於自己的資訊，而其他人不可能從其他渠道中發現。它涵蓋了一個廣泛的區域，從你喜歡鄉村音樂的簡單揭露到作為一個十歲的少年花六個月在少年拘留所裏極高的冒險揭露。我們選擇何時及如何去揭露我們個人歷史的方面都能給其他人留下長久的印象——對我們有益或對我們有害。我們的揭露對另一個人能驚醒神化的弦或者引起她或他迴避我們。揭露通常是很危險的，並且當他們已經是的時候，它們把我們放在了一個通常易受傷害的位置上。例如：承認在一個特別悲傷的電影中，眼淚充滿了你的眼睛，這可能引起一些新的經驗認知去領悟你是一個感情豐富的、不能自控的或軟弱的人。但是通過如此暴露弱點是很少見的方式之一。在我們的文化中，人們相互之間建立了信任感，沒有這些聯繫中的一點或兩點使我們自我概念的系統

繼續完善，就沒有支持的系統。

　　當然，有一種危險就是，一些人將會走向極端，在期望發展幾百種親密友誼時，變得極爲渴望揭露。對很孤獨的人來說，一個經常的問題是，當他們得以揭露時，他們做的太過度了。無疑的你曾經是一個你祖母關於過去美好日子的故事的受害者，或者是一個認爲你是嚴肅的人的新同伴的受害者，當你說：「告訴我你自己的一些事情」，這些插曲的類型是**湧動的揭露**（flooded disclosures），因爲個人需要「全力以赴」，不可能認爲他或她將再得到另一次機會。我們大多數人（特別是男人）不必擔心走得太遠——我們處在揭露狀態下，比我們的關係夥伴希望聽到的典型地揭露的少。另一個典型問題是，**不成熟的揭露**（premature disclosure），它常發生在一種具有資料的語境中，由於人們有留下一個好印象和了解他人的強烈願望，個人揭露早期的細節時太快並且非期望的和非正常的談話湧出，結果是與所期望的相反：個體常被麻煩的或不正常的覺察，並且不被看成是吸引人或是可愛的。㉝研究人員已經研究了自我揭露的過程，並且他們形成的一些一般規則能夠有助於我們施行我們的自我揭露及避免剛才所描述的陷阱。

掌握自我揭露的原則

　　學會自我揭露，跟大多數溝通技巧一樣，要求有一個對溝通過程的理解，以及由創造性的方法形成公共的適應性原則和偶然破壞這些原則的一種謹慎的平衡。首先，讓我們看一看某些指導你的自我揭露所使用的一般原則。

　　1.確信揭露對即將到來的主題及適應雙方的溝通是適當的(正確的)。這個原則可普遍應用於任何訊息，並不僅限於自我揭露。但由於它太容易以致於被忽略了。兩個新相識之間的溝通據說可以減少不安，而非引起不安，那就是我們常常遵循「少講」和說些「安全」的事情原則的原因。我們想要形成一個好印象，所以我們盡力用有關我們自己有趣的資料來溝通，但這種關係需要適應這種溝通。假如我們對另一個人揭露的東西似乎有一點不可思議或不太合適，那麼這就是在做出一個關於我們的判斷時其他人所必須做的。因爲我們對此很熟悉，所以我們在應用這條規則時變得粗心，你可能決定事先揭露某件事，然後再用一種不相關的方式或另一個

機會強制進行這一行動,假如對其他人來說認識到這一點是重要的,並且這種談話在那個方向上是不感動人的,那你總是繞開一點點。例如:你能不動聲色地做一個關於(〈最後的夜晚〉)的插曲與先前的插曲的討論,這個討論解決了一個引起想起兩年前你所做事情的題目,那是你在第一個地方想要揭露的東西,它的訣竅是盡可能感到他或她被利用,一旦一種關係剛剛恢復,你就可以緩和一下這個原則,只要某人感到與你相處是舒適的,那他就能做出出乎意料的偶然的揭露。

2.安全的、非冒險的揭露的開端。當揭露沒有包括高度危險而你自己則很少處在危險狀態時,這種揭露將失效而留下有希望的印象。最安全的揭露是那些揭露你自己事實資料的描述性的揭露(你的家庭,你的長輩,職業計劃等)。然而,當這些揭露是安全的和非威脅性時,它們並非總是最有迷惑性的。實際上,你要你最初的揭露是安全的但又有一點可望而不可及,他們可以對其他人說:「有更多的關於……的要講,當我們都準備好了的時候」。然而,你應當認識到,甚至那些描述性的揭露說了許多關於你的東西。顯示你計劃成爲一名會計員,必須具備許多(即使是固定形式的)有關你個人的素質,將來的生活模式等等。

3.小劑量的揭露。爲了避免另一個人具有大量意料之外的揭露的負擔問題,最好是隨處揭露一下你自己。大量的揭露可以使我們感覺良好(「唁,我的心都快要跳出來了」)。但他們對那些嚴陣以待的聽衆幾乎沒有聽起來那麼好(「歐,停下來!請停下來!我不能承受更多了!」)。小量可保持事情能應付好,並且給其他人一個揭露的機會,從而導致下一個原則。

4.比較其他揭露的水平和質量,這個原則通過確信它沒有變成一邊倒的事務而控制這一開放的過程,否則認識被作爲:相互性的標準,它是容易過多地談論我們自己而忘記給別人一個機會。通過比較揭露,我們實際上就保證了我們都同意事情進行下去的方式,假如其他人的揭露更爲短暫或回到先前的安全主題的水平,那就是一個他或她不準備談下去的很好的信號,它還暗示你應當放慢你自己揭露的速度。對某些人來說,過多的揭露是勢不可擋的。並不是說他們不喜歡你或想更多地了解你,而是他們正需要歇口氣和讓事情更慢地展開。比較原則可能是一個最重要的揭露原則,因爲它揭露了兩類人之間關係的狀態。

5.須牢記揭露的方式和其主旨是同樣重要的。如何揭露你的感情和觀

點及如何得到另一個的揭露可以鼓勵或阻礙整個的過程。你的非語言方式本身將向公眾發出一個信號並加強語言訊息。試圖用間接方式自我揭露(旁敲側擊)可能暗示你已感到不舒服，而不是真正要使其他人相信，或不得不小心翼翼地斟酌詞句。任何一個非語言訊息都可能逐漸損害言辭在公開上的這種嘗試。同樣，對其他人的揭露企圖幾乎不顯熱情則可能減少進一步顯露的機會。芭芭拉‧蒙特哥馬利(*Barbara Montgomery*)在公眾溝通的研究表明大多數人更多地注入揭露的方式，而不是揭示實際的內容。[34]

6.為重大的、將來的聯繫保存最重要的揭露。那些不加選擇自我揭露的人不懂得自我揭露是要使親近關係更為特殊的一個必要的組成部分。揭露從小的、互換的、安全的主題到大的、並不嚴屬和冒險的關係，需要一個安全的信任和約束關係之間的界限。像我們在本章前面的內容中看到的，對於培養一種穩定的個性特徵，和作為一就近服務的堅強聯結已開始公開變化。當在罕有的特殊場合中人們成功地向好多陌生人揭露了大量有關自己的東西，比如在一個五小時旅程的火車車廂裏向一個同行的乘客顯露自己全部的內心，這樣的事情並不是標準，它們一般發生在不平常的情境中(將來不再見到這個人，尋求一個職業律師的幫助等等。)

對於運用自我揭露，這些原則作為一般原則是有用的，你可以發現有時你想冒險去破壞一個原則，因為創造性的努力在我們的社會中常常是被欣賞的，所以你可以偶然地在這樣的冒險中獲得成功。在這樣的情況下增加你機會的一個方法是從這標準中使用連貫的行為去控制這些不正常的感覺。一種連貫的行為是從這一標準去盡力縮小已察覺的分歧，而它們是通過指出分歧所以產生的特殊的環境和原因而去縮小這些分歧的。想像一下你恰好在第二天到達你的第五個新學生住的地方，你的房東要和你去與另一個學生認識一下(你已經行經這條路 150 次了)，在這樣的情況下，你可能說些像「我希望你能原諒我，在兩天中我已經見了 100 個人，並且上百次地重複說同樣的事情。或許你不會介意，如果我們談論一些比所有參與的部分更真實的內容？」機會是其他人真正感覺到同樣的方式並且高興地同意。然而，沒有調整行動，你可能狂熱於氾濫揭露的插曲中並且可能永遠地將這個人剝奪。

正如這一章所強調的，我們的同一性構築於與其他人溝通過程中，這對我們自己來說意味著通過與別人交換訊息把我們的印象留給別人，做到

這一點的最好方式之一就是增加我們的觀點訊息的技能：語言表達和非語言表達的戰略，一個使用的詞彙，我們能夠使用的溝通者的風格範圍等等。

在下面的章節裏，我們將遇到大量的溝通順序，在這個看法上將服務於我們。在這一點上，由你去做的重要事情是形成一個對你自己的壓力以發展你使用廣泛溝通戰略的能力。你可能現在就開始透過列出一些特別的溝通行爲或技能，而這些行爲或技能是你沒有做過但是希望做的。尋找機會去練習這些技能以便於你能把它們加到你的技能中去並在你需要使用它們時召回它們，通過做這些，你將建立一種同一性，它對於享受最好的時光及在最差的情況下生存下來是足夠合適的。

實踐過程

討論題

1.考慮 5 個或 6 個不同的人際間的情況，在這裏有一個明顯的角色要求：教師——學生，醫生——病人等等。現在考慮你所知道的幾個現實中扮演這個角色的人。草擬出介於這些溝通行為者、原則，與角色要求，與個人有關的自我概念輻射出去的東西之間的差別。當人們對其在社會中扮演的角色加上個人意志時將會出現怎樣有利或不利的狀況呢？

2.討論一下什麼原因使得你不同於你的朋友，你的家庭及其他的同伴們。比較一下你與一個又一個的社會圈子不同的方式，你不同於每個團體的程度如何？這些差別要求如何有助於說明這一切？一些差別比另一些差別更重要嗎(如：性別、年齡、身高、體重、態度、個性等等)？

3.自我監視理論認為我們常常基於我們自己行為的觀察首先行動，然後決定我們應成為什麼類型的人。你能考慮一些發生在你身上的這類例子嗎？你曾經向一個朋友指出他的行為，從而導致他或她修訂自我概念嗎？為了保護一個自我概念，我們用什麼方式描述我們自己的行為感覺呢？

4.你同意還是不同意這樣的說法，我們並不是有一個「實在」的自我，而是很多自我？你想之於你的觀點你最強烈爭論的是什麼？你認為怎樣說服持有相反觀點人呢？

5.談論一下下面三種典型的溝通行為的優缺點：高尚的自我，言辭的反應者，言辭的敏感者。人們是真正的具有不同類型的嗎？或者是否有一些我們試圖去永久保持的自我觀點(高尚自我)？什麼時候言辭的反應成為積極的和健康的自我概念？

觀察指南

1.對這次練習你應依賴於觀察至少兩個親密的朋友,這稱作 20 個問題試驗。試驗的目的是揭示你自我概念的觀點,它是永久的或至少對你自己和你的一些朋友來說是明顯的。你應寫下 20 個關於自己的敍述用兩個或三個單詞來完成下面的短語:

a.「我是……」

b.「我像……」

c.「我曾做過……」

要求你的朋友去完成有關你的同樣敍述。現在比較一下目錄,以所有目錄或是目錄中大多數出現的,識別出那些自我概念的敍述,什麼相似或相異使你最為驚訝?說的最多的是自我識別(「我是……」)估價(「我像……」)或行為(「我曾做過……」)嗎?這些對你的自我概念說明了什麼?通過對每一個涉及的關係寫一個簡要的自我概念的分析,總結一下你的觀察,想一下為什麼你對每一個人顯示出這種方式呢?

2.拜訪一個日托中心,或者早期兒童學習中心,或者觀察一系列母親——幼兒的相互影響。尋找一下發展中的自我概念的例子,記錄反映出孩子的意圖、動機或自我感受的言辭的或非言辭的溝通例子,觀察成年看護人的內在作用及談話是如何引導孩子更大的完成意識或自我意識。對一些較大的孩子問一些問題,諸如:「你最喜愛的英雄是誰?」或者「你玩打仗時,喜歡扮演什麼角色?」他們的回答告訴你有關他們自我概念的發展狀況是什麼?玩伴或大人們最看重什麼行為和角色?詢問你的指導教師,你是否可把你的發現向全班展示。

練習

1.這個練習在四個人中實施。開始,兩個人將扮演角色進行會談,而另外兩個人充當觀察者。然後,再將角色顛倒過來。這個練習的目的是改善你的能力,在較大的範圍內進行溝通者的風格。你隨著下面的步驟,比課堂先行一步,以便於節約時間。

A 個別地,寫下你會見新人時你自己的溝通風格的理想的看法,依據(表5.1)中描寫的方式,寫下你將怎麼做,同樣也寫下你感覺由你去實施比較困難的方式和在那種境況下你將能夠使用這種方式。

B 決定誰是主要角色和誰首先是觀察者。觀察者1將記下主要角色的行為,觀察者2說說角色的行為。觀察者將列出九種溝通者風格的目錄,並記下每種方式的例子(他們採用的),以計劃在角色實施的結論中提供回饋。

C 第一個角色扮演的是兩個陌生人之間的談話,互換問候之後,你將進行兩分鐘的談話,內容是關於體育、電影、英雄事蹟、大學或世界大事等等。通過談話,角色扮演者想扮演他們理想的溝通風格。不要告訴觀察者這種風格是什麼,僅是照著先前的儀態做,開始交談。

D 幾分鐘後,中斷交談並讓觀察者對每一個角色扮演者提出回饋,將觀察的方式和角色扮演者試圖去做的相比較,建議一些改進觀點剖面的方法。

E 交換角色並重複 b、c 及 d 的步驟。

F 如果你有時間,繼續這個練習,在困難的環境和方式總體上進行,並寫下每個人的行為方式。通過談論在實際情況下你如何改進你的行為方式結束這次練習。

2.根據自己的社會或個人的特性，在課堂上展示不同的社會與個性的人們在我們的文化環境中如何考慮自我的例子。在雜誌廣告中，商業電視、抒情歌曲、報紙廣告專欄、收音機或電視節目等等中，這些訊息以什麼方式影響我們認識自我？是否有真理的去爭論一個社會(我們的情況，一個消費社會)產生這種人(我們的情況，消費左右的自我)，用這種人去維持這個社會系統怎麼運行呢？

專有名詞

下面是這一章介紹的主要概念：

- 社會認同　　　　　　　　*social identity*
- 性格認同　　　　　　　　*personal identity*
- 自我概念　　　　　　　　*self-concept*
- 人格　　　　　　　　　　*personality*
- 「主格的我」和「受格的我」　「*I*」 *and* 「*me*」
- 公共的自我概念　　　　　*public self-concept*
- 私人的自我概念　　　　　*private self-concept*
- 差別需求　　　　　　　　*distinctiveness postulate*
- 自尊　　　　　　　　　　*self-esteem*
- 象徵性角色扮演　　　　　*symbolic role-taking*
- 剩餘自我　　　　　　　　*residual self*
- 自我中心傾向　　　　　　*egocentricity*
- 善意效應傾向　　　　　　*beneffectance*
- 認知保守傾向　　　　　　*cognitive conservatism*
- 自我知覺理論　　　　　　*self-perception theory*
- 自我基模　　　　　　　　*self-schemata*
- 生活脚本　　　　　　　　*life script*
- 自我障礙策略　　　　　　*self-handicapping strategies*
- 溝通者的風格　　　　　　*communicator style*
- 高尚的自我　　　　　　　*nobel self*
- 言辭的反映者　　　　　　*rhetorical reflector*
- 言辭的敏感性　　　　　　*rhetorical sensitive*
- 溝通憂慮　　　　　　　　*communication apprehension*
- 自我揭露　　　　　　　　*self-disclosure*
- 調整行爲　　　　　　　　*aligning action*

建議讀物

Berne, Eric. *Games People Play.* New York: Grove Press, 1964. A highly readable book about the influence of life scripts and game-playing on interpersonal relationships. By identifying these games in your own relationships, you can determine whether the self-concepts these games reinforce are really worthwhile.

Cushman, Donald, and Dudley Cahn, Jr. *Communication in Interpersonal Relationships.* Albany: State University of New York Press, 1985. This book focuses on interpersonal communication as the major force in developing, presenting, and validating individuals' self-concepts. No other book we've seen emphasizes the role of self-concept as much as this one.

Rubin, Theodore, M. D. *One to One: Understanding Personal Relationships.* New York: Viking Press, 1983. This popular-press book also emphasizes the role of three basic "character types" (people who move toward, against, or away from other people) in relationships. All possible combinations of personality types are explored in terms of the relationships we are likely to develop with others.

Chapter 6

達成目標
——人際影響

Interpersonal influence is as old as the human race.
For good or bad we are often persuaded by those closest to us.
(Albrecht Altdorfer, The Fall of Man, c. 1535)

人人都以爲保羅的成功臨至不絕。在大學裏，他曾是一個超俗拔群的學生，積極肯做而又足智多謀。他有一個小而密切的朋友圈子，在家裏與家人關係和諧親密。事實上，他的父母親是以他爲榮的，他們讓他去西部旅行作爲他們送給他的畢業禮物。由於他們了解自己的兒子很善於交朋友，當他們接到他從舊金山打來的電話，說到與新認識的朋友們一起去沿海航行，進行探險活動時，他的父母亦不感到驚奇。他在電話裏說，他愛他們並且答應一星期後再打電話給他們。可是，從那次通話以後，他的家人和朋友們誰都沒有再接到保羅的電話，直到六個月以後，有人看見他在西雅圖的街角身穿紫紅色外袍在出售鮮花。和成千上萬的美國靑年一樣，保羅也參加了祭拜活動。

保羅的家人和朋友都顯得吃驚和困惑，他們難以接受這個事實。爲什麼保羅的行爲發生了根本的變化？是什麼事情促使他這樣做？是什麼思想控制方法能夠這麼快地使一個正常的男孩變成了一個虔誠的信徒？事實上，保羅曾是很正常的，他有過可以看到的某些基本的心理學上的缺點嗎？誰能了解究竟發生了什麼呢？

當一個像保羅這樣的年輕人發生了如此根本的改變，自然要尋求解釋了。①大多數人都指責這個受害者的人格，或歸咎於崇拜者所運用控制頭腦的思想方法過於極端。但是，研究學科者的專業人員則提出了令人驚異的發現。他們告訴我們，在大多數情況下，崇拜者新成員是很普通的人們，他們在心理上是平衡的，有教養、有過美好的生活歷程。以技術上來說，他們已擺脫了那種神秘的洗禮形式，他們實際上是採用很平常的人與人之間相互影響的模式。②（**專欄 6.1**）描述了發生在文化轉換過程的事情。正像你們所要看到的，崇拜者向新成員使用的方法，是不同於你和我交朋友的方法的、我們去說服一個申請者接受我們公司的一份工作，或告誡某個成員稍加遵守俱樂部的規則。

我們的許多溝通都是受目標驅使的。然而，我們的目標可能不是單一的想法，我們的策略也沒有比保羅他們所尋找到的策略來得更系統，不過它們都是至關重要的。我們的溝通是爲了特殊理由：我們讓別人接受我們的觀念，進入我們的相互關係之中，或把我們看作我們想成爲的人。有能力的溝通者達成他們的最終目標是以搶在別人行動之先的。他們知道，在我們日常的互動中，我們以基本的卻是重要的途徑而彼此影響，溝通是控

制我們周圍世界的基本工具。

在本章裏我們將集中焦點於我們使用溝通產生彼此影響的途徑。我們還要展開一個簡要的討論，關於象徵角色的維持和在戰略的互動中社會感受性的重要。然後我們要核驗對積極進取的人類行為的基本需要，以及那些解釋如何認識這些需要能夠幫助我們成為更有效率的溝通者的理論檢查。我們還要考慮在達成目標的過程中，肯定性管理的重要性。最後，我們將重觀某些基本策略的個別的使用，使其他目標符合要求。

溝通與策略性互動

口語溝通的領域在傳統上是與策略互動的研究相關聯——與解釋人們怎樣使用溝通去影響他人和去達成目標等相關。溝通畢竟是一個創造現實的過程。重要的問題在於我們理解現實性是如何創造出來的，以及我們怎樣對我們所創的現實性有所控制。這意味著我們必須掌握談話技巧的運用。在這節裏我們將檢查幾個與個人間互動相關的問題，然後考察一下象徵的角色扮演和社會感受性。

使用手段、關係及認同問題

露絲·安尼·克拉克和杰茜·戴利亞（*Ruth Anne Clark and Jesse Delia*）曾經提出，無論何時，我們的談話都會同時產生三個不同的問題。一是關於手段的問題。當我們採用手段行動時，我們企圖實現一個特殊的目的，嘗試透過談話做些事情。在大多數情況下，手段使用的問題是我們最主要的焦點。與我們採用手段而行動的同時，我們還提出評論：關於我們的人際關係——我們的工作創造出一種關係文化。這就是克拉克和戴利亞新提出的關係問題。最後，第三個問題是：認同問題。我們所說的每一句話，「都對定義互動的情境特性有所貢獻。」③

在不同的互動過程中，不同的問題均又是得失攸關的。當我們的主要目標是傳遞資訊或辯論一個見解時，我們集中焦點於手段的談話。當我們主要關心的是讓別人知道我們對他們的看法，或者忘記某種關係時，我們的談話就成了關係問題的一種手段。最後，當我們自我表現是得失攸關時，

我們就會提出認同問題。這幅圖畫的完成，即使一個問題可以解決，其他問題也就同時被表現出來。的確，這三個問題是相互關聯，每一個都對其他問題產生影響。例如：如果你想說服某人同意你的看法，你就必須能夠列出有效的觀點，並具說服力地表現它們。你還必須能夠創造一個好的印象和建構起關係來。如果你的關係和富有特性材料被否定時，你的大多數閃耀智慧之光的觀點就會土崩瓦解。或者採取生物學家的案例，他所關心的是解釋一個病人保持藥物治療的重要性。生理學家作為手段的材料能夠被理解在於：他或她有沒有建立起信任，有沒有冷靜地面對病人的恐懼。

有能力的溝通者必須能夠平衡所有這三個問題。首先，他們必須對他們的手段目標清楚的理解。其次，他們必須能掌握他們的接受者的觀念，使他們的訊息和這些觀念協調一致。第三，他們必須是有社會感受性的，對正在進行和實現的互動得心應手，並且在此創造性過程中能夠相互理解。最後，在整個過程中，他們必須對他們建立的關係十分敏感，並且對他們夥伴的特殊個性也較敏感。(關於關係問題將在第 9 章中進一步討論。至於個性(特性)和溝通的重要觀念，在第 5 章已作了闡述。)

象徵的角色扮演和社會感受性

與具有手段的溝通相聯繫的兩個最重要的技巧是象徵的角色扮演和社會感受性。我們可從孩子們勸說能力的發展的觀察看到它們的重要性。較年輕的孩子們很難在他們的意向涵義和別人解釋的裂隙上架起橋樑。他們產生出他們需要被了解的第一個念頭是非常不成熟的。他們常常聲稱別人能夠讀到他們的思想，然而他們必須拼寫出來的東西並未發生。後來，那孩子開始懂得明確地告訴看護人他或她真正想要的東西是什麼的重要性。在這個階段上，這孩子已有了直接的要求，但並沒有給予他們任何支持。逐漸地，這孩子明白了，一個要求應由原因的解說和以別人所需要的形式加以包裝的理由來說明。

角色扮演之必要；對孩子們和大人們來說都是一樣的。克拉克和戴利亞指出，有達成目標的想法，富有溝通能力的人必須能夠確定主要對象，以防止其他的對象按照各種要求去做。這樣做對人們來說最棘手的事情之一，就是懂得別人為什麼不同意。我們的觀念通常似乎十分明顯，我們自信地說，它們對於別人也是一樣的。有實現目標能力的溝通者能夠參與另

一個互動。

　　角色扮演，進一步說，有實現目標能力的溝通者還必須具有社會感受性，並具由他或她自由支配一個勸說策略的有彈性的戲目。僅了解達成目標的一種方式的人不能成功地適應一種範圍廣濶的溝通互動。另一方面，能夠考慮許多不同方面的原因，並能把握某種爭辯的各種不同方式的人，將能更好地適應某個有個性的訊息接受者的訊息。

理解別人的需要

　　目前在我們的討論中，我們已經指明了要影響他人，你必須能理解他們的需要和目的——你必須能接受並敍述出他們的觀念。這是個不小的任務，因為人類需要是複雜的和多樣化的，又是難以預測的。一些普遍的需要和普通理論的影響似乎還在許多情境中交叉使用。在這節中我們將考察你能影響他人的各種方法，它們使你滿足酬償，連續性和穩定性，以及自我方面等的需要。

對酬償的需要

　　為什麼人們在有些行為中總要竭力迴避別人呢？對有的人來說，答案十分簡單：人們的行動大多數可得到酬償，少數則遭受懲罰。與積極的因素相聯繫的行動將會不斷重複，而消極的刺激作用之行動則會被避免。掌握動機的觀念的人們被稱為學習的理論家。

　　要理解他們的地位，還必須讓我們來看一下刺激與反應的概念。**刺激**（stimulus）是指能產生任何一組內在感覺的；**反應**（response）則是指任何一組行為。當醫生在推測病人的靈活性時，就用捶子敲擊給予刺激，病人的膝關節隨之發生反應。學習的理論家認為，所有的行為均由一系列被此相聯的刺激——反應所構成的。

　　請看事例。是到帶羅維爾散步的時間了。羅維爾的主人威爾克太太解開了他的皮帶，當羅維爾聽到了鏈子聲響後，衝到門外，興奮地敲著水盤。威爾克太太喊道：「羅維爾，看看你做了什麼！不去散步！你這隻壞狗。」說著說著她拿起了拖把。羅維爾嚇得趴了下去。「沒關係，這不關你的事。

讓我們走吧！」，威爾克太太嘆息著，收回了鏈子。羅維爾叫著，直轉圈地跑，使勁地搖著尾巴把垃圾弄得撒了廚房一地。

讓我們從威爾克太太的立足點來看。走去解開皮帶是行為，由此而引出反應（R）。隨著羅維爾的水盤事件而出現了幾個刺激（S），使她言詞冷酷和拿起拖把（R's）。羅維爾感覺錯誤的行為（S）促使威爾克太太再發寵愛之心（R）。從羅維爾方面看，每件事都是完全相反的。把皮帶解下是一刺激（S）引發羅維爾跑進水盤裏（R）。弄翻水並遭到人的冷眼（S's）使他知道自己惹了麻煩，於是表示認錯（R）。這樣一來一切都煙消雲散了。每個行動和互動都達成了刺激和反應的鏈條。

一個具有理性又富有理解力的人（或狗）很快就能看出行為的後果是令人愉快的或是令人沮喪的。學習（理論）的發生是在一個有機體主動地在積極因素和消極因素之間加以區別，找出那些可以得到酬償的行為，避免遭受懲罰。於是，人們便受到了與行為相關的酬償和懲罰的影響。

學習有幾種模式，其中有三種最為重要：古典（習慣）條件制約、操作條件制約和社會學習模式。古典（習慣）條件制約的模式是關於反應之前發生的事情（一種 S → R 的關係），而操作條件制約模式則是關於反應之後的事情（R → S 的關係）。社會學習模式則在兩方面涉及到闡述人類在 S → R 鏈中的本性。④讓我們簡要地了解一下每一種模式，還有社會交換理論。

古典制約和學習

一定的刺激因素自然而然地會產生一定的反應。譬如大多數人在打針時都會退縮，這不足為奇。但令人驚奇的是對一個接一個的刺激的反應。僅僅讀一下有關持槍弄彈，或僅僅從醫生辦公室走過，就足以讓有些人大喊大叫。當兩個刺激因素同時發生，一個因素（自然的或無條件的刺激）與另一個因素（有條件的刺激）產生相關的反應，**古典制約**（classical conditioning）便發生了。

毫無疑問，你們大都熟悉巴夫洛夫（*I.P. Pavlov*）實驗中的古典制約。⑤巴夫洛夫知道，在沒有任何條件作用時，實驗室的狗只是在給他肉末時分泌唾液，肉末無條件刺激引起的，自然是唾液無條件地反應。他的實驗加上了相互關聯的一個新刺激因素的影響，搖鈴時才有肉末。經過幾次實驗後，再單獨搖鈴（條件刺激）也開始引起狗分泌唾液。狗便學會了以一種

新方式發生反應。(**表 6.1**)給予我們古典制約學習理論的更詳盡的例子。

　　古典習慣的、聯想的、學習的模式在個人之間的情境中起了很大的作用。許多對他人的反應都是基於聯想的。人們並不是在某時不喜歡陌生人，它的直接原因或許是她或他使你想起了以前認識的某人。也不是偶爾地讓反應去重複你有印象的顏色。你可以不喜歡你在嘗試或感到不舒服的情況下遇見的人們，然而當你在一個令人舒暢的環境中再見到他們時，你却會徹底改變你的印象。

　　人們對刺激的積極反應是與酬償相聯繫的。這就是爲什麼說服者要把他們的產品與有魅力的刺激結合起來的原因。這也是爲什麼電影明星喜歡在富麗堂皇的環境中展示他們自己的原因。再回想一下保羅和那些信徒成員們，他們的內在體驗是非常愉悅的。成員們都是親密友善，充滿愛心和著眼於整體的。以各種方式與他們相處時，一定會像是又回到了自由自在的童年；居住在他們的農莊肯定像是又回到了夏令營。

操作制約與學習

　　聯想的學習對人們的影響並非僅有酬償和懲罰這種方式。人們的行動還受其結果的控制。按照**操作制約**(operant conditioning)理論，如果反應的結果是有所酬償，則這種反應就會繼續重複；如果反應結果是受到懲罰，它將會終止。⑥控制一種行動的結果被稱作**增強**(reinforcement)。父母對孩子的增強作用，是在做好事後加以肯定，做壞事後給予懲罰。如果你曾是「被訓教的」，你就是操作狀態的靶子。(**表 6.1**)把操作學習和古典學習做了比較。

　　行爲的發生是由於後來行爲的增強。但是哪種刺激是最好的增強呢？答案並不是易於做出的。在我們的文化中，錢和權勢均是有效的增強，甚至它們不需要別人的幫助。這僅是了解某種增強者將成功地使用它的途徑。如果增強或削弱了一個目標的行爲，它就是增強者；如果它毫無效用，則它就不是增強者。

　　對於大多數在校學生來說，教師的冷酷是反向的增強者，而表揚則是正向的增強者。但並不總是如此。班上的調皮鬼就是一個好的例子，他得到的是不贊成的支持。教師越是大喊大叫和冷酷無情，調皮鬼就越是繼續他的行爲。因爲人們發現不同刺激的吸引力，在操作條件中的第一步是找

出哪種刺激是有效的增強者。

受到人們贊成或不贊成的行動，我們稱之為**社會的增強者**（social rein-forcers），它們通常是產生影響的潛在形式。社會的增強在信徒皈依的經歷中所起的作用十分重大，因為它就在日常生活中。信徒成員們對同意他們的參觀者給予全心的微笑和讚美，而面對懷疑者時，這些增強者便不見了。為了保持接收正向的增強，一個有希望的人可以審查他的或她的不確定因素。這種相互作用並不是很多見的。請想一分鐘，你在評價人們時，什麼事情讓你遭受批評，或使你受到戲弄。你也許改變你的行為。它使某種非常不同尋常的人堅持做別人顯然不喜歡做的那些事情。

社會學習

目前我們已經從對積極的刺激和消極的刺激的主動展示結果看到了學習理論。**社會學習理論**（social learning theory）強調非直接的學習，它包括了參加和設想。⑦根據社會學習理論最重要的方法之一得知，我們的學習是透過觀察其他人的行為是受獎賞還是遭受懲罰而進行的。這種學習被稱作**示範**（modeling）或**替代的學習**（vicarious learning）。某人發生的事情表示著我們也可能會發生。如果一個學生看到她的同學在班級中的所做所為而受到懲罰，她就學到了這類行為會導致麻煩。然而如果她看到她的朋友最終是獲得了廣泛好評，她就會決定學著去做。

各種媒介的展示是產生示範學習的重要源泉。這樣做不僅能展示因使用主辦人的產品而受褒獎的示範，而且電影也提供了受歡迎和倍受肯定的形象。

並非所有示範都是如此具有影響力的。我們所受到的大部分影響都來自態度、性別或年齡均與示範者相似。此外，示範者是哪些可信賴和有能力的人？哪些地位高貴的人？或將有更偉大作為的具有吸引力的人。最後，我們看到人們越是因為某種既定行為而受獎勵似乎就越要去做那種行為。⑧這些原則有助於解釋為什麼信徒新成員是如此成功的，他們通常是既年輕又充滿活力的。

人們學習的另一種方法就是當他們的目標實現時，自己獎勵自己，這謂之為自我增強。一個人告訴自己說：「只要我的所有工作完成了，我就到最好的餐館去犒賞一下自己」。「不管花多長時間，我要一直持續排練，

直到完美地扮演好這個角色」。他正是運用了社會學習原則去控制自己的行為。懲罰和愉悅可能是積極的自我增強。

我們學習的最後一種方法是隨之而來的象徵性表徵的結果。社會學習理論是基於此種信念的：即人類是有思想的存在。從我們的能力到理性，我們能設想出一種行動的結果。我們也能夠對別人的勸說觀點產生反應。獎賞與懲罰是透過思想和言語作為中介的，這是一種施控的有力形式。

學習和人際的交換過程

學習理論已被用來解釋許多人與人之間的過程，在其中理性的關係得以形成和終結。**社會交換理論**（social exchange theory）是一種學習模式，如果在特定的兩種關係間作選擇，我們將選那種更有回報的。⑨大多數人們在受到懲罰而不愉快時放棄關係。一般來說，人們都力圖避免那些關係，儘管它們可以減少損失，如果他們相信他們在長期投資中能有所獲的話。按照社會交換理論，每一個成功的交換並不一定都可獲得大宗利潤，它至少還有失利的時候。

每一種互動都會有關係性訊息捲入，或提示指出某種特殊訊息應怎樣被翻譯出來。（關係訊息將在第 9 章裏再作詳細討論）。在交換理論中，物體亦或行動中所帶有的關係性意義被稱作**關係的流通（通貨）**（relational currencies）。⑩禮物、愛好、時間、接近權利都是例證。即使食物也能帶有關係性意義。在你離家一段時間後回去時，總要準備特殊食物帶回去，其意義不在食物本身，而是由行動表達出的情意。

交換可能是極為複雜的。就像經濟流通，關係的通貨超過時間限制就變成被貶值或惡性膨脹了，合作夥伴們就不再會同意適度的交換價格，如果交換失去把握，這些關係就會破裂。例如：共同活動的一夥人中的一個，她想到能做的一切付出都無所回饋，於是麻煩就產生了。如果瑪蓮娜是一個以昂貴的禮物來表達在愛的家庭中長大的人，而凱格則不是受有價值物品的教導，他們就會發生衝突。她就會以為他不尊重她，也不關心她，這時他就會陷入她的陰影和控制之中。既然不會再有適當的回饋，彼此的關係就告失敗。當我們想到行為的獎賞和懲罰的結果時，我們就必須注意關係性的通貨。

對穩定性和一致性的需要

難道所有的行為都是學習的結果嗎？有些人採取否定的說法，他們認為，我們行動的初衷並不是為了獎賞，而是為了認知的一致性。這些人認為，內在的矛盾性是深層的困境；當混亂性和非連續性出現時，人們才竭力去恢復持續性狀態。這些假設的理論基礎是一致性理論。⑪

保持關係的平衡

按照 **平衡理論**（balance theory），當有價值的他人在重大結果上同意我們時，我們會感到滿意和平衡。⑫當我們喜歡的人與我們相對時，或我們不喜歡的人站在我們這邊時，我們都會感到心裏被擾亂了和感到不舒服。這種不安狀態稱作失衡。平衡理論關於典型情境的描述，包括一個人（P），另一個人（O），他是與P有關係的，還有一個刺激（X），P和O都對它有看法。如果P與O和X的相互關係是非平衡的，P就要力爭去改變它。（**表 6.2**）描述了幾種關於P─O─X相互關係的方式，可能使之平衡亦或使其失衡。

讓我們考察一下帕格（P）奧斯卡（O），和作為刺激的搖滾樂（X）。如果帕格和奧斯卡是朋友，如果他們倆都喜歡這種音樂，那麼，他們之間的關係是平衡的──在這一事件的三要素之間就有一種肯定的（正向的）相互關係。這個事務的狀態在（**表 6.2**）中，被描述成第一種平衡狀態。在這些狀態下，帕格（P）對她與O和X的兩種關係均感高興。

不幸的是，並不是所有的關係都是平衡的。如果帕格在審美意義上或在道德基礎上，討厭搖滾樂，由於她的朋友奧斯卡喜歡聽，她的痛恨會引起不滿。她與O和X的關係就會失去平衡。此時，她可用三種方式糾正：

- 改變她對奧斯卡的態度。
- 改變她對音樂的嗜好。
- 透過努力轉變奧斯卡的態度。

當趨於平衡的表達非常失控時，如果一個人對O和X的相互關係是繁瑣的或沒有結果的，這種關係如果是重要的，他們就會是相當有力的。例如：當我們發現一個親密的朋友做事不太注意道德時，緊張的關係就可能

出現了。有些事不得不做以挽回關係平衡。

　　平衡理論解釋了為什麼我們被相似的他所吸引，並且說明了一些相似的壓力。從下面的對話來看朱麗葉的看法：

　　朱麗葉：這是一部十分好看的電影，是嗎？

　　杰夫：嗯！我不知道，我想它步調太慢了點。

　　朱麗葉：哦！是的！是慢了點。但是演得……

　　杰夫：有點誇張。

　　朱麗葉：哦！是啊！我猜它能更好一些。

　　朱麗葉想讓杰夫喜歡她，因而當他們意見不一致時，她對她的說法作了修改。她的平衡意願使她輕易地受到影響。只要她對杰夫的好感仍是高的，她就會盡各種努力去同意他的看法。

　　總之，平衡理論告訴我們，那些受人喜愛並得到讚美的人們總是對別人的態度有很大的影響。當然，勸說者總是了解這點的；為聲譽花掉一大筆錢使人認可產品。但是這種影響對於勸說者是沒有限制的。平衡理論原則對於人與人之間的情境是非常適用的。你是否有曾過僅為了使別人喜歡你而同意他們的看法？你曾威脅別人你將離開他或她，除非他或她改變自己？

取得一致性

　　依據平衡理論，減少非一致性僅有三種途經：我們改變我們對X的態度，或我們改變我們對O的態度，或我們力圖改變O對X的態度。然而，它們真的道出了所有的可能性嗎？想一想，如果一位朋友說了你不太喜歡聽的事情，難道它就能改變你對你朋友以及對他的看法和態度嗎？你也許不怎麼喜歡的原因是因為他的看法與事情本身是不一致的，你也許更喜歡他的看法是因為他對事情的思考。那麼你的反應不是依賴他與你是多好的朋友和不同見解的問題嗎？如果你最好的朋友喜歡檸檬果汁而不是橘子汁，你就不會丟下他去解決非平衡。平衡理論並不是把這些要素綜合起來；然而**一致性理論**(congruity theory)卻如此做。⑬

　　說者每天都要談論一些事物。運動員稱道產品，法官為了被告或反對被告而秉公執法，政治家要採取立場。一致性理論使我們預見出這些看法

的影響；它使我們知道，這些闡述是否損害或加強了來源的可信性。

我們說：一位普通公民在早報上讀到一位總統顧問被指控的虛假。既然這位公民已經知道了這位顧問瘋了，這個消息對她來說並無任何干擾。然而當她所稱讚和尊敬的人，決定支持這位顧問時，她就會決定站在支持的這一邊。根據一致性理論，當一個很好的訊息發送者說，某種肯定的事象不受喜愛，認知的不滿狀態稱做非一致性發生。

減少非一致性，這兩種態度即對總統的看法和對顧問的看法就不得不改變。然而改變的數量並不等於這兩種情況。大多數人堅定地持有的態度很少改變，而較弱的態度則改變得較多。既然我們的報紙披露總統和發瘋似的不喜見人的顧問，她對顧問的態度就會有很多改變。這種情況在(**表 6.3**)中加以描述。

一致性理論使我們計算出態度改變的實際發生數量。一致性理論計算總是運用從－3(指出否定態度的強度)到了＋3(指出肯定態度強度)這個範圍中的數例。假設總統最初的比率為＋3，而顧問為－1。正如我們在(**表 6.3**)中可見，在這兩種態度之間有四個區域單位。改變是與原先的位置，取得一致的(適應性)，因而總統的比率將下降一個單位，而顧問將上升3個單位。我們公民現在要把比率無論總統還是顧問都達到＋2。顧問已獲得可信性，而總統卻喪失其可信性。對於那些你用於計算方法的人，(**表 6.3**)給了一個公式，它可以用來計算這種和那種情境的一致性。

基於這個等級比率進行預測的能力是對於專業民意測驗者、政治結論者和市場經理來說很有價值的東西。然而，在普通的人際的情境中，態度各種等級不是經常使用的。在人與人互動中重要的是要在一致性的各種事情中加以了解，對來源和物體的態度好像都是可以改變的。每次你提起你的朋友不愉快的某事，他們的觀點你可以削弱一點；每當你把自己與某件他們贊成的事聯繫在一起時，他們的興趣使你加強了自己。有用的是記住你自己的吸引力，它總是作為你自己特有態度的結果而發生影響。只有你被人喜愛，你才能否決正在提倡的不流行的觀點。持有面臨不受歡迎的觀念的人們通常付出高的代價以使其廣泛接受。

一致性理論還能解說作為集體滿意表達結果的態度的改變。如果一位密切的朋友提倡你不喜歡的論點，你就會加強一分妳對這種論點的喜歡，哪怕只有一點點。如果另一位朋友也喜愛這種論點，你就會更加一點興趣。

如果你所有的朋友都同意它，你最後會達到這樣：完全贊同這個論點。

減少永久的不一致性（不和諧、不協調）

我們最後的一致性模式是**認知失調理論**（cognitive dissonance theory）。⑭然而，從總體上看，所有的一致性模式都保持有一個人了解所持的與其他認知之間的一種認知的非連續性，也將會因有壓力而減少非一致性。這種壓力稱之為**失調**（dissonance）。失調總是發生在內在轉換之間決定的結果。

我們說，在你畢業後你在兩種工作之間作了一個選擇。一是在新墨西哥的阿爾巴奎爾克市和另一是在紐約的水牛城的郊外，這城市激起了你的好奇。你決定去後者。你對這個決定的感覺依賴於你對這兩種工作和這兩個城市的認識。有些認識會是一致的或連續的，例如：你對水牛城工作的選擇，是你相信水牛城工作提供了更好的機遇。有些信念可能是不一致的，或非連續性的，例如：你的決定是因為你痛恨冰冷的氣候。還有其他訊息將是互不相干的，就像伍廸・艾倫（*Woody Allen*）的電影，或確信你自己會成為最誠實的人，沒有任何事與你此決定相干。

根據非一致性理論，你在任何決定之後的不一致感覺是你作出決定所持的觀念的數量和重要性的一種功能。這種相互關係可由下列公式來描述：

$$決定之後不一致性的數量 = \frac{\# 的不一致認知 \times 它們的重要性}{\# 的一致性的認知 \times 它們的重要性}$$

如果有一定（數量）的職業比去水牛城更有利，如果僅有的不一致因素是不喜歡寒冷天氣，如果氣候不是十分重要，那麼不一致性將是低的。然而，你有大量理由去水牛城，每一個都很重要，那麼，不一致性就是高的，而你還得做某件事去減低它。

減少不一致性有幾種途徑。最明顯的是放棄水牛城的工作到西南岸去。如果這不可能，你就會對你的決定製造出認知的一致性。你可能確信

訊息傳送者的特性表現可以增強和充實他們的說服力。當訊息傳送者和訊息「相匹配」時，影響就會隨之增高。

在水牛城租房便宜、有一個良好的管弦樂隊和令人激奮的專業運動隊，它還靠近加拿大邊界，便於去那裡作國際旅遊。同時，你可能進一步消除不一致性是通過設想出阿爾巴奎爾克市所令人厭煩的想法。作為自己的變化的代理，你會行動起來，為自己提供關於決定的肯定訊息和改變決定的否定訊息。

怎樣運用這種影響呢？請看例子。也許你想勸朋友戒煙。如果你指出它對人的健康無利，人們討厭為吸煙而浪費金錢，也許你的朋友會減少確

定的不一致性而放棄吸煙。

　　不一致性可以另一種方式影響人際的關係。大多數人不喜歡背叛他們的信仰。如果他們以與他們態度相反的方式行動，他們可能減少不一致性而改變了他們的信仰。這種影響策略被稱之為 **相反態度的辯護**(counter-attitudinal advocacy)。例如：鼓勵兒童對國家感到自豪的一種途徑可能是讓他們參加一個測驗比賽。在最初他們也許把愛國主義當做是「過時的」，在他們完成了他們的研究課題之後，寫出他們的論文，以滿腔熱情闡述它們，他們私有的信念就會改變與他們的共同行動相配合。

　　如果它是自願的，如果付出了大量努力，如果這種提倡不是特別有吸引力，以及對參加者的酬賞不是很大的話，相反態度的辯護的影響會更加強。在這些情況下，並沒有對解釋依從的永恆公正判斷。其結果，減少不一致性僅有的途徑是改變態度。如果我們去做有大量回饋而並不喜歡的事，我們的行為總是理性化的，總是要說：「我痛恨它，但我需要錢。」然而，如果我們為了自由而長期艱苦奮鬥，只有這種途徑對我們的行動產生意義，即說：「實際上，我喜歡做這事。」。這種原則解釋了我們評價我們得去艱苦奮鬥的原因。兄弟聯合會和大學女生聯誼會是最難獲得的和有最多困難的入會儀式，而它們通常又是最流行的。自願結合的組織比強制性的更為持久。這就是為什麼信徒成員者力使新成員相信他們加入的決定是自願的原因。所做出的行動越不一致，其內在的態度就越會改變。

減少不確定性

　　根據我們領域中的某些理論，對一致性的需要解釋了大量關於我們怎樣和為什麼溝通的原因。⑮他們認為，人們對減少不確定性有一種基本的驅力。我們關於不確定性的經驗越多，我們就越不能預見事件。在總是不安定和隨機的情境中，有目標的行動是不可能的。溝通，提供一種減少不確定性的手段。通過溝通，我們集中了關於這個世界的訊息。對能夠預測生活的需要，以及對一致性的宇宙的需要是我們溝通的主要原因之一。

自我尊重的需要

　　我們關於有目的行動的作用力的討論已接近尾聲。然而我們還有一個應予以注意的問題，我們曾在(第 4 章)討論過某種長度的問題時談到：向

世界表現適度的需要。有些理論堅持認為，人們需要尊敬他們自己，也需要受人尊敬。

在其**價值理論**（value theory）中，密爾頓·洛克克（*Milton Rokeach*）告訴我們，自我概念是對行為的一個強有力的指導。⑯我們中的每一個人都有一種確定性（定義），我們力求在生活中達到它。洛克克認為，對人們確定性最清楚的反映就是他們的價值。一種價值是一個簡單的信念，即比別人更好的某些目標和實現目標的途徑。例如：有些人相信利他主義比自我利益更有價值；因而，他們的行動便是與人為善和捨己為人的。另一些人相信達成個人成功是重要的。他們的價值表現為雄心勃勃和物質保障高於一切。（**表 6.4**）列舉出了各類價值，是洛克克對所有類型的人考察的結果。如果別人問你是屬於哪一等級的，就要看你認為哪一種最重要？

洛克克認為，人們能受影響而訴諸於他們的價值系統。例如：如果勇敢在你的價值等級體系中是崇高的，你可能採取非常魯莽的行動，去避免被貼上懦夫的標籤。你也許為了挑戰或懼怕而對你的影響至深。如果你相信偷竊錯了，參與犯罪的行動就會停止。價值在我們生活架構中是關鍵部分。我們最強烈的動機之一就是保持我們認為是正確的東西為真正的。

我們不僅需要使自我的肯定形象確定無疑，大多數人還需要表現他們所喜愛的公眾形象。年輕的孩子會開始抽煙以使自己顯得大一些或在他們的同齡人那裡更通達世故。他們甚至聚在一起猛抽一陣，直到他們不再為抽煙弄得難受或不再顯得滑稽可笑。對他們來說，吸煙是一種自我表現的形式。哪一種人際的要求可以阻止他們呢？也許不是對身體危險的有理性的爭辯。最好的方法是使他們相信吸煙是沒有魅力和沒有地位的，它使他們看上去既傻且幼稚。

價值理論認為，人們經常參與勞而無獲或無一致性的行為，這些對有價值的人生描述簡直是相左的。例如：「強壯的男子」也許得做很多不愉快的事來證實他們。考慮一下，你是否曾犧牲過獎賞，因為得到它們會違背一種價值？你是否做過沒有理智的和非一致性的事情以顯示一種社會角色？如果做了，你就會同意價值理論。

總結：選擇和動機

正如我們所看到的，學習理論提出人們的動機是與伴隨他們的行為的

獎賞或懲罰所決定的。一致性理論則闡明，人們需要使他們的信仰系統保持穩定和一致性，而價值理論則告訴我們，人們的行動是創造自己所喜愛的形象。但是哪一種理論是正確的呢？它們都可能是正確的，在不同的時間裏我們可以努力完成各種所有的需要，丹尼爾‧卡澤（*Daniel Katz*）認為人們形成和保持他們的態度有幾種不同理由。⑰他區分了態度的四個功能：判斷、認知、價值表達和自我保護。前三個功能是與學習理論、一致性理論和自我確證理論在觀念上是相接近的。最後的功能則是對個人需要、對自我保護的反映，以免受心理上的威脅的傷害，而它又是基於心理分析理論的。

卡澤對動機提出了兩個重點。第一個是人們在不同時間的不同力量形成動機。儘管卡澤沒有解釋我們的動機為什麼發生變化，但人們有可能有不同的動機框架去指導行動。當獎賞——懲罰框架是主要的時候，我們就會在行動中判斷得失。當一種價值框架在場時，我們就會更加注意採取一種高尚的姿態。而當一致性框架被使用時，我們的行動就會充滿理性。如果這是真的，那麼，成功地變化代理人的部分，就會在我們觀眾中留下正確的框架。有些事一個勸導者也許能透過從使之注意回饋到關心價值例證而達到目的。思考一下：你在做什麼事時對目標的注意會從集中在自我利益改變為集中到自我犧牲？

卡澤還提出第二點值得考慮的問題。運用不同的方法可去改變不同的態度。如果一種行為由對公正的需要所驅使，那麼它就會因贊同或威脅而發生變化。如果它幫助某個人保持一種穩定的世界觀，那麼他就會運用理性的爭辯。卡澤告訴我們，人際影響必須是靈活機動的和多種多樣的。

認同和影響：來源的特性

雖然對目標需要的理解在人際影響中是主要角色，它卻並不是全部內容。正如我們所看到的，一個訊息發送者總是要使互動過程中有些一致的公告。學者間溝通長期以來就知道的，並不是所有的演講者都是有說服力的，那些演講者的重要性在於他或她所說的東西。亞里斯多德（*Aristotle*）是第一個認識到一個演說家的特性、知識和良好願望是說服的一個具有意義

教師以許多方式來影響和控制學生。所有的權威都基於討論，在法國和萊溫曾在一些時間裏習慣於這樣。怎樣做教師才顯示出合法的、證明是真實的、有獎勵的、強制的、諮詢的和專門的力量？

(Winslow Homer, *The Country School*, 1871)

的部分，自他以來的其他思想家也注意到了製造關於來源的接收者的屬性的重要性。⑱考慮一下我們描述有說服力的演說家的方法；我們提供他們的可靠性、專業、動力學，領袖人物的超級魅力等。顯然，一個公眾演說家的個性傳達給聽眾是提供他或她極大的能量。訊息傳達者的特性也許在人際交往的內容中是很重要的，在那裏，發送者和接收者成為緊密的和個人的整體。讓我們更細緻地考察一下這些觀念。

權力與人際影響

權力與影響力是相互聯結的。一個有權威的人是一個能夠控制局勢的人，而這種控制可以透過許多途徑。約翰・R・弗蘭奇（*John R. French*）和伯特拉姆・萊溫（*Bertram Raven*）認為有五種**權力**（power）：獎賞、強制的手段、專業、法定以及參考。⑲

被認定為控制獎賞的訊息發送者具有**獎賞權力**（reward power）。雇主

決定給誰調薪、政治首領決定下一屆統治者的候選人、小伙子在酒吧請他的好朋友喝一杯、或者靑少年等待著新郵票，這些都是對獎賞力量的運用。當人們擁有我們想要或需要的東西時，他們對我們就成爲重要的了，他們的重要性對我們的需要是直接一致的。生理上的控制和情緒上的控制是此種權力的兩個重要方面。

當然，施行獎賞的能力並不是人所有的權力唯一的方面。能夠解除恐懼的人具有**強制性權力**（coercive power）。大多數人都按照避免犯罪的要求和以防強欺弱的要求行事。在人際的層次上，被排除的和減少的恐懼可能導致心理上的強制作用的手段。人們經常像對待讚美一樣，爲防止威脅而遵守規則。

有時候，訊息傳送者是具有影響力的，因爲他或她具有特殊的知識和技巧。這種影響的基礎稱作**專業權力**（expert power）。在一個時代我們了解各種事情是可能的，但必須依賴專家。我們很少對物理學家或工程師或科學家的推薦提出疑問。

由於知識豐富和訓練有素是訊息發送者令人驕傲的能力，它全然的魅力還可以產生出影響。我們所稱道的人們就具有了**參考權力**（referent power）。搖滾樂明星有他們的群體，一幫領導人忠於他們的立法，靑少年們愛慕他們的兄弟和姐妹。在每一種情況中，各種人物都表現出某些從道德上或在肢體上對他人的讚美。模仿並不僅僅是使人高興的形式，而且也是人文之間相互影響的指示器。

當然，有時候訊息發送者的實際特性並不如他的或她的象徵的特性那麼重要。當人們成爲社會機構的代表時，他們便承擔起**法定權力**（legitimate power）。大多數遵行守法的公民都毫無疑問地服從政治官員。這幾乎並非依從於官員們的人格或能力；相對說來他或她所在的地位就代表了權力，因而具有控制人們行動的「權力」。儘管你可以對妳的教授所做的特殊任務的公正提出疑問，你卻很少對設立這項任務的權力提出疑問。這種學術立法就確定對教師的要求。

自我呈現的策略

擁有一種權力基礎固然是非常的好，但是若別人不知曉它則毫無價值。權力是做爲一個人標誌的大事宜。那麼，你是怎樣使別人了解你是具

有實力的呢？一種途徑是透過採用自我呈現的策略而使你的權力基礎轉變為看得見、摸得到的行為。愛德華・瓊斯（*Edward Jones*）和泰恩・皮特曼（*Thane Pittman*）描述了用於人際影響的自我呈現策略的五種方法：

- 迎和（投其所好）。
- 威脅恫嚇。
- 自我推銷（宣傳）。
- 範例（例證）。
- 懇求。⑳

按照互惠主義的標準，一般來說，我們都喜歡那些喜歡我們的人。我們也很難錯待了那些欣賞我們的人；的確，我們常常感到我們需要在某些事上回報他們。這說明，我們能夠透過表現出對他們喜歡，透過和顏悅色及為人和善去影響別人。這個策略稱為**迎和（投其所好）**（ingratiation）。投其所好者運用魅力、助人為樂，以及討人喜歡的方式去控制別人。

由於許多人是真誠如初的，投其所好者的策略也得心應手。在實際過程中，這是有些微妙的。如果投其所好者做得太過份了，他的目標就會產生懷疑，其策略便一籌莫展。最典型的投其所好者是愛說「是的」的人，他們無論遇上或聽到了什麼事，都會對別人表示贊同。這是一種很平常的行為，我們大多數人都學會了，如果我們想影響別人，我們就要和顏悅色。當這種說法出口時，你所品味到的是甜蜜而不是尖酸味。

運用**威脅（恫嚇）**（intimidation）方法的人並不是像迎和的人那樣甜。相反地，他們想表現些危險。我們總是對不能控制憤怒和暴躁的人有所讓步。年輕人（小孩）常常把發脾氣投射到他們採取的方法上，而這些人大都是惡棍、暴徒和具有威脅性的人。有時候，威嚇者作出威脅的毀壞就是自我毀壞。無論何時，我們所經歷的慚愧的心跳，或令人頭暈目眩的言辭是控制我們周圍的人的一種方法。

自我推銷（宣傳）（self-promotion）是另一種戰略（策略）。自我推銷者是想被人看作能力勝任者。他們強調專業權力。另一些人對他們所受的訓練和經驗的印象如此之深，以致於他們不做任何選擇，只有同意。自我推銷者所面對的困境是怎樣在不說大話的情況下，表現出使人信任印象較深的行為來。確信一位能夠熱心地描述推銷者的成就的朋友的幫助，便是走出

這種困境的一種途徑，它使推銷者看上去很謙恭，而又絲毫沒有窘迫。由於自我推銷已較普遍，大多數人都盡可能地顯示出勝任性。我們所有的人都喜歡觀看，即使我們知道我們正在做什麼，尤其是在公共場所裏。每次我們企圖建立可信任性，我們都力爭以瘋狂的形式自我推銷。

產生影響的另一種方式是通過**範例(例證)**(exemplification)。以範例控制他人的人是以個人行為確證他們所應允的價值。他們設計得如此之周密，以致於使別人感到要麼開口稱道，要麼憎恨痛惡。想一想宗教預言家和聖徒所行使的影響方法；他們是最常見的典範，人們的善就是力量。

儘管在許多影響的情況中我們運用例證，我們大多數人走得卻並不遠。行動像一個「小天使」的孩子給人的印象是他的可愛，學生要求老師給更多的閱讀作業，如果老闆需要他，總是情願做到很晚的雇員，這些都是運用了具有表現力的戰略(策略)。當然，範例的方法並不總是通行的。一些學生對另一些試圖給老師深刻印象的學生，有著很高地貶降的標籤；例證自己的人使其他的每一個人與之相形見絀。

瓊斯和皮特曼所提供的最後戰略(策略)是 **懇求**(supplication)方法。在這裏這種表現是無助的。懇求者表現得十分柔弱和無力自我保護，以使得其他人感到有義務去充當保護者。指導手冊要求婦女，如果她們想得到一個男人，就要表現得愚蠢(傻乎乎)。婦人得裝得被機器弄得迷惑不解，太柔弱而不能提起比一隻手提包更重的任何東西，注意力太不集中而不能對付一本支票簿。一個有能力的男人就要走上前去解決這一切問題。透過孤立無援的婦女達成了一種特定的影響。現在那些行為方式大多數都已經改變了，懇求者常常要付出降低自我價值的代價。那些表現無助時間太長的人們，不管男人還是女人，都可能被人看作是無能的，不會給人一種特別好的感覺。「學來的無助」是給予那些實際上喪失了特殊能力或技巧的因而具有恐懼或長期哀求的人們的一種諢號。

上述所有的戰略(策略)如果運用於日常活動，可能是不健康的，我們也許都有運用到它們被修正的形式。思考一下，當你想從某人那裡得到某物時，你曾採用過這些技術嗎？也許有吧！它們是影響他人最平常的方式。你也許有興趣考慮你所認識的人們是否是投其所好者、威脅他人者、自我推銷者、給予例證者、或懇求他人者。我們大多數學生從朋友或熟人之間想出這些例子並不困難。

美國藝術家喬治・伯勞士(George Bellows)曾被福音傳教士畢利・桑迪(Billy Sunday)強烈吸引住了,他那領袖人物感的超凡魅力的風度引起了他的聽眾大混亂。桑迪所使用的影響別人的戰略手段是給人以例證(範例)。

(George Bellows, *The Sawdust Trail,* 1916)

作為自我說服的影響力

我們希望沒有給你留下這樣的印象；影響力是一種訊息傳遞者給予訊息接收者的某種東西。我們不想讓你認為聰明的訊息發送者對他們的目標具有完全的控制力。請記住，訊息發送者可能創造他們將要形成影響的條件，然而它是訊息接收者說服自己的根本。(**專欄 6.2**)給予我們關於訊息接受者如何參加他們的自我說服的佳例。

認知反應理論(cognitive response theory)強調，相互影響的大部分是由接收者在此過程中完成的。它表明了在說服過程中，接收者形成了關於他們所聽到訊息的認知。訊息接收者們研究了他們對於早先存在的態度、知識和感情認知的檔案，並盡力地為他們所瞭如指掌的訊息傳遞者製造意思。各種訊息為早先的信念所支持，它也許會為人們所接受；沒有得到支持的訊息則可能有被否定或自食其果的結局。對目標產生影響的是訊息的積極生產者，而不是被動的訊息接收者。用一種人所不知的意思難以對別人產生影響；我們只能希望以我們所想要他們採取的各種方式對他們自己形成影響。正像所有的溝通，影響力是在訊息發送者與訊息接收者之間的一種積極的交易。

規劃具說服力的訊息：獲得順從的戰略

在前面幾頁我們已看到社會影響力的總體說明。但是，所有這些方面是如何被帶入溝通過程的呢？當面對著實際的影響情況時，有能力的溝通者是怎樣做的呢？如果你處於下面的情境中，你會使用什麼相互影響的策略呢？

你的姨媽住在附近，她有一個很大的棒球場和剛完工的健身房。你只有一間很小的公寓，你很想在你姨媽的棒球場上舉辦一個大聚會。然而，她是小心翼翼的，有時候不能忍受嘈雜聲。

你周末將要外出，需要有人來看顧你的貓。在過去的一年裏有一次或兩次你對你的鄰居瑪提說過。他似乎大多數周末都待在

家裏。你想讓他在你外出時餵餵貓。

　　你的車停了下來，熄了火，你需要到修理處去修理，而你又不想離開這車，一個年青人走過來，你讓她去修車處並告訴他們你在的地方。㉑

　　這些情境表現了研究者們所能感興趣的人際影響的一個範圍，被稱之為**獲得順從**（compliance gain）。這些研究者們花費了大量時間，試圖理解這些情況：溝通者們將使用不同種類的訊息策略（戰略）。㉒在這節裏，我們要來考察什麼樣的訊息策略（戰略）是達意的，他們又是怎樣被架設出來的。

訊息策略的種類

　　許多社會科學家都曾提出過順從獲取戰略的序列。最早的一位或許是最著名的，是由傑拉爾得·馬威（*Gerald Marwell*）和戴維·施米特（*David Schmitt*）發展出來的。他們認為，至少有 16 種方法由溝通者使用而得到某人對一種要求產生回應。㉓（**表 6.5**）描述了這些策略（戰略）。另一些人則描述了類似但又有能所同的戰略系列。㉔由於尚未有一個完全令人滿足的序列提出，現有的是許多從他人那裏獲得順從的方法。

　　這些策略的成功似乎依賴於情境。現代的研究是去發現什麼樣的情境因素為人們帶進了談話中，這是經過他們選擇而使用的。最初的指示器似乎提出了：熟悉（親密）（訊息發送者和訊息接收者是如何相互接近），優勢（統治、支配）（他們的相互間情感力量是什麼），抵抗力（耐力）（目標是否容易達成或反對這要求）；公正的（怎樣判斷、證明這種要求是正確的），個人利益（這要求是否是自私自利的或利他的），以及隨之而來的結果（這要求對長期產生的結果是什麼），這些將影響策略的選擇。㉕當然，這是能製造意思的。我們並不要求某位朋友去毫無結果地偏愛與我們要求陌生人竭盡全力做事使用的是同樣的方法，你可以在（**表 6.5**）中找出有用的方法，並詢問你自己是否曾運用過這些策略中的任何一種。試舉出你何時何地向哪類人使用了哪一種特殊的技術。哪一種使你曾獲得最大的成功，為什麼？

請求的結構

　　近來的研究檢驗了各種常被選用的策略(戰略)。雖然證據是不足的，人們卻紛紛避免看上去更複雜的戰略(策略)，喜歡直截了當的，積極有效的請求。某一研究發現，訴諸於利他主義(「為我做此事」)和承諾(「我要為你帶來美好的一天」)是最常用的策略，而那些受試者通常不是選擇消極被動的方式的。㉖

　　同樣的研究也考察了人們建構他們要求的方法。它推論一個要求是由兩個基本部分組成的。說話者開始確定提出請求的原因，然後彬彬有禮地詢問對方是否願意配合。這兩種技術均有助於確定請求是理性的而非強硬的命令。如果有人對你說，「給我一杯水？」你會有什麼反應呢？大多數情境中這似乎有些粗暴。你可能會反應的是他這話裏的積極成分：提出需要(「上帝呀，我渴死了」)這裡邊要求多於命令(你是否願意為我倒些水？)。重要的是獲得語言中的結論，此為確定溝通者說話行動的屬性。

　　一個有能力的溝通者必須還知曉市場的需要。訊息的不同有賴於那些內容：訊息發送者對訊息接收者肯定的表情或否定的表情的解釋。㉗「肯定的表情」企圖知道目標的需要是喜歡的或贊成的，經由出現或缺乏問候、閒談；以及提供關係等方式給予指示。比較一下：「嘿，你在做什麼？記住了嗎，提姆？好了，他表示他的尊敬了。你知道，你若能幫助我，我真的會欣賞你的。」與「你好，你能不能幫我一個忙？」

　　「否定的表情」技術知道對方喜歡感到自主性和不被強迫。有能力的溝通者就會透過指出其非確定性，並揭示其結局和表示一點不情願，這會使要求變得無足輕重。比較一下：「你介意嗎？」或「如果它很重要就請讓我知道」，與「做這個去」！

　　訊息的差異還可以依賴於訊息發送者做出的表情的內容。一個需要借錢的訊息發送者做出姿態顯示出她不是一個乞丐。說「我需要借 500 塊錢」的人給我們的印象是他有機會就會償還。而讓我們知道「我儲存了一些錢，但我還需要 500 塊錢付款。我在下周末將領薪水。我想知道我是否可以借……」的人是更像能夠償還的樣子。在相互影響的情境中，正如在所有其他情境中那樣，表情描述是溝通能力的一個基本方面。

　　順從獲取的研究是極為新的研究範圍，迄今提出的問題比解答還要

多。但是這些問題都是令人感興趣的。我們知道，從目前的研究來看，重要的是把這些要求更加配合情境的要求和社會的要求。

人際影響和達成目標的能力

　　人際影響是一個複雜的過程，它要求有大量的情感色彩和體悟性。為了說服別人，有能力溝通者必須理解理論性原則是以社會現實的相互影響過程為背景的。這些原則的運用並不太困難。所有理論都提出影響有幾個基本途徑。首先，溝通者應察覺(清醒地知道)他們自己的能力基礎。別人對我們的反應是以他們制定關於我們歸屬特性為根據的；我們則想讓這些特性成為更令人喜愛的。具有說服力的說話者應建立起他們可令人信任的特性；人際溝通者則應盡力表現得具有魅力。

　　其次，對於形成框架的請求，重要的是接受別人的需要和意願的說明。如果我們知道人們的行為動機來自於報償，我們就會提供報償而使他們信服。如果我們知道非一致性將給他們帶來麻煩，我們就會顯示出我們的目標將指向穩定性。如果我們理解他們的價值，我們就會稱讚他們。這種變化的代理人是與接收者所需要的技術相媲美的。

　　第三，我們應該了解，如果我們能夠使接收者們影響他們自己，我們的工作將為我們而做。鼓勵目標的掌握與我們的目標相關聯的方法，是一個基本的影響原則。如果我們能使某人去嘗試我們的產品，按照我們的意志去行動，將我們的信念加以確證，我們必須長遠的去說服他或她。無能力的溝通者只看到作為一條途徑過程的說服。

　　總之，有能力的溝通者必須對這些內容敏感，對他們自己的自我說服，以及對目標的需要和評價能力有敏感性。那麼他們就能把這些轉變成有節奏地可以接受的訊息形式。做這些事情的所有方法我們不能一一列出，我們能使你去觀察什麼能做、什麼不能做以及組成你自己的人際的影響的理論。

表 6.1　三種學習理論的比較

古典制約

情境：作爲一個孩子，每次蒂姆做鬼臉，他的朋友和親戚都爲之開懷大笑，他感到很愉快。這個調皮鬼是與讚揚和笑聲相聯繫的。

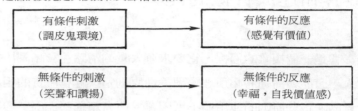

操作制約

情境：在高中學校裏，蒂姆進入成人的表現；觀衆的反應取決於他將要發生的反應。

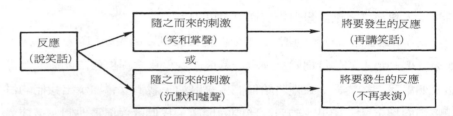

社會的學習

情境：蒂姆看到了一個著名的喜劇演員的成功；他假想他自己也能出名。
他在行動中模仿他的英雄。

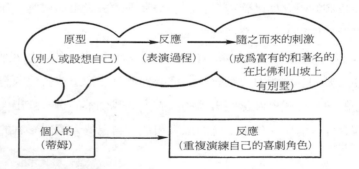

表 6.2　平衡理論（Balance Theory）

情境：一個人（P）以肯定的態度或否定的態度對待另一個人（O）和對待一種刺激（X）。O 也以
　　　一種態度對待 X，而 P 又知道 O 的態度。

平衡狀態

　P—O—X 的相互關係是穩定的；P 不需要採取行動。

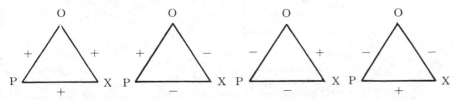

恢復平衡 P 能夠：

　1.改變自己對 O 的態度

　2.改變自己對 X 的態度

　3.盡力改變 O 對 X 的態度

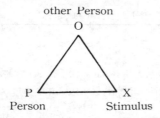

非平衡狀態

　P—O—X 相互關係是不穩定的；P 必須恢復平衡。

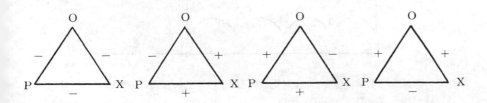

表 6.3 一致性理論（Congruity Theory）

同一的最初比率

在這個例子中，先了解這個主張，觀察者給來源的客體都是＋1的比率。來源對客體的肯定主張不會引起問題，這一體系的一致性就在這一點上。

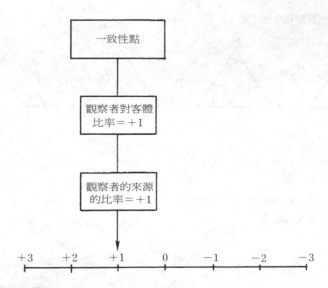

不相等的最初率值

在比例中，先了解其主張，觀察者給來源的比率爲＋3，客體的比率爲－1。這個來源對客體的肯定性主張會引起非一致性。觀察者必須以公正的態度，把一致性的點定在＋2。

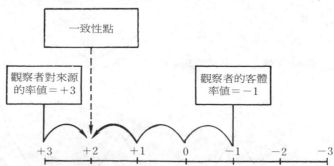

恢復一致性

觀察者必須減少對來源的喜愛，加強對刺激的喜愛。改變的數量將會變得與最初比率相適應。一致性觀點也可以使用下列公式來計算：

$$Ro + \frac{|Ao|}{|Ao| + |Ao|} Ao + (d) \frac{|As|}{|Ao| + |As|} As$$

在這裏，Ro＝對客體來說的一致性點，Ao＝對客體的最初態度，As＝對來源的最初態度，d＝注意『例子是對這種情況的：即主張是肯定的；與否定的主張一起，一致性發生在比率是錯誤的想像(例如：＋2，－2提出在來源相對客體時的一致性)。

主張的方向，＋1爲肯定的。－1爲否定的。一個符號的括號指出絕對值(值沒有＋號或－號)。

表 6.4　極限的價值和作為手段的價值

極限的價值——最喜歡的存在狀態
一種令人滿意的人生(一種輝煌的人生)
一種令人激動的人生(一種刺激的、積極的人生)
成就感(持續不斷地奉獻)
一個和平的世界(沒有戰爭和衝突)
一個美好的世界(自然的美和藝術的美)
平等(兄弟般的,一切事情上的平等機會)
家庭安全(自己心愛的人的細心照顧)
自由(獨立性,自由選擇)
幸福(心滿意足)
內在和諧(內在爭執的自由)
成熟的愛(性的和精神上的親密)
國家安全(防禦進攻)
愉悅(一種令人歡欣的、悠閒自得的人生)
拯救(受到協助的、永恆的人生)
自我尊重(自我珍重)
社會承認(尊重;讚美)
眞正的友誼(密切的夥伴關係)
智慧(對人生的一種成熟的理解)

作爲手段的價值——喜歡的行爲模式
雄心勃勃(艱苦工作、熱望(即抱很大希望))
開濶的思想(開放的心胸)
有能力的(有能力、有效率)
快樂的(性情開通,欣喜於色)
清爽(清潔、整齊)
有勇氣的(堅持你的信仰)
寬恕的(願意寬恕別人)
有益的(爲了別人的財富而工作)
高尚的(眞誠的、恪守眞理的)
想像豐富(懼怕、有創造性)
獨立的(自我依靠、自我滿足)
足智多謀(有知識的、集思廣義)
忠誠的(連續性、理性的)
愛護的(愛情、體貼的、(親切的))
服從的(完成任務的、令人尊崇的)
有禮貌的(謙恭的、良好的儀態)
反應敏感的(有依賴的、有可依靠的)
自我控制(限制、自我規範)
終極的價值與人生目標相聯繫;而作爲手段的價值就是指實現這些目標的適當手段。 　　這二方面對行動均有指導。

表 6.5　獲取依從的 16 個方法

1. 應承　　　　　　　（如果你照做，我就會給你回報）
   　　　　　　　　　如果他擴大他的研究，你就會增加你對迪克的允諾。

2. 威嚇　　　　　　　（如果你不照做，我就會懲罰你）
   3. 專門技術或知識　　如果他不擴大他的研究，你就會威脅迪克禁止他再用車。
   （積極的）　　　　（如果你照做，你就能有所獎賞，這是自然的事。）
   　　　　　　　　　你告誡迪克，如果他能取得好的名次，他就能進入好大學，
   　　　　　　　　　並找到一份好工作。

4. 專門技術或知識　　（如果你不照做，你就會遭受懲罰，這是自然的事。）
   （消極的）　　　　你告誡迪克，如果他不能取得好名次，他就甭想進好大學，
   　　　　　　　　　也得不到好工作。

5. 意願　　　　　　　（演員都是友善的和樂於助人的，以贏得目標的「好感」，
   　　　　　　　　　以致於他想照著做）。
   　　　　　　　　　你盡力做到和善可親和心情愉快，讓迪克有「好感」，
   　　　　　　　　　然後再提出對他學習方面的要求。

6. 先前給予　　　　　（演員先回報目標，然後再讓他們依從）
   　　　　　　　　　你先提出你的允諾，然後告訴迪克你現在希望他學習。

7. 嫌惡的刺激　　　　（演員不停地懲罰目標，製造意外的停演以使人依服）
   　　　　　　　　　你停止讓迪克用車，並告訴他直到他努力學習才准使用。

8. 人情債　　　　　　（你要求我依從，因為過去的關照）
   　　　　　　　　　你指出為了迪克的教育，你必須更多勞動和節衣縮食，
   　　　　　　　　　他要求他自己取得好名次，進入一所好大學來回報你。

9. 道德請求　　　　　（如果你不照做，你就是不道德的）
   　　　　　　　　　你告訴迪克任何人都會因道德上的錯誤而不能拿到好名次，
   　　　　　　　　　而他卻能夠，只要他努力學習。

10. 自我感覺　　　　（如果你照做，你就會感覺比別人都好）
    （積極的）　　　你告訴迪克，如果他讓自己努力學習就會感到自豪。

11. 自我感覺　　　　（如果你不照做，你就會感到糟透了）
    （消極的）　　　你告訴迪克如果不努力學習，他就會蒙受恥辱。

12. 利他的　　　　　（一個人照做他就有「好」品質）
    （積極的）　　　你告訴迪克，他是個天真可愛和有智慧的男孩，既然如此，
    　　　　　　　　他自然要更努力學習而獲取好名次。

13. 利他的　　　　　（只有一個具有「惡劣」品質的人才不照著做）
    （消極的）　　　你告訴迪克只有那些非常孩子氣的人才不好好學習。

14. 利他主義　　　　（我極為需要你的依從，請為我做吧）
    　　　　　　　　你告訴迪克你實在想讓他進一所好大學，你希望他努力學習。

15. 尊重　　　　　　（如果你照做，人們就會評價你是更好的人）
    （積極的）　　　你告訴迪克，如果他考了好名次，全家都會以他為榮。

16. 尊重　　　　　　（如果你不照做，人們對你的評價就會很糟）
    （消極的）　　　你告訴迪克，如果他不獲得好名次，全家都會為他感到失望的。

Reprinted with permission from Gerald Marwell and David R. Schmitt, "Dimensions of Compliance-Gaining Behaviors: An Empirical Analysis,"
Sociometry 30 (1967): 357–58.

爲私者的月光：信徒皈依的途徑

關於第一個皈依宗教的人經歷的描述，足以使我們拼聚成教徒使新成員皈依的技術。你會對這些如此簡單而又如此奏效的方法感到驚奇。很顯然，他們最爲依賴的是人格結合力的增強。在這裡所要描述的是往昔那些虔誠的太陽和月亮統一教會信徒的經歷，他們與許多信徒曾被施用的方法是相似的。

皈依的第一步是確立與之年紀和背景等同的成員所要達到的目標。新成員一般都是積極和友善地開始；把目標轉換成愉快經歷過的或類似的社會事件。他們有一種做出抉擇的企圖：這個目標的信仰和價值能否使他進一步發展合格成員的條件。信徒直接的確定性和改變宗教信仰都發生在此刻。

如果目標似乎是較適合，他將被邀請到一個隱蔽處，通常是應邀到郊外風光美麗而又寬廣的地方，簽定第一個合約。沒有任何強制。重要的是他接受決定是自願的。一旦在隱避處，他就要切斷一切與外間世界的爭辯；沒有電視，沒有收音機或電話，沒有需要作出困難的決斷。環繞著他的是令人神往的角色偶像，他們似乎非常愉快、生機勃勃、精力旺盛、而又能無條件地同時接受其他人和他自己。這種環境和行動使人想起了夏令營。簡單的遊戲（壘球、拔河、紅靶）使他沉浸在有競爭力的表演中。傳統的歌曲、有節奏的讚美詩（聖歌）和喝采瀰漫在整個學校的氣氛中，在那裏，關鍵的是服從、歡愉和歸屬。

群體信仰是以通常最受人青睞的價值，比如團結一致，和平和愛等簡單的語言來表達的。以老生常談、神經緊張的方式，還有令人滿意而又難以駁倒的口號（「當你擁有無我的雄心時，那不是以你的自我爲中心；在你身邊有許多防禦物，不管你做什麼你都將是安全的」；「有愛就有機遇」）。如果目標試著對這些信仰提出疑問，成員們也許

就會顯得憂慮忡忡並深深地失望，催促她暫時停止判斷、等待開蒙。由於惟恐冒犯她的「主人」而被排出這個愛的集團之外，她尋找意義和理解。這種自我探索的努力在被樂於接受和有廣濶影響的組織中，迷途重返常屢見不鮮。

歸屬需要是理解新成員過程的關鍵所在。信徒成員們創造了一種完全的人與人之間相互作用的關係，在這裏，所有的東西都是共有的：食物、衣服、愛情、信仰。在共度的時期裏，目標成為關係的一部分，成為早期孩提時代天真無邪和安全感的部分。

信徒們後來會怎麼樣呢？大約 90% 的人在兩年後決定離開。許多人把這段經歷看作大有獲益的。儘管他們放棄了信徒生活，卻很少有人丟掉他們自己的意志，這些是使他們曾滯留於此的東西。相反的，他們把握住他們永久的價值，並把它們整合進入到他們的新生活中。

資料來源：

菲利浦·G·辛巴都(Philip G. Zimbarbo)、艾貝·B·艾伯森(Ebbe B. Ebbesen)和克里斯蒂娜·馬什拉(Christina Maslach)，《影響態度和改變行為》(*Influencing Attitudes and Changing Behavior*)，Addison-Wesley 出版公司，1977 年；和塞爾·V·萊溫(Saul V. Levine)(Radical Departures)，《當代心理學》(*Psychology Teday* 18(8))，1984 年 8 月，第 20—27 頁。

進一步閱讀資料：

約恩·勞夫朗(John Lofland)，《信徒的末日：皈依、轉宗者和信仰內容的研究》Prentice-Hall 出版公司，1966 年。

路德尼·斯達克(Rodney Stark)和威廉·西姆·邦布里傑(William Sims Bainbridge)，《宗教未來：信奉現實主義、佈道和信徒形式》(*The Future of Religion: Secularization, Revival and Cult Formation*)，加州大學出版社，1985 年。

貨物售出概不退換：騙子騙取信任的技倆

專職的具有欺騙性的騙子對他的目標所採用的往往是安排很容易的把戲，而不是「難度很高的經營」。事實上，他們經常請求他們的目標進入經營過程中，以使人相信他正作弄某個騙子藝術家。騙子藝術家對於讓他的目標說服自己的最有效的技術深黯其妙。在一個玩得滴水不漏的騙局中，有兩件事是最基本的：目標必須相信從無中變出某種東西是可能的；騙子必須似乎是絕對值得信賴的。那麼，騙子藝術家是怎樣使他的目標相信他們不值得一信的把戲的呢？他們是通過把握他們目標的弱點和通過裝扮得冠冕堂皇的外表的途徑達到的。

在所有具有欺騙性的騙子中，大都儀態萬方而又風度翩翩，其中有一位是班克托‧路斯蒂哥(Victor Lustig)「伯爵」(Count)。在他早期的生涯中，他設法出賣愛菲爾鐵塔(the Eiffel Tower)，這不止是一次，而是兩次！在他的一生中，他獲得了許多種身份（特性），並創立了許多次使易上當的投資者解囊的異乎尋常的「商業機遇」。

一個典型的範例是「錢閘子」他以25,000美元賣給了一個沒有頭腦的商人。在1925—1926年冬天，路斯蒂哥出現在帕爾蒙‧柏克，希望發現更好的目標，有個人對地位貪婪正巧能夠滿足他的要求。路斯蒂哥第一步是獲得一個恰如其分的外表。雇了一個駕駛勞斯來斯汽車的

司機，他身穿價格昂貴的西裝在最豪華的飯店等待著。不久前，不幸出現在這個叫赫爾曼‧羅勒的人的身上，自我損失達百萬元，皆因他的社會地位卑微。像羅勒這樣的人，一個歐洲文化特徵有貴族派頭的人是極為平常的。由於他們成了朋友，羅勒相信他的事業又將重新確立起來。路斯蒂哥不願地表示他也有錢的問題，他們用他的「造錢機」來弄錢，這是一個能夠印出任何一種紙錢的箱子，造出的錢與銀行發行的毫無二致。講了這個「浪漫的故事」，路斯蒂哥表露出，這機器是由德國人組織製造的，是在第一次世界大戰期間仿造聯邦通貨所用的。它有機會落入了一個魯曼尼朋友之手，當然，它是世界上唯一的一個。

羅勒請求他證明一下。路斯蒂哥給他看了一個漂亮的紅木箱子，裏面擺放著 1 張 100 元美鈔，6 小時後，他拿出了兩張 100 元的美鈔，逼真得連最細微的地方也看不出差別。他們仔細檢測，如像他們應該擁有一樣，既然他們兩人都是徹頭徹尾的天才。路斯蒂哥只拿了這個 100 元的序列中的 3 和 8，他它們與其他的完全相同。他平靜地提出，讓羅勒把每一張貨幣都拿到銀行去確證。

羅勒心情急迫，他請求複製一只這箱子。路斯蒂哥猶豫不決。當羅勒出價 25,000 美元時，他很不情願地放棄了這箱子。羅勒對路斯蒂哥的故事深信不疑，甚至於在他發現這箱子並不能工作時也沒有動搖。他反而相信是自己操作方法不正確。大約一年過去，他開始產生懷疑，並去找了警察。

如果你感到羅勒是特別容易上當的人就請考慮一下這個事實：路斯蒂哥又以同樣的方式，以一萬元把他的機器賣給了一位行政司法官，並因此而獲釋放。這表明，人們僅僅相信他們真正想要的東西。

資料來源：

科林‧露斯(Colin Rose)編《世界最大的騙錢案》（*The World's Greatest Rip-Offs*），紐約，斯特林出版公司，1978 年。

進一步閱讀資料：

查爾斯‧麥卡基(Charles Markay)，《人群中極為通行的欺騙和瘋狂》（*Extraordinary Popular Delusions and the Madness of Crowds*），紐約 Farrar, Straus & Giroux 出版公司，1932 年。

卡爾遜‧韋德(Carlson Wade)，《大騙局和著名的騙子》（*Great Hoaxes and Famous Imposters*），紐約，Jonathan David 出版公司，1976 年。

技能訓練：變得更加肯定

　　愛倫已經工作了漫長的整個星期，她需要某些私密性。她想寫一些信，觀看錄影帶，放鬆一下。當她只是稍事休息時，她的朋友斯科特敲了她的門。他和他的女朋友大戰之後，這個星期已是第三次了，想找愛倫分析一下他的關係。愛倫有點喜歡斯科特，但她已把自己與扮演顧問聯繫起來。雖然她想讓斯科特離開，可是她不知道說什麼好。畢竟他是那樣情緒不安，而她又真的沒有任何重要的事情要做。因而她眼睜睜地花費了整個晚上；與其說是為了她自己倒不如說為了滿足她的需要。後來，她對自己感到失望了，也對斯科特感到不滿。愛倫在這個肯定中有了一個問題。

　　斯科特在許多方面都是愛倫的對手。當人們喜歡斯科特而請求他幫忙時，他總是無微不至地對待他們，從來沒有丟下他們不管。儘管他的風格與愛倫十分不同，在適當肯定中，斯科特與愛倫都有同樣的問題。愛倫和斯科特都不知道怎樣更有效地達到目標。愛倫是非肯定的，她在應該堅守她的權利時，她卻放棄了。斯科特是侵犯性（攻擊性）的，當他把他的權利設想為受威脅的時候，他不恰當地濫用之。他們二人都需要了解怎樣以某種方式來清楚地而又確定地表達他們的需要，能夠顯示對他們自己的尊重也對別人尊重。簡言之，他們二人都需要了解怎樣成為肯定的。

　　儘管你既不認同愛倫的人，及其與人交往的風格，也不認同斯科特的人，及他與人之間交往的風格，可能也有時會提出成為肯定的問題。忽視了如何使自己相信大多數時間，在某些情境中你也許發現實現你的目標之困難。詢問你自己是否發現自己有下面行為上的困難：表達你的觀點而別人並不同意它，表達消極情緒只要你真實地感覺到它們，表達積極的感情，諸如愛情或同情，不同意作者的看法，請求人們解釋你不理解的事情，提出要求，或否定來自你關心的某人的要求。如果你做了，你就有利於成為更加肯定的。

　　在改進你滿足自己需要的能力方面，第一步是了解在非肯定的，攻擊性的和肯定的反應之間的差異。**非肯定性**（nonassertiveness）是一種失調性行為，這些個人在他們的權利遭受侵犯之時，他們並不去保護他們的權

利。它正是「對自己和對他人的自我否定，產生焦慮和(否定的)消極情感，它們導向人際關係的破裂」。**攻擊性**(aggressiveness)是一個失調行為：這些個人不顧忌別人的權利，施之以侵犯性和充滿敵意的行為。它「產生消極感情——七如犯罪的悔恨自責，對結局的恐懼和疏遠——引起與他人連續對抗，導致憂鬱的情緒纏繞」。**肯定性**(assertiveness)則是「保護(維護)某人自己的權利，並不對別人的權利有任何侵犯。這是適合性的行為，因為它是在既定的內容功能中正常的行為，它是自我確定，對他自己和對別人的成長的積極情感，它導致和順暢通的人際關係」。㉘

假如艾麗莎借了朱迪的筆記本，卻未按照允諾歸還。現在朱迪需要它們並想讓艾麗莎歸還。艾麗莎很忙，她說明天她將帶來。一種非肯定的反應將是「我今晚真的需要它們。如果太麻煩了，我猜我能乘公共汽車到你家去取。」一種攻擊性的反應將是，「艾麗莎，我病了，我討厭你不為我著想。這種行為對你說來如此典型，只是不希望我做得再使你高興。當然，你也不用再與我談話來煩擾我。」一種肯定的反應將是，「明天將會太晚了。我今天晚上有空要研讀。我知道你很忙，但我保證你花半小時就可以開車來這裡，我希望在七點使用它們」。

改善你實現目標的能力，需要時間去「審查你對你自己的權利和對別人的權利的態度」。肯定性行為的關鍵是在樹立你的權利時不要冒犯了別人的權利。它採用某種思想去發現在自我尊重和對別人尊重之間理想的平衡點，特別是在這些權利出現衝突的時候。如果你並不能肯定是否起出了你的權利或是否出賣了自己的短處，你就該找一個朋友談論一下。

與朋友交談將給我們帶來另一種方法，即可以使我們的肯定性行為更為令人滿意：得到關於你行為的回饋。判斷你的行為的一種方法是試圖從外界觀察它。例如：如果你在一家餐館裡看到那裏的服務是令人可怕的，你不能肯定自己是否該抱怨，你就問自己作為一個有理性的人在這種情境中該做什麼。如果你同意有理性的人就該抱怨，你馬上就會脫口而出，你也可以從直接問別人中得到回饋。如果一個雇員一星期內遲到三次，你可能透過詢問其朋友聽取什麼是你想要說的和對它的肯定性評價，以此來審視你的行為。你甚至可以從你的雇員那裡得到回饋。「我喜歡你能確定你能在 8 點到達這裡。當你遲到時，對我們其他人都不太方便，因為我們得等待你一起進入辦公室。你認為這是一種非理性的要求嗎？」

如果肯定性行為是你真的喜歡做的事情，就請考慮在對有問題的情境做出反應並保持其持續性。如果你決定保持每天不變，記下出現麻煩的情境，你感覺如何，你實際上說的或做的是什麼，你喜歡做什麼。寫下的記錄應提供給你一種清楚明瞭的關於這個情境的看法，即問題是怎樣產生的。透過記錄的方式記下你所希望說的，你能實踐肯定性的行為。此外，還要寫下恰如其分的反應，你能實際地再聽到正確的反應，透過把它們融入角色扮演之中。不熟悉的反應比熟悉的反應更加困難。如果你未曾習慣於肯定的行為，你就需要再聽，直到肯定的反應變得自然。而當你對情境的掌握只是你想做的時候，給你自己以自我增援。祝賀你自己，讓朋友知道你的所做所為，或甚至給你自己一個款待。你已經掌握了一種新的技巧並且你是值得獲得報償的。

　　最後，了解有時候你可能在選擇時並不是肯定的。並不是每個人都是有理性的，也不是每個人都能夠對你決定成為肯定的做出恰如其分的反應。有時候你可能決定不成為肯定的。哈路爾得‧達來（*Harold Dawley*）和 W‧W‧溫瑞克（*W.W. Wenrich*）告訴我們說：

　　　　在你的決定中關鍵性因素應是消除你肯定性行為的一系列潛在的消極後果。如果在一個特殊情境中你會以為一種肯定的行動的來往（義務、傾向）遠不能達到可能的回報，你可能選擇——聰明地以致於——並不肯定你自己。但是這裡的關鍵詞是「選擇」。㉙

實踐過程

討論題

1.思考一下這些方法：房屋建造的命名(泰德、科林恩先生、樊伯、畢茲、米斯特伊爾等等)。分析這些聯繫的類型：這是建造者希望你做的。再思考一下(美觀的、效率高的)包裝法和它們的表現。對論這種影響手法的有效性。

2.如果你是父親或母親，你將對你的孩子做什麼增強工作？如果你不是父母，回想一下你的父母所用過的增援原則來控制你的方法和採用的是什麼技術？它們是否有效？

3.你可能去學校為了一個刺激而學習經濟學，如果是這樣，談談你的經歷。如果不是，你認為，一個影響孩子的好辦法是什麼？(掌握了經濟學的孩子被給予的是良好行為的表示(標記)；這些標記能夠重獲款待或優越感。)

4.你認為用於社會交換理論的經濟模式是什麼？你認為它是描述關係較好的方法嗎？如果不是，為什麼？如果是，你能解釋一下這種隱喻嗎？

5.示範理論闡述了我們通過觀察他人而獲得一些東西。自從進入大學以來你曾被示範所影響過嗎？如果有，誰是你的模範(模型)？你從他們身上學到了什麼？他們為什麼能夠成功？

6.在你很年輕時，什麼樣的媒介人物(電視中的、收音機裏的、或書中的)充當了你的示範？他們對你產生了什麼結果？

7.你曾經歷過那種由平衡理論描述的說服類型嗎？例如：發現你自己不喜歡一個朋友，因為他的或她的信念？你怎樣解決你的失衡狀態的？平衡或一致性理論更接近於描述你解決那情境的方法嗎？

8.想一下最近你所作出的非常重要的決定。你做了什麼事避免一致性，諸如：使你的決定理性化，或揭露你自己那些僅有的能告訴你你是正確的訊息？描述一下你為了保護你自己的一致性的所作所為。

9.想一下你最信任的那個人。那個人有什麼個人的特性是可信賴的？

你有什麼建議給予那些想增強他的或她的可信賴性的普通人。

10.指出獲得依從部分開放的各種情境。爲使人們照做，你在每個情境中所使用的是什麼技術？特別地描述一下你所說的或所做的。

觀察指南

1.學校是影響人們的場所。你現在要參加的影響的機構是採取了什麼方法？他們如何使你加入進來？在你來此後，他們是怎樣控制你的？你曾是一個男校友，他們是怎樣影響你的？不要忘記像建築學和宿舍與教室的標記、校園佈局、學校手冊和廣告材料、同等人的影響、課程的選擇等等，這種影響是怎樣卓有成效的？

2.分析一下你自己的能力。當你想讓別人做事的時候，你如何做才能達到這個願望？你所採用的基礎是什麼？你怎樣證明和增強你的能力基礎？列出你變得更加富有實力的計劃。

3.觀察你認識的人，他們是投其所好者、威嚇別人者、自我推銷者、範例者或懇求者。細緻地描述他們怎樣實現權威的。描述一下你對他們的感受。你發現你自己是否用了這些技術的任何一種？它們的結局是怎樣的？

練習

1.帶來一些受歡迎的雜誌相當於對班級的廣告。組成幾個小組，通過雜誌的閱讀，找出每一種影響理論的典型範例。反覆琢磨發現三種學習理論的不同用法，以及每一種連續性理論的用法，還有價值理論的用法。一個單一的廣告或文章也許同時使用了好幾種理論。一旦你們發現範例，就報告給全班。你們認爲所有的例子中哪一種是最有成效的？爲什麼？

2.組成4個或5個小組。你僅作爲一個候選者受雇於證明莫德威爾城的形象。想一下這個變壞的城市；莫德威爾城至少有壞的地方。它的公民領袖決定證明他的公民是道德的，這形象的設計也是爲世界上其他城市的。你們小組產生出了一個公共關係定選者。向班上其他組報導你們的計劃，解釋在這些理論的後面的每一種技術（組成關於莫德威爾自身的你以爲你們需要的任何資訊）。

3.選出一個合作夥伴。以個人爲單位，排出終點的價值和作爲手段的

價值，像(表6.4)那樣。第一排在個人價值上是最重要的，第二排有次等重要的價值，依次類推。一旦你結束後，就考慮一下這些排列關於你說了些什麼。你是利他主義的或自我主義的？是一個現實主義者或理想主義者？與同伴討論一下你的這些排列。解釋一下你感覺採用你做事的方法的原因。(這也是一個很好的鍛練，你與你所親密的人一起去做。它將使你檢驗一種另外的價值建構。)

專有名詞

下面列出的是本章中介紹的主要概念。在本章中所提到的概念現在作為詞源列出：

・刺激	*stimulus*
・反應	*response*
・古典制約	*classical conditioning*
・操作制約	*operant conditioning*
・增強	*reinforcement*
・社會的增強者	*social reinforcer*
・社會學習理論	*social learning theory*
・示範／替代的學習	*modeling／vicarious learning*
・社會交換理論	*social exchange theory*
・關係的流通（通貨）	*relational currencies*
・平衡理論	*balance theory*
・一致性理論	*congruity theory*
・認知失調理論	*cognitive dissonance theory*
・相反態度的辯護	*counterattitudinal advocacy*
・價值理論	*value theory*
・獎賞權力	*reward power*
・強制性權力	*coercive power*
・專業權力	*expert power*
・參考權力	*referent power*
・法定權力	*legitimate power*
・迎和（投其所好）	*ingratiation*
・威脅（恫嚇）	*intimidation*
・自我推銷（宣傳）	*self-promotion*
・範例（例證）	*exemplification*
・懇求	*supplication*

- 認知反應理論   *cognitive response theory*
- 獲得順從   *compliance gain*
- 非肯定性   *nonassertiveness*
- 肯定性   *assertiveness*

建議讀物

Bettinghaus, Edwin P. *Persuasive Communication*, 3rd ed. New York: Holt, Rinehart & Winston, 1980. *A basic text on persuasion practice and theory. Easier to handle than Zimbardo, with more emphasis on communication.*

Lofland, John. Doomsday Cult: A Study of Conversion, Proselytization, and Maintenance of Faith. Englewood Cliffs, N.J.: Prentice-Hall, 1966. A participant observer's firsthand account of the beginning of the Moon cult.

Mackay, Charles. *Extraordinary Popular Delusions and the Madness of Crowds.* New York: Farrar, Straus & Giroux, 1932. People will believe anything, and in this fascinating book, Mackay traces the history of some of the world's most bizarre beliefs.

Zimbardo, Philip G., Ebbe B. Ebbesen, and Christina Maslach. *Influencing Attitudes and Changing Behavior.* Reading, Mass.: Addison-Wesley, 1977. This book introduces major theories of persuasion in social psychology. For the beginning student, its interest will probably lie with the case studies, including Zimbardo's analysis of the 1974 Patty Hearst kidnapping case. (He was an expert witness at the trial.)

Chapter 7

人際訊息符碼
——非語言的溝通

Dance, which involves a complex synchronizing of body movements, is a form of both art and communication.
(Pieter Brueghel the elder, The Wedding Dance, c. 1566)

如果你曾照顧過一個小孩，你就會熟悉這種情形。當你聚精會神地看書或看電視節目時，你會注意到小約尼潛入了你的房間內，他緊靠著牆站著，雙手放在背後，他正面的臉望著你的方向偶爾抬起他低垂的眼瞼。這時你會把注意轉向他，他便會脫口而說出：「我什麼事也沒做！」他下撇的嘴唇並不顫抖。

當然，這時你就會懷疑自己有什麼事做錯了，並感到自己很內疚。語言的否定只能促使你更加相信正在傳遞的語言的訊息和非語言的訊息的矛盾性。

正如我們在(第 1 章)裏看到的模式表徵，關於自我和社會系統的準確觀念和知識並不足以產生有效的溝通。我們必須能夠把這些觀念和知識加以綜合，把它們變成恰當的語言的符碼和非語言的符碼。在(第 8 章)裏，我們將會探究語言符碼訊息的途徑。在本章裏，我們將探討符碼訊息被傳遞和被接收的非語言途徑的系列。

非語言訊息是強有力的，尤其是在它們與語言的訊息相對立的時候。但是，我們將看到那些更加神秘的非語言訊息的重要性。小衆傳播的研究表明，那些經常高談闊論從而成爲領導者的人們，是由於那些人積極地聽取和提供非語言性回饋、並很少從他們的貢獻中得到任何信任。我們對非語言的不注意，受到了具有啓迪意義的英國小說家約翰·福爾斯(*John Fowles*)的批評：「英國人的意思比他們所說的要多得多；而美國人所說的比他們的意思要多得多。」[1] 然而，我們確實要信任那些在非語言的模式方面做得很好的人。尤其那些在閱讀別人的非語言訊息、溝通訊息很有能力的人被貼以標籤：「直覺的」,而那些更能發送非語言訊息的人則被稱作「富有表達力的」。

在我們的文化之中，非語言溝通是這樣的，一個人必須首先是表達力強的，然後在直覺的和富有表達的這兩種元素上加上特色。(科林特·伊斯特伍德(*Clint Eastwood*)在這裏也許是最企望於此的。他經常不能有效地說出任何事。)如果我們首先以非語言符碼去看那種情形，你就會更加了解它們在日常溝通中的功能。你可能已對符合語法的句子和擴大你的詞彙有很多知識，但你所曾在的許多班級是如何進行非語言溝通的呢？

有兩個原因致使我們想先來討論非語言的溝通。一個是直接的歷史基礎：非語言的溝通是較古老的溝通形式。動物有非語言的溝通，我們也使

用這種形式，大量的非語言的信號是在某些空間之內和跨各種空間的。當令人可怕的場面，比如，被施以暴力，出現並不受限制時，威脅便顯示出來了，這時張著嘴巴的表情是恰切的指示，這在普通生物學中是很多物種手勢根源的例證，僅僅根據環境和文化而被賦以模式、樣式(方式)。這些溝通的基本形式是先於人類頭腦失控的暴力，於是使語言成為可能。相信非語言的訊息的趨勢(傾向)是在他們的語言訊息(就像在開始時的那個實例那樣)的衝突可以順利地走向那種事實：非語言的溝通有很長的暴力的歷史。在事物的框架中，語言是「新生兒的障礙」。非語言的溝通，已經像一位老而可信的朋友那樣環繞著我們。

其次，我們在開始進行大多數語言的互動之前，便依靠著非語言的溝通了。進入一種會談，常常包涵著眼睛複雜的跳動、頭的活動、基本的手勢以及清嗓的聲音，如果我們不想被看作太粗魯的話。在穿越校園步行時，受歡迎的朋友是有一系列為人所知曉的特徵的：眼睛可以傳神，眉毛的飛舞，也許甚至還有大輻度揮動的手勢。這些非語言的特徵並不是偶然的；它們是談話時某些最基本的規則。

由於這些原因我們考慮了一個很好的起點，以改善我們使用有符碼訊息和無符碼訊息的能力，也就是進入我們自己的非語言行為和別人的非語言行為。他們提供給我們一種語境，以理解積極的訊息和消極的訊息連接。在本章中，我們將定義非語言的溝通，描述是什麼使非語言具有如此有力的訊息系統，更細緻地審度每一種非語言的符碼和它們在人際情境中的功能是怎樣的，然後綜合敍述我們如何同時運用語言的特性和非語言的特性保持或轉換我們的人際關係。我們在本章結束時，將討論一下，我們是怎樣通過非語言的溝通符碼更好地表達我們自己——尤其是表達我們的情感。

什麼是非語言的溝通

假設我們正接受一次體檢，你注意那個從走廊穿過的人，他的頭和肩膀都轉動一下並且眼睛向你這邊迅速一瞥。你的眼睛沒有和他的眼神交會也沒有說什麼，但那個人則很迷惑不解地看著你的臉。你認為非語言的溝通發生了嗎？

許多學者會說發生了非語言溝通；而另一些學者則說沒有發生。對前一批學者來說，所有的行為都有溝通的潛在因素（可能性），因而，不用說什麼溝通的例子。在前面的非語言溝通的行為中所發生的被另一個人注意了，因而發生了某種訊息交換。另一些學者則爭辯說，我們得把一些限制置於我們所稱的溝通之上。如果我們沒有確定限制，溝通這個術語就變得太氾濫並喪失它的意義。討論這種傾向，有兩個條件可以與非語言行為相聯繫，然後它們才成為深思熟慮的溝通行為：在發送者或接收者必須有某種程度的意圖性和某種層次的意識。②縮小這種定義的一種途徑是約定非語言的行為必須是：

- 被訊息發送者或訊息接收者有意識地設定的。
- 由訊息發送者意圖的訊息。
- 由訊息接收者作為具有意圖的訊息翻譯。

這樣一來，如果檢查接受者的轉動行為是一種企圖幫助你的信號，我們就可以稱之為一種溝通的較弱企圖，但是溝通行為並沒有發生。你怎麼知道它是具有意圖的呢？你也許不能肯定地了解，在那種情況下，你最好把它理解作是一種企圖引起你注意的目的和減少一種犯罪狀態，以便你將會幫助他這個騙子。如果此一行為是簡單的神經的記號，它並沒有作為有價值的訊息引起你的注意，就沒有理由說它是一種溝通行為。

在同樣的性質中，我們可以把非語言的溝通範圍限制在這個範圍：這些行為是訊息發送者、訊息接收者或第三個具有意識地進入的。時常地，我們並沒有明確意識到我們傳送給別人的非語言的訊息。只要沒有其他任何人意識到這些訊息，就沒有指望把它們考慮為溝通行為。譬如：大多數

人都沒有意識到他們的聲音對別人來說是如何的。某人發音有鼻音可能對某些人來說聽起來像他或她正發出哀鳴聲，而另一些人則對所設置的鼻音毫無意識。這些注意到鼻腔性質的人，可能運用於其態度和人格特性。在這種情況下，一種訊息被接收了或「漏掉了」，甚至它並未作為具有意圖的意欲或解釋。

在羅斯‧巴克（*Ross Buck*）關於情緒溝通的研究中，他在有意圖的語言溝通和無意圖的語言溝通之間作了一種相似的區分，但他爭執指出這兩種形式發生時是由刺激引起的而彼此間有很大的獨立性。在巴克的觀點中，兩種根本不同的溝通形式是共存的：一種自然而然的溝通系統和一種象徵的溝通系統。③在這種區分的許多途徑中，這種區分比起把語言的符碼和非語言的符碼截然分開要重要的多。在這節裏，我們將討論巴克的兩種溝通形式，然後審視一下非語言符碼的溝通能力。

自然而然的溝通

自然而然的溝通（spontaneous communication）是指訊息發送者非暴發力地顯示他的內在情緒狀態，並且接收者直接而迅速地清醒，而意識到了這些狀態。根據巴克的理論，這是一個有生物學基礎的信號系統，我們與動物都具有這一信號系統。當我們本能地進行溝通時，我們的非語言記號（諸如手勢或面部表情）是直截了當地把我們內在情緒變為外在表現物的；它們沒有經過計劃，也沒有給別人有意圖的訊息。然而，另一個人可能是直接設定了他的情緒信號的，這樣，他或她就會對他們相協調。對於訊息發送者和接收者來說，他們以純自發的（本能的）方式溝通是可能的，在那裏既沒有具有意識的發送訊息的意圖，也沒有接收非語言的信號。如果你像大多數人，就會發生這種經歷：一條蛇將激起你恐懼的自發情感，對這種暴力的恐懼表達可能會僅僅限定於作為瞬間即逝的和自然而然地對走在你後邊的朋友的提醒。在這種環境下，你就是在進行自然而然的溝通，沒有什麼其它的意圖。喬治‧赫爾伯特‧米德（*George Herbert Mead*）曾提出這種溝通類型是一種**手勢交談**（conversation of gestures）。④

符號的溝通

如果說自然而然的溝通的發生是以自然手勢進行一種交談，**符號的溝通**(symbolic communication)則使用了人造的符號，是社會地確定和具有意圖的表達特殊訊息的。語言是符號的溝通最清楚的例證，許多非語言的舉止也被作為符號而使用。當你想讓某人知道你喜歡看到他們時，你可能「換上一幅愉快的面容」，以表達這種情感。如果你想獲得同情，你就會產生出一種悲慘的姿態和滿臉愁悵的表情。人類不像其他動物，人類學會了使用符號的溝通，以改變某些自然而然的表達。在實行過程中，我們能夠學會習慣於許多我們自然的表達。譬如：具有控制(姿勢)手勢和面部表情的意識，它們都能正常地指示出我們不想看到別人的情緒，或做出我們沒有感受到的情感的手勢。這些非語言舉止的有意圖的應用是具有符號的溝通性質的。它們是發送者有意識地做出的符碼，和接收者熟悉的符碼；對於他們的意義來說，他們共享著同一系列的慣用的規則。

巴克同意即使具有符號的溝通囊括了很多種我們人類的溝通，自然而然的溝通仍然普遍地在使用，或許比我們了解的更重要。許多我們民族智慧關於「直覺」、「動物飼養」和善惡之間的「搖擺」，都可以被解釋為自然而然的本能溝通。

總之，不同意我們有多少非語言行為的學者，實際上是把非語言的溝通認作思想之物。在自然而然的溝通和具有符號的溝通之間的確立指出，我們能以兩種不同的但同樣又是具有效力的方式進行非語言的溝通。有時候我們有意圖地運用非語言的舉止和依照社會確定的規則；另一些時候，我們在一種情緒層次上相互聯結起來，在這個層次上我們不可以使之語言化或去控制它。

非語言符碼的力量

不管是自然而然地溝通還是具有符號地溝通，非語言的行為能夠發出強而有力的訊息。我們需要弄清楚我們的無意圖性方式的溝通，但又明顯地具有最大的機會去控制和改善我們對符號性(語言的和非語言的)符碼的使用。然而，非語言的訊息經常比詞語更響亮，它們並不必在所有的時間裏都這樣。一種真實的事情是：將特殊的語言的和非語言的符碼的能力與

社會情境的本性和我們的自我特性，以及在這種情境裏相互關係的目標等聯繫起來。爲了幫助我們做出這種決定，我們需要理解非語言訊息的某些方面，即我們使它們如此強大有力的方面。

非語言符碼是較古老的，更令人信任的溝通形式　正如我們所注意到的，非語言的符碼的使用在時間上比語言的符碼使用長久。從我們出生後 12 個月到 18 個月起，我們全部都依靠非語言的溝通，毫無疑問，在那裏我們傾向於以非語言訊息表達自己的要求。當然，這種信任能夠消失。假如你想去買一種保險單。推銷員的非語言溝通可能似乎表明對你的財產眞正的關心，並且可能勸阻你讀關於保險單的精美的印刷品，因爲它全都是「繁文縟節的」。如果你依靠推銷員的非語言的表達，你就等於依靠著完全錯誤的符碼。

非語言符碼在表達情緒方面更加有效力　非語言的行爲告訴人們關於我們的情緒狀態。對別人隱藏起我們的眞實情感是需要大量練習的——甚至即使這樣做了，親密的朋友也常常會看穿你的企圖的。當我們想傳達我們對某人的看法時，語言常常不能勝任。戴斯蒙德・莫里斯（*Desmond Morris*）提出了這些神奇的手勢：表達情緒狀態（交叉的手臂、肩膀的聳動、舉手）看作是紐帶標記，這是用某種詞語不能表達的在生理上的方式與人們相聯結。⑤

非語言符碼表達更爲普遍的意義　各種不同的語言組織的成員必須要花費很多時間和努力去相互學習言詞的符碼，但是他們卻能用微笑和面部表情不斷地進行溝通，雖然有些猜測的成分在其中。保羅・艾克曼（*Paul Ekman*）和萬萊斯・弗里森（*Wallace Friesen*）的著作表現了一些情緒的表達，不同的文化組群成員卻以同樣的方式來進行表達。⑥愉快、氣憤、猜測、恐懼、驚訝和悲痛，都是用相同的面部肌肉的極爲相同的方式傳達的。所具有的差異性，基本上只在那些掌管的規則方面，它在公衆場合中何時顯示情緒最適合，以及有多少情緒應該顯示出來。面部的表情也許是這些符碼中最普遍的，因爲他們的突顯是在面對面的互動中。其他身體運動和手勢是多種多樣的，有時在各種文化中或跨文化時其意義是相互對立的，正像我們在本章中所要看到的那樣。

非語言符碼是持續的和自然的　因爲手勢和身體運動傳入另一個人那裏時沒有明顯的開始和結束，它們似乎是我們存在比起語詞來更爲自然的

部分。語詞也是可以綜合在一起的，但是除非你含糊其詞，你的語詞通常並不能像非語言的符碼那樣傳導進入另一個人中。非語言的行為是即刻的——也就是說它們是我們身體物質的延伸，它們組成的訊息比語詞組成的更為豐富。一個手勢信號某人要「來到這裏」，估計這身體運動是從遠處到近處的移動。而語詞，也許因為它們能夠書寫和貯存在身體內，通常似乎更有距離性和更加不自然。

　　非語言符碼是一連串地發生的　語言的溝通限定於在某一時間的信號通道，然而非語言的溝通操作則有大量相同的方式，猶如現代的畫室使用多種類型的系統一樣。在音樂會上通常是幾個途徑同時地進行的。當截然不同的非語言符碼發送同樣的訊息時，其影響則更加強烈。由於你能重複或再重複語言的訊息以達到豐富性，它將佔有更多時間，仍舊不能洞見觸摸、口舌和面部表達的力量，身體位置和運動等等相聯結的緊張性。

　　由於給予非語言的符碼以獨特的能力和力量，我們現在將去查看它們在日常互動中的完成情況。

非語言符碼的功能：使用它們的三種方法

　　我們運用非語言符碼去達成某種非常特殊的目的。由於研究者提出了幾種途徑去分類這些功能，我們把它們集合分為三種普通形式。非語言符碼能被使用於：

- 表達內在的和他們自己的意義。
- 修辭語言的訊息。
- 使互動的流動具有規則。

　　讓我們來分析一下每一種功能。

表達意義

　　非語言訊息通常用於轉達我們認為別人怎樣和我們如何看待我們與他們的相互關係。阿爾伯特・曼拉畢安（*Albert Mehrabian*）提出了關於情感的三個基本方面是透過非語言的溝通來表達的：喜歡、地位和反應。⑦ **喜**

在古代埃及的塑像中，諸如在顯赫的長老墓中置放著
的這種並排聯體的塑像。這種塑像是獨一無二，因爲
這個婦人與她的丈夫聯結在一起，表現了她是這個墓
穴合法的佔有者。

(Memy-Sabu and His Wife, Gizeh, c. 2420 B.C.)

歡（liking）或不喜歡的非語言表達的辨認是輕而易舉的，它是人們對另一
個人微笑或皺起他們的眉頭。**地位**（status）則是以這樣的非語言暗示指出
他有多麼重要和我們認爲在我們與他人的關係中多麼具有影響力。凝視某
個地位低下的人時，可能是勢利性的或支配性的溝通，反應指出我們對別
人的意識何等清醒，以及在什麼爲難層次上我們對他或她有所感覺。突然
痛哭涕零或開懷大笑將指向較高的反應；一個白眼、或一個很冷淡的審視

都是較低的反應。在(第9章)我們將分析讓我們相互發送這些相互關係訊息的方法。

修辭語言的訊息

　　某些非語言的訊息可以單獨使用，另一些非語言的訊息則需與言詞的訊息連同使用。非語言的暗示能夠協助完成、強調、重複、取代或與語言訊息背道而馳。**協助完成**(complementing)是指語言訊息的非語言的發揮(詳盡闡述)。當朋友們說他們都病了，他們的面色燒紅，神情恍惚和疼痛難忍，這些都有助於我們對他們的病加以定位。**強調**(accenting)是指非語言暗示會標示出或使人集中注意於某個特殊語詞或短語。用你的拳頭捶桌子的同時，你說「我已掌握了它！」這便使得那個短語躍然而生。有時候，我們先給出一個語言的訊息，然後又用非語言加以重複，以幫助訊息接收者在此過程中了解全部訊息。譬如：當某人詢問你的愛好時，我們就會說「是的」然後點點頭作出肯定，使此人了解我們的反應是非常真誠的。在別的時候，我們完全避開語言的反應。非語言的行為便具有了代替的功能。冰冷地瞪了一眼可能是說「不！」這比語言化的拒絕更好。有些情境要求非語言暗示作為代替者。深海的潛水員不能用語言說話，所以他們只有依賴手勢和其他的身體運動來指示他們想要另一個人做的事情。

　　你由此就會發現非語言的訊息與語言的訊息背道而馳。當他們這樣做時，你就要做出選擇了。你的教授之一可能說她有大量時間對你進行一次測驗，但如果她總是站著，不給你一個坐位，你一直在她的注視下感到煩躁，你可能懷疑語言評論的真誠性。在注意之前，我們一般地總會相信非語言的訊息在這時會出現一個矛盾。然而這並不是經常有的事。小孩們也許因為他們喜歡新學會的語言技能，他們常常相信語言的敘述，尤其是在諷刺的情況下。⑧

　　另外一些研究表明，在表現出矛盾徵狀時，某些人總是連續不斷地依賴於語言的通道，另一些人則總是依賴於非語言的通道。對於這些管道的採用的一種解釋是它們已成為某人的習慣；⑨還有一種解釋是說它們是受到左——右腦所支配著的。(**專欄 7.1**)討論了在非語言行為過程中右腦的運用。

使互動的流動具有規則

最後，非語言的符碼具有使談話流動具有**規則**（regulate）。當兩個人談話時，非語言動作是主要成為交談順利的原因，避免長時間停頓，改變話題，甚至在適當的時候發出信號結束談話。在許多職業的語境中，非語言溝通的功能是直截了當表明服務或任務的。⑩因此當醫生執行注射功能時，握住病人的手臂這一非語言行動，而使這任務變得更加輕鬆。在其他場合中一種類似的行為，其功能則應是大相逕庭的。

迄今我們已在一般意義上談論了非語言的溝通。我們已經定義了非語言的溝通，看到了這種強有力的系統的所能作為，並且已經確定了我們使用非語言活動的三種方式（途徑、方法）。現在我們轉移注意力到非語言溝通的每一種途徑上。我們把這些途徑的每一個都稱之為非語言的符碼。

非語言的符碼之結構：產生訊息的七種通道

非語言的符碼可以由許多通道進行建構。當一種單一訊息幾乎總是經由許多途徑傳輸發送時，我們將討論單獨存在的每一個符碼。在這節裏，將分析七種符碼：貼近的（接近的）、身體的表現、注視、面部表情、動作學、元音的和觸摸的溝通參見（圖7.1）。有的學者也把長時間的和嗅覺當作符碼。長時間的指示這種研究和解釋是作為訊息的時間。時間在我們的文化中是與地位相聯繫著的。譬如：一個醫生的時間被認為比他的病人的時間更有價值。我們不是把討論時間當作一個單獨的符碼，而是選擇了強調時間的重要性在於把它與其他符碼討論看作相關的。嗅覺與我們在身上聞到的氣味的訊息一起進行。由於人類依靠這類符碼比動物要少得多，因而很少有人類如何以這種方式進行溝通的研究，我們就不把它當作一種主要的非語言的符碼。

如果你讀到每一種符碼時，記住我們已提到的功能。問一下你自己，你是如何能運用每一種符碼表達一種特殊的意義，修辭一個語言的訊息，或使談話規則化。我們要察看的第一個符碼是人們運用空間的方式。

領域溝通

接近別人是比我們大多數人所能了解的更加細緻的事情。舉出很平常的事例，穿過校園或從一個繁忙的商店走出來；當可看見的聯繫一形成，或我們感到另一個人的身體貼近了，我們開始下意識地把自己的身體移動，或進行其他的活動以避免與另一個人貼得太近。艾什萊・蒙泰谷(*Ashley Montagu*)和弗勞德・梅聰(*Floyd Matson*)指出：「事實上，就好像許多規則、風俗、以及習慣支配著「路邊行走的人」的行為一樣支配著汽車駕駛者。人行道規則的差異並非寫出來的和無言的和……完全是未注意到的」。⑪下次你停下來與某人談話時，注意一下你每次轉身與向後和向前是如何去確立一個舒適的談話距離的。觀察一下當兩個人從一個開放的大廳走向一個類似玄關、電梯或自助餐廳那樣嘈雜擁擠的閉鎖的地方時，在變化了的距離方面，這種行動的結果是怎樣的呢？事實上，人們可能停下來談話或轉到一個更加非個人的交談話題上。每一種情境都是一個範例，表現人們是如何運用或拒絕改變這種空間的環境的。調查者稱這種訊息發送的研究是**領域溝通**(proxemics)。

我們運用空間進行溝通有多少種方式呢？建築設計的內部空間和外部空間作出個人的、哲學的、或文化的闡述。人們總是在他們財產邊緣四週滋生障礙，使侵犯者打消念頭。也許大多數強有力的接近性闡述是在交談中做出的，通過這種簡單的測量，我們保持多大距離在我們與之談話的他人之間。

環境的優先性

我們每個人都以某些獨特方式對環境產生反應，我們又普遍地在文化上被(規定)限定著，從而以更多的相類似的方式對環境產生反應。當我們在一個自然的場合中感到舒服時，我們就好像更能夠有效地進行溝通。或者也許我們應該說，當我們感到不舒服時，溝通則無效力，甚至可能修飾對這環境中人們的那些否定性情感。在一個典型的研究中，阿伯拉漢・馬斯洛(*Abraham Maslow*)和N.L.敏澤(*N.L.Mintz*)讓人們在三種截然有別的環境中對一系列面部的照片(事實上是一些消極的印刷品)進行評價。一個房間佈置成「漂亮的」，另一間佈置的「一般化」，第三間則是「醜陋

不堪的」。人們在漂亮的房間裏對這些照片不斷給予強健有力和非常完美的評價,而在醜陋的房間裏,則對這些照片的評價就低得多。⑫這項研究支持了這種觀點:環境在社會的互動中具有一個不可估量的影響。

在環境空間方面的另一些因素可以對我們的社會行爲等有戲劇性的影響。一種環境的物理指標(比如:照明、色彩、嘈雜和過冷或過熱的溫度)對我們的影響是比那種環境更大的。⑬此外,更加立體性的透視(比如:家庭觀念、新奇事物和神奇事)對於我們將要到達抑或要迴避的環境的影響則是很慢的。⑭

根據阿爾伯特·曼拉畢安(*Albert Mehrabian*)和詹姆士·羅素(*James Russell*)的觀點,這些環境因素與傾向於我們自己精神的決定結合會產生出情緒互動的三個程度:覺醒——昏沈、支配——順從和愉快——不愉快。⑮譬如:去格蘭德·坎榮訪問就可能給大多數人的情緒達到中等覺醒的層次,一種順從情感和一種極爲愉快的感覺。其中一種與產生厭惡感相聯繫。對某些人來說,在酒吧或夜總會裏交談是非常困難的,因爲他們不能排除掉所有的背景中嘈雜聲和閃爍刺眼的燈光。對他們覺醒層次如此高以致於集中談話是太困難的。大多數人都感到在我們十分熟悉的場景中更加具有支配力。我們好像更要告訴某人在他們處於我們的領域上時去做什麼,而不是當我們處在他們的領域內時。

領域範圍

領域(territoriality)此概念是指法律上允許的或聲稱的空間所有權。勞倫斯·羅森菲爾德(*Lawrence Rosenfeld*)和珍·西維麗(*Jean Civikly*)把領域定義爲「對某些地理學上的地域的所有權的聲稱,至少對人類是現實的,對於這些權利是沒有根基的」。⑯動物標誌它們的領域是以建構網絡,留下排泄物和防止闖入者進入等方式。人類則運用大量不同的領域標記,從他們停止割掉青草放牧的地方,到把他們個人的照片以不同的方式安放在其他機構可見的辦公桌上。

斯坦福爾德·萊曼(*Stanford Lyman*)以及馬爾文·司科脫(*Marvin Scott*)確立了在人類互動中的四種領域。⑰**公共的領域**(public territory)不是由一個人所佔有的,它是任何人都進得去的。城市的街道,公園的板凳,和集市場所都是這種領域的典型例證。其中每一種,從一個時代到另

一個時代，都可能成為**互動的領域**(interactional territories)，就像當壘球隊接管公園用於練習時一樣是一種訓練領域。另一種空間則被視為相互作用而設計。這些包括了健身房和網球場。**住宅領域**(home territories)允許有一個更高的私人性等級。陌生人很少闖入那個他們認為是某些他人的住宅空間的。從窗戶窺視你的鄰居都被看作是粗野行為。如果你回頭瞪他一眼，通常都不會維持長久。**身體領域**(body territory)，是萊曼和司各脫二人所使用的最後一個等級，它讓其他研究人員後來更加提倡個人的空間。

個人的空間

個人的空間(personal space)這個概念被用於描述走出我們身體的一種意象性氣泡，一種被看作幾乎和身體一樣是私有的範圍。我們強烈反對移入我們個人的空間一種只有小孩子和和睦家庭以及朋友們被允許遷到這個空間來，並無需任何解釋。人類學家愛德華·T·海爾(*Edward T.Hall*)做了最大的努力讓我們去注意個人的空間和會談距離的其他形式。⑱在對中產階級的美國人的觀察中，海爾確立了四種互動的界限：

- 親密的距離(0-18 英寸)。含蓄的敬愛和非常私下的交談。
- 個人的距離(18 英寸-4 英尺)。這是一種令人感到舒適的和朋友與熟人之間的範圍。
- 社交的距離(4-12 英尺)。運用於業務聯繫和角色關係。
- 公眾的距離(12-25 英尺)。適用於公開的儀式；演講、教室講課等。

這種你與他人談話感到舒服的實際距離可能根據你的人格和年齡、性別、地位或你與互動關係中的這些因素的文化差異，而有所改變。譬如：海爾描述了和一位藝術家在德國北部的一次經歷。與一位年輕婦女在她公寓的門口談話時，海爾能夠看出這位藝術家在他的一層樓工作室裏與某人談話，假設這位藝術家與這位年輕婦女彼此間沒有什麼事，海爾就不會去理睬裏面所發生的事了。幾分鐘之後，藝術家走了出來，開始揶揄海爾的闖入甚至沒有任何打招呼問候的跡象。⑲這種差異簡單地可以成為說明個人空間的一件事情。對於美國人來說，不同組織之間有足夠的空間允許他們分別活動。而對於德國人來說，他的空間已經被侵入了。

某些人簡直需要比別人更多的空間。除非你能理解，否則你可能會發現你自己正嘗試向其他人移得更近一些(以使你自己更加舒服)，而他們則以離去做報償。(重新確立他們的舒適界線)。海爾指出一個問題由此產生：「既然我們沒有人被教會從其他的聯繫中把空間看作是孤立的，控制空間的情感行為就常被歸因於其他事。」[20]似乎大多數結果是你將形成對這些人否定的印象。

　　研究還表明，這些年齡相同的小組站得比另一年齡不相當的夥伴更近一些，男性夥伴空間比異性夥伴站得更遠一些，他們通常在他們自己的空間上比女性夥伴更遠一些。[21]偶爾地，個人的正常性空間會在沒有偶發事件時被打破，因為同伴之一被看成是一個**非人**(nonperson)，僅僅看成是一個物體——例如：侍者、招待員和擁擠不堪的電梯裏或體育館的人們。

　　停下來考慮一下領域溝通、服務溝通的各種功能。我們可能使用空間的距離或喜愛的情感使溝通更緊密，或者達到某種私人的意思，或甚至去威脅或想起我們的地位中的其他人。你確定這些我們用於接近的方式能使溝通規則化，或使我們語言的敍述的本性更加模式化嗎？譬如：我們可能與別人站得更近一些，我們就發現了身體上的(生理上的)吸引力。身體的外貌是另一種與領域溝通相聯結的操作中經常使用的符碼。

身體的外貌

　　身體的外貌(physical appearance)本身就是強有力的訊息。每一種文化都對它自己的身體美觀標準下定義，就像那些千篇一律，關於什麼是身體美觀或看起來像是無吸引力的人們那樣。我們將先來討論一下潛藏於人類身體中的訊息，然後討論我們讓身體所學會的人造的訊息。

身體的特徵

　　臉面的一部分(眼、耳、鼻、口、臉形等)和美麗、色彩、高矮、頭髮的樣式、膚色、身體的整體形狀以及姿勢都是人們在初次見面時所關注的密切身體特徵。這些特徵角色在溝通中的作用有賴於我們對它們的知覺和相信訊息發送者依據他或她的表現傾向於其中的某些訊息。當一個丈夫穿上一件小的較厚的衣服，別人注視著他的臉時，溝通可能會發生或不會發生。如果你是他的妻子，你認為那個身體穿上厚重服裝還能夠調控，你就

會理解他的表現。

　　溝通的價值，對於大多數自然身體特徵來說是有限的。就千篇一律這方面來說，某人的頭髮和膚色的自然色彩是毫無訊息價值的。因此，我們應該注重人們所做的提高其價值，展示自己，轉換或隱藏他們的身體。有很少訊息直接指向我們，因爲在這裏訊息發送者有某些控制因素。

　　儘管如此，我們對這些不斷的特徵在很大程度上依賴於決定與之溝通的人。研究結果顯示，大多數文化對身體美麗有很強的標準。㉒許多人都相信我們自己文化的標準是由媒介、進化的和其他的人們願望影響所造就的。一種研究對大學新生們進行考察，爲了一個電腦約會，他們簽字參加跳舞。隨機地結成一對，而不是單憑雙方興趣和彼此相適合性。當讓他們指出他們滿意的約會對象並再給所願意的約會對象；身體的吸引力是其中一個僅有的預測者。㉓另一項研究顯示了，身體吸引力是如何當作我們內在的人格理論中的許多特性中的一個中心特性，一個具有身體上吸引力的人一貫地被看做是善於交際的、外向的、安定的、令人感興趣的，在性方面是強烈的和反應敏感的，而身體無吸引力的人則要差得多。㉔

　　我們傾向於相信身體的美麗在世界範圍內都以同樣的方式顯示其本質和被理解著的，但是，戴斯蒙德‧莫里斯卻提醒我們，我們的標準是如何短暫的，在他對今日的美麗誇耀的競爭者與古代石刻小雕像之間的比較是富有生氣的統計：

　　　　如果我們把〔維倫多爾芙的維納斯〕看作公元前 20,000 年舊石器時代的小姐，那麼她的愛，她富有生氣的統計數字就成爲96-89-96。歷史到了公元前 2000 年，印度河谷的小姐就有了衡量尺度 45-34-63，在青銅器後期，公元前 1500 年，賽浦路斯的小姐就會得到數字 43-42-44，仍舊向後推移，公元前 1000 年的阿姆拉什小姐，就有了令人興奮的適應性數字 38-44-78，然而公元前1000 年的希臘小姐，距今相隔很短，獲得的衡量數幾乎與現代相差無幾 31-26-36。㉕

　　由於標準也存在於理想男人的體格中，我們的觀點是直接提醒你，任何理想的形象是如何的短暫以及注意身體美麗的標準將隨時間和跨文化而有所不同。任何身體的特徵不同不僅取決於人們的價值，而且還取決於他

們材料組合的表現。

衣著和個人的裝飾物

人們走到更大的長度用一系列不同的物件裝扮他們的身體。應時的服裝和裝飾品、拉緊或放鬆裝置的外衣、頭髮顏色、耳環、和組合的鞋帶都是裝飾的形式。

衣著長期以來就被看作是溝通的社會地位、組織認同和人格的一個途徑。㉖一本暢銷書和雜誌文章都認為在工作面試和商業會議中穿著講究的衣物表明了與衣著地位暗示相聯繫，在一項研究中，人們衣著的不同風格被社會地位所安排著，因而它也被放置在那些原型上，他們都被獨立地排列了其地位，這種依據便只是面部和頭部的特徵。

不同的是，高層次的衣物增加和低層次的服裝減少，這是原型被設定的地位。㉗在許多大範圍的相伴地位的區分中，包含了各類微妙的因素，諸如：西裝的製作使用更加昂貴的布料，而群體成員的地位在基本衣服類型上保持相似。(專員們穿著黑西裝，工作人員穿簡便外衣或襯衫和便褲，維修工人則穿著制服)。人們經常從穿著相同或相似的服裝來確定另一個人的身份。下次你再去一個遊樂場，觀察一群人們並找到他們彼此間由服裝來確定的方法。大多數明顯的事例將是家庭的；在母親、父親和所有穿T恤衫的孩子們，把他們家庭的最後一個名字印在T恤衫背後。以什麼樣微妙的和不微妙的方法，人們說他們是一起的呢？

最後，穿著打扮可以傳達關於自我的一些訊息，不論是有意向的或沒有意向的。一位朋友報告說她拒絕了一個好工作的提議，因為她不認為那些將與之共同工作的人們是非常有刺激性的。她的第一印象是「到處都是米黃色的。他們之中大多數都穿著兩件或三件米黃色的衣服，他們的臉都有一種對他們來說的米黃色，我不得不說他們的人格是與米黃色相對等的」。在其他時候，身體的表現性大概是如此的引人注目，人們成為了我們視野注視聚焦的對象。

注視

我們的眼睛並不僅是接收刺激的儀器，它們是它們自己的訊息者。甚至連令人欣賞的身體的美麗之簡單的行動都要求我們謹慎地進行。艾爾

文‧戈夫曼推薦了我們「使得我們的眼睛具有原則化」，直到我們掌握了了解如何在沒有引起興趣的時候觀看的技巧。

對於可見的溝通的文章，第一次貢獻之一是阿達姆‧坎頓(*Adam Kendon*)，他提出了**注視**(gaze)在溝通中具有三種基本功能：

- 表現性。
- 規則化。
- 監督。㉘

注視的表現性功能

注視在情緒溝通中扮演一個重要的角色。儘管大多數情緒的確定性要求完成面部暗示的符碼，眼睛尤其是在傳達恐懼和驚詫時具有表現性。㉙同樣地，注視傳遞著興趣和對另外某人的喜歡，研究者已發現人們注視更多地是在接收訊息或想接收具有讚賞的訊息時，尤其想從那些居於高位的人那裏得到。㉚

此外，注視在那些上下打量著看時，時常引起覺醒。想像一下，你單獨吃午飯，正享受著你的私人思想，這時你突然意識到某人在看著你。你向那人的方向瞥了一眼，期待他把臉轉向別的地方，但他卻不這樣做。你的反應是如何？根據 *P.C.*艾爾斯沃特(*P.C.Ellsworth*)和米爾斯‧派特森(*Miles Patterson*)的研究，這依賴於你所製造的屬性。如果你感到別人的動機是無害的，或你發現他在某些方面令人感興趣，你就可能以微笑或向那個方向張望以想與之發生聯繫。如果你把這歸於別人消極的行為，你就會更加地想轉過身去，給以厭惡地一瞥，或離開別人的眼前。㉛我們將對有關帕特森的工作在本章的後一部分更多地談論，因為他提供了我們怎樣在更大範圍的非語言暗示中(面容)作出反應。

運用注視去規範和監督互動

注視，與其他非語言行為一起，在溝通過程中使別人反應規範化並能掌控之。注視首先標記著我們的溝通是有效的。我們的眼睛僅是說出反對的看法，當你在匆忙中不能夠停下來談話時，你就可能假裝著不看別人。或者，你可能簡單地「用眼眉一挑」———一個共同的承認信號包括一個眼神，一個微笑，一個眼眉飛揚，和一個點頭。㉜這可能常用於認識別人，而

沒有與他們談過的交情上。

會談一經開始，眼睛的行為就幫助保持話鋒的轉承和傳遞的順利過程。對美國來說一般模式是說比聽多，聽比看多。他們很少互相看上一秒鐘以上。為什麼我們會遵循這個模式呢？當我們聽別人說時，注視顯示對別人所說的話感興趣並允許我們接收補充的或相反的非語言暗示。當我們開始轉向說時，我們又忙於思考我們想說的東西，因此，就不會注視別人過於頻繁或過於持久。

婦女，似乎是注視的時間比男人更長一些，在他們感到不舒服時，視力的聯繫就被割斷。㉝某些特殊情況，即傳統的社會化的一種功能，是教會婦女們與社會更加一致。大量的差異在黑的和白的注視模式中被注意到了。克拉拉・曼瑤（*Clara Mayo*）和瑪麗亞娜・拉弗蘭斯（*Marianne Lafrance*）展示了白色注視相對於黑色太多，和黑色注視太多，在談話和在聽說之時僅是白色的對立面：

> 白色可以感到他不是在聽，而黑色則可感到他在過分仔細地看著。更進一步說，聽者、說者角色交換成為分離的，導致在相遇時一般化的不滿意。㉞

黑色使用太多「有背後途徑」的姿態；即他們給予說者更多的語言的和非語言的回饋，這時他或她仍在談論著。正因為此，它使人產生感覺，即一個黑色的說者在談話的時候會看得較高：他或她直接力圖掌握他們所給予的回饋。我們使用我們的眼睛掌控回饋這個事實，提出了一個問題：在我們的視野內通常是在互動過程中注視著何處。

觀看與看見

在你與別人談話時，怎樣把你的視野聚集起來呢？你尋視他們的眼睛，在他們的眼睛的方向，或在全部的上半截身體？D.R.路特（*D.R.Rutter*）在「**視見的溝通**」（visual communication）的一種易於理解的理論中，對觀看和看見作了區分。㉟**觀看**（looking）指出了對別人眼睛的方向的注視，而**看見**（seeing）則被規定為與全部個人相聯繫的可視見性的概念，路特爭辯說，在對回饋的規範和掌握時，看見比觀看是更為重要的。人們運用注視到信號的轉承。現在，它表現出看見整個人是需要獲得別人轉承暗示，

例如：點頭和手勢等。這種歸屬性在規範互動中使得注視是一個很小的角色。眼睛的交際（交往）（相互的觀看）扮演了一個甚至於較小的角色，有些研究結果指出，眼睛的交往的發生在大多數交談中並不比偶然的變化更多。㊱我們鼓勵你去試驗這些來發現自己。記住眼睛交往（相互的觀看），注視（觀看）和看見（注視整個人）的區別。這幾種哪一種在你自己的談話中經常發生，它們表現出了什麼功能？

面部表情

　　向眼睛的方向注視不如獲得別人完全的視野的一個原因是掌握完整的面部表情，這可能是非語言溝通最重要通道之信號。人們在我們的面部表情中能讀到很多東西。它們包涵著某些人格品性和態度，判斷它們自己訊息的反應，把面部表情看作語言的再置，以及從基本上講，運用它們決定我們的情緒狀態。既然大多數研究都關注到情緒上，因而也將成為我們討論的焦點。我們將考察六種普遍的表情是怎樣被創造出來和被控制的，和為什麼我們有時候把一些面部表情讀錯了。

普遍的表情

　　面部表情的研究，對於兩位研究者來說是大有所獲的，他們是保羅‧艾克曼（Paul Ekman）和萬萊斯‧弗里伊森（Wallace Friesen）。如果對他們的工作給予理解並把握本質，我們就會對他們的發現深感確信。他們表明了面部表情的普遍性，有六種能夠表達人類的基本情緒。㊲除去文化中各種情緒狀態，諸如：愉快、悲哀、驚異、恐懼、氣憤和厭惡等都是溝通中令人注目的相似性參見（圖7.2）。正如羅斯‧巴克所指出的，這些本能一般地能辨認出來，因為它們是我們生物遺傳的一部分，是在本能層次上的一種溝通。

　　艾克曼和弗里伊森發現了三個彼此分離的面部肌肉系統被這些表情所操作著：

- 眉毛和額頭。
- 眼睛、眼瞼和鼻根。
- 面頰、嘴、鼻子的大部和頦（下巴）。

所有這些面部區域都以特殊的方式與形成純情緒狀態的表現相聯繫著。譬如：驚異是由這幾部分表現的：

- 揚起的眉毛。
- 睜大的眼睛。
- 低垂的下巴和張開的嘴巴（分開的嘴唇）。

　　其它五種情緒可在(**圖7.2**)中看到，它們如何表現其確定性，其中每一種都以三種面部區域所表現。你可能希望討論艾克曼和弗里伊森的書《非面具的臉》（*Unmasking the Face*)中更爲實際的照片。

　　關鍵的是面部表情經常是短暫停留的。我們很少能長期堅持驚異的表情。如果你不相信你的電話帳單的天文數字，驚奇的表情就會很快轉爲厭惡或氣憤的。與你一起的人就會看到在你臉上的兩種表情的發生過程。這種結果被稱作**面部的合成**(facial blend)。旣然社會互動通常由迅速發生的變化所組成，我們就會不斷地處在表情變化之中。其他人所看到的通常是合成(混合)的表情，而不是純粹的情緒狀態。

　　但是，你可能對你自己說，人們的面部表情並不總是眞誠的。這是正確的，儘管情緒表達是普遍性的，但當它們在顯示時則不盡然。**文化展示規則**(cultural display rules)經常控制著這個過程。我們知道，當某人失敗時嘲笑他是相當不適合的，不管它的發生對我們來說有多麼滑稽。我們被設定驚異的行動發生在一個我們眞誠地奉獻的被取消的晚會時，即使某些人早已透露了點消息；商業實踐要求售貨員要熱情服務，對器皿淸洗機、蔬菜切丁機以及其他生產品，在沒有眞正地鼓勵他們的時候也要如此。大多數人都有個人的展示規則，這在人生早期就形成了，諸如「決不在公開場合顯示你正在生氣」。有很多事例的符號溝通系統正使我們本能的或與生俱來的情緒表達趨於習慣化和模式化。

　　至少在美國文化中，婦女一般比男子更多地使用非語言的表達方式。這對於面部表達的情況也是適用的。大多數的研究資料顯示，成年女性在有意義的面部互動和一般的面部活動中比男子更多。[38]大多數人，與性別無關，展示出了面部表情的具有個性的風格參見(**圖7.3**)。譬如：抑制者可能習慣於面部肌肉如此之多，以致於別人很容易了解他們會說什麼，而不用動一下他們的嘴。

然而，控制面部表情並不是像我們想像得這麼容易。專職演員可能被看作在控制他們的面部表情方面是個專家，但我們其餘的人都恐怕不能做得這麼好。我們通過產生出瞬間的**洩漏線索**(leakage cues)使我們自己放棄成爲感知的觀察者，我們真實情感無意向的信號，這些成分很大但在正常的面部控制中完全沒有面具化。例如：在面對宣布將一個令人垂涎的獎品給另一競爭者時，我們力圖保持我們的鎮靜，我們讓失望洩漏出來是在我們處在情緒低落的時候溜出嘴角的，很快地它又恢復原狀「嘴唇緊閉」。(**專欄 7.2**)中描述了一些最新研究成果，指出洩漏面容是與欺騙或說謊等相聯繫著的。

對面部表情的誤認

我們不能理解人們的情緒狀態的表情，甚至在人們自然而然地表達的時候。關於眼睛行爲的基準是部分地可以信賴的。在整個談話過程中我們看著別人的臉龐只有大約百分之五十的時間。艾克曼和弗里伊森指出，這更多地歸結於僅僅是出於禮貌的而不去盯著別人。通常我們並不想承擔了解別人的感覺是如何的負擔。這可能達到滑稽可笑的地步，就像一個父親(或母親)正在生一個噘嘴的男孩子的氣說：「我並沒有在看你！」

對於面部表情的誤認的其他理由包括進入有能力的語言的通道和非語言的通道，人們並不密切注意互動的語境，也不知道這有目標的個人面部表情的通常全部節目。當我們專心於某人在說什麼或被焦急的姿勢分散注意時，我們好像就失去了這瞬間的表情，它們也許揭示了這個人的真實感覺。這樣一來，就不能正確地構設實際上的語境從而使問題發生。當一個朋友或熟人也是你一項工作的面談者之時，她就要力爭使自己的表情趨於中立，而不可能更多地表現出她的愛好來。如果你把一個朋友設想成爲一個面談者，你就會把缺乏表情的面孔讀作是真誠的，而設想她不想讓你得到這份工作。最後，艾克曼和弗里伊森認爲，你可以透過學習特有風格的方法來改善你判斷的準確性，了解別人使用的面部表情。這意味著，要付出較多努力去收錄此人在不同環境領域中所做的面部表情，這時你就會知道他的反應是不是真誠的。然而，面部表情是一種我們操作我們身體的通道。我們還能透過掌管別人的身體活動即所謂的「**體態語言學**」(kinesics)而進行溝通活動。

體態語言學

　　身體的運動的研究，諸如：手勢、姿勢、頭部、軀幹、和臂膀的運動，統稱之爲體態語言學。面部表情也被包括在體態語言學之內，但是我們已單獨討論了它，因爲它們在面對面的互動中有壓倒一切的貢獻。在任何情況下，這些動作學的行爲都能幫助我們決定什麼時候人們把他們自己看作是平等的或是地位有差別的，什麼時候他們是有精力的，想強調一點等等。艾克曼和弗里伊森提出了五種體態語言學行爲的分類：象徵性的、描繪者的、感情展示的、循規蹈距的、和適應者的。㊴我們將對這些分類依次進行分析。

象徵性的

　　象徵性的(emblems)是各種手勢它們能輕而易舉地轉述語言的闡說；具有極廣的協議以說明它們表達的意思。當你懷疑某人的心智是否健全時，你就會指出這點，抬起手伸出食指在額頭上畫圈。每一種文化幾乎對說是或否都發展了不同的非語言標誌(符號)。某人伸出舌頭可能表明他不喜歡你(粗野的伸舌)，他想單獨留下來(與伸舌有同工異曲之處)，或他與你正在調情(性意義上的伸舌)。㊵在每一種情況下，舌頭的放置或運動都是一個根本性因素。

描繪者

　　伴隨著談話而發生的非語言的行爲，常常強調特殊的詞語或描繪一幅關於他所說的事情的圖畫，這被稱作**描繪者**(illustrators)。手的(指揮)棒是常見的範例。當人們談話時，他們可以伸出一個食指頭或不停地在別人面前搖動；把他們的手掌舉起或放下，放在他們面前或在旁邊；伸出他們的拳頭向天空，或抓住他們的頭髮。沒有一種動作是有意義的和包涵意義的，正如一個象徵性運動那樣。描繪者依賴於語言的訊息，然而它也不幫助作出強調性的內容。

感情的展示

　　經由面部情緒的道路首先被溝通。**情感的展示**(affect displays)，或姿勢和手勢的舉止，也能夠傳達我們的感覺是如何的。一個小孩把他或她自

雕塑家們經常以動作學的意義性和具有渾厚堅實質感的溝通來吸引別人的興趣(引起好奇心或興趣)。

(Gustav Vigeland, *Father, Mother, and Child*)

己摔到地上，發瘋似的踢脚或甩胳膊以做爲他父母拒絕的反應。這種發脾氣通常是有意向的，它有一個兩面的目的：自然而然地表達他們的情緒感情——強烈的感情——也是一個對正在生氣而又爲難的父母的象徵性的態度，直到他們讓步爲止。

　　人們還可能協調他們的行動，有意識地或無意識地，身體上表示一種有效的，或情緒上的，他們間的關係。孩子們模仿他們父母的或英雄的姿勢和手勢；人們同時依向於聽到某些選舉談天；而一組「冷靜的」年輕人反映出另一個小組，謹慎地偏靠在一條腿上和把他們的拇指插進腰上繫著的皮帶裏。

循規蹈矩者

有助於控制互動過程的非語言的舉止，被稱作為 **循規蹈矩者**（regulators）。在你想插進一個會談，你就要用前面所說的手勢諸如：你傾向於或揚一揚你的頭，這時，你的手作出姿勢，他可能被當作是一個描繪者。什麼樣的體態語言學的舉止將告訴別人輪到了他或她發言了，或催促快點，或指明即使你必須停止屏住你的呼吸？

適應者

這個最後的分類包括了任何身體運動指向控制焦慮、情緒上的變化，或新奇的境域。**自我適應者**（self-adaptors）是操縱你自己的身體的：把一隻手放在嘴上，嚼你的手指頭，把你的雙臂交叉起來，用你的手梳你的頭髮。既然觸摸是經常反覆發生的，我們可透過觸摸使我們自己安靜下來或僅是感到更好些。自我觸摸也可能指示一種從互動中撤出而單獨待一會的願望。

對**物體適應者**（object-adaptors）是用於掌控張力過程中物質的容體。吸煙，用鉛筆輕敲桌子，愛撫一隻受驚的動物，或在草堆邊吃草都是例證。它們僅有的溝通價值似乎就是它們告訴旁觀者，我們神經緊張或感到不舒服。

總之，許多體態語言學的活動（與象徵的希望一起）可以操作，做為訊息發送者方面的無意識的訊息。習慣的描繪者、循規蹈矩者和適應者要麼有助於我們的溝通結果，要麼就將這結果藏匿起來。既然訊息接收者通常更能意識到這些手勢，我們可能發送那些我們並不想發送的訊息。然而大多數人都堅持在錄影帶上看見他們自己——也許我們真的不想知道關於那些我們沒有意識到的訊息。溝通是艱難的，沒有增加迷惑的新方面。

這種非語言的符碼考慮得如此久遠，我們已在自然方面清晰可見了。現在我們轉移我們的注意力，把它放在完全聽覺方面的一個符碼上。

元音的

詞語的說出要通過聲音的中間地帶（中介），聲音有著它自己的一些特性，這使它從所說的內容中分離出來。這些特性被稱作**元音的**（vocalics），或稱為前語言。從結果上看如何說時常比說什麼來的重要。我們聲音所轉

達的能夠對語言的意義給予看重、轉承或使相互對立的意義得以平緩。譬如：諷刺是常常具有聲音影響的產物。我們對聲音途徑的探尋將從對擁有潛在訊息的人類聲音的性質開始，緊接著便是審視這些特徵在具有壓力的形式中和情緒的感情中所扮演的角色。

聲音的特性

由於研究者們已提出了以幾種不同方法對聲音的符碼加以分類，我們想讓你直接地理解聲音系統是由許多種要素構成的。④**聲音的性質**(vocal qualities)包括了這些東西諸如：大聲(高音)、調門、速度、頻率、音域、發音動作和共振。**聲音的特性**(vocal characterizers)是更加特殊的發音即我們可能偶然地在講話行動中認出它們自己的發音。笑、喊叫、呻吟、嗚咽和抽泣都是例証。**聲音的分離**(vocal segregates)以影響說話的某種方式進行發聲，包括了「啊啊」和「噢噢」，結結巴巴地說話，和令人不舒服的沉寂。這些方面的行為結合起來產生出每一個人獨特的發音模式。你也許了解某人的聲音，它的音高是特別高的，或是刺耳的或有鼻音的，或無抑揚頓挫的。這些性質如何影響你對這類人的印象的呢？從不同文化來的人們或在相同文化的不同地區的人們，通常彼此間在特性方式上是大相逕庭的，這些方式稱之為方言。你對那些與你方言不同的說話者的反應是如何的呢？

聲音中的訊息

聲音常常被用於推斷人格品性。當你與陌生人打電話時，這個人的形象從你聽到的聲音給他描繪出來是什麼樣的？戴維‧愛汀頓(*David Addington*)的聲音類型的研究和透視可以透過聲音顯示出某些共同特性的人們形成的人格。一個例子便足以說明之。一個「缺少聲量的」男子聲音可使聽眾推斷這位說話者是很年輕的並具有修養的。同樣特徵的女性的聲音會導致一個更加具有女人味的、漂亮的、更加嬌小的、興高采烈的老套推斷，這埋沒了其個性。④這種印象的準確性從未被證實過。聲音的符碼更好像僅是我們內涵的人格理論的一個方面。我們以聲音的行為與別的方面相聯結，然後得到一個更加完整的典型的印象。

我們還把聲音符碼用於推論情緒狀態，特別是在面部符碼無用或疑心之時。一種關於聲音的研究觀點認為情緒包括了好像最能準確理解的兩

沒有什麼人能比海倫‧凱勒更了解觸摸的價值,她既不能看、也不能聽。在這圖中,她回報著名的露齒而笑的美國前總統德維特‧艾森豪維爾(Dwight Eisenhower)。

種:高興和恨。對於溝通最困難的是愛和同情。㊸然而,用聲音判斷情緒的能力則是另一種情形。某些人被標上善良而另一些人則不能使聽眾做出辨別,或不能仔細地傾聽。在某些時間裏語境造成聲音特性更加的顯著。在一項研究中,酒精中毒的病人好像需要更多的護理,這時一個醫生以一種「擔憂」的聲音來醫治這位病人。㊹

　　從聽者的角度看,這是具有「距離」感的,我們轉移觀察思考到有觸覺的模式上,或許就是最為「迅即」的感覺。

觸摸的溝通(tactile communication)

　　從我們出生的一瞬間起,撫摸的非語言符碼是極為重要的。各項研究展示了觸摸的刺激是如何帶有社會的情緒的,甚至帶有智力發展的因素。㊺人類潛能運動的提倡者也強調對成年人撫摸和被撫摸的需要。儘管如此,我們對做為訊息系統的撫摸作用的了解還很少。根據一種研究的理論,

這種理論傾向於僅僅強調撫摸的積極作用。㊻少數的研究者已對撫摸是怎樣被用於支配和威脅別人做了研究。他們還從日常生活中了解到撫摸傳達了一個寬闊範圍的情緒和意義。

觸摸的類型

觸摸可能是非語言符碼中最迂迴曲折的了，因為它的意義有賴於相互關係的本性如此之多，別人的年齡和性別，還有境域以及我們所能觸摸的部件，有多少表情可以被運用，我們是否想到觸摸是有意向性的或偶然的，以及觸摸持續的時間有多長。此外，觸摸可能被運用於按摩、輕放、擠塞、擁抱、撫慰、拍打、踢甚至使人發癢。觸摸的構成甚至可能是富有意義的。與別人握手、別人的手掌是汗水浸透的，而不是非常愉快的，這可被理解為精神緊張的信號。在你把你的手放在別人的手臂上，這一舉止與使之放心或傲慢的那人是不同的。別人行為的熱情或冷漠，諸如聲音的語調，可能加進被觸摸的意義。

背景和觸摸的功能

觸摸可能被用於當作侵略、地位、友誼、性感或直接規範互動的信號。但是這些意義都是由背景所決定的。理查德‧赫斯林(*Richard Heslin*)對觸摸的意義的分類是以相互關係發生的背景為根據。㊼職業的／功能性的背景使之合理化，即任何種類的觸摸對於暗示非個人的結果或招待都是必要的。醫生和髮型設計師被允許可使用各種方法觸摸我們。但其他人則不能。社會的／禮遇的相互關係允許在問候、再見和交談的過程中作瞬間的觸摸。握手是可接受的，就像在手臂上撫摸以引起另一個人的注意。在這種場合中觸摸的其他形式的意義的決斷更為困難。布倫達‧梅杰(*Brenda Major*)認為，觸摸可能在溝通的同時有熱情和支配，但男人與女人注意不同的訊息。當一個同等地位的陌生人主動開始觸摸時，男人更常把它看作是支配的一種行動；女人則把它看作是一種友善的姿勢。㊽較高地位的個體似乎有更多的權利看待觸摸。他們能開始更友善地觸摸，而較低地位的個人很少對相互間的觸摸令人感到舒服。㊾

友誼支持了與喜愛相聯結的一些觸摸行為。雙手擁抱、撫摸手或手臂的巨大影響，和有一點點的使人發癢，便是令人讚賞的行為典範。在愛／親密關係中，我們看到更多的手拉手，臂挽臂的接觸，更多的身體依偎著

另一個身體，更多的是一般性的撫摸。最後，性的相互關係很少規定觸摸形式。甚至在性的相互關係中，觸摸的意義也可能是極為不同的。

赫斯林提出了在觸摸和喜愛的形式之間曲線的相互關係。在開始相識的階段，彼此間的觸摸是生硬的，它會導致強烈的厭惡。在某種相互關係被確定為戀愛或性的關係時，彼此間的撫摸就變得令人愉悅了。然而，有一種危險，即撫摸的量多可能導致把另一個人看作一個「性對象」，量的減少有時會出現令人神往的撫摸的愉悅。雖然赫斯林不把它包括進他的綱要內，但我們將增添一個對抗的相互關係的背景。這能使之包括了職業性的摔角選手、兄弟姊妹和正常的人在一個爭論的過程中，你可能抓住某人的衣領企圖威脅她，或如果事情變壞了，你可能推倒或撞開這個人。

觸摸僅是許多的非語言的符碼之一。並且我們一直提醒你，使用的並非是某種單獨的符碼。每當我們與別人互動時，他們被當作為一個複雜的混合性訊息的系統而操作。我們如何能感覺出和對全部非語言的部件反應是下一節的主題。

平衡非語言的符碼：互補與互換

大多數擠在公共汽車上的人都避免看另一個人，或把他們的視觀行為限制在隨意的一瞥上。然而如果一個陌生人一直看著你的方向，並且開始將他的座位向你坐的地方靠近，然後提供他的座位給別人並站得緊靠著你，偶爾地用他的手臂觸摸你的手臂，你將會有什麼樣的反應呢？

對這個陌生人的行為的一種看法是把他的前移看作是增加生理上的或心理學上的直接性或與你的接近。我們猜測，除非你對這個陌生人極具有吸引力，你也許會對他的行為給予補償，以某種方式或多種方式使你自己增加距離。你可能站起來換個位子，轉身去看窗外，或把你的頭埋在你的報紙裏。

我們並不總是避開擴大非語言的直接性。有時我們可以與他人的邀請進行互相置換，有沒有什麼方式可以預見在什麼時候我們將互相補償或互相置換各種非語言的符碼呢？讓我們看一種理論對這些差異性的闡述。

均衡理論

均衡理論（equilibrium theory）表現了關於各種非語言的符碼是如何互動的解釋。這是米爾斯・派特森的著作和一些早期的貢獻者，他們的理論已為派特森所證實。⑤第一種理論是派特森從麥考爾・阿基爾（*Michael Argyle*）和賈尼特・戴恩（*Janet Dean*）的均衡模式中吸取而來的，這種理論指出，在任何情況裏，人們都通過平衡各種非語言的行為確立了非語言的相關性的令人滿意的程度。他們通過**相互補償**（compensating）而保持既有的正常程度（水平），即在發生了事情時，擴展它們之間相關性的程度。在發展與一個新人的相互關係的過程中，他們可能通過**相互置換**（reciprocating）而使既有的程度（水平）趨於平穩，在其他開始擴展非語言的相關性時互換符碼。恰如其分的平衡各種行為可以由兩個人的文化正常性或協同性來確定。

下次你到一個小店裡購物，觀察在食品櫃檯內陌生人坐的姿勢。除非在最擁擠的環境裏大多數陌生人都不靠桌子。注意一下他們是如何在有壓力時，以互相補償來保持平衡的。他們將坐在對面和桌子終端，他們避開一起相互作用，盯著不同的方向。如果他們要談話，他們就好像非常有限制性的，眼睛簡單地交流著。如果一方沒有參加任何相關性的行為——熱切的盯住，持續的微笑，或相互間的述說——另一方都將可能給予補償的。均衡理論預見如果這些陌生人中的一個把既有的程度（水平）擴展到正常的或令人滿意的程度，另一個人就會以減少一個或更多符碼給予補償的（比如：如果一個人靠近一些，另一個人就要避開任何眼睛的交流）。毫無疑問，你已在類似這些事發生的境域之中了。

然而，在另一種機遇上，你可能會注意到以非語言的符碼擴展是與另一個人相匹配的。當某人哭泣並在悲傷間反覆地看著你（其結果既有的符碼程度就得以擴展），你可能向他靠近，把手臂放在他的肩上，問他你是否可以幫助他。換言之，你可以擴展相關性中相互置換各種非語言的符碼。均衡理論並未曾論述過這種相互置換性。為了解釋這兩種對非語言符碼的擴展的不同反應，派特森提出了**覺醒中的變化**（changes in arousal）和**認知上的標籤**（cognitive labeling），對於出現的變化是十分重要的。

許多姿態，包括了互相補償的溝通能夠引起因覺醒而發生的一種變

化，或者是通過對它的擴展，或者是由於對它的減少。在盯住或關閉與別人的通道，可能擴展曾是較低的覺醒，在這裏，使人滿意和被觸摸就能減少一個較高的覺醒狀態。此外，在別人抵抗我們的希望時覺醒可能增加，引起我們對所要發生的事感到不安。在覺醒中一種變化一經發生，我們就會通過一種認知上的標籤過程(符號的溝通)決定是否感覺到的情緒是積極的或消極的。如果我們做出一種消極的屬性(比如：恐懼或生氣)，相互補償就是最具有反應的。如果我們的標籤是以積極的覺醒(激動或愛)，那麼模式就會是互換的了。例如：假設你的好朋友藏在你的身後，要使你驚異。她伸出她的食指在你背後說，「不許動！」這種行爲可能會使你吃驚或嚇你一跳(一種消極的屬性)，在這種情況下你就可能會跳起來，或舉起你的胳膊自衛地向四周觀看。你就是正在以補償來擴展你既有的非語言的符碼的(程度)。與之相反的反應可能是如果你聽出了你朋友的聲音或希望從她那兒有像這樣的一些固定程序(一個積極的屬性)，然後你可能取而代之以轉過身去擁抱你的朋友。

在日常生活中的互補和互換

均衡理論能否很好地解釋日常的互動呢？我們認爲你將發現它會有助於你理解非語言溝通的給予和接受的。這個課題的原則性主題之一是這種方式，溝通被用於規範那些界於情感的獨立性和猶如我們周圍的社會系統一部分的情感之間的張力。當我們感到一種關係更親密了，我們可能會以減少捲入非語言符碼的程度來作補償。你也許會記得你的青年時代，現在你卻需要表現爲一個成年人，而不是個孩子。在人生的這一時刻，與父母親有太多的非語言符碼的運用，諸如：抓住他們的手，或在逛商店時緊緊地與他們待在一起，這表明你仍是一個孩子，相互補償變成了確立你自己的特性和你作爲大人的地位的工具。

理解我們所描繪的各種不同的非語言符碼是人與人相互溝通的一個十分重要的部分。甚至更加重要的是理解它們如何與別人產生聯繫，或與別人以語言的訊息發生聯繫時的表現。覺察人們怎樣進行補償和相互置換以擴大非語言的相關性，這可以幫助你更有效地掌握非語言的溝通。

語言的和非語言的溝通之互動

在實踐中，我們很少以單獨地方式通過非語言的通道而相互溝通。如前面所看到的，非語言的符碼被用於對語言的訊息加重、重複或相對抗。與此同時，我們常把語言的標籤繫於我們自己和別人的非語言的行為之上。貼標籤的行動是一種方式，即我們把握非語言的溝通從自發的範圍達到一個清晰的符號的層次上。為了加以描繪，讓我們看一下情緒體驗的語言的和非語言的互動。

羅斯·巴克宣稱，最情緒化的溝通是發生在即時的和自然而然的層次上的，與之相反，有些學者相信，情緒就像其他概念那樣，是一個社會的建構(設定)。例如：詹姆斯·阿文利爾(*James Averill*)把**情緒**(emotion)定義為進入到某種社會情境中的個人所承擔的曇花一現的社會角色，它是作為情感上的體驗而不是行動中的。(51)根據阿文利爾的定義，情緒的體驗，比如像愉快或生氣僅是生物學上的或內在心理的互動，而不是一種刺激——在更大程度上依賴於社會文化系統的規則所指出的這個人是否在一個特定的情境中某種情緒是適當的，或令人稱讚的。譬如：在我們的文化中，婚禮上和葬禮上哭泣是受到稱讚的，在這種環境下，我們似乎好像能更多地體驗到幸福或悲傷。我們被激勵我們情緒的情境的各種暗示所環繞著。我們仍不能了解我們的情緒是由社會來規定的，因為作為社會確定性的部分的情緒是被動的——它們是「對我們而發生」而不是我們對它們的選擇。我們中大多數都相當相信我們「墮入了情網」(不可控制地)而不是應允我們協力促成追隨社會規定的互動模式，它不斷地給我們訊息，我們的情感能夠相適應時則被稱為愛。

這種論戰可能更多是感情上的而不是實際的。巴克爭辯說，情緒感覺倒是常有的事，但不總是自發地溝通的。這樣，情緒可能被社會所規定，但內在狀態的體驗是經由自然的手勢而溝通的。當然，這也是可能的，即情緒狀態是自然而然地體驗到的，既非被文化展示的規則所否定也未被模式化，它們是由社會所規定的。也許我們在象徵的符號的溝通方面已如此突出了，許多情緒曾在純自發層次上被體驗，現在至少部分地被社會確定

性所控制。

很清楚地，情緒的溝通並不總是直來直去的過程。理查德·巴特納（*Richard Buttny*）已表明，我們是如何混合了非語言的影響展示和語言的標籤去掌握別人可敘述的消極情緒的體驗。52他建議在交談中，相互關係的兩夥伴常常展示並談論他們的情緒，以便能給予責備或反應。

這種最明顯的方式是直接以元音的行為、身體的姿勢和沉默或者通過帶有語言敘述的諷刺，直接顯示我們的情感。另一種途徑（方式）則是以語言性的標籤標明我們自己的消極情緒和暗示給別人某種可產生反應的東西。譬如：你在同伴表現出生氣的直接狀態中，能夠把事件當作有問題的，即使你別的東西暴露了你的生氣。最後，我們可以向同伴描述一種特殊的情緒，在這樣做時，就暗示了他或她的情緒是過火的，不公正的，或有些令人厭煩的。注意下面的變化，羅莉是怎樣給斯各脫的情緒貼上標籤的（她僅僅告訴他，她得回家到波士頓去，在爭執過程中）：

斯各脫：（提高了聲調）我不打算送……不能送你去波士頓，羅莉。

羅　莉：我明白，我們將……。下一次我們將一起去。

斯各脫：（迅即平和下來；強調的和提高了的聲調）什麼下一次？

羅　莉：在春天時……我將發動我的車到這裏，……我要把它帶走，在…之後…

斯各脫：有些事會出現（可聽見的嘆出一口氣）。

羅　莉：噢，過來，別生氣。

斯各脫：我沒生氣……我只知道…我……我知道我只有這種情感，我們並沒有到過波士頓……一起。

羅　莉：我將再找時間，斯各脫，我答應我們將一起去波士頓。

斯各脫：羅莉？我把錢放在這上面…就現在，我們將不去波士頓。

羅　莉：（在語調上提高）我們不去波士頓！我們將……因為我們現在不能去，我們有不少的時間去……我想去，你和史考特是一樣壞。……53

由於告訴斯各脫不要生氣，羅莉不僅給他的行為貼了標籤，而且還把這超出計劃的變化作了肯定。注意到儘管他的早些時候強調的敘述，他否認他正在生氣，而似要把他的情緒規範為失望。她可能已成功地停止了行

動，但她幾乎是很容易堅持這將有另一個機會的，這是在她用語言請求時暴露出來的（「我將把錢放在它上面」），一個相當清楚的顯示：生氣。

正如這個典型例子描繪的，情緒的溝通是一個困難的和常常不能取勝的事業。甚至當朋友們能夠掌握偶然的爭辯或非語言的爭鬥，以在相互關係中處於支配地位，他們在風格上的特性差異和非語言的表達式的級次都似乎是一個障礙物。很清楚，對我們自己的情感和對別人的情感更好的理解，將有助於我們在相互關係的人生中變得得心應手。記住那個目標，我們將把我們對特殊的指導線索的注意力轉移到在這塊十分重要的領域裏，以改善我們的技巧。

領域溝通(Proxemics)

環境的優先性

領域

個人空間

眼睛的注視(Eye Gaze)

眼睛的關聯

表達

規則化

觀察

看見

觸摸的(Touch)

觸摸方式(類型)

語境

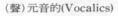

(聲)元音的(Vocalics)

(聲)元音的性質

(聲)元音的特性

(聲)元音的分類

面部表情(Facial Expression)

一般的表情

文化新展示出的規則

面部調和

洩露線索

身體的外貌

(Physical Appearance)

體型

衣著

裝飾

體態語言學(Kinesics)

標誌(象徵)

畫報插圖者

影響力的顯示

循規蹈矩者

適應(環境)者

圖 7.1 七種非言語的符碼

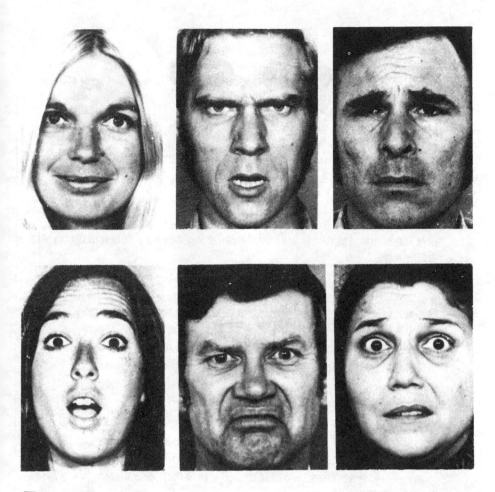

圖 7.2

這是六種人類普遍的面部表情。你能確定上面的每一張圖片中的表情嗎?研究者保羅·艾克曼(Paul Ekman)和萬萊斯·弗里伊森(Wallace F. Friesen)已研究了多種文化中的面部表情,並發現這六種表情(驚異、生氣、愉快、恐懼、厭惡、悲哀)是最普遍的。

Paul Ekman and Wallace F. Friesen, *Pictures of Facial Affect* (Palo Alto, Calif.: Consulting Psychologists Press, 1976).

抑制者(Withholder)

　　這種人的面部表情並不顯示出他的感覺。他不嘗試從容地欺騙，而僅是表現出幾乎沒有什麼表情。

暴露者(Revealer)

　　暴露者把一切都從他們的臉上告訴給人們，他們非常有表現力並且經常說他們並不僅能幫助顯示他們的感覺如何。你總是能明瞭在你送給暴露者生日禮物時，他喜歡或是不喜歡。

無意識的表達情緒者(Unwitting Expressor)

　　這種人顯示他們的情緒但並不了解他。他說的事情就像「你怎麼知道我生氣了呢?」

單調的表達者(Blanked Expressor)

　　單調的表達者以爲他們正表現著一種情緒，即在事實上他們幾乎沒有顯示出是否有任何表情。在所有時間裏，他們僅有一種本能的表情掛在他們的臉上。這不同於抑制者，後者通常了解她並不具有表現力。

冷凍的——影響結果的表達者(Frozen-affect Expressor)

　　冷凍的——影響結果的表達者逐漸顯示出一種情緒(比如：幸福愉快)，這時她並不是在體驗情緒。

代替的表情者(Substitute Expressor)

　　這些人感到一種情緒並認爲他們正在表現它。但大多數旁觀者將說明另一些情緒正在表達出來。這種人感覺在生氣，但看上去卻似悲哀，這便是一個例子。

各種表情均備的表情者(Every-Ready Expressor)

　　這種人幾乎可以本能地(自然地)顯示出相同的情緒當做他做任何新的事件的最初反應。她在聽到好消息和壞消息時，或宣佈他剛剛被 錄用了，這樣的個人可能表現出驚詫。

流動的影響表情(達)者(Flooded-affect Expressor)

　　這種人經常顯示出不只一種情緒。這些情緒之一便是他的特性，此類人很像冷凍的——影響結果表情者。當另一種情緒被感覺到時，它便與舊的特徵性表情混合起來。譬如：一個人可能看上去很恐懼，當他生氣時顯示出恐懼和氣憤兩種表情。

圖 7.3　　四個頭像面容表情

Adapted from Ekman and Friesen, *Unmasking the Face* (Englewood Cliffs, N.J.: Prentice-Hall, 1975), pp. 155–57. Illustration from Jim Harter, ed., *Men: A Pictorial Archive from Nineteenth-Century Sources* (New York: Dover, 1980), p. 3.

開發右腦：非言語的溝通過程

改善你在非語言行爲過程的能力可能與無教養的亂寫習慣有著古怪的相互聯繫。根據某些專家的看法，利用這種能力有賴於大腦活動的特殊型式。這種相同的型式還可以影響到我們如何指示非言語的舉止。

大多數人都有這種感覺，我們是一個有機物體，我們是一個人。但是這裏有一種創造的證據指出，在某種意義上，至少有兩個我們自己。人類的大腦分爲兩個半球，每一個半球似乎都能體驗到它自己的現實性。左半球（腦）在語言過程方面具有特殊能力。它操縱著邏輯的和理性的行爲，把訊息分出無聯繫的兩部分而最終卻又相互聯繫在一起，使之更像電腦的過程。右半球（腦）過程的資訊是更爲迅速、整體化和直覺的方式。它有視覺、聽覺和空間形式和模式等特殊能力，簡言之，這是一些非言語溝通的模式。

因此，在一個特定的情境中，大腦的這兩半球被設定爲一個世界（整體）的兩個截然不同的部分。對正常的人類來說，這兩部分的溝通道路是胼胝體。一個主要的神經纖維中樞把這兩個腦半球連接起來。爲了使之有把兩半球的資訊綜合起來的能力，要使一個半球是一個支配者，經過幾個回合，把另一半球接受過來使之歸位，或多或少

地把它們轉變。研究結果説明,我們大多數人在大多數時間裏,左半腦球或更爲語言化是處於支配性的。在另一些時間裏,這兩半球會發生衝突,每一部分在過程中都與另一方各盡其力的能力發生抵觸。

彼得·安德森(Peter Andersen)和他的學生們把非語言溝通規定爲基本上是由右半腦控制發送和接收訊息的過程。如果這是正確的,如果我們能發現逐漸地加強右半腦的能力的某些方法,我們非語言訊息設定能力在很大程度上是可以改善的。幫助它從這個相當令人著迷的源泉中表徵出來。

在這本《利用右半腦》(*Drawing on the Right Side of the Brain*)的著作裏,貝蒂·愛德華(Betty Edwards)指出我們被教會了在比右腦更大的範圍內使用左腦。在這個過程中,我們喪失了繪畫、構圖和描述的本能,因爲我們已遺失了與右腦「看」東西相聯繫的途徑。

左腦也有很多内在能力,試著給予我們「命名」我們所正描畫的東西,而不是進入直接的線條和形狀内。譬如,當多數人畫一張臉時,他們把所畫的各部分加以語言化:鼻子、眼睛、嘴唇、頭髮。愛德華在教育未來的藝術家們時,要他們改善其繪畫技巧,首先要能夠抽出一個「體驗的右腦模式」。她建議的繪畫練習之一,是顛倒地看一本書(看一幅圖案),並把它的輪廓勾勒出來。利用這種方式迫使你細看這些線條的形狀和構型,以保持左半腦的休息,讓右半腦進行控制。如果你這樣做,你就會發現很快會使你已忘的過去時代的東西變得如此抽象。在這種放鬆但轉換心智的狀態裏,你將更習慣於非語言模式。

然而,雖然尚没有堅强的科學證明這種練習能改善你展示非語言舉止的能力,這個問題的提出本身就很有意思。現在是一個好機會去考慮發展右半球和某些我們很少使用的技巧。

資料來源：

貝蒂‧愛德華(Betty Edwards)，《利用右半腦》(*Drawing on the Right Side of the Brain*)，洛杉磯，J.P.塔爾克出版社，1979 年。

進一步閱讀資料：

彼得‧安德森(Peter Andersen)、約翰‧加里森(John Garrison)和賈尼斯‧安德森(Janis Andersen)，〈神經心理學通向非言語溝通研究的意蘊〉(Implications of a Neurophysiological Approach for the Study of Nonverbal Communication)，《人類溝通研究》(*Human Communication Research*)，1979 年，第 6 期，74-89 頁

彌天大謊：在它到來時你能識破嗎？

說明：溝通能用來行騙，就如我們看到的這幅油畫中的青年人正被人算命，而騙子中的一個共犯卻在盜取他袋中的錢包。

(Georges de La Tour, *The Fortune Teller*)

　　一個重要的和潛在地有損害性的某條消息，是關於你的過去意外地成為某個閒聊圈子的熱門話題。那裏僅有兩個人，都是你的親密朋友（或你這樣看待他們），你曾向他們披露過這條消息。你詢問他們而他們都否認自己喪失諾言。他們中的一個確定對你說了謊，但你不知道是哪一個。你便問自己：有沒有一種溝通的行為能夠揭露出說謊的真假呢？

　　對於你的問題回答起來並不容易。但是要感謝保羅・艾克曼和他的助手們細緻入微的研究，就像其他的社會科學家一樣，提供了一幅更周詳的圖景，描述說謊和說謊標示。艾克曼把一個看上去令人迷惑

的問題加以分解,這項探究及其方法的規定性闡述均在其專著《説謊》(*Telling Lies*)一書中。

那麼,什麼樣的面容(暗示)我們應該接近呢?我們如何才能增加看穿説謊的可能性呢?艾克曼堅定地指出,説謊欺騙本身是沒有任何信號標記的,但他認爲我們應該在懷疑説謊者的行爲時尋找兩種東西:

· 與説謊內容相關的問題
· 一大群「可信賴的」情緒性非言語的表情會在説謊過程中發生

從內容來看,一個人説謊時可能不告訴我們事實眞相(隱藏行爲),也可能捏造非事實(虛假行爲)。隱藏行爲顯而易見是説謊比較容易的方法——你並不必去完成任何一件事。仔細查看便發現毫無內容。如果你知道一個朋友的滔滔不絕地講述是一項事務,你就很容易保持沉默而不去否認這項事務的知識,或提出令人讚賞的眞實的情節故事爲之加油添醋。但是捏造一個故事就能對這一切產生問題,卻又是大多數説謊者求之不得的。首先,説謊者並不參與其中當它將有必要説謊的時候。在他就某一點捏造故事之時,常導致停頓,要麼太多,要麼太長或太短;説出許多無意義的錯誤,就像「啊」和「喔—喔喔」;或者在一個不充足的故事線索中根本不能舉出細節來答覆進一步的提問。此外,説謊者必須記住這些虛假的內容,如果你在別的時間裡向他或她提問。

情緒表情在説謊欺騙中也扮演著一個重要的角色。如果它包括了此刻的感覺,一個謊言就很難以推脱。譬如:氣憤很難掩藏起來,甚至很難被編製出來。研究者描述了兩種非言語的面容(暗示)讓我們

尋找：洩漏的和欺騙的面容（暗示）。洩漏的線索（暗示）發生在一個說謊者要掩藏他的或她的真實情感時卻偶爾地暴露出來。

典型的洩漏面容（暗示）是「細微的表情」或「不動聲色的表情」，它們都是在瞬間閃現的很快又被掩藏起來。一個對厭惡的完全的觀察可以在僅僅一微秒內顯現，然後放棄轉為微笑，或只是一種表情的部分可能被顯露出來，卻又不動聲色。欺騙的線索（暗示）(deception clues)，在另一方面，並沒有告訴你說謊者的實際情感是什麼；他們僅僅指出了這種正在表達的感情是虛假的。

在這兩種情況中，大多數人都忽視了十分重要的暗示（面容），因為他們只關注到了那些最易於控制的非語言面容表情。說謊者能夠操縱他們的語詞和許多面部特徵。令人驚奇的是，那些都是大多數人所傾心的行為方面。這種研究指出，身體運動（姿勢和手臂、腿和腳的運動）都漏掉了情緒，只有很少地被說謊者所控制，因為大多數人都不多事地觀看他們。根據艾克曼的看法，這種面孔也是洩漏的和欺騙的面容（暗示）的一個好的源泉，然而你必需知道要去尋找什麼和可以忽略什麼。這種「可信賴的」面部肌肉──這些對多數人來說是最難以控制的──是不能遮蓋住說謊的關鍵之一。

有兩三個例子可描述某些典型的欺騙的線索（暗示）。愉快的情緒出現時是真實的感覺，一些面部肌肉激烈地發生反應。艾克曼確立了18種由那些（行騙）人作出的笑。這種感覺到笑的最可信賴的信號是運用了顴骨處的肌肉，提起面頰，把皮膚聚集到眼睛下面，太陽穴周圍皮膚抽搐在眼角。一種虛假的笑通常不能把這些肌肉都調動到眼周圍。它幾乎總是被限制在臉的下半部。此外，笑所持續的時間是很重要的。人們傾向於讓虛假的笑消逝得很快，對於恐懼或悲哀，頭部肌肉正常地是較高地可信賴的表情，這在虛假的表情中是缺乏的。

　　艾克曼的觀點對於進一步的研究很有幫助,即將不遮蓋更多不同的情緒表達的精確表情:高興的生氣、自我表達的生氣等等。這種研究可以進一步提高我們確立辨認虛假情感表情的能力。他是非常確定這項研究將產生很少差異,除非人們願意學習那些欺騙中的微妙的複雜性。

資料來源:

保羅・艾克曼(Paul Ekman),《說謊》(*Telling Lies*),紐約,諾爾頓出版社,1985年。

進一步閱讀資料:

馬克・L・卡納普(Mark L. Knapp)和馬克・E・康曼迪納(Mark E. Comadena),〈告訴他他不是:對於欺騙的溝通的研究和理論的觀察〉(Telling It Like It Isn't: A Review of Theory and Research on Deceptive Communications),《人類溝通研究》(*Human Communication Research*),第 5 期,1979 年,第 270-285 頁。

戴斯蒙・莫里斯(Desmond Morris),〈非言語的洩漏:如果某人說謊你如何說〉(Nonverbal Leakage: How You Can Tell If Someone's Lying),《紐約雜誌》(*New York*),1977 年 10 月 17 日,第 43 頁-46 頁。

技能訓練：溝通感覺

　　掌控人際關係決非易事，但是對這些關係情緒諸方面的把握則無疑是困難的。首先，它沒有簡明的指導線索。當我們將在此關注技巧的時候，諸如：怎樣更好地表達你的情感和怎樣對別人的非語言的展示和情感述說作出反應，我們不能推薦他們被不加分析地運用。在互動中，盡可能多地開放是很有價值的，人們總有幾次情緒的創傷，疼痛得難以忍受的時候。同樣地，一些相互關係或問題的意義就不會有足夠理由帶出全部重炮兵來發起情緒大戰。有時候，直截了當的談話，令人感到單調乏味。你能想像；它好像有所搖擺不定，是否所有的對意義的懷疑和犯罪感是與被完全除去的它相聯繫的呢？

　　然而，有很多次當你喜歡在你的相互關係中有更大範圍的情緒開放時，你必須有一些能夠幫助你實現（爭取）目標的戰略。讓我們先來分析一下怎樣恰如其分地表達你自己的情感；然後，我們再看一下，你如何才能幫助別人來表達他們自己。

表達情感

　　我們大多數人都沒有被教會如何表達我們的情緒。在我們的文化中，男性在表達他們是如何感覺的尤其具有困難性。改善我們技巧的第一步是意識（理解）到我們所經歷的各種情緒。雷納德‧阿德勒（*Ronald Adler*）建議，對於控制你的情緒溝通，作一日記記載其活動過程。⑤幾天時間的周期後，你應記錄一下你經歷過的特殊情緒諸如：焦慮、怨恨或驕傲，然後，寫下一個關於情境的主要描述（情緒發生的周圍事件），用語言的和非語言的方式對自己的情緒作出表達，以及你的行為結果（最終結果——他人是如何作出反應的）。要確定你記錄的特殊的非語言行為和語言的敘述，這將指示出你實際上表達你的情緒的範圍。幾天之後再去分析你自己的日記。問你自己你最經常經歷的情緒是哪幾種，怎樣表達你感到是較好的，以及別人對你的行為如何發生反應的。用這種為自己開列清單的方法，你增進了對你的情緒體驗的意識，也發現了在表達這些情緒中的長處和弱點。

增進意識的另一種方法是積極地從值得信任的來源（某人）那裏尋找關於你情緒表達的回饋。艾克曼和弗里伊森建議人們更加內在地意識到特殊的非語言的途徑，從中發現他們接收到的最外在的回饋。我們學會注意那些別人所注意非語言的途徑，巴克稱之爲「注意的教育」，我們學習的最有意義的途徑之一是控制我們自己的非語言的溝通。

當你更能意識到你的情緒時，你就可能把你的關注力轉向你情感溝通的更有建設性的方式上。你需要牢記有助於發展這些技巧的某些簡單原則。

一個關鍵的原則是表達你的情感時以一種指示出你是它們的佔有者的方式。我們太經常用非個人的術語講述我們的情感，指示它們就好像它們是歸於我們認知的客體，或某些客觀性的領域。「油畫不是非常令人樂觀的一個領域，它表現出一個壓抑的氣氛」。或「壓抑的再建」這些是不能支配情感的佔有權之例證。更糟的是，我們經常因我們自己所感覺的去責怪別人。「你使我發瘋了」這是一種最少建設性的方法之一去談論我們的情感。由於我們已學會了通過社會建構的過程的情緒，這些情緒的體驗則屬於我們，而不屬於其他任何人。我們能指出；我們自己情感的佔有者，我們用「主格的我」來說明兩個夥伴的行爲的影響的反映，但也擔負起了對我們自己行爲的無限的責任性。「我在辦公室裏待了如此漫長的幾小時，我感到非常孤單」。這樣說好於另一種說法：「你使我感覺到一切都蕩然無存」。注意看由於後來的敍述可以有更令人驚奇的衝擊，它缺乏區分性，並把一切責怪都加到別人身上，這好像煽動一種防衛性的反應，而不是建設性的反應。

最後一個建設是，把表達形式與其情境聯結起來，以及與你自己的個人目標和相互關係的目標聯繫起來。關於情緒的溝通，我們有三個主要的選擇權。我們能夠：

- 避免一起進行溝通。
- 直接地表達我們的情感。
- 以一種非直接的（含混不清的）方式表達我們的情感。

這些選擇的每一個都是很難以產生結果的，它有賴於情境和我們個人的或相互關係的目標。直接的表達方式是適合於這兩種情況的：是否這時

期是恰當的和是否這種情緒是需要被表達以便實現一個個人的目標或相互關係的目標。如果你想讓你的朋友知道你對友誼的評價，一種直接的表達可以說是最有效益的方法。另一方面，有時候，迴避性的含混不清的溝通卻是更加適合的。賈尼特・貝維拉斯（*Janet Bavelas*）和她的同事們把**含混不清的溝通**（equivocal communication）定義為一些訊息，即不真實的，不確定的，或開放的訊息，它們沒有普遍地適用的理解性。⑤根據貝維拉斯的定義，我們應該在所有的選擇都將導致消極結果的時候，我們才可以一種含混不清的方式來表達我們的情感。譬如：我們經常以一種真實情感的表達而與當時情況相對抗，這將（似乎）是最能傷害別人的了。在一些情況中，一個痛苦的事實對於相互關係的長期健康性可能是最好的事情；但是通常它並沒有真正的目標。這種含混不清的反應不是對真實或認真地對問題分析的一種表達方式。在簡・奧斯汀（*Jane Austen*）的《感覺與可感性》（*Sense and Sensibility*）一書中，瑪麗亞娜必須找到一種方式來闡述她對姊姊愛琳娜的愛人最誠實的看法，而又沒有傷害愛到琳娜的感情：

> 「愛琳娜，如果我對他的讚揚，與你對他的優點的感覺並不是每件事都相同的話，但願沒有冒犯你。我沒有如此多的機會估計他內心精微的變化，他的愛好和口味，是你所擁有的；但我對他的善良和感覺在這個世界上具有最高的看法。我想他每件事都是可尊敬的和和藹可親的。」⑤⑥

瑪麗亞娜的解決描述了一個典型的方法，它可以平衡兩個重要的思考：保持她自己整體性感覺的真實性，和保持對很有意義的一種相互關係的美好願望。

對情感的反映

除了你自己的感情外，還有一件非常重要的事情，即幫助別人表達他們自己。關於傾聽技巧的某些方法已在（第 3 章）裏作了討論，在此它將會對你有所幫助的。積極地傾聽和對你能觀察的和聽到的給予反映是別人回饋的一個十分重要的源泉。譬如：我們能尋找隱藏在別人行為中的情感並小心地把它們帶到外觀上來。「這聽起來好像你喜歡他，但不能自己去說這件事。」這便是一個典型對情感述說反映的例證。我們還能通過指出任何

矛盾或者以避重就輕的(含混不清的)表達方式來幫助別人了解他們自己的情感。看著一位朋友打開禮物，你原以為他或她會喜愛，能經常表現得說出自己的幸運(機遇良緣)。起初你注意到那具有一雙明亮眼睛的參加者，發出了激動的聲音──「噢，噢⋯」──然後小心地不受任何影響，「⋯真可愛，它是⋯它正是我所想要的。」出於禮節，當然，這含混不清的反應，你只能讓它去了，並在下次作出更艱苦的努力。但是如果你真正地想知道什麼類型的禮物會使你的朋友高興的話，最好把你聽到的複合的情感作出反映，並把它們清楚地講出來。你可以說，「你起初似乎是激動的，可是到了後來有點沮喪。我真的想知道你是否感到失望了。」

　　這也是個好主意：提到你最初觀察到的行為的某方面然後探究其情感。思考一下布倫安特，他是一個學生，為了小組設計正要去見他的教授，他只被允許他的小組花費他們課堂內會議的大部分時間。

　　布倫安特：我不想告訴您這一切，我恐怕您生我的氣。現在您告訴我
　　　　　　您沒有坐立不安，但您正擦掉您鉛筆的字跡(行為的描
　　　　　　述)。我想也許您真的在埋怨我。
　　教授：(承認了他在生氣)是的，我猜你是對的。我很生氣，但我希望
　　　　　你了解我在生這個小組的人的氣，而不僅只是針對你的。使我
　　　　　厭煩的是我為各組員的會議提供了課堂時間，然而學生們找出
　　　　　一千個理由說明他們不能來上課。我安排了另外的時間，以使
　　　　　你們不得為了衝突的安排和沒有時間到會而發生咀唔，然後這
　　　　　便發生了。我畢竟也在生你的氣，但我猜我已了解這已發生了。

　　布倫安特擺出了他教授生氣的這張牌，但至少他幫助了教授，以語言的說明理解了他自己的情感。如果他沒有反映出教授的情感，布倫安特就會遭受教授以任何方式發出的大部分怒氣。至少在現在，教授了解了他為什麼而生氣，不再直接對布倫安特生氣。他甚至可能感激布倫安特幫助他看清了他需要在課堂上講清的一個問題。

　　最後，勞倫斯・布萊默(Lawrence Brammer)提供了某些在反映別人情感時注意事項的總體指導。他以為，你讀所有的訊息──述說情感，非語言的身體語言及其內容；選擇內容和情感的最佳複合加以評論，然後偶爾地突發出對這些情感的反映；還有反映這種體驗，然後等待別人認出(理

解)了你的反映後，再離此而去。⑤以這種方法，你確定別人能夠和願意把握這些情緒的討論。

記住，欲在情緒的溝通方面更有技巧，就必須要學習如何把你心裡所想的說出來，或顯示出你真正的感覺是怎樣的。如果你的內心掌握了這些原則，你只差一步就接近於成為一個在溝通方面更具有能力的人了。

本章強調了非語言符碼的結構和功能。非語言的溝通是建構在這些至少以七種或八種不同途徑符碼化的訊息上。我們也提到過關於這些符碼的一些主要的功能：限定一種訊息的內容，表達情緒，建構相互關係，控制談話過程。而且我們提供了改善你使用和談論非語言的溝通的某些指導綱領(主線)。現在，你能夠運用這些指導線索；改善你自己的非語言的溝通。

實踐過程

討論題

1.在小組討論中所表現的非語言的溝通「被限定的」規定的優點和缺點。決定你自己是否我們應在溝通時包括所有的非語言行為，或是否某些限定是必要的。然後盡力把握對非語言的溝通的規定。

2.在本章中研究把面部表情定義的非語言的手勢是最普遍的。你認為在通達普遍意義中有沒有任何別的符碼(即從不同文化中生長的人們將會有同樣的理解方式)？你能安排這些符碼從最普遍的到最不普遍性的嗎？在日常相互作用中理解和發送非語言的訊息，有什麼暗示呢？

3.在個人的空間或談話的距離自己最喜歡什麼概念？在與朋友或與陌生人談話時你喜歡站多近？你能回憶一種談話距離有令人神往的闡述的概念嗎？發生了什麼？你對違反願望有什麼反應(或別人有什麼反應)？談話的結果是什麼？

4.確定你能達到的做為許多的無個人的角色。人們在這些個人的角色表現中說什麼和做什麼，他們避開的是否是他們在同一種場景的那同一個人？

5.討論非語言溝通中的規範的角色。想出兩三個不同的符碼的正常規範。遵循這些規範有什麼優點和缺點？某個人是否太循規蹈距了？某人在走向違反規範而被貼上標籤不遵守規範到了什麼境地？規範被違反時能達到什麼積極的結果？何時規範成為太多的限制？

6.在課文中提到的一種研究指出美國白人和黑人在注視時的差異性。確認你們與之相互作用的其他種族集團的宗教或文化組織的特徵，討論你所注意到的非語言的規範的差異所在。在這種差別表現出來時你能想出更適合的方法改善溝通活動嗎？

觀察指南

1.下一次到動物園旅遊時，做一個非語言溝通的調查。訪問一個大型的大都市動物園，在那裏，你能觀察靈長類的動物，看其在進化程度上特別接近於人的地方。你看到的或聽到的什麼是熟悉的，什麼是有差別的？根據課文中討論的各種符碼(面部的、注視、動作學的等)組織你們的觀察。什麼手勢似乎是用於溝通初期的？它們有什麼功能？人類使用的手勢的特徵；它們可能以較早的形式類型組織起來。這些手勢的變換有何等意義？

2.詳細說明時間的一個特別的障礙，嘗試把非語言的符碼替代語言的符碼。當人們問起你這些問題時，不要把這些語言化超出總體達到的聲音化之外，諸如：呻吟或呼嚕聲。變化你所作出反應的類型。(僅聲音的，僅指面部的，聯結起來反應等等)。你保持用非語言的符碼兩三天時間，盡力概括出在替代語言活動中最好的一些一般性原則。

3.在自發的交談中觀察人們，記錄下所使用的規範於它們互動的特殊的非語言符碼。哪幾種符碼最有特色使談話轉承順利進行？哪些符碼似乎引起了清醒的轉變或沉默？比較一下你的觀察對象與那些發表了的研究對象有什麼不同和相同之處(你們的老師會推薦某些涉及到這些行為的雜誌文章或教科書)。

4.這是一個夏季的學期，學生還沒有進入至少一個小組搞設計。把握出更近距離地觀察非語言的互動的機會的優點。在每次遇上了觀察不同組織成員非語言地溝通活動時，要多待上幾分鐘。盡你所能去翔實地記錄面部的表情，身體姿勢和運動、注視、手勢和元音的特徵。還要隨時注意這種情況，你不能在語境之外理解非語言的符碼。這些觀察對象告訴你什麼是組織成員的利益水平，地位相互關係和人與人之間的競爭？別的組織成員用的手勢是什麼？這些關於小組成員聯結在一起的紐帶是什麼？

練習

1.確認你認為在讀(理解)別人的非語言符碼方面特別準確的人們，或善於用非語言的方式傳達他們的訊息的人們。這些人應該不是你們班裏的同學。提出(在班裏)一系列觀察中的問題去問這些人。你可能想問他們在想了解別人想的或感覺時最常注意的行為是什麼，和他們怎麼知道什麼時

候某人欺騙了他。對於訊息發送來說，詢問人們如何意識到它們是它們自己的非語言的符碼，哪幾種符碼他們最意欲使用，和他們認為哪幾種符碼最重要。他們寧可運用語言的訊息或非語言的訊息，而不給予工具儀器或去轉達情緒嗎？你應想出一些訊息的其他類型去詢問他們。觀察一批班外的人；比較他們的答案。也許對班裏的其他的人會有更簡短精悍的表現，關注一下你所學會的非語言的溝通的能力。

2.分成四個小組或五個小組。每個人都可從他們的皮夾中拿掉一些現金、貴重品、和：「真正的令人困窘」的各個條目。把皮夾子放到一個籃子裏，並給他們以指導，他們把皮夾子重新分配到另外一個組裏。每一組都要分析每一個皮夾子的內容，寫下它們的擁有者的一個簡單特徵。這個特徵形象僅僅是基於從皮夾子找到的創造物提供的材料原型。它包括這個人的性別、年齡、人格、自然外表、興趣等。每個皮夾子的特徵一經被記下或寫下，就要關上它，把它們送回到你們老師手中，他將把它們轉回到原來的擁有者的手裏。然後組織成員可以讀一下關於它們的特徵給另一個人或把一個又一個的特徵大聲讀給全班。通過討論特徵的準確性和特別的手工藝品(它在這些溝通活動的印象中最有影響)，而結束這個練習。

3.分成六個小組。每個組擔負著下述溝通功能的一種：

 • 練習社會控制。

 • 規範互動。

 • 表達親密行為。

 • 表達情緒。

 • 面部活動的作用。

 • 使語言的訊息內容得以限制。

然後每一小組都應收集目錄關於每一種非語言的符碼幫助完成那種功能的方法。在這星期內，小組成員必須帶給全班如何做的視覺的例証。(家庭照片、雜誌照片、電影插曲、錄影帶等等)。盡力去發現典範的和一般的例證描繪這些功能。各組最後分 2-3 次在班級上課時間討論 5-10 分鐘，討論他們所發現的，並準備 10 到 15 分鐘向全班陳述。這些陳述能夠在下星期進行。

專有名詞

下面是本章中介紹的主要概念。此頁上的概念都是在這一部分初次提出的：

- 自然而然的溝通　　　　　　*spontaneous communication*
- 符號的溝通　　　　　　　　*symbolic communication*
- 喜歡　　　　　　　　　　　*liking*
- 地位　　　　　　　　　　　*status*
- 反應　　　　　　　　　　　*responsiveness*
- 協助完成　　　　　　　　　*complementing*
- 強調　　　　　　　　　　　*accenting*
- 重複　　　　　　　　　　　*repeating*
- 替代　　　　　　　　　　　*substituting*
- 矛盾性(對立的)　　　　　　 *contradicting*
- 規範的　　　　　　　　　　*requlating*
- 領域溝通　　　　　　　　　*proxemics*
- 領域範圍　　　　　　　　　*territoriality*
- 個人的空間　　　　　　　　*personal space*
- 身體外貌　　　　　　　　　*physical appearance*
- 注視　　　　　　　　　　　*gaze*
- 觀看　　　　　　　　　　　*looking*
- 看見　　　　　　　　　　　*seeing*
- 面部的合成　　　　　　　　*facial blend*
- 文化展示規則　　　　　　　*cultural display rules*
- 洩漏線索(面容、暗示)　　　 *leakage cues*
- 體態語言學　　　　　　　　*kinesics*
- 象徵性的　　　　　　　　　*emblems*
- 描繪者　　　　　　　　　　*illustrators*
- 情感的展示　　　　　　　　*affect displays*

- 循規蹈矩者　　　　　　*regulators*
- 自我適應者　　　　　　*self-adaptors*
- 物體適應者　　　　　　*object-adaptor*
- 元音的　　　　　　　　*vocalics*
- 聲音的性質、音質　　　*vocal qualities*
- 聲音的特性　　　　　　*vocal characterizers*
- 聲音的分離　　　　　　*vocal segregates*
- 均衡理論　　　　　　　*equilibrium theory*
- 相互補償　　　　　　　*compensating*
- 相互置換　　　　　　　*reciprocating*
- 情緒　　　　　　　　　*emotions*
- 含混不清的溝通　　　　*equivocal communication*

建議讀物

Ekman, Paul, and Wallace Friesen. *Unmasking the Face*. Englewood Cliffs, N.J.: Prentice-Hall, 1975. A classic guide to understanding emotions from observations of facial expressions. Chapters on why we make mistakes in reading faces, how to recognize facial deceit, and how to check your own facial expressions are very interesting. In the process you will learn a great deal about nonverbal research methods.

Mehrabian, Albert, *Public Places and Private Spaces*. New York: Basic Books, 1976. A close look at nonverbal behavior in residential, work, therapeutic, play, and communal environments. Suggestions for making environments more conducive to interaction are especially useful. This book is recommended precisely because it blends a theoretical perspective with practical ways to manage the environment's influence on us.

Montagu, Ashley, and Floyd Matson. *The Human Connection*. New York: McGraw-Hill, 1979. A very readable exploration into the nonverbal codes involved in approaching, meeting, signaling, and communicating with others.

Morris, Desmond. *Manwatching: A Field Guide to Human Behavior*. New York: Abrams, 1977. From the postural echo to hybrid gestures to the "twenty basic ways of moving from place to place," this practical handbook will enable you to identify and label a wide range of nonverbal behaviors. It is worth reading for the pictures alone, and worth reading for the insights into the historical origins and cultural variations of many gestures.

Chapter 8

人際訊息符碼
——語言的溝通

The desire to bind time by recording spoken communication is
universal. The message in these hieroglyphs, written over
3,000 years ago, is accessible today to those who know how
to break the verbal code.
(King's Scribe Amenhotep and His Wife Renut, c. 1275 B.C.)

一位不平凡的女性於 1880 年 6 月 27 日誕生了。海倫‧凱勒(*Helen Keller*)與難以克服的厄運抗爭,在 24 歲時以優異成績從萊得克利夫學院畢業並成為一名著名的作家和演說家。她的故事幾乎人人皆知。當她還是個孩子的時候,不幸罹患了一種病,病後她終生失明和失聽,沒有一個人能走進她黑暗的寂靜的世界,她使用原始的手語,但她常常因為難以與人溝通而灰心喪氣,經常不停地大聲哭叫,直到筋疲力盡為止。

但自從安妮‧沙利文(*Anne Sullivan*)成了她的家庭教師後,一切都不同了。也許你們還可能記得電影《奇跡的創造者》(*The Miracle Worker*)片中七歲的海倫第一次學習語言的鏡頭。在凱勒家的井旁,沙利文把凱勒的手放在抽水筒下並在她手心裡拼寫「w-a-t-e-r」。當清涼的水傾注到海倫的手心的時候,她第一次明白了什麼是「字」,後來她寫道:

> 那個充滿生命的字喚醒了我的靈魂,於是光明、希望、歡樂都釋放出來了……我離開了井邊迫不及待地開始學習。每一樣東西都有自己的名字,當我觸摸它們的時候,它們在輕輕地顫動,彷彿它們都是有生命的,那是因為我以一種全新的陌生的眼光看到了一切。①

對她的經歷人們有兩種反應。我們一方面可以對海倫所缺少的和所克服的進行詳細分析,另一方面也可以研究那天她在井旁的收穫。她所得到的不僅是語言,還有歷史、文學和文化,當她學到語言的同時,她也進入了其他人生活的相同符號世界裡。從那一刻開始,她不僅可以直接地「看」或「聽」這個世界,而且可以分享別人的經驗。

發生在我們每個人身上的一切只是因為我們使用語言,這是本章所要闡述的內容,即什麼是語言,語言是怎樣組成的,語言又是如何影響我們的。首先讓我們為語言下個定義,將語言的符碼和非語言的符碼區別開來,然後我們再研究語言結構,審查語意學,句法和實際運用水平,接著我們將考察語言對人們思想和行為的影響,最後我們要探討克服語言混亂的途徑以擴大訊息容量。

什麼是語言

在本節裏我們將語言的符碼和非語言的符碼加以比較，描述透過語言而產生的對我們的某種作用力。

語言的符碼和非語言的符碼的區別

語言的符碼和非語言的符碼的一個主要區別在於，語言符碼是記錄性的而非語言符碼則是形象性的。以(圖 8.1)和(圖 8.2)爲例，在我們解釋它們的區別之前，請你先試著找一找。在第一幅圖表中，你看到的是一幅附有文字說明的圖畫。文字和圖案都表達了同樣的主題但卻使用了不同的符碼。圖案轉達訊息的方式是相似的，然而文字描述轉達訊息的方式則是數字的。

現在讓我們來看看第二個例子。(圖 8.2)是海倫‧凱勒在井邊的體驗的點字譯文，這是數字的符碼。旁邊的圖是電影《奇蹟的創造者》中的一張劇照，其中演員透過相似手法來表現海倫的經歷。第三個例子，請大家想一下日晷儀和數字鐘有什麼不同。日晷儀透過太陽在天空運行不同位置的影子長短來計時，而數字鐘則在固定的間隔裏顯示不同的數字。②

讓我們試著列出一些描述相似的例子的形容詞。日晷儀上的影子是怎樣運行的？演員的手勢是怎樣的？圖畫所共同的線條是如何的？然後讓我們再試著描繪一下那些數字的例子。在數字的讀出、點字字母及寫出的文字之間有哪些相似之處？如果你最先想到了像「自然的」、「連續的」、「立即的」、「同樣的」或「相關的」這些詞，那麼你已經掌握了相似的符碼的性質。如果你選擇了「人工的」、「抽象的」、「孤立的」或「邏輯性的」這些詞作爲第二系列的詞，那麼你也已經發現了數字的符碼的實質。

相似的符碼(analogic codes)通過模仿來表明意思(意義)。演員的一舉一動都酷似那些親身體驗了眞實感情的本人，畫面上的線條勾勒出所表現的物體的自然形狀和構型，日晷儀上影子運行的軌跡也反映出時間的流逝。在相似的符碼中，一種表情與其所指出的內容自然而然地聯繫著。在(第 7 章)中我們研究了許多非語言的行爲，它們都是以相似的方式轉達意

義的。

　　而**數字的符碼**（digital codes）是透過象徵符號而轉達意思的（意義）。**象徵符號**（symbol）是獨斷的和約定俗成的意義單位。說它們「獨斷的」是因爲人們任意地把它們和它們所代表的事物聯繫起來，它們之間並無自然的聯繫。以單詞**歡樂**（joy）爲例，事實上人們選擇特別的聲音和字母得到一個抽象的組合來表達這種情緒，「歡樂」這個詞本身並不歡樂，只是人們認可它應當表示這種歡樂的情緒。符號又是約定俗成的，亦即建立在社會公認的基礎上，只要我們語言社會中大家都承認，我們可以很容易地改變我們語言中所有語詞的涵義。也許人們對語言變化如此敏感的原因在於語言變化會擾亂基本的社會契約。總之，如果對約定俗成的、慣用的東西賦予符號的涵義一無所知，人們就不可能理解數字的符碼。

　　我們已經看到兩套符碼有不同的表意方式，而且它們表意的內容也有所區別。相似的符碼（尤其是這些組成富有表現性行爲的符碼）似乎是傳遞關係和當場情緒狀態的最好方式，而數字的符碼更適於表達抽象的、邏輯性的意思（意義）。假設你不知道海倫・凱勒的故事，從《奇蹟的創造者》的劇照上你能推測出多少情節？當然你會很容易地發現圖中兩個人正體驗著強烈的情感，也許你還會知道他們在做什麼和他們彼此對對方的感覺是什麼，但是你不可能知道其中他們關係的歷史或他們對它的解釋，要弄懂這些你只好去看數字性報告了。

語言的符碼的作用

　　在（第 7 章）中我們列出了一些非語言的符碼具有如此大的作用的原因，而語言則具有另外一種作用。區別於相似性符碼，數字性符碼具有四個特性，它將很多不可能的事情變爲現實：③

　　語言的符碼是由抽象的、可分離的單位組成的　語言的結構是獨一無二的。它由抽象的，可分離的音符和意符單位組成，這些組成單位比非語言符碼更易應用、掌握和處理，因而語言具有很強的靈活性，跨越時空，人們可以透過唯一的方式來修飾、組合，並單獨或整體地傳遞單詞和聲音，這樣它們很容易地被保存，記憶和恢復下來。對相似性符碼而言這是不可能的，儘管人們努力試圖把相似性符碼分解成一個個單元並總結它們組合的規則，但是鮮有成功。④

語言激勵人們創造新的現實性 語言獨一無二的特點之一是人們可以談論不在現場的或根本不存在的事物，它並不是要求每個單詞都和物質世界相對應。當然，這是件好壞參半的事情。一方面語言激勵了人們的創造力，另一方面也縱容了人們之間的互相欺騙。事實上，阿蒙伯特‧伊科（*Umberto Eco*）早已給語言下了定義——「可以被用來欺騙的一切事情」。⑤

語言賦予人們用更新、更複雜的方式思考的能力 我們不能用相似的方式表達抽象名詞、邏輯連接詞(如和、或、所有、沒有)和語法符號，而正是這些詞使複雜的哲學和數學系統得到了發展。語言增進了人們富有理性的邏輯性的思考能力，儘管這並不是意味著我們經常這樣思考。

語言的符碼是自我反映的 語言可對自身加以評論；我們可以談論我們談話的方式，這一特性就是自我反映性。這樣，一旦語言及其模式不夠準確，我們便可以對它們作出思考並加以修改。如果語言失去這方面的性質，我們不能談論它自己，那麼研究改進溝通也就無從談起。

語言的功能

讓我們暫停一會兒，想想我們通常用語言所做的一切。盡可能多想幾個例子，比如評論天氣、與老友話舊、講述昨晚的 NFL 電視廣播節目、記憶事實、詛咒、開玩笑、自言自語、寫詩、撒一個無惡意的謊、祝賀一個運動隊的勝利。顯然語言不僅是交流探索訊息的工具。在本節中我們將列出一些語言的功能：⑥

語言常被用來克服沈默和無知 我們每個人都有逃避沈默的需要。當我們獨自待在一個黑暗或寂靜的地方時，我們通常只是為了製造出一些聲音而說話。在某種意義上，未打破的沈寂是很壓抑人且令人恐懼的——透過談話，我們可以防禦無知的威脅。我們還透過給它們貼上標籤來戰勝無知。沒有名字的東西總是令人恐怖而又頗為神秘的，給它們起了名字後就會覺得它們更有人情味，更加可以把握。也許我們相信有名字的東西是可以控制的，如果是這樣的話，我們就近乎於迷信語言的魔力了。

語言幫助我們表達和控制感情 有些談話只為試圖減輕內心的緊張。很

多心理學家相信人們有發洩感情的生理需要，高興地叫喊或生氣地咒罵就是這種功能的表現。當然，語言也可以用來控制感情。比如我們可以透過自言自語來讓自己安靜下來，在《度蜜月者》（*The Honeymooners*）中的一個著名的片段中，一個叫傑克‧格雷森（*Jackie Gleason*）的人反覆說：「別針和指針，指針和別針，那個咧嘴笑的人是快樂的人。」然後從 1 數到 10，希望他說完這些話的同時也忘記他的怒火。

語言能夠揭示或裝飾我們的思想和動機　除非我們選擇了一個對象並且告知他，否則我們內心的一切都是隱秘的。我們可以直接地談論內心的感受，或者以更微妙的方式顯示出來。佛洛依德首先注意到語法錯誤和說漏嘴的實質涵義，他稱這些錯誤為「動作倒錯」，並認為它們源於內心的矛盾。⑦比如，一個人如果非常甜蜜地說：「我們將做一切我所——我是說，你所——需要的」這一置換也許表示他暗地裏在控制自己。儘管經常性的動作倒錯者會洩漏內心世界，但他們常傾向於隱藏真實的願望和計劃，既對別人也對自己。當然我們也可以更直接地用語言來偽裝自己；我們能透過明顯的謊言、藉口和半真半假的話來隱藏自己。

語言應允我們建立聯繫和避免接觸　語言將我們和其他人聯繫起來。電話公司的宣傳口號「伸出去接觸他」反映了語言的這一基本功能。你告訴某人：「我只是為了聽到你的聲音才打電話的。」透過語言這一橋樑我們伸到了遠方。當然，我們也能藉由語言趕走別人，一個強硬的口吻能拒人於千里之外。語言既可能是一座橋樑也可能成為一堵牆壁。

語言能使我們表現個人的和社會的特性　我們都有自己獨特的風格，這種風格可以透過交談表現出來，這也取決於我們對自己在別人心目中的形象的期待。同時透過交談我們也能把自己融進團體裏。俚語、行話、共同的語言遊戲都意味著社會的一致性和歸屬性。

語言可以用來發出或尋求資訊　毫無疑問，語言是交流資訊的重要中介，它有助於我們對環境的分類和理解。透過語言我們可以陳述、聲明、描寫、解釋、顯示我們身邊的一切事物的秩序，我們也能透過語言從別人那裡得到資訊。甚至極微不足道的對話或交際性的談話，也能引起社會考察的作用，因為一切存在都建立在對世界的精確預知的基礎上，因而減少不確定性的語意是必不可少的。⑧

語言有助於人們控制社會並為社會所控制　語言就是力量，它可以起影

響、規範、勸說或支配的作用，我們透過強制性大規模的灌輸宣傳來影響控制社會。當然語言也影響了我們對世界的理解和認識，從而也控制了我們。從某種意義上說，我們是語言的俘虜。

語言可以掌握人們溝通的過程　我們前面提及過，語言具有自我反映性；我們可以透過溝通過程來改變交際狀況。當兩個人談論某一個有興趣的話題，比如政治、宗教時，他們就在溝通。當他們對他們之間的爭議進行商議時，他們是在改變溝通的情形。改變溝通狀況的方式有以下幾種：運用語言來檢查溝通通道是否暢通(比如問：「你聽懂我的話了嗎？」)；控制交談的進程(比如：「請等一下，讓我把這點講完。」)；或對語言形式加以評論，比如：「只要你能證明自己，我就改變話題，因為我不能容忍離題的爭論。」)。⑨

語言結構：意義的三個層次

現在我們已經知道了一些語言的功能，讓我們簡略地研究一下語言是怎樣組合而成的。語言可分類成很多層次，⑩其中有三種：詞、句、言語行為對研究人際溝通最為重要。我們必須理解所有的語意標準才能瞭解並運用語言。

語意的意義：以詞語為標準劃分的語言

事實上為了精確起見，我們應當用術語 **詞素**(morpheme)而不是 **詞**(word)。詞素是語言學上語意的一個單位，儘管在很多場合下詞素與詞是同義的，但有些詞的組成部分本身也有涵義，比如「S」意味著名詞的複數，它本身就有意義，所以「dogs」一類的詞是由兩個詞素組織的，即「dog」與複數詞素「S」。這樣研究語言涵義的標準，我們稱之為 **語意學**(semantics)。本書不打算對語意涵義進行充分的展開論述，但我們至少先得考慮兩種語言的涵義——外延與內涵。

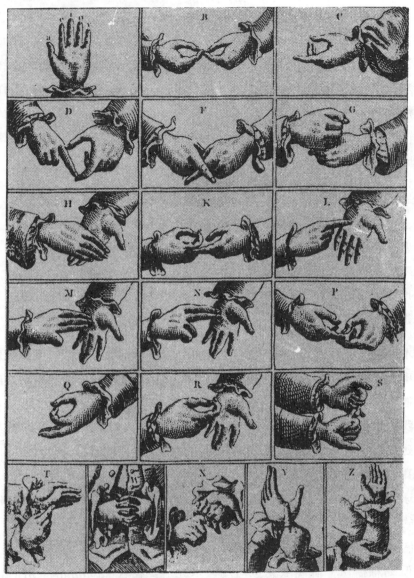

這份 18 世紀的小冊子顯示了一種手指拼字系統，這是用於聾啞人交往、交流和溝通活動的。雖然它們是手勢的，這種符碼卻是非常實用的數字的符碼。你能想到不用言說的其他種類的語言的符碼嗎？

外延與內涵的涵義

外延涵義（denotative meaning）是指公開的傳統的涵義。在某種程度上其涵義取決於組成的語言符號，這種涵義不僅是單獨的個人所認可的，也屬於語言系統本身。只需要查找一下權威性的資料（比如：字典），我們就可以找出一個生詞的外延，因為外延常常在字典涵義中顯示出來。而**內涵涵義**（connotative meaning）則是不公開的，並常隨著情感色彩而改變涵義。人們常靠經驗和交往來與詞的內涵打交道，對於內涵這方面來說最有權威的不是語言系統本身，而是個人。

以「棒球」一詞為例，字典告訴我們它的外延涵義是：

> 這是一種使用球，球拍與棒球手套的球類遊戲。在一片很大的場地中央有四個壘，這四個壘組成了一個長寬都是 90 英尺的正方形。每次比賽有兩個棒球隊參加，每隊有 9 名隊員，每次正規比賽有 9 個回合，每隊都有擊球並在外場的機會，得分最多的隊獲勝。」⑪

本定義至少揭示了棒球的部分涵義（儘管比較拙劣），但似乎很呆板單調。事實上的涵義比字典上的涵義要廣得多，因為字典裏不能把內涵全部概括進去。

我們舉這樣一個例子的原因在於我們做為作者對棒球也有不同的看法。對我們中的一位女作者來說棒球是中性的，她只觀看過一次大型的棒球聯賽（在華盛頓特區舉辦，其中一隊稱為「議員」），如果讓她說出一些著名棒球隊員的名字，她也許只能說出那些印在糖果棒上的名字，而對我們之中的另外一個人來說，棒球則被賦予更為強壯確定的涵義。從孩提時起，他每個暑假天天玩棒球，從廚房弄一些麵糰標出自製球場的內場，他水平一般但刻意模仿一個叫俄克拉荷馬・米克・曼特（*Oklahoman Mickey Mantle*）生平的一舉一動，甚至現在，每到春訓的時候，他還戴著一隻楊基棒球帽出現在辦公室裏。對於上面的兩個人來說，「棒球」有著不同的內涵，對你們每個人也一樣，每個人與眾不同的經歷都會導致對一個詞有著不同內涵。

語意能力的重要性

掌握一門語言的涵義是極為重要的，因為沒有相當的詞彙量人們不可能勝任溝通，用不正確的詞，即使交談上幾個小時也不可能傳遞他們所意圖傳遞的訊息。

沒有語意能力也可能導致孤立感和被拋棄的感覺。每一個不同組織的成員都用他們專有的詞彙進行聯繫。如果你有過聽不懂別人用專業術語交談的經歷，你會覺得自己特別無能為力並有被人拋棄的感覺。如果不掌握職業或社會團體所喜歡用的行話，很難想像你能和他們這些成員自如交往。

對內涵敏感也是語意能力重要性的一個方面。很多爭執源於一方疏忽地使用對方不能接受其內涵的詞語。比如稱一個不很熟悉的女子「寶貝」或「女孩」都是很明顯的例證。有些女子對這種稱呼不在意而有些則覺得自己被輕視了。而諸如：「愛、許諾和責任」都是一些有很強烈感情色彩的字眼，如果把它們濫用於別處可能會導致人際關係的問題。要熟悉運用它們，首先要意識到詞對每個人來說都會引起不同的反應。

句法的意義：以語調為標準劃分的語言

當然，我們很少單獨運用詞語；相反我們常把它們放到詞組、句子中。我們將詞組組合排列成一定的語法順序的研究稱作**句法學**（syntactics）。

意義的秩序

將詞組適當地排列起來是很重要的。「重要的，這是詞，適當的順序是可能的。」看到這個句子你一定會迷惑不解並也許會認為作者一定有思維障礙。語意的體現在該詞與前後的詞語之間的關係上。

儘管一個英語單詞也許會有好幾個意思，透過上下文，人們仍常可以譯清它的確切涵義。比如「Port」在下面兩個句子中的涵義就不一樣。「不，不是向右轉舵，蠢貨，左舷！」和「請勿扔那昂貴的葡萄酒。」

在這兩個句子中詞是一樣的，只是順序不同，**船航**（the ship sails）、**張帆**（ship the sails）⑫及語意隨詞序的變化而變化，我們稱之為 **句法涵義**（syntactic meaning）。舉一個與人際有關的例子：「山姆想跟克莉絲汀結婚」與「克莉絲汀想跟山姆結婚」，儘管詞是一樣的；意思卻不同，這兩個

句子的意義在事實上同時存在或只有一種，對於山姆和克莉絲汀來說情況就不一樣。

句法能力的重要性

嚴格的規則控制了句子的形式，如果我們不遵守這些規則，會招致很多人的異議。人們認為句法是社會和經濟地位的一個標誌(事實上也通常如此)，也是智力和正直品德的表現(事實上並非如此)。句法只是社會學習而來的產品，而不是天才所致。我們常認為那些不正確使用「句法」(違背我們語法規則)的人既麻木不仁又懶惰不堪，因為他們不去正確使用語言，這就是我們對他們的印象。同時在某一特別的社會組織中使用所謂的正確句子型式顯示該組織的團結一致。同一組織的成員常犯同樣的語法錯誤，比如不用「We were going to her house.」而說「We was going to her house.」，從這一點可以看出句法實際上決定了人們這方面的能力。

實用意義：在語言行為層次上的語言

為了達到充分的理解與溝通，超出在語言和句法層次研究是很有必要的，有了足夠的詞彙量並熟知句法結構的規則對於溝通來說還遠遠不夠，我們還要知道實際會話中句子的用法。**實用性的**(pragmatics)意義發現了實際的互動中的語言。

運用中的語言

人們說話並不只是為了好玩，人們使用語言的目的常是為了完成一個目標，我們稱對運用語言的後果為**言說行動**(speech acts)。⑬言說行動有許諾、疑問、恐嚇、讚揚、聲明、警告、要求等等。

我們早已說過句子可以幫助我們得出詞的涵義，言說行動也是一樣，透過言說行動的涵義我們可以得出句子的。比如你剛寫了一首詩，你並不清楚寫得好不好，就拿給朋友看，你的朋友讀後想了一會兒，說道：「我從來沒見過這樣的東西，它是與眾不同的。」這是什麼意思呢？無論從語意上還是句法的角度來推敲這句話都無濟於事，你得先弄明白你朋友的意圖，是在恭維你還是作文藝評論，或是不著邊際地做些搪塞，然後才能弄懂這句話的涵義。為了能實現溝通，我們得了解別人的言說行動並闡明自

己的動機。

意義的協調管控：對言說行動作出解釋後再進行

我們如何才能知道言說行動的涵義？我們怎樣才能知道何時，以及怎樣運用它們？有一種理論即意義的協調管控理論（CMM 是它的縮寫）有助於我們回答這些問題。⑭按照 CMM 理論，我們了解了怎樣運用語言，因為我們遵循了那些告訴我們如何理解和作出言說行動的規則。CMM 理論有兩種規則：構造性規則和規範性規則。**構造性規則**（constitutive rules）能分辨出言說行動，而**規範性規則**（regulative rules）在語境中能鑒別言說行動是否合適。在研究這些規則的例句之前，先讓我們考察一下語境對溝通行為的影響。

從 CMM 的理論中我們了解到不同的語境有著不同的規則，恰到好處的肺腑的談心用語在正式的晚宴上就不合適了，能夠向上司表明自己的耿耿忠心和責任感的用語，用到一個約會場合上就不那麼卓有成效了；在家裡行得通的在學校裡也許派不上用場。為了有效地溝通，人們要情景、關係、自我形象和相關的文化規則。（圖 8.3）表現了 CMM 識別出的語境的重要性。

該表的上半部分列出了 CMM 的語境，顯然語境是層層套迭的，高層次的語境中包含了低層次的。我們再看該表最下面的言說行動部分，只有當我們理解了發生的情境後，言說行動才有意義。**情景**（episode）由一套自然銜接的言說行動組成。如果你問溝通者「你在做什麼？」回答必將是與他們相關的行為，「去吃披薩」、「去射擊」、「去買日用品」、「去酒吧跳舞」、「飽餐一頓」都是情景的例證。顯然對不同的情景我們期待不同的言說行動——在酒吧間的不適用於會議室裏。因此，比起沒有語境的話來，從可知情景的話中我們能更容易地找出恰當的言說行動，我們也能知道加上的言說行動哪個是合適的，哪個是不合適的。

另一個重要的語境是溝通者之間的關係。如果你問溝通者：「你們之間怎樣稱呼？」回答將顯示他們之間的關係：如老師——學生、丈夫——妻子、上司——職員等等。關係也是情景的決定性要素，如：「談談自己希望和害怕的東西」、「流露情感」、「借衣物錢財」等情景只在好朋友當中才合適。但假如這種關係是教授——學生的話，則它們未必是特別恰當的。

如果我們知道說話者跟我們的關係，我們就很可能理解他（她）的意思，而且還可能更好地做出或說出正確的事來。

下文是關於生活脚本或你的自我感覺，它回答這樣一個問題：「我是誰或我將成爲什麼」。例如：一個在自然和宇宙空間的人進入到關係之中，進行某個事件和言語行爲不同於那些在一切方面都百分之百地絕對決定著的事情。這兩類個體解釋世界的方式及他們所認爲是合法的行爲很可能截然相反。如果我們知道某人是誰，則就能更好地理解這個人的意思，並對他（她）作出有效的反應。最後，文化方式影響所有其他的層次標準，這是因爲我們所屬的團體決定了說話的性質和功能。

在互動中使用實用的規則。

這一切實際上是怎樣運作的？假定你聽到這句話：「你今天看起來有點可怕。」你想弄清這說話人的意思，解釋這個說話者有意識的言說行動，你得考慮一下你的一整套規則。爲了從中挑出正確的規則，你必須使用語境提示，在不同的語境中詞語有著不同的意思。

如果上面那句話出自一個處於體格檢查事件中的醫生之口，那麼你就有可能把這話看作醫學診斷；如果這話是位愛開玩笑的朋友說的，則你可能把它解釋成羞辱玩笑的第一步，最後，如果這話是在公共場合中由一位不喜歡你的下屬說的，這就會被看作是對權威的挑戰。在生活過程中，我們建立了各種解釋規則，以有助於我們理解各種語境之間的溝通。

爲了對任何評論作出反應，有必要考慮一個管理調節規則，此規則告訴你什麼言說行動恰當描述了你的目的和對語境的理解。比如在體格檢查這種情況下，你的目的可能是得到有關你的健康訊息，你的管理規則告訴你侮辱醫生（「醫生，你認爲我看起來很可怕，你自己有沒有在鏡子裏照一照？」）或者維護自己的權威（「這很好，半小時以後在我的辦公室裏見面。」）都是不恰當的。當然，這些言說行動也許正是你被羞辱或你的權威受到質疑時所會作出的。你對這個醫學事件的規則也許是：「聽到這樣的話而我又想從醫生那兒得到忠告，對我來說正確的言說行動該是禮貌地詢問進一步的情況。你接著把這一言說行動變成這樣的話：「那你建議採用什麼樣的治療措施？」

實用能力的重要性

正確溝通是不容易的。當語境被誤解或規則被用錯時，就會出現尷尬的情況。如果你已說出一段話並帶有一些多餘的議論，僅是為了表現你解釋了一系列話題，那你就會知道，對一些事件貼上正確的標籤是多麼重要。如果某人對事情提的太強烈太快，你就知道讀懂關係是多麼棘手。你若把一個無害的議論當作對自己的威脅，你就會看到生活歷程對理解力影響的方式。掌控部分的實際能力是能夠正確識別語境層次的。

溝通是一個複雜的，受規則約束的過程。如果我們學著把它做好，則我們的關係就會變得容易且有益；如果我們沒有處理好實用規則，則世界就會成為一個充滿敵意的地方。事實已被證明許多人際問題起因於實用性的差別。(**專欄 8.1**)討論了實用性的另一方面——交談風格——它是怎樣影響人際關係的。

語言、思維與行為

當語言成為一個控制世界的有效工具時，許多人都感覺到如果我們不小心，語言能控制我們。在這一節我們將著眼於語言，思維、行為相互關聯的一些理論。我們先從具有爭議的 **薩丕爾——沃夫假說**(Sapir-Whorf hypothesis)開始，然後再看一下對社會階層及性別的語言行為關係的一些研究，最後我們將討論英語內部所固有的一些陷阱。

語言決定論：薩丕爾和沃夫的假說

語言對思維的影響已由兩位知名語言學家愛德華·薩丕爾(*Edward Sapir*)和班傑明·李·沃夫(*Benjamin Lee Whorf*)強烈地表達了出來。⑮他們對於語言對認識的影響(即薩丕爾——沃夫假說)所作的分析有兩個重要部分。第一是**語言決定論**(linguistic determinism)，說的是語言決定我們解釋世界的方式。根據薩丕爾的話說就是「由於我們社團的語言習慣傾向某些特定的解釋選擇，使得我們做事時大量的是聽到、看到要不就是感受到的」。⑯他們假設的第二部分即**語言相對論**(linguistic relativity)衍生於第一部分。如果語言決定思維，則不同語言的說話者感受世界就會有

所不同。思維與語言是相對的。

讓我們看一下這個假設的一些證據。若你學過一門外語，你就會知道其他語言常會做一些我們不做的差別。例如：在英語中，當我們直接與某人說話時我們簡單地說「你」，而在西班牙語中，一個是禮貌格式（usted）用於老人、陌生人或那些地位高的人，一個是普通格式（tú）。在西班牙語中，當參加者由熟人變為朋友時，那麼，在關係上標明這一點，這在語法上是必須的。

不同的語言不僅告訴我們如何相互交談，而且規定了交談的對象。不同的語言承認感受的不同種類，關於顏色的詞語是一個典型例子。在英語中有光譜中的七種基本顏色（紫、靛、藍、綠、黃、橙、紅），在巴斯語即一種賴比瑞亞語中只有兩種顏色 hui（包括我們的紫靛藍綠）及 ziza（覆蓋黃、橙、紅）。⑰

另一個常引用的例子是愛斯基摩語關於雪的詞彙要比我們多得多。這些詞彙使得他們能說出非愛斯基摩語覺察不到的區別。這並不意味著賴比瑞亞人不能學著作出細微的顏色差別，也不意味著南方人不能辨識出雪的不同種類。沒有名字的事物相互區別起來要花較長的時間，這種區別也較少固定。⑱

顏色和雪的例子均說明了我們的語言如何分開在性質上相聯繫的事物的。顏色譜是一個譜而非不同事物的集合。正如沃夫告訴我們的：

> 英語詞語，如：「天空、丘陵、沼澤」，勸說我們把自然界無窮多樣，難以捉摸的方面看作一個特定的事物，幾乎就像一張桌子或椅子。因此英語及相似的語言讓我們把宇宙看成是相應於各種詞語的獨特物體及事件的集合。事實上，這是一張古典物理與天文的簡明圖──宇宙本質上是一個不同大小的分離物體的集合。⑲

一些印第安語比英語更完整地保留了自然的統一性。這些語言中的句子不由名詞和動詞組成。例如：如果一位說英語的人看到夏夜裏的一道閃光，他或她會說：「光閃了一下。」發生的動作被指明為一個動詞，而引起動作的則被指明為名詞和冠詞。然而說 Hopi 語的人不會把所見到的分成兩部分，對於 Hopi 語來說，閃和光是統一的，並由一個簡單的「動詞」

rehpi 表明。⑳

　　薩丕爾──沃夫假說告訴我們，說英語的人與說 Hopi 語的通常不一致。雖然我們也許不完全是我們語言的囚犯，但語言的結構還是深深地影響了我們。每一種語言都盡力幫助和鼓勵它的使用者，儘管這會導致其他種思維與行為變得更加困難。

團體成員對語言運用的影響

　　我們所屬的各團體經常使用不同的語言，按照薩丕爾──沃夫的假說，這就意味著將鼓勵我們以獨特的方式進行思考與行為。通常用作例子的兩個團體是與社會階層和性別有關的。(**專欄 8.2**)給出了一個例子，說明這些因素是怎樣影響語言使用的。

語言與社會階層：複雜的和有限的符碼

　　英國社會學家巴塞爾‧伯恩斯坦(*Basil Bernstein*)研究了階層成員與語言使用相關的方式。㉑他發現工人階層語言使用一些簡單而比較世俗化的語法方式，而中產階級的句法表現出更多的多樣性和複雜性。中產階級的人說起話來常作比較複雜的語法結論；伯恩斯坦給予他們的符碼是**精心製作的**(elaborated)規則。工人階級說起話來在語法上傾向於受數字性決定的方式，常採用通俗的方式，因此伯恩斯坦把他們的語言規則叫做**限定性的**(restricted)規則。

　　更有趣的是實用性區別。伯恩斯坦認為，複雜規則的主要目標是傳送資訊。一個對言談力求精雕細琢的人在語言的運用上總是做到一絲不苟，小心翼翼地把所有的細節、背景都告訴聽者。而另一方面，使用限定性規則的講話者則強調語言的社會形象，把語言作為一種表現社會身份和聯繫一個群體的工具，他們假設聽者不需要自己把講話的所有背景、資訊都說出來。下面的對話就是限定性規則的遵循者的一個例子。㉒格瑞(*Gary*)和喬治(*George*)是一對朋友，他們正在商量晚上要做點什麼。

　　格瑞：今晚去「特拉克」怎麼樣？

　　喬治：有一點點為難。嗯!?

　　格瑞：為什麼不去？

　　喬治：好吧！開我的(車)還是你的(車)？

格瑞：噢不！各人開各人的。……太太，你知道的。

喬治：(轉向他的新鄰居)為什麼你不也一同去呢？

鄰居：(並不明白他自己參與的談話的真正內容)聽起來棒極了！

儘管原始的材料並沒有告訴我們精雕細琢者的談話，我們可以設想談話的情景如下：

格瑞：你今晚想不想去西部那個最受歡迎的叫特拉克的酒吧？

喬治：你的意思是說去打撞球嗎？

格瑞：是的，為什麼不去呢？

喬治：好，我們去吧。開你的車還是開我的車去？

格瑞：噢，不，我們最好各人開各人的。我太太要我晚上早點回來。

喬治：(轉向鄰居)你為什麼不一塊去呢？

鄰居：(已經完全聽明白二者的談話)聽起來真是太棒了！

你可以看出來，限定性規則的遵循者並沒有留有機會讓外人聽明白他們的談話。他們喜歡有僅屬於談話者雙方共同的假想和期望，他們鼓勵團體的團結。人們常常發現那些正在或想要自由地與社會分離出來的人聚成一團。伯恩斯坦曾引用監獄同居之人和青少年為例。大學生與同寢室的人和朋友之間的臥談會則又是一個例子。

在另一方面，力求精雕細琢的談話者，則很少強調團體的身份。他們喜歡一種疏遠的方式。習慣與階層之間是相互聯繫的，規則改變是可能而且也真正發生過的。伯恩斯坦認為，很多時候與階層相關的經濟和社會條件使得不同的階層利用不同的語言交談成為可能。

因為這些區別，使得不同階層的人會輕視另一階層的談話。在限定性規則的遵循者看來，力求精雕細琢的人們的談話未免顯得冷漠和生硬。在精雕細琢規則的遵循者看來，限定性規則的遵循者的談話就有些不合邏輯，並且過於情緒化；他們的俚語並不能使人感到一種感性的緊密聯繫而是感到不夠精確。這些差異就會使跨階層的溝通產生一些問題。舉個例子，想一想不同的談話規則是怎樣影響一個工人階層的孩子與一個中層階級的教師的關係就會明白了。

語言與性別：有工具手段的和富有表情的談話

性別語言的運用中也起著不可忽視的作用。曾經有好多人研究過男性和女性的語言模式。㉓男人和女人在詞語上的不同，部分是因為不同的社會角色的扮演使他們的注意力放在不同的事物上。舉例來說，曾有報導說女人最善於區別顏色，而男人則在機械和技術方面優於女人。有人還認為，女人更有可能使用像「可愛的」、「吸引人的」、「珍貴的」和「漂亮的」這一類的形容詞，而這在有些人看來是很瑣碎、無聊的。最後，研究表明，女人很少用很激烈的詞語來表達自己。男人可以破口大罵，女人則不可。㉔

男女之間還有造句方面的不同。女人說話時傾向於用更多的後綴語（像「好嗎」、「可以嗎」一類語調附著在句後）、修辭詞（如也許、可能），否認的聲明（就是使用一些能夠避免來自別人的批評的詞語，如「當然也可能我是錯的，但是……」）。這些用詞造句的形式使得女人顯得更有禮貌，也同時使人覺得她們對自己並不十分有把握。

最後，是關於實用方面的不同。如果某一次談話目的是為了辦事，通常是透過一種事實資訊的交換來實現的，這種談話是**幫助性談話**(instrumental talk)。如果一個學生，想打聽去註冊組長的辦公室怎麼走，用如下的方式來回答就會對他大有幫助：「辦公室在辦公大樓的二樓，離開這兒以後往左轉，沿走廊走，穿過三幢樓房，在接待室邊上，上樓即可到。」關於人的感受的談話就是表達性談話。如果你對同一個學生說：「你看起來就好像度過了很可怕的一天」或「振奮一點，我相信事情會好起來的」，那麼你就是在運用**表達性談話**(expressive talk)。一般而言，女人的談話使用更多個人的表達性談話，而男人的談話則更多的是有關事實和手段性的。

當然，並不是所有的人都如此。習慣上，婦女們一直被告知講話要彬彬有禮，不要太直接，而男人則要「簡單明瞭，有什麼說什麼，並且要切中要點。要使用有力的話語和形式，使聽者、聽眾，同意或相信你。」㉕

重點不是說哪種談話方式好於另一種。社會和經濟方面的諸多原因使得我們不得不用語言來適應我們不同的限定的角色。像芭芭拉（*Barbara*）和珍妮·伊金斯（*Gene Eakins*）指出的那樣，「如果男人和女人不能很好地透過風格的轉變來適應當時情況的需要，那他(她)就會受到傷害！」㉖看

透過圖形符號，我們可以由虛幻和神話中的形象聯想
到世俗中的東西。

(Detail of an imperial court robe, Chinese, T'ung Chih period, 1862–74)

來，語言的功能在今天需要有更大的伸縮性。

語言混亂：普通語意學方法

　　薩丕爾——沃夫假說並沒有給英語以具體的分析。正因為如此，我們
必須深入衆所周知的普通語意學中描述我們語言中的一些混亂。㉗

　　英語的一個問題是一個詞往往有多種涵義。因此，兩個交談的人可能
相信他們彼此同意對方，但事實上他們都並沒有理解對方的眞正意思。假
設我說：「我今天上午想要那份報告。」你說：「好，到時我會送到你的
桌子上。」如果我的意思是上午七點，而你則以爲上午是中午以前的任何
時間，這就很容易看出，爲什麼我會認爲你不負責任，而你則認爲我不合
情理。

　　「Is」（第三人稱，單數用的「是」）這個詞就有多種用法。考慮下邊的
句子：「It is rainning outside.」（「外邊下雨了。」）「Green is the color

of grass.」（「綠是青草的顏色」）和「Joanna is immoral.」（「喬安娜道德敗壞。」）這三個句子中的動詞「to be」（「是」）用法就不同。在第一個句子中，「is」用來表達世上的一種事實。第二個句子中，「is」則用定義法來陳述一個事物。在第三個句子中，「is」則是用來表示一種主觀看法。如果混淆了這三種用法將帶來一些麻煩。舉例來說，如果我們不懂「is」在第三個句子中的用法，就會把主觀看法和現實相混淆。遺憾的是，當我們描述某人不道德時，我們可能認為我們是在陳述有關他（或她）的品性的事實，但是說一個人不道德與說草是綠色或正在下雨是不同的。當我們說喬安娜是不道德的時候，我們的真實意思是：「喬安娜的行為方式是我此時的價值觀念所不能接受的」。我們通常把主觀看法與事實的陳述相混淆。

語言常常鼓勵我們對人或事物作靜止的評價，而忽視人是會變和成長的事實。從名字上往往看不大出來人們實際上發生的變化。12歲的蘇和19歲的蘇在許多方面是很不相同的（但是她的名字始終是蘇）。在有些社會裏，人們在他們面臨生活中的轉折點時，會給自己另起一個新的名字。而我們的社會卻不這樣做，儘管當蘇要結婚時，她會用一個新的姓（她丈夫的姓）來體現她新的地位，然而她的丈夫卻仍用原來名字，好像對他來說，什麼特別重要的事情也沒發生似的。

而其他的詞語卻使我們得出錯誤的結論，「all」這個單詞就是一個例子。在我們的語言裏，說出「所有生長在長島上的人們」和說出「湯姆的頂層書架上的所有的書」是同樣容易的。當然，區別在於，我可以走到大廳的盡頭查看一下來驗證這個關於湯姆的書的論述。而我所「知道」的關於所有在長島出生的人情況則至多是一種推斷，是一種空形的觀念。如果你曾經是偏見的受害者，你會明白與錯誤的結論相關的問題。

最後，我們的語言也會鼓勵極端思想，使得我們看事情常常得出不是這個就是那個這種極端的結論。英語裏的大多數詞語都有一個很明確的反義詞。比如：我們知道的，「好」的反義詞是「壞」、「熱」的反義詞是「冷」。要辨別這兩個端點的詞語是容易的，但是要辨別這兩個端點之間的詞就相當困難了。語言的這個特徵是容易得到證明的。下面就是一系列單詞。左欄已經列出，現要求你寫出它們的反義詞：

善（good）　　　　＿＿＿＿　　＿＿＿＿

熱（hot）　　　　＿＿＿＿　　＿＿＿＿

和氣（virtue）　　＿＿＿＿　　＿＿＿＿

愉快（happy）　　＿＿＿＿　　＿＿＿＿

老（old）　　　　＿＿＿＿　　＿＿＿＿

男人（male）　　＿＿＿＿　　＿＿＿＿

請你試著寫出每一對反義詞之間的單詞（不能使用部分……或半……這一形式來限定已列出的單詞）

要寫出中間詞是很困難的。現在試著把一系列詞再分成兩部分，可以看出，我們的語言鼓勵兩分法而不鼓勵等級法思考問題。

普通語意學家喜歡說：「地圖並不是領土。」意思是我們的語言忽視了世界上的許多東西，或者說不能夠使我們全面認識事物。總之，一幅地圖對於所覆蓋的領土只是一個粗略的反映。如果我們認爲我們所談到的地圖上的每一件事物就是以我們談到的方式那樣存在的話，就極易犯錯誤。想一下詞與實物之間的區別，就會有助於我們用更好的方法使說話更有效。

普通語意學家爲我們有效地運用語言提供了一些指導。他們告訴我們如果用心地給單詞加注索引和鑒定單詞的時間性，我們就會記得更準確地運用它，透過索引，就會明白。打個比方說，我說話中用的 love（愛）一詞與你用的 love 可能不是同一個意思。給單詞鑒定時間會提醒我們，事物因時而變。因此 1958 年的 morality（道德）與 1988 年的 morality 意思就不會相混淆。他們也建議我們給抽象詞注以引號來提醒我們，它們只不過是象徵性構造。reality（現實）一詞就是一例。最後，他們主張對於在現實中同時出現而在語言中卻被公開的事物，在語言中把代表這兩個事物的單詞用連字符連起來，例如：**空間——時間**（space-time）一詞。儘管實際上使用這些方法會有些困難，但是考慮一下這些方法會提醒我們注意可能出現的問題。

蟾蜍幾乎在世界每個地方都可以找到。巴孚尼達家族的成員，
它們矮而肥實，有著短短的腿和疙里疙瘩的皮膚。它們在眼睛
後面的腮腺中藏有一種毒素。它們吃許多種有害於人類的昆蟲。

圖 8.1　一隻蟾蜍的相似的表現方式和數字的表現手法

關於海倫·凱勒在井邊的體驗的相
似性表現方式和數字的表現手法。

圖 8.2

I left the well-house

eager to l(ea)r n. Every th ing

had a name, and each

name gave bir th to a

new thought. As we

return ed to the house,

every object I t ou ched

seemed to qui v er with life.

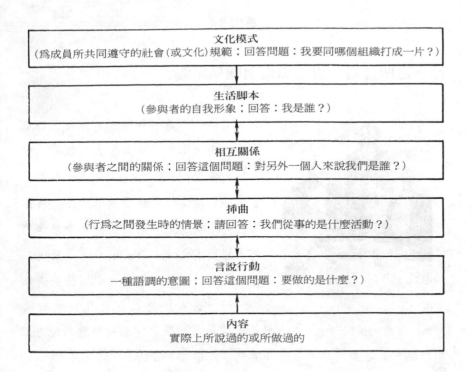

	(情境 1)	(情境 2)	(情境 3)
文化模式	中層美國人	中層美國人	中層美國人
生活腳本	受過教育的自由職業者	粗野而狂想的傢伙	冷血的利己主義者
相互關係	醫生／病人	好朋友	競爭者
插曲	醫學考試	欺騙的圈子	商業會談
言說行動	診斷	玩笑	駁倒
內容	「你今天看起來很可怕。」		

每一層次加上意義對應上下層次。只有當它發生時對於語境來說，溝通造就感覺。

圖 8.3　在 CMM 理論中高級意義水平(或層次)

請看這個會話：說話風格與關係定義

只要你不是一個隱士，你每天都會跟許多人（比如汽車駕駛員、職員、出納員、侍者、秘書、教授、朋友）說話。當這些談話進行得很順利時，你就對你的世界心滿意足，因爲按語言學家迪伯萊·坦耐(Deborah Tannen)的話來說：「一次完美和諧的談話是心智健全的妙物——一個人作爲人並存在於世的認可。」當然，在談話失敗時，世界就似乎是一個非常充滿敵意的地方。對於配合不好的談話，有些事情是非常令人不安的。

所有的談話都由隱含的實用規則支配著。當人們使用這些相同的規則時，談話就順利，而當他們的規則互不相同時，誤解和衝突就易發生。本意善良的人們，眞誠地試著融洽相處，然而就因爲談話風格不一樣而遭受一些衝突。

坦耐寫了一系列書和文章闡明我們交談的方式（說話風格）是怎樣影響我們相處的。在一本書中，她對一次感恩節晚餐作出了詳細的分析。客人中有三位（包括坦耐）來自紐約，兩位來自加利福尼亞，一位來自加拿大。坦耐對晚餐中的談話錄了音，然後對比進行了仔細分析，她發現三位紐約人的說話方式與另外幾位大不相同。他們說話聲大且快，並常常互相解釋，他們透過向談話夥伴連珠炮似的提出涉及個人的問題來表現出他們對某一論題的興趣。當他們想說話時，他們就一直堅持直到他人讓步而很少停下來讓他人說話。他們的風格是直率、友好、不拘禮節、精神飽滿——並有點勢不可擋。

　　非紐約人是安靜得多，他們難得有時間取得發言權，而當他們說話時，時間較短，風格較拘謹和「禮貌」。他們表現得較少捲入而較多地思考。由於紐約人說話時不變的壓倒氣勢，他們感到難以繼續談下去。事實上，紐約人越努力試圖建立和睦關係，別人越感到壓抑。因此，參加晚餐的客人總是相互誤解的。

　　我們怎樣才能解釋所發生的事呢？坦耐發現答案在於談話風格。她認為熟人都同樣想：

- 示意友誼與親密
- 避免把他們的意願強加於別人身上
- 表現出相互之間的獨立性與距離

　　不同的說話者對這些衝突的目標寄予了不同程度的重視。有些人，比如紐約人，將使用高度捲入的風格，拒絕講究客套，然而這樣做時，他們冒著表現出粗魯的危險。其他人將採用高度替別人著想的風格，當然，他們的禮貌會被看作冷淡和缺乏興趣。當兩個具有不同風格和期望的人談話時，他們很可能陷入困境。

　　透過分析對話得到一些細節，比如語速、躊躇、音量、語調、表情反應、固執程度、對噪聲和寧靜的容忍、捲入事件的意志等，從中可以發現說話風格，然後就能對他們進行比較和辯論，看看他們是走向協調一致還是走向分離。

資料來源：
源自迪伯萊·坦耐(Deborah Tannen)著《談話風格：分析朋友間的談話》(*Conversational Style: Analyzing Talk Among Friends*)

進一步閱讀資料:

約翰·J·古姆爾茲(John J. Gumperz)著,《說話的戰略》(*Discourse Strategies*),倫敦,劍橋大學出版社,1982 年。

羅賓·拉科夫(Robin Lakoff)著,《語言和婦女世界》(*Language and Woman's Place*),紐約,Harper & Row 出版公司,1975 年。

迪伯萊·坦耐著,《那不是我的意思!》(*That's Not What I Meant!*),紐約,莫羅出版公司,1986 年。

在蒂姆斯特維爾少說爲妙——都市社會裏男人角色的扮演

在各個不同的社會裏，交談被尊重的程度並不一樣。有些文化鼓勵它，而另一些文化則抑制它，但所有的文化對於如何交談都形成了嚴格的規則。在蒂姆斯特維爾(一個藍領居住區的名字,位於芝加哥)，交談被小心翼翼地限制著。這裏的男人們從小接受的就是被限制了的關於交談的價值的觀念。我們來看一下這些觀念。

蒂姆斯特維爾的男人們懂得在某些場合的談話會使人對他的男子漢風度產生懷疑。如自我表露或與婦女、小孩嚴肅地交談，會被人認爲是缺少男子漢氣概。用言辭對侮辱或不服從做出反應被定義爲是最糟糕的方式。如果一個蒂姆斯特維爾的男人對於外來的挑戰是透過言辭而非體力作出反應，他自己都會輕視自己。蒂姆斯特維爾的男人也迴避與地位高的人士交談。與權威人士或是陌生人的談話都是透過職業演說者如當地管區的長官、天主教區牧師或協會等類人來進行的。

那麼什麼時候蒂姆斯特維爾的男人感到可以輕鬆自由地談話呢？當他與他的同性朋友在一起的時候。最合適的談話地點是在大街上，人行道上，其次是走廊裏。

有些情況下，其他地方的男人很重視交談，而蒂姆斯特維爾的男人們卻輕視交談。把蒂姆斯特維爾郊區的「白領人」或住在都市黑人區的黑人們各自遵循的規則對比一下會發現，在後種文化中，善於辭令被看成一種優勢。黑人居住區的人們爲自己的喋喋不休、善做文字遊戲的能力感到驕傲（參看**專欄 13.1**）；住在郊區的白人則相信，用語言表達是建立人際關係的合適途徑。

交談的場所也因文化的不同而有所區別。郊區上中層階層在私人的、比較隱蔽的地方比如起居室或後園中進行。訪問者通常是從十個

街區遠的地方來。成年人一般都不在前廊或前院裏談話、會客。

　　我們中有些人可能以爲蒂姆斯特維爾的男人是被剝奪了交談權利的。這個結論，不管怎麼說都是沒有切中要害的。我們在運用語言的時候，都受到文化標準的限制，我們都會感到在有些場合與某些人談話感到很舒服，而在別的場合則感到難受。溝通的意義和價值是由我們的文化決定的。

資料來源：

格雷‧菲力普森(Gerry Philipsen)的〈在蒂姆斯特維爾說話要有男子漢風度：一個都市區域中角色扮演的文化模式〉(Speaking 'Like a Man' in Teamsterville: Cultural Patterns of Role Enactment in an Urban Neighborhood)，刊於《演講季刊》(*Quarterly Journal of Speech*)，61 期，1975 年，13-22 頁。

進一步閱讀資料：

戴爾‧漢彌斯(Dell Hymes)，〈語言和社會生活互動的模型〉(Models of the Interaction of Language and Social Life)，出自《社會語言學的方向；溝通人種學》(*Directions in Sociolinguistics: The Ethnography of Communication*)，John J. Gumperz 和 Dell Hymes 合編，New York, Holt, Rinehart & Winston, 1972 年。

葛雷‧菲力普森(Gerry Philipsen)，〈蒂姆斯特維爾的談話場合〉(Places for Speaking in Teamsterville)，刊於《演講季刊》(*Quarterly Journal of Speech*)，62 期，1976 年，16-25 頁。

技能訓練：開始會談

在整個篇章中，我們已經談了在語言的各個方面都要有足夠的能力的重要性。要有效地與人溝通，就必須精通語意學、句法學和實用學。這一切都很重要，但在人際效力方面，實用學可能扮演著主要角色。當我們利用語言與別人溝通時，語言就變得重要了。我們與人接觸的最好的方法之一就是每天的交談。與人進行很隨意的小談並不是無聊的事情。交談使我們彼此之間建立和保持關係，使我們知道更多的有關世界和我們自身的知識，正像以前有人提到過的，當談話順利進行時，我們感到與世界水乳交融；但如果一次談話很糟糕，我們就會感到困惑和孤獨。在這節裏，我們來看一項特殊的談話技能——懂得怎樣開始談話。

與朋友和同事談話通常較容易，我們彼此了解和信任，並且已經弄明白好多我們彼此關係修養的規則。與陌生人交談常常比較困難，準確一點說，是因爲我們不了解這些規則，所以也就不知道該怎麼準確地操縱我們的交談的活動。當我們與陌生人開始談話時，我們便努力想改變我們對對方的關係從單純地公開到私人性結束。因爲一下子面臨好多事情，所以可能不時地變得緊張和舌根發硬。與陌生人交談的憂慮只有很少一部分是天生的，太多則反映了對溝通憂慮的情況，這是一種持久的人際溝通中的怯場。(參看第 5 章)高度憂慮的人如果能尋到幫助就會克服恐懼。溝通敎授通常推薦一種治療方案，當然，你不一定非得是一個高度憂慮者才感到笨拙的。在一些人際交往情況下感到不安——幾乎每個人都有過不知道該說什麼好的體驗。如果你像這些人一樣，那麼以下的方法將有助於你成爲一個更加自信的健談者。

開始交談

我們首先看一個假想的兩個陌生人斯達希和斯圖阿特之間的談話。幕拉開的時候，斯達希正試著鼓足勇氣對斯圖阿特說話。

斯達希：(我在這種事情上真是糟糕透了。我從來不知道該說些什麼。我希望不會說出愚蠢的話來。)，外面正下著傾盆大雨，是吧？(我的天，我真不相信竟會說出「傾盆大雨」來。他準會認為我是個白痴。)

斯圖阿特(微笑)是的，我們那兒從不下這麼大的雨。(她看上去很好。我不知道她是不是也是新來的。)

斯達希：對，是的，這地方下雨很多，特別是在雨季。(我不知道接下去該說些什麼。我真想離開這兒)，(停頓了很長時間)我必須走了，再見。

斯圖阿特：再見。(剛才都發生了什麼事情？)

發生了什麼？斯達希犯了一些很簡單而且本來可以避免的錯誤：她的自言自語與不安的行動相反，她沒有能夠抓住斯圖阿特提供的 **自由資訊**（free information），並且她的談話結束得很令人困惑和唐突。下面我們將解釋一下這些錯誤，並且看一下斯達希原本可以怎樣進行這場談話。

在(第 5 章)中，我們介紹了自語這個概念。這個例子很好地說明了相對的自語會怎樣破壞一種關係。斯達希的自言自語告訴她，這場談話將是一場災難，實際上也是如此。她的期望導致了不可避免的結局，結局又加重了她對於自己是一個糟糕的談話者的觀念。如果她想提高談話技能，第一步，首先必須改變她的期望。如果她這樣對自己說的話，她的經歷完全是另一番模樣：「他看起來挺不錯。既然他是自己一個人，他可能會高興與什麼人交談。如果是這樣，我就可以結交一個新朋友。如果不是，那也不是世界的末日，至少我已經嘗試過了。」我們開始交談的時候應該首先放鬆自己，並且用現實的、積極的態度來看待溝通。

找尋話題

缺少話題談話就無法進行。然而發現一個話題，對於一次小型的談話來說，是較容易的。大多數人並不期望談話一開始就非常精彩或公開，他們只想找一個話題作為進一步交談的跳板。斯達希選擇天氣這個話題，儘管不是特別好的，但也是不錯的。

研究談話藝術的專家建議可以採取三種基本話題來交談：你自己、其他人或（當時）情境。總之，後者是開始談話的最好的起頭。㉘這裏是一些情境話題的例子：

（在健康俱樂部裏）：你常常使用這種健身器材嗎？對一個初學者什麼是最實用的？

（在教室裏）：關於這個班級你聽說過什麼？你為什麼要簽字？

（在超級市場）：我看到你在測試西瓜是否新鮮。你怎麼會知道西瓜是否熟了呢？

（在私人住家裏）：我一直在看你們全家的照片。很不錯。是你自己照的嗎？

大多數的環境會為你提供一些話題，但如果環境不能的話，你還可以從對方的情況裏找到話題。這裏就是一些基於對方的行為、穿著或攜帶的東西而產生的話題。

我注意到你攜帶了一本溝通方面的書。你選了人際溝通的課嗎？你認為怎麼樣？

你的Ｔ恤衫是在北京買的嗎？上面的漢字是什麼意思？你什麼時候去北京的？

我很喜歡今天你在課堂上的評論。你認為在保護資源方面人們能夠做些什麼？政府應該更多地捲入此事嗎？

我一直想找個地方去理髮。你的頭髮理得很棒，你是在附近理的嗎？

第三種可能，也就是談論你自己，運用起來應該適度。談談對方的情況比談你自己的情況更容易引起對方的興趣。

我們可以把第二點建議歸納起來：尋找話題，從當時的情況或對方的身上尋找話題。

提出各種問題

在以上的例子中，我們已經使用提問這種方式了。向對方提一個問題是引起對話的最好方式之一。當然，問題應適度地運用。你當然不想使對方感到像在接受審問般。不管怎麼說，一個經過深思熟慮的問題常常是一個好的開端。

並不是所有的問題都同等重要。一個完美的溝通性問題應該既有趣，涉及對方而又不使對方感到受侵擾。一般說來，更多地採用無確定答案的問題而不是只有唯一答案的問題。只有唯一答案的問題要求著被問者只能做出一種簡短的回答。例如：「你喜歡這兒嗎？」「你從哪裏來？」「你跑了多遠？」答案不是唯一的問題使對方在回答時有回旋的餘地，並且要求更詳細地描述。例如：「你為什麼喜歡這兒？」「生活在費城怎麼樣？」「你是怎樣開始慢跑運動的？」後面的問題需要對方回答的問題比前者要多。因此，第三條建議是：向對方提一個與對方有關的有趣問題並且讓對方有充分餘地來回答。

在交談中運用自由資訊

一次好的談話不會僅是一問一答就結束了的。好的談話會從一個問題談到另一個問題。這就需要善於利用談話時從對方得到的自由訊息。自由訊息是指能夠引起別的話題而且含在某一回答中的訊息。在以上的例子中，當斯圖阿特對斯達希說：「我們那兒從不下這麼大的雨。」的時候，是給斯達希提供自由的資訊。實際上是想告訴她，他是新來的，並且給她暗示談話可以接著怎樣進行下去。可惜的是斯達希並沒有抓住這些資訊。如果她抓住了的話，那麼，他們就可以談起他們的家鄉，他們的童年甚至他們將來喜歡居住的地方。

好好地傾聽自由的資訊是很重要的。而在你轉換話題時，給對方提供自由資訊同樣也很重要。如果一個陌生人問你為什麼在一個班上報名，你至少應該回答：「這正合我的計劃，」或「因為這看起來很有趣。」最好的回答是：「因為我同時在做兩種工作，我的時間安排很緊，我喜歡把我的課都安排在中午以前。」或者「我的專業是自然治療。因此學會有效地溝通是很重要的，並且這個班聽起來挺有趣。」這些回答就可以引出關於工作和專業的長談。

結束談話

　　一場好的交談還要知道該怎樣體面地結束。我們對談話的結尾都抱較高的期望，期望談話能文雅地結束。如果結尾一下子煞住，會使對方感到困惑和唐突的。馬克‧卡納普(*Mark Knapp*)和他的同仁曾經指出一個好的談話結尾應做的三件事：

- 透過讓對方知道談話接近尾聲來做出談話不能繼續的信號。
- 透過表示對談話的欣喜和期望能繼續交往來顯示你對談話的認同。
- 歸納交談的要點。㉙

　　一個好的結尾可以如下進行：「我必須馬上走了，否則上班就要遲到了。能夠和你一塊談談音樂事業，我感到很高興。如果喜歡聽我的磁帶，為什麼下個星期四你不過來呢？希望很快的能再見到你。再見。」不管這種關係將來能否繼續，這樣結束會使雙方都對自己和這次談話感覺不錯。

實踐過程

討論題

1.有人說我們是生活在一個抽象的宇宙裏，它不是由物質組成，而是由可供談論的東西組成。討論一下這一陳述。想一些對你來說很重要而沒有物質外形的事情。

2.在什麼樣的溝通環境中，使用相似的符碼最爲合適？在什麼樣的情況下，使用數字的符碼是比較好的選擇？試想幾個由於用錯數字符碼而引起人際關係問題的例子。

3.在言語溝通中，言說符碼在某種程度上是與相似符碼同時出現的。想一想在什麼情況下，這兩種符碼會互相矛盾、或相互匹敵，該怎樣避免或解決這個問題。

4.你曾經捲入一場因涵義不明而引起的爭論嗎？發生了些什麼？你們是怎樣解決爭議的？

5.合適的名字常常有很深的涵義——我們把它與某一個物質的或精神的特徵聯繫起來。下面的名字使你聯想到別的事物沒有？如果聯繫到了，描述一下你對 Leland, MaryEllen, Justin, Bambi, Tad, Kristine, Jane 和 Billy Joe 這幾個詞的感覺。你喜歡自己的名字嗎？如果能改名的話，你打算改成什麼名字？爲什麼？如果你結婚，你願意把你的姓改成你的丈夫(或妻子)的姓嗎？

6.討論一下，你的生活經歷是怎樣限制了你的交談。你想避免什麼樣的談話，因爲這種談話會談到一些對你不利的事情？

7.想幾組不同的人，如果你想以你的談話打動這不同的幾組人，你的言辭會有些什麼改變？是否有的情節你會盡量避免或想對每一組人都談到這些情節？是否有些情節可以無拘無束地對其中一組人說而不能對其他的組說呢？

8.當你處在某一社會條件下，卻沒有整套的規則告訴你該怎樣行動時，你將採取什麼策略？你將如何建議一個人去盡力發展整套的規則？

9.語言是怎樣被用來提高社會團結和群體凝聚力的？舉例說明。你對語言的這一用法持有什麼態度？

10.普通語意學家認為，我們的語言缺少精確度，對於理性思考來說，這是一個嚴重缺陷。你能考慮一下缺乏精確度的或沒有新意的觀點，例如：含糊不清的陳述或陳腔濫調有什麼價值嗎？

觀察指南

1.做半天的互動記錄。開始時把你每次與人談話的內容作簡要記錄，指出你都說了些什麼。然後，回過頭來，指出每句話所起的作用。分析一下，你是怎樣運用語言的。在你的談話中有多少是用來獲取資訊？多少是用來控制或說服別人的？你的語言主要的是表達性的還是手段性的？

2.觀察在公共場合談話的人。對比一下全由男人參加談論的話題，全由女人參加談論的話題，和由男人女人共同參加談論的話題在語言的運用上有什麼區別。你有沒有發現與性別有關的區別？如果有，你認為為什麼會存在這些差別？你認為這對你有什麼影響？

3.選一次最近的，結果在某一重要方面，比如：事情很糟糕；你並沒有達到你想要達到的目的；事情進行得遠比你期望的要好得多；諸如此類出乎你意料的談話。簡要描述當時的情景和你與對方的關係。接下去，盡可能準確地用對話的形式把對話寫下來。把有關姿態、手勢、聲調等的描寫用括弧括起來。

接著運用這一章裡討論過的意義的協調安排形式(CMM)，確認你在以下的五個方面是怎樣解釋各種訊息交換的？

A談話是發出者和／或是接受者的意思？(構造作用)

B影響雙方談話活動的前後行動。(調節作用)

C你關於「插曲」一詞的定義以及它是怎樣影響訊息的選擇或解釋。

D在這種情況下你對「關係」一詞的看法以及它是怎樣影響訊息的選擇或解釋。

E你的生活經歷對於談話訊息的選擇有何影響。

接著，設身處地，站在對方的角度來試著決定他(或她)是怎樣看待以上的同樣五個因素(A至E)。討論一下看這個分析會幫你如何處理將來遇

到的相似的情況。

練習

1.根據早川（Hayakawa）先生（在第 3 章《思與行中的語言》中）的觀點，事實、推理、判斷之間是有區別的。對 Hayakawa 來說，事實可以被直接證明，它是關於我們所看到、聽到、感受到的事實的報告。推理則是在已知事物基礎上對未知事物的陳述。判斷則是對贊同或不贊同的表達。討論下面的陳述包含：事實，推理，或判斷的深度。（參看 Hayakawa 附加例句的書第 44-45 頁）

　　A 她咒罵著，把書扔過房間，開始尖喊起來。
　　B 他生氣了。
　　C 她高度警覺並且脾氣不好。
　　D 過胖的人不宜穿橫條的、方格的或顏色異常鮮亮的衣服。
　　E 運動員學生和非運動員學生的級點平均數並沒有很大的區別。
　　F 運動員並不比非運動員聰明。
　　G 窮人一般比中產階級道德水準高。
　　H 阿丹姆活了一百三十歲，生了一個長得很像他的兒子，取名叫琶斯。
　　（Genesis 5:3）
　　I 我的愛人忠誠於我。
　　J X 是我們班上長得最好看的小伙子。
　　K 美國的生活水準在世界上是最高中的一個。

2.取一個戲劇，情景喜劇或肥皂劇底稿。認明正在進行的談話。指出一個人物是什麼時候從一個談話跳到另一個的，什麼時候角色們進入了新的插曲的。分析你如何描寫這些特徵的。你指出的那個角色與其他角色的關係怎樣？你將怎樣描述每個角色的生活簡歷？你將如何描述從而使對話的意思能夠清楚？非語言的符碼怎樣才能幫助你使你的描述更有效？

3.下面講述的將是一個用來測知涵義的圖表。根據查理斯‧奧斯古德（*Charles Osgood*）這一圖表的創立者的觀點，無論何時我們與一事物接觸，我們第一會評估它的精華，第二會判斷它的能力，第三會斷定它活躍的情況。首先，圖表中的前條是評估性的；其次三項測量潛能；最後三項

測量活動情況。對於任意的一個概念,讓人們把這個圖表中的幾條填滿,你就會對此概念對於此人的意義有所了解。

語意差別圖

概念:

下面是幾組形容詞,把你認為能表達上述概念的詞圈選出來:

好	1	2	3	4	5	6	7	壞
有價值的	1	2	3	4	5	6	7	沒有價值的
大	1	2	3	4	5	6	7	小
強	1	2	3	4	5	6	7	弱
重	1	2	3	4	5	6	7	輕
積極的	1	2	3	4	5	6	7	消極的
快	1	2	3	4	5	6	7	慢
熱	1	2	3	4	5	6	7	冷

A挑選一個合作者。考慮一些普通的活動和事物,例如:網球比賽、山脈、蛇、教堂、賽馬比賽、婚姻等,各人單獨地填滿這些區別。對比一下你們兩人的詞彙輪廓。討論一下你們是怎樣產生這些聯想的。你們的不同的涵義會怎樣影響你們的人際關係?

B任取一種產品的名字,比如說「燕麥片」或「罐裝土」,請至少二十個人填好有關這種產品的語意差別圖。把有關評價、活動和能力方面的平均分數編輯起來。現在為這種產品設計一個廣告。你想提高你產品的不足的方面,就必須同時實施一個計劃賦予你的產品更多的有利的涵義。怎樣使用音樂、色彩、攝影、敘述等等使你的產品看起來更好,更有能力和更具積極性?

專有名詞

下面列出的是這篇文章中介紹的一些主要概念：

- 相似的符碼　　　　　　　　analogic code
- 數字的符碼　　　　　　　　digital code
- 象徵符號　　　　　　　　　symbol
- 語意學　　　　　　　　　　semantics
- 外延涵義　　　　　　　　　denotative meaning
- 內涵涵義　　　　　　　　　connotative meaning
- 句法學　　　　　　　　　　syntactics
- 句法涵義　　　　　　　　　syntactic meaning
- 實用性的　　　　　　　　　pragmatics
- 言說行動　　　　　　　　　speech act
- 構造性規則　　　　　　　　constitutive rule
- 規範性規則　　　　　　　　regulative rule
- 情景　　　　　　　　　　　episode
- 關係　　　　　　　　　　　relationship
- 生活脚本　　　　　　　　　life script
- 文化模式　　　　　　　　　cultural pattern
- 薩丕爾—沃夫假說　　　　　Sapir-Whorf hypothesis
- 語言決定論　　　　　　　　linguistic determinism
- 語言相對論　　　　　　　　linguistic relativity
- 精心製作的符碼（複雜的符碼）elaborated code
- 限定性符碼　　　　　　　　restricted code
- 幫助性談話　　　　　　　　instrumental talk
- 表達性談話　　　　　　　　expressive talk
- 普通語意學　　　　　　　　general semantics

建議讀物

Gleeson, Patrick, and Nancy Wakefield,eds. *Language and Culture.* Columbus, Ohio: Merrill, 1968. An anthology containing important excerpts and short essays from writers like Sapir, Jespersen, Whorf, and Langer. Full of stimulating ideas and excellent examples of the relationship between language and culture.

Hayakawa, S.I. *Language in Thought and Action,* 4th ed. New York: Harcourt Brace Jovanovich, 1978. A representative and entertaining introduction to general semantics. The illustrations, exercises, and applications are still among the best in this area.

Keller, Helen. *The Story of My Life.* New York: Doubleday, 1905. If you haven't read this since you were in grade school, it bears a second look. If you've never read the book, then you should certainly do so. Mark Twain said that the two most interesting figures of the 19th century were Napoleon and Helen Keller.

Pearson, Judy Cornelia. *Gender and Communication.* Dubuque, Iowa: Brown, 1985. There's a lot to be said about the relationship between language and gender. Pearson offers an up-to-date discussion of male-female differences in communication, including a discussion of how language produces images of men and women.

Slobin, Dan I. *Psycholinguistics.* Glenview, Ill.: Scott, Foresman, 1971. An intelligent and articulate discussion of such topics as language development, the nature of meaning, and the connection between language and cognition, as well as an excellent and easy-to-follow introduction to syntactics.

Chapter 9

影響他人
——關係訊息的傳遞

*Degas, who knew the Bellelli family, captured their dynamics
in this portrait. Posture, costume, touch facial expressions-
all reveal alienation between husband and wife, as one of the
daughters attempts to bridge the gap. Try analyzing snapshots
of your own family. Do they reveal relationships?*
(Edgar Degas, La Famille Bellelli)

下面的遭遇發生在一個公司的野餐會中。主人翁是約翰遜，他來公司才幾個月。由於幾乎不認識什麼人，他就來到他的直屬上司身邊。當他們倆正在交談的時候，掌管計劃的副總經理比杉路先生走了過來。

比杉路：（沒注意約翰遜，直接與那個管理者說話）眞希望在昨晚的遊戲上你沒帶錢，是我叫它的嗎？或者是我預測的嗎？

（在兩個上司討論遊戲時，我們的主人翁站在那裏，被遺忘了。在談話的一個間歇，他的那個直屬上司才想起來介紹他。）

比杉路：（明顯地沒有興趣）見到你眞愉快，杰克遜。

約翰遜：（不知道糾正副總經理的話是否合適）很高興見到您，先生。實際上，我的名字叫……

比杉路：（打斷約翰遜）我已經聽說了你的好成績。保持好的工作狀態，我一直在注意觀念新又具有創業精神的青年人，你會看到我的大門總是敞開著的。

約翰遜：（抓住機會提出一個新想法）你知道，先生，我近來一直在醞釀一個想法……

比杉路：對，很好。（轉向那個管理者）我們需要喝點什麼。還有，氣象報告怎麼樣？你認爲它們準不準？

（專注於交談，兩個管理者離開那裏去喝飲料，我們的雇員被拋在一邊，顯然很尷尬。這時，一個似乎熟悉的人向他打招呼，約翰遜最後看清他是一個工友，佛萊芝。）

佛萊芝：嗨，約翰遜，怎麼樣？我看到你遇到了比杉路先生。他是不是湊巧告訴你（模仿比杉路）「我一直在注意觀念新又具有創業精神的青年人」？

（兩個人都笑了。）

佛萊芝：見到你，我很高興。我讀了你的報告，儘管我認爲你是十分錯誤的，但我發現它很令人感興趣。讓我爲你買杯啤酒，然後談談我的體會。你的第一個錯誤……

約翰遜：（驚訝地，開始親切地對佛萊芝感興趣）等一下，什麼錯誤？我的計劃是完美的。你將不得不費盡口舌來使我承認我是無根據的。

兩人爭論了一小時，約翰遜離開時感到自己最終被這個組織接受了。

當約翰遜受到挑戰時，他的感覺要比他受稱讚時好得多，這是怎麼回事？為什麼與副總經理的誠懇談話不如與那個魯莽的青年工友的爭議令人愉快？在這一章裏，我們將回答這些問題。我們將看看我們所傳遞的關係性訊息的種類和這些訊息影響我們的方式。我們還要考察關係的型式是如何界定和促進互動的。

什麼是關係性訊息

在前面的情況中，兩種訊息同時被發出：有關內容的和有關關係的。關於 **內容的訊息**(content messages)是由一個主題相關的實際上所說的東西構成的。它們是當我們逐字逐句記錄一個互動過程時，我們所抄寫下的東西。在與比杉路交談中，內容是由讚揚構成的；在與佛萊芝交談中，內容則是一個批評。然而，在我們的劇情概要中，對約翰遜來說，如果有比內容更重要的其它東西在發生，那就是關係性訊息正在發出。讓我們討論一下什麼是關係性訊息，它們是怎樣傳遞的和它們意味著什麼。

關係訊息的本質

關係性訊息(relational messages)是一些暗示，它們告訴我們一個關於內容的訊息是什麼種類的訊息。①它們讓我們知道一個陳述是奚落、誠懇友好的建議、譏諷的反駁還是一個玩笑。它們表示在內容背後所說的話。透過告訴我們如何解釋一個說話人的意見，它們使我們明白說話人對我們的看法怎樣。就如珀爾‧瓦茲拉維克(Paul Watzlawick)、珍尼特‧巴維拉斯(Janet Bavelas)以及唐‧杰克遜(Don Jackson)所指出，每個訊息「不僅帶有資訊，而且……，同時，它導致行為。」②為了了解關係性訊息如何導致行為，讓我們看看另一個例子。

你正在參加中學同學的聚會。你的一位老對手看到了你。她盯著你看了一會兒，瞧著你全新的服裝，表現出稍加掩飾的想笑的心情，並整理了一下她那做工精美的上衣。她很快地瞥了一下她的異性友伴，幾乎下意識

關係性訊息常常是微妙而複雜的，不容易被外人所理解的。此圖情境中的意思是明顯的但令人迷惑。你認為這三個人之間的關係是什麼？

(Piazetta, *Il fiorellin d'amore*)

地聳了聳她的肩，拖長語調說：「能見到你，那真是太好啦，想加入我們嗎？」沒有直接說任何事情，她已經表明了她對自己的高評價和對你的低評價。她也表明了她希望你將要做什麼。這未說出的訊息是清楚的：「我正在邀請你加入我們只是因為我的禮貌和我的上衣一樣完美。然而，我希望，你將很明理知趣地拒絕。」

現在，讓我們重新改寫這個情境，這次給你帶來了一個老朋友。她看到你，眼睛突然亮了，臉上充滿喜悅的笑意。她緊緊地擁抱你，然後退了兩步，上下打量著你。摟著你的肩膀，她領著你去見她的異性友伴。「見到你，真是太好啦，想加入我們嗎？」這一次，你知道你是被誠懇地邀請的，而且你愉快地接受了。儘管關於內容的訊息是相同的，但在關係的層次上，這是兩個不同的氛圍。

傳遞關係性訊息

關係性訊息常常不是直接傳遞的，所以可以逃避我們的注意力。當這些訊息表現在情感的變化時，它們最容易被看到。例如：當一位父親被他的孩子的行爲所激怒，他終於失去了耐心時，這孩子通常對這種關係性的變化做出反應。當父親說，「上床去睡覺」此時這孩子會告訴你這話裏有一個附加的關係性訊息，這種訊息說的是「我就意味著它！」

在大多數情況下，關係性訊息躲進大的背景中去。如果一對夫婦相處得不錯，他們的關係性訊息可能會承認這個事實，實際上是說：「我們的關係進展得很令人滿意，讓我們保持這種狀態。」事實上，在大多數健康的關係中，人們的注意力直接放在內容上，而關係的涵義卻很少被注意到。然而，令人費神的關係的特徵是不斷地力爭把握關係的本質，而訊息的內容方面顯得愈來愈不重要。」③

關係性訊息常常透過非語言的通道無意識地被傳遞。透過對這個問題的第一流的研究工作，瓦茲拉維克和他的同事們認爲關於內容的訊息與言語的陳述是相等的，關係性訊息與非語言的行爲是相等。當人們一般透過非言語的對話傳遞關係的訊息時，直接的關係性談話是可能的。④當我們告訴某人我們是多麼關心或當我們給他們下直接的命令時，這種關係性訊息被直接地陳述了。

關係性訊息和關係的界定

當關係性訊息不斷積累，它們便導致了**關係的界定**(relational definitions)；也就是，它們給了我們一個關於我和誰發生關係的總體性意識。關係的界定是一些心理的模型，它們標明關係和對關係進行分類，並指明關係的成員應如何相互對待。當我們去了解其他人時，我們讓他們知道我們對他們的看法。我們指明我們感到親愛的程度，我們期望注意力的大小以及我們願意做什麼樣的許諾。這些訊息把我們作爲一個整體加以規定並引導我們的行爲。

例如：兩個人會達到如下的關係的理解：「我們緊密但並不親密。我們感到愛和信任但並不是浪漫地投入。我們是朋友。」一旦他們用這種方式界定他們自己，他們將被友誼的標準和責任限制，並將努力按朋友應做

的方式去行動。他們的關係的界定指導將來的行為。

關於人際關係的文學一般採取幾種方法來描述關係的特性。其中兩種最重要的是關係的文化特性和關係的契約特性。

作為文化的關係

文化，在它的最一般的意義上，是指人們用來解釋他們的世界和指導他們行為的一系列後天獲得的信仰、態度和價值。正像我們在其它章節所看到的，文化的理解對於社會的協調和睦是必要的。儘管說出什麼是文化並不難，但要決定不同文化的界線卻是困難重重的。有時，我們用這個字眼指較大的文化群體(例如：西方文化對亞洲文化)；有時，我們用它指較小的文化團體(例如：搖滾樂派或國際商用機器公司雇員們)。朱莉亞‧伍德(Julia Wood)提出，如果兩個人發展形成共同的取向和行為，他們能形成他們自己的**關係性文化**(relational culture)。⑤

和大文化一樣，關係性文化也指導其成員對世界的理解。關係性文化的成員創造了共同的思想成果、先驗圖式和筆跡，他們發展共同的語言習慣和行為規則。所有這些機制允許較大的文化單位在關係中形成小型的行為。因此，理解一個關係包括揭示和分析這些機制。

有時，關係性文化反映較大的文化的模式；有時，當個體被從「正常的」社會中割離開來，他們產生出他們自己獨特的模式。(**專欄 9.1**)就是描述了六個從幼兒期就與他們家庭分離的兒童如何創造一種文化，這種文化幫助他們在戰爭破壞中生存下來。

作為契約的關係

文化的隱喻並非思考關係的特性的唯一途徑。包括了羅伯特‧卡森(Robert Carson)在內的一些理論家已經使用契約商議的隱喻來解釋關係。⑥當人們商議一個具有法律效力的契約時，他們要表明期望從對方獲得什麼，指明相互的責生義務，並大體勾畫出例外和偶然性原因。卡森告訴我們，在**關係性契約**(relational contract)的商議過程中，同樣的事情也必然地發生。「關係的雙方從未明確陳述他們正在操作的規則，然而規則是在那裏存在的，且這些規則常被雙方以完全可信賴的方式遵循著」。⑦

一對夫婦，艾咪和馬克，可能用下面的方式形成契約。艾咪試驗地做出一種行為，可能是揭示關於她的過去的細節並希望馬克也這樣做。然而，

他可能非言語地退卻，改換話題，或拒絕回答。他要在契約上增加一項條款：「應該在我們所談論的事情劃上界限，我們的過去應離開界線。」艾咪可能願意在大多數情況下遵守這個規則，但可能想要增加這樣的條件「當對自身的揭示能夠幫助我們明白或解決一個問題時，那時我們應談起過去。」如果馬克同意，這修正過的形式就成了他們非陳述的契約的部分。

當這個規則和其它涉及到隱私和關聯的規則相結合時，關於他們關係的深淺度的一般規定就達成了。儘管馬克和艾咪可能尚未意識到他們已經商議了一個契約，並且可能不能羅列出它的規則，但他們通常能夠形成對他們的一般理解的看法。例如：他們可能同意：「我們互相尊重對方的隱私。」在卡森的術語中，他們倆已經商議了規定他們關係中的身份的總的主要契約的一部分。無論我們使用什麼樣的隱喻——文化或者契約——事實總是這樣：夫妻雙方建立了各種多樣未經陳述的規則、標準、地位的規定和關係的標籤。

我們的關係界定常常受到外界環境的強烈影響。例如：我們可能試圖去遵循宗教的或社團的關於「好的」關係的觀念。在我們是違背它們還是努力遵循它們時，家庭的榜樣對表明契約也是重要的。不管我們原有的特性是從哪裏來的，當我們進入關係時，我們就把它們提供給我們的合作者，它們被接受、拒絕或者修改。

關係性訊息的內容

僅僅幾年前，人們以為關係的話題範圍是相當狹窄的。最近的研究表明，與第一想法相比，它們要富有變化和複雜的多。⑧例如：朱迪·伯貢(*Judee Burgoon*)和杰羅爾德·黑爾(*Jerold Hale*)已經確定了七種主要的和五種次要的**關係的主題**(relational themes)。他們的研究表明我們的溝通是與下列論題相關的：支配——服從、情感的激發、鎮靜、相似、禮儀、任務——社會的定向以及親近。⑨(**表9.1**)提供了關於這些關係論題的例子。我們將對每一個進行詳細的考察。

發出支配訊息

在所有已被確定的關係性訊息中，關於支配的訊息受到了最大的關注。這些訊息集中在控制上，告訴我們「誰有權力去指導、定界和規定」對方的行動。⑩它們告訴我們誰在負責。

通常人們談到三種類型的支配訊息。那些表明要控制和限定其他人的行動的願望，被叫做**爭占上風的訊息**(one-up messages)。在談話的過程中，它們常採取否認、不同意、打斷對方、改變話題等諸如此類的形式。那些表明讓步或放棄自由的願望的訊息，叫作**甘居下風的訊息**(one-down messages)。同意、順從、放棄發言權或者允許對方掌握談話都是例子。最後，意味著相等或未含有控制的陳述叫作**滲透性訊息**(one-across messages)。

人際溝通的研究者常常感到爲了審查支配模式而把談話編成密碼。通常，他們用一個↑來表示爭占上風的訊息，用一個↓表示甘居下風的訊息，並用一個→表示滲透性訊息。⑪爲支配訊息編碼並不困難，請試著看看下列對話並給它編碼，一定考慮每個人所說的話是怎樣與其餘部分相聯繫的。給這個互動過程編碼，在每段話的旁邊畫上適當的箭頭。

( )艾倫：好啦，我要說關於家務事大多是由你決定的。

( )路：是的，我認爲是這樣。

( )艾倫：你肯定會這樣做的。你是完全自由的，因爲我相信你的判斷。

( )路：是的，我……

( )艾倫：(打斷路的話)例如：當你決定把書齋漆成綠色，我還能說什麼呢？

( )路：不。對不起。

我們已使你的任務變得很容易了——這裏的支配模式是不複雜的。艾倫的評論都是爭占上風的類型。即使他說路有支配權，他的方式掩飾了他的話。他控制著整個談話，打斷路的話，並結束路的語句。艾倫很明顯是在說：「我處於支配地位。」路很明顯處於下風的地位，好像在說：「下命令吧，我將服從你的領導。」

當然，交談並非是表明支配的唯一方法。許多行為也表明了「支配」。在一個會議上，手持粉筆站在黑板前的決策者表現出了要指導與會人員的願望。相反地，那些坐在房間後面不引人注目的位置上的人可能正試圖避開掌握支配權。

表示情感狀態

在伯貢和黑爾的體系中，有兩個主題被使用來表示情感：情感的激發和心神鎮靜。情感的激發是指我們如何對他人反應的；它讓他人知道我們是興奮、還是厭煩。一般來說，人們很容易看到喚起情感的暗示，而且，喚起的情感是有感染性的。與處於興奮狀態的人交談能夠提高我們興奮的水平，而試圖給一個無情感反應的聽者講笑話能夠敗壞我們的熱情。正如伯貢和黑爾所指出的，激發情感的訊息是經驗從高度癲狂的活動狀態到完全的消極狀態(如：睡著)的全部歷程。[12]

心神鎮靜，是另一個普通的情感主題，它表示自控；它表明我們能夠平靜和獨立，我們將不順從或者退到一邊。有時，這樣的態度可能會顯得冷淡，因為事實上它表明：「我能夠控制我的情感並且鎮靜地行動。沒有什麼東西能夠使我做出激情的反應」。然而在大多數情況下，我們用心神鎮靜評價那些情感並且憑藉它們的力量。儘管心神鎮靜和情感的激發看起來是明顯對立的，但伯貢和黑爾相信它們是既分離又相關的向度，因為「一個人同時處於高度激發狀態和高度控制狀態(如：當表現鄙視時)或者同時處於未被激發狀態和非鎮靜狀態(如：當表現不能寧靜的厭煩時)是可能的。」[13]

表現出相似性

相似，是另一個重要的關係的暗示，在吸引力和可信性上有著極有力的影響。[14]儘管我們常常聽說相反的東西相互吸引，研究表明更多的情況是同類的人或物群集在一起。人們一般竭力尋找相貌和行為與他們相似的人為伴。如果你懷疑這個結論，那麼就問問你自己是多麼情願與一個行為完全和你不同的人溝通或者你對陌生人打交道最初時的反應是什麼。大多數人感到難以處理與古怪的人或者不尋常的人的關係。

地位和支配這些訊息可以透過許多方式傳遞。姿態、面部表情、服飾以及位置都充分表明了這三個人中的哪一個的地位最高。

界定情節

　　由於我們需要知道應遵循什麼樣的規則，我們通常審視單個事件尋找禮儀的暗示。在正式的事件中，我們恪守一般的、文化水平的行為規則，而在非正式的事件中，我們偏離這些規則，行為更加自然些。

　　在共有的工作環境中，我們也必須考慮到並決定我們要堅持的任務──社會的定向的水平。我們需要讓我們的夥伴知道我們是打算維持業務還是去娛樂。例如：假如在一項棘手的科學實驗過程中，你被分發給了一位非常具有吸引力的實驗室的合作者。你便必須要決定出你是集中精力工作還是花時間去了解你的夥伴。這就包含了一些需要相當技巧的關係的商議，因為如果你調錯了調，不僅任務，而且社會性成果都可能受到不利的影響。

這些婦女不必說一個字就表明了她們自鳴得意的、目光短淺的生活態度。他們的關係性訊息把她們的態度清楚地表達了。

(Grant Wood, *Daughters of Revolution*, 1932)

表示親近

用來界定一個關係的具有最大潛力的關係性訊息可能就是親近了。親近這種訊息是人際間溝通軌道形成和發展的中心。不管我們的目標是創造一個私人關係還是保持一定距離，我們必須控制住親近這種暗示。也許是它們太重要了，親近的暗示常常很難直接表達。當我們試圖傳達密切和擔憂時，我們有時會變得張口結舌，說不出話來。

親近的訊息是複雜的。伯貢和黑爾已經明智地把親近打破分成較低層次的種類，每一種分別描述了不同的依戀和牽扯的向度。其中最重要的親近訊息是那些發出親愛──敵視的訊息。在我們人生早期，我們就學會了如何去認明憤怒和愛。孩子們更是精於了解還有多遠他們的父母就要被推到由親愛變煩惱的轉折點。沿著親愛──敵視向度的訊息是容易被譯解的，也許因為它們是被透過幾個通道傳達、齊聲地起作用的。

另一個關鍵的親近向度就是信任。那些以信任對待他人的人們對危險是敞開著的；他們讓其他的人知道他們是多麼易受傷害的，並且情願把他們自己放在可能受傷害的位置上。那些值得信任的人們是不會自私地利用他人的脆弱的。我們知道除了是關係中的雙方都值得信任和相信對方，這種關係是不會在通向親近的道路上前進很遠的。

深層——表面是另一個親近向度。它表示合作者相互願意給對方了解私人訊息的機會的程度。在親近的關係中，參與者進行自我開放。那些拒絕把自己向他人開放的人表明他們寧願把關係保持在非親近的公開水平。

和深層密切相關的向度是包含——排斥。沿著這個序列的訊息表示了與其他人聯繫的願望。一般被描繪為「熱情」或者「歡迎」的人們表示**包含**(inclusion)。那些被描繪為「冷淡」的人們也許正在發出排斥的訊息。

最後，親近是由投入的強度來表現的。如果你強烈地投入與某人的關係中，他或者她是你的中心、你的所有注意力的焦點；如果你沒有興趣、不願意聽，或者不專心，投入的強度是最低的。

那麼，親近就是一種由多種因素構成的複雜的混合物，它的結合方式各不相同。例如：當人們相愛時，親近的所有積極方面都一起活躍起來了。相愛者傳遞情愛、信任、敞開、密切和投入的強度。然而這僅僅是親近的一種形式，許多其它的組合形式也是可能的。例如：人們有時靠他們共同的敵意而結合在一起。親近並不是要麼佔有一切、要麼一無所有的事情。為了表明我們的親近的種類和程度，我們發出了許多相互關係的訊息。

你總是以你自己的方式發出關係性訊息。你面部的表情、手勢和你站著與走動的方式一樣，讓大家明白你在想什麼和想從他們那裡得到什麼。檢驗一下你所發出的訊息，請一個朋友來描繪你們關係的方式。你可能正在發出你並不打算發出的訊息。

關係性訊息如何影響我們

關係性訊息最重要的方面之一是它們能影響接受者對自己的看法。當我們告訴他人我們是如何看待他們的時候，我們會或者增加或者減少他們的自身價值感。讓我們看看關係性訊息的一些不同類型以及它們對本身的影響。

增強性訊息和削弱性訊息

關於人際溝通和對自我概念的關係的最好解釋之一是由伊夫林·西伯格(Evelyn Sieburg)提出的。她論證說，每當我們與人們溝通時，我們向他

們呈現了一種對我們自身的看法。⑮他們的反應總是告訴我們這種自我呈現是否成功的訊息。那些使我們更加尊重我們自己的反應通常被稱作**增強性訊息**(confirming messages)、使我們貶低自身的反應被稱作**削弱性訊息**(disconfirming messages)。儘管每一方都很獨特，西伯格認為要認出使大多數人增強和削弱的反應是可能的。(**表 9.2**)定義了這些反應，並且舉出例子。

　　為了更好地理解這些反應，讓我們再看看本章開頭的劇情概要。新雇員約翰遜，透過盡可能地呈現最佳的自我，急於給他的上司留下一個好的印象。比杉路的反應從幾個方面削弱了約翰遜。沒有承認約翰遜的存在，比杉路是無動於衷的。比杉路實際上是在告訴約翰遜：「你不值得我注意。」比杉路的聲調與他的熱誠的話是不相配的，他使約翰遜感到混亂。比杉路的言行是不一致的。

　　比杉路還打斷約翰遜的話，讓他只說了半句。而且，當約翰遜開始講話時，比杉路改變了話題。因為比杉路在將談話轉向另一方向前最小程度地承認了約翰遜的主動呈現，所以他的反應是略為觸及話題的，而不是與話題無關的。比杉路的躲藏在與個人無關的陳腔濫調後面的傾向也是削弱性的，因為它使約翰遜保持一定距離。比杉路唯一沒有做的事是變得張口結舌和慌亂緊張，這是一種表現出語無倫次的反應。難怪約翰遜對這次相遇感到不高興。他感到有人在告訴他：「你是不重要的和無價值的。」

　　約翰遜喜歡佛萊芝的一個原因是佛萊芝沒有使用削弱性的反應。儘管佛萊芝不同意約翰遜，但他是透過這樣一種方式表達的：「你是一個值得競爭的對手。我可能完全不同意你，但我尊重你。」正如你可以在(**表 9.2**)所看到的那樣，一些反應可導致人們更加尊重他們自己。這些增強性反應包括直接的承認、對內容的同意、鼓勵性的回饋、澄清性反應以及積極的感情的表達。所有這些都是提高另一個人對自我概念的途徑。

自相矛盾和雙重約束

　　矛盾的訊息稱作自相矛盾，自相矛盾的不斷暴露使我們懷疑自己理解力的有效性。有兩種能損害對自我的概念的自相矛盾：自相矛盾的特性和自相矛盾的命令。⑯

在**自相矛盾的特性**(paradoxical definitions)中，說話者以矛盾的方式呈現出來。一個典型的例子就是「我是一個說謊者」這句話。如果這個說話人真的是一個說謊者，那麼這句話必定是真的。但一個真實地描述他自己的說話人不可能是一個說謊者。如果這是混亂的，你就有了自相矛盾的觀念。自相矛盾的訊息總是使我們迷惑；它們向我們信仰的合理性和堅韌性進行質問。並且關於它們的最奇怪的事是：儘管是說話的人不符合邏輯，但卻使聽話的人感到迷惑和缺乏信心。無論何時一個用矛盾的方式規定相互關係的訊息被傳遞（「我是你朋友，但我不想與你太密切，」「我尊重你的意見，但我不能支持它們」），它就可以被認為具有自相矛盾的特性。

另一種自相矛盾是**自相矛盾的命令**(paradoxical injunction)，它給了我們一種不可能的命令，一種為了服從它而又必定不服從它的命令。「停止向我讓步」就是一個好例子。如果你服從這個命令，你正在讓步。如果你拒絕讓步，你正在讓步，因為你正在服從這個命令。其它的例子還有：「支配我！」「自然些，」「不要同意我所說的每一件事，」和「因為我本身而愛我，不要因為我要求你。」如果你喜歡難題，思考一下自相矛盾可能是有趣的，但在互動的過程中，它們並不很溫和。它們在邏輯上損壞了我們信仰的基礎，使我們處於一種「如果我們去做，該死；如果我們不做，也該死」的境地。

假如你是一個孩子，你媽媽對你說：「我希望你更富有感情。」但當你試圖接觸她去表示你的愛時，她會變得僵硬而退卻。或者你是一個年輕人，你父親告訴你：「我希望你獨立並擁有自己的生活。」但當你真地走自己獨立的路時，他就會產生劇烈的心痛。像這樣沒有「正確的」反應的境遇，叫作**雙重約束**(double bind)。⑰在真正的雙重約束中：

- 兩個參與者間的關係必須是一個緊張而且重要的關係。
- 「犧牲者」必須是被給與了一個矛盾的命令。
- 他或者她沒有逃避的途徑，要麼認出訊息的自相矛盾的本性，要麼從相互作用中逃逸。犧牲者必須做出反應，儘管做出「正確的」反應是不可能的。

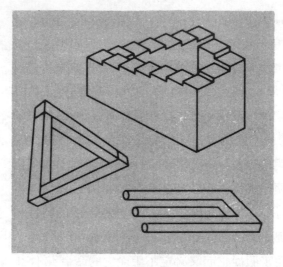

對大多數人來說，不一致和自相矛盾都會使人感到莫名的不安。儘管這些畫在可能的圖形使我們著迷，但它們也迷惑和擾亂我們的真實感。

假設你是一個普通的雙重約束的犧牲者，又沒有返回到更符合邏輯的世界的途徑。過了一會兒，這種境遇就會使你對自己的判斷是否正確表示疑問。你可能會以一般人認為是「瘋狂的」方式開始去行動。甚至矛盾性行為的不甚激烈的情況也可能令人心煩意亂。一些人慣常使用譏諷和玩笑以致於我們從來不能真正地把握他們對我們的看法是什麼。對我們中的大多數人來說，這是令人不安的，因為我們不能確信我們是否被接受。這些種類的訊息也是雙重約束的。⑱

實用的型式和關係的序列

當我們對其他人的關係性訊息做出強烈的反應時，而我們對自己常常是看不到的。那麼，我們應如何診斷溝通中的問題呢？唯一真正有效的方式就是多注意我們自己的行動。你可能會記起在(第 7 章)實用溝通型式所指出的我們在日常互動中所運用說話的方式——言語行為、挿曲性事件、調節性的基本規則。透過揭示重複性的行為序列，我們經常會發現為什麼我們的關係按其現有的方式進行。在這一節，我們將考察行為型式的對人際關係的影響。

尋找型式中的意義

在我們開始討論實用的型式時，有三點需要考慮。這三點已隱含在我們前面的討論中了：

關係的特性並非由單個個人造成的，而是由關係的雙方共同作用形成的 一個人有專橫的人格的事實未必意味著在她的所有關係中她將處於支配地位。她的夥伴與支配——服從型式如何設計有著重大關係。

爲了明白關係的特性，我們需要意識到行爲的型式 在關係中，一定的行爲序列被偏愛並隨時間不斷重複。爲了診斷某個相互關係，我們需要揭示這些不斷重複行爲中的型式。

把某種關係的過程方式歸咎於個人通常是徒勞的 儘管關係的參與者常常把他們所認出的型式歸咎於他們的夥伴，但是責備雙方共同創造的型式是有益的。

這些要點被稱爲**帕羅阿爾托小組**(the Palo Alto group)的研究者們所形成的觀點的一部分。[19]這些研究者主要是心理療法學家，他們想知道爲什麼一些關係如此具毀滅性。他們認爲能夠從人際溝通的型式中找到答案。當我們的興趣放在比帕羅阿爾托小組所調查的行爲範圍更普遍的行爲範圍中時，他們的洞察力是能夠相當容易地被應用於每天的互動中去的。

型式與人：雙方相互溝通的場所

帕羅阿爾托小組認爲，當人們進入一個關係中時，最能影響他們的是這個關係本身，而不是他們的個體人格。和某些人在一起，我們是輕鬆愉快的；而與另一些人在一起，我們處於極壞的狀態。當我們和不同的人在一起時，難道這意味著我們的人格發生了變化嗎？帕羅阿爾托小組認爲不是。發生變化的是我們的溝通系統。爲了明白這些關係，我們必須了解組成雙方關係系統的那些行爲。

但是，我們怎樣去尋覓那些通常看不見的行爲呢？我們該尋找什麼？首先，我們應看到行爲系列而不是單個的行爲。除非我們知道一個單個行爲是如何與其他的行爲相聯繫的，我們不明白它的關係性意義。讓我們看一個例子。假如你聽到一個笑聲，你能認爲它意味著某人是高興的嗎？當然不能。這都應由前面所發生的事來決定。這個笑可能是對一個好的笑話

的欣賞性反應，或者它可能是對一個不大可能實現的要求的輕蔑性反應。載有關係性訊息的最小的單位不是一個單個的行為，至少應是連續的兩個行為，或者是所謂的**互動**(interact)。[20]

為了全面了解一個相互關係，我們必須常常觀察一些互動。讓我們假定在一個道歉之後，我們聽到了那個笑聲明白這個互動的關係性意義，我們必須把它同其它互動聯絡起來。也許下面的情節是適用的。李慣常發瘋並侮辱亞當。當這事發生時，亞當通常以威脅要離開李的方式做出反應，李害怕亞當會真地離開自己，於是就請求原諒。這時，亞當輕蔑地嘲笑李，這樣使整個過程便趨於結束。這個「笑」呈現出這個情節中的不吉祥的一方面，因為這個行為系列是明顯地令人不安的。

當然，這種令人不愉快的型式並不是對這個道歉——笑的唯一的解釋。也許當李疲倦時，李的行為便很煩躁，但他總是一旦意識到這一點就立即表示歉意。亞當，理解這一點，他自然而友善的一笑，李便知道一切都是正常的。這個笑能夠被賦予不同的意思。這裏的要點是我們透過尋找型式能夠最好地了解和控制關係。如果必要的話，那麼我們就能夠干涉並打破這種型式。

標點的問題

甚至在那些能確定各種型式的人那裏，也常常有解決它們的阻礙：不適當地標點序列的傾向。在語法中，標點符號是把單詞劃分成應屬的單位的方法。在標點一個句子時，我們使用一個大寫字母來表示它從哪裏開始。在一個關係性序列中，**標點**(punctuation)基本上起著同樣的作用；它使我們知道這個序列是從什麼時候開始的。

我們考慮一個在現實生活中經常發生的例子，儘管丈夫和妻子的地位可能會顛倒過來。一對夫婦被固定在此一型式中：妻子感到自己被忽視不斷地嘮叨她丈夫。丈夫以退卻的方式對這種攻擊做出反應。他越退卻她就越嘮叨，她越嘮叨他就越退卻。他們陷入一種自我永存的型式。[21]

即使他們看出發生了什麼事，他們可能會花費他們所有的精力爭論誰先開始這個序列。妻子會說這是她丈夫的錯，並以此標點這個序列。丈夫會說他退卻只是因為她以嘮叨開始的，並以此標點這個序列。當然，兩種標點法沒有一種是有好處的；衝突只會更加惡化。

儘管關係雙方共同產生出自己的關係的型式，但是一些型式非常頻繁地出現以致於它們能夠被標明和描繪。通常的關係的型式包括：

- 互補的和對稱的。
- 自然演進的。
- 非情願的反覆性的。

互補和對稱

　　給互動的型式分類的最容易的方法之一就是考慮它們在關係的意義上是相似還是不同。當一個序列中的行為相互對立時，我們就稱這個序列的型式為**互補性型式**(complementary pattern)。一個序列具有爭占上風跟著甘居下風的連續型式，這個序列就要用互補性型式來標明。由相似的行為構成的型式被稱為**對稱性型式**(symmetrical pattern)。如果一個型式全部由爭占上風構成，它就被認為是**競爭性對稱**(competitive symmetry)的一個例子。如果一個型式只包括甘居下風，它就是**退讓性對稱**(submissive symmetry)。看一下下面的會話，看你能否說出哪一個是互補的，哪一個是競爭性對稱的，以及哪一個是退讓性對稱的。

會話 1

　　瓊：讓我們開始分析一下這個問題的特性。
　　簡：好，那樣很好。
　　瓊：我們將製一個圖表，把所有的反對性力量都表現出來。
　　簡：好建議，讓我……
　　瓊：不，我來做。把那張紙遞給我。
　　簡：好。

會話 2

　　瓊：讓我們開始分析一下這個問題的特性。
　　簡：我們上次已經做了；我們現在沒有時間。
　　瓊：我們需要重新做。我要製一個圖表……
　　簡：你以後可以製做。任何人都有其解決的方式？
　　瓊：等一下！誰使你成為專家的？
　　簡：不要成為一個愚笨的人！

會話 3

> 瓊：你喜歡如何開始？
>
> 簡：你的任何建議都是好的。
>
> 瓊：無論你說什麼，我都同意。
>
> 簡：不，眞的，由你來決定。
>
> 瓊：我將由衷地贊同你所想的。
>
> 簡：我眞的沒有什麼意向。

標明這些會話並不難。(會話 1)是互補性的，瓊掌握支配權，簡則順從。她們的控制行爲是對立的，所以相互補充。(會話 2)具有競爭性對稱的特徵。這裡瓊和簡都想指導支配活動。這樣一個會話可能會表現出對領導權的爭奪。(會話 3)說明了退讓性對稱。儘管兩個人看起來是一致的，她們實際上在競爭，看誰能夠使對方掌握控制權。

是一個序列比另一些序列好嗎？並非眞的如此。儘管互補性關係表現出最小量的不一致，但它未必就是最好的。通常的互補使參與者落入不能改變地位的圈套。當我們年幼時，我們與父母的關係是互補性的，這是很自然的。但是，當我們三十歲時，我們還讓媽媽和爸爸做出一切決定，這怎麼會是自然的呢？

儘管從表面上看，對稱性型式似乎是消極的，因爲它們具有鬥爭的特徵，但有時，它們可能是積極的。捲入競爭性對稱的不一致有時可能成爲激發合作者更具有創造性的動機。而且，有時具有退讓性對稱的自願讓步能夠傳達出照料和關心。那些不健康的是任何僵硬而不能改變的型式。例如：如果一位在互補性關係中居於支配地位的成員生病了，不能再做出決定，那麼讓居於服從地位的成員接管他的工作可能就是必要的了。如果這些成員不能做出調換，就可能會出現嚴重的適應問題。

自然演進的型式：螺旋式運動的問題

隨著時間的遷移，關係的角色變得越來越極端。當一方的行動加強了另一方的行動，我們就得到一個 **螺旋式運動**(spiral)。[22]螺旋式運動常常出現在有競爭性對稱的地方。假設你和一位朋友競爭一項獎金，你工作越努力，你做得就越好，她工作越努力，她做得也就越好。當你接近你的目標時，你更加努力；當看起來是你將要獲得獎金時，她也就會更加努力。儘

管健康的競賽可以使你發揮你的潛力，但是未被抑制的競賽可能進行失去控制的螺旋式運動，並且成為縈繞於心的事情。

有的時候，加強關係會使相互關係更好一些。假如透過示愛，你增加了朋友的信心，以致於使他的行為也更加可愛，你也將可能感到更多的愛。這個關係就能夠朝著積極的方向發展，這是一個積極進步性的螺旋式運動。不幸的是，對立可能會產生。例如：如果你失去了對一個朋友的信任，那個朋友可能認為以一種值得信任的方式去行動是無用的。因此，他可能褻瀆你的信任，關係就會惡化。這是一個消極退步性的螺旋式運動。

威廉·威爾莫特相信大多數關係具有變動的螺旋式運動的特徵，這種變動表現在進步和退步之間的波動。他論證說，大多數的關係雙方對螺旋式的運動走多高或多低是加以限制的。當一個螺旋式波動達到其中一個界線，它就必須改變方向，否則關係就會消失。我們的那位嘮叨的妻子和退卻的丈夫不可能使他們的退步性螺旋式運動保持太久，如果他們要繼續在一起，這個螺旋式運動就不得不改變方向。㉓(**專欄 9.2**)進一步討論螺旋式運動如何規定角色，並考察一些阻止失控擴大的社會機構。

非情願的型式：控制非情願的反覆性型式

如果關係的型式是經商議的，你會認為人們將會避開破壞性序列。不幸的是，許多型式是非慾望的和令人不快的。在**非情願的反覆性型式**(unwanted repetitive patterns，URPs)中，參與者感到失去控制。你是否知道某人恰好使用了錯誤的方法激怒了你？每次你們碰在一起，爭鬥就不可避免地發生了。如果是這樣，你就已體驗到了一個非情願的反覆性型式。在大多數的非情願的反覆性型式中，下列狀況將會出現：

- 一個明顯的交替性訊息的系列使每個參與者正確地知道下一步將出現什麼事。
- 非情願的反覆性型式將是週期性地出現的。
- 它的出現是不顧主題或者條件的。
- 人們對這個系列是非情願的。
- 參與者都將共同分擔這個系列的不可避免的結果，他們將感到被迫經歷整個過程，以至結束。㉔

關於非情願的反覆性型式出現的原因，人們還不完全清楚。它們好像是對一個「引發性」訊息的立即的反應。參與者自動地產生反應，而沒有考慮到後果。他們相互引發過分簡單的、幾乎是幼稚的反應，也許這些反應以某種方式與關於自我的核心信仰相聯繫。

對非情願的反覆性型式應該怎麼辦呢？第一步是認明它們的性質並且力圖克服不適當地標點它們的傾向。下一步就是透過某種方式打破這個序列。威爾莫特提出了五項阻止螺旋式運動的建議，它們看起來對多種多樣的非情願的反覆性型式是適用的：㉕

改變你的行為　例如：如果一個合作者害怕承諾，而你堅持要她做出承諾只會使她更害怕，也許你應該停止要求她做出承諾，並且更隨和地對待這個相互關係。威爾莫特建議說，如果做更多的同樣事不奏效，那麼你就可能少做些這樣的事。

使用第三者　朋友、顧問或親屬都能提供新看法，並打破問題型式。

重審你的相互關係的目標　如果你的合作者對你來說非常重要，那麼就回憶這種關係是如何發展的，你原初的目標和承諾是什麼。如果這是一個偶然相識的人，想一想為什麼你們在一起工作是必要的。與你的合作者討論一下這個問題。

力圖花費或多或少的時間與對方待在一起　透過分享你的更多時間或者花一定時間出去獨處，你可能會成功地打破那個型式。

試圖改變外部的環境　也許場所的變更，甚至一個假期，可能會成功地擾亂關係的習慣，並且提供新的行為型式。

表 9.1 關係性訊息的類型

1.支配──服從(Dominance-Submission)

「在這種關係中，我想要居支配地位。」

「在這種關係中，我想要放棄支配地位。」

2.情感的激發(Emotional Arousal)

「我積極地參加並且對正在發生的事感到興奮。」

「我感到消極被動，懶於做出反應。」

3.心神鎮靜(Composure)

「和你在一起，我很輕鬆，並且能控制自己。」

「和你在一起，我很緊張，不能控制自己。」

4.相似(Similarity)

「我們相互相像；我們有共同的地方。」

「我們是不同的；我們沒有共同的地方。」

5.禮儀(Formality)

「我們的相互關係是由正式的、文化水平的規則來指導的。」

「我們的相互關係是由非正式的、個人的規則來指導的。」

6.任務──社會的定向(Task-Social Orientation)

「我們主要的精力應放在手頭的任務上。」

「我們主要的精力應放在相互間和我們的相互關係上。」

7.親近(Intimacy)

「我們被情感和牽扯的紐帶緊緊地連接在一起。」

「我們之間很少有感情，我們不密切。」

a.親愛──敵視(Affection-Hostility)

「我對你的情感是積極的。」

「我對你的情感是消極的。」

b.信任(Trust)

「我知道你不會傷害我。」

「我害怕你將傷害我。」

c.深層──表面(Depth-Superficiality)

「我希望你了解我個人的情況。」

「我想在你面前隱藏自己。」

d.包含──排斥(Inclusion-Exclusion)

「我希望能和你在一起。」

「我希望能遠離你。」

e.投入的強度(Intensity of Involvement)

「你是我的思想和感情的中心。」

「我對你一點也沒有興趣。」

Adapted from Judee K. Burgoon and Jerold L. Hale, "The Fundamental Topoi of Relational Communication," *Communication Monographs* 51 (1984): 193–214.

表 9.2　增強性和削弱性訊息的分類

削弱性反應	規定	例子
不受影響(Impervious)	當 B 沒有甚至最小程度地承認 A 的訊息時	A:喂，你好！ B:(繼續工作，不理會 A)
打斷(Interruptiong)	當 B 切斷 A 的信息時	A:那麼，我…… B:能與你交談，真高興。 　　再見！
不切題(Irrelevant)	當 B 的反應與 A 所說的無關時	A:就這樣地離開了我。 B:我正在考慮坐大馬車去百慕達。
稍觸及題目 　(Tangential)	當 B 承認了 A 的訊息，但很快又將話題轉向另一方向時	A:我正不知道該做什麼好。 B:唔，太糟了。你見過我的新汽車嗎？
非特指某人的 　(Impersonal)	當 B 自言自語或使用非直接的、充滿陳詞濫調的、過於理性化的語言。	A:我怎麼能提高我的成績，教授？ B:好的學習成績是認識和情感的整體功能。
語無倫次(Incoherent)	當 B 的回答是雜亂和難以理解的時候	A:告訴我出了什麼事。 B:好吧，呃，看，是……哎呀，很難說。
不一致(Incongruous)	當 B 的非語言性訊息和語言性訊息是相互矛盾的時候	A:你生我的氣嗎？ B:不。當然不。我為什麼要生氣呢？(諷刺地說)
直接承認 　(Direct acknowl- edgment)	當 B 直接對 A 的訊息做出反應時	A:我們可以談談嗎？ B:當然可以。請過來吧。

續表 9.2

增強性反應	規定	例子
對內容的同意 (Agreement about content)	當 B 增援加強了 A 所提出的觀點	A:我已經確切地注意到喬最近發生了變化。 B:是的。我也注意到了。
支持性的(Supportive)	當 B 表達了理解並消除了 A 的疑慮時	A:我感到有點怕。 B:我理解你。我認為你做得對。
澄清(clarifying)	當 B 試圖去澄清 A 的訊息時	A:關於那事該怎麼辦，我沒有把握。 B:那麼你有點混亂和不安對嗎？
積極情感的表達 (Expression of positive feeling)	當 B 對 A 的訊息表達出積極的情感時	A:不，我想我們應該把那事告訴他。 B:現在我明白了你的意思好主意！

Adapted from Frank E. X. Dance and Carl E. Larson, *Speech Communication, Concepts and Behavior* (New York: Holt, Rinehart & Winston, 1972), pp. 141-43.

叭喇狗銀行孩子們：對團體文化發展的研究

　　1945 年，六個德國猶太人的孤兒到達英國，居住在一座名叫叭喇狗銀行的鄉村房子裏。當這六個孩子還是嬰兒時，他們的父母被納粹黨徒殺害了；此後，他們作爲難民被運來運去，直到他們成爲特諾斯銀集中營無家兒童監區的成員。他們在那裏生活了兩年半，直到蘇聯人解放了集中營。在他們進入英國的時候，他們的年齡在三歲到近四歲之間。他們中沒有人懂得如何生活，只知道一個團體的框架；他們從未經歷過稍有一點像正常家庭的任何東西。然而，他們鍛鍊出強烈的結合力，創造出了他們自己的相互關係性文化。

　　當他們到達叭喇狗銀行時，有一件事是最明顯的，那就是他們「非常地相互關心，一點也不是爲了任何人或其它的任何事。」除了作爲基本的生活必需品的來源，（對他們來說）大人們實際上是不存在的。他們完全相依爲命，不能忍受甚至超過幾分鐘的分離。他們這樣年齡的孩子表現出嫉妒、敵對和競爭是很正常的，而叭喇狗銀行的孩子們

都是不尋常地利他的。如果一個孩子被給與了一項款待，只有當所有其他孩子也被給與了款待，他或她才是愉快的。例如：當保羅被提供了一次騎小馬的機會，一件他嚮往已久的快事，他卻哭了起來，因爲其他孩子不能去。由於露絲不想去散步，其他孩子們常常放棄這項特權（他們都喜愛散步）而和她待在一起。

他們相互非常關心。他們都願意同時享用食物，情願放棄最大最好的部分。當一個孩子不愉快或者害怕的時候，其餘的孩子都會力圖去安慰他。例如：有一天，約翰拒絕起床，一個勁地哭，所有的孩子都很關切焦慮，拒絕離開他。露絲取來他的衣服，勸道：「你爲何不把它們穿上？」而米麗亞把她最喜愛的玩具娃娃送給他，甜甜地笑著，直到他平靜下來。他們的認同感的程度是強烈的。莉比其他孩子晚到叭喇狗銀行六個月。當她到達那裏時，其他的孩子們恢復了先前的行爲（只説德語，行動起來瘋狂而且毫無控制）達大約一個星期之久，給了她一個適應她的新環境的機會。

那裏沒有可認明的支配性的等級制度。相反，這些孩子們卻形成了具有強烈內聚力的團體，這個團體具有可更換性的領導模式。儘管他們有他們個人的愛好（保羅和米麗亞特別親密，莉最不受人喜歡），但他們都相互維護和支持。幾乎沒有身體的攻擊，口頭上的爭吵一般也悄然跑走，或者改變方向對準附近的一個成年人。唯一表現出兄弟姐妹間競爭跡象的孩子是露絲，她也是唯一在集中營的日子裏形成母親情感的孩子。

這個小團體不尋常地沒有憂慮。儘管他們非常害怕狗和行李車(來自集中營經歷的恐懼)，他們卻很少有一個正常三歲兒童所表現出的恐懼。既然大人們不重要，他們不可能從大人們那裏得到恐懼；他們也把團體作爲自衛的手段。那些在父母身邊長大的孩子們常爭著獲得

父母的關心。由於不知道什麼是母親或父親,於是他們把他們的愛轉
向相互之間,並創造了他們自己的互動的模式。

資料來源:

安娜・佛洛伊德(Anna Freud)和索菲・達恩(Sophie Dann),〈一項關於團體幼兒
教養的試驗〉,來自《兒童的精神分析研究》(*The Psychoanalytic Study of the Child*),第六卷,紐約,國際大學出版社,1951,第 167-197 頁。

進一步閱讀資料:

多羅西・伯林哈姆(Dorothy T. Burlingham),《孿生子》(*Twins*),倫敦,Imago
出版社,1951 年。

安娜・佛洛依德和多羅西・伯林哈姆,《無家可歸的幼兒》(*Infants Without Families*),紐約,國際大學出版社,1944 年。

分裂發生：新幾內亞一村莊中角色差別的型式

在二十世紀三十年代，人類學家格雷戈里·巴特森(Gregory Bateson)首次描述了我們已討論過的互補性和對稱性的互動型式。那時，他正在新幾內亞的伊阿特繆爾部落中工作，這個部落的特徵之一是男人們過分競賽性的風頭主義，伴隨著女人們消極的讚賞。巴特森對明瞭這種極端的行為感到興趣，這種極端的行為明顯地使實踐者之間的關係緊張。

為解釋他所觀察到的角色上累進的差別，他杜撰了「分裂發生」(schismogenesis)一詞，意思是由某人的合作者的反應所引起的行為在強度上增強。他注意到分裂發生可能是互補性的（就像當讚賞增加了風頭主義和風頭主義增加了讚賞的時候），或者是對稱性的(就像當對手的一部分，或者部落的一部分比賽在入會式中威脅生手)。

巴特森認為，除非阻止分裂發生否則分裂發生能夠破壞相互關係。他也感到就是，在密友之間所有長期互動中，分裂發生也能形成。他注意到非控制的分裂發生的結果是敵意，無力全神貫注和相互嫉妒。經過長期互補性分裂發生以後，合作者互相對對方的行為感到厭惡。

巴特森討論中的最令人感興趣的部分之一集中在阻止分裂發生的

文化機制上。巴特森提出了它們中的幾個：

1.給對稱性相互關係增加少量的互補性行為可以穩定角色差別。例如：如果資方每年與勞工打一次籃球，這一小劑量的對稱可以減輕差別感。

2.一對經歷了互補性分裂發生的夫婦可以力圖透過把注意力集中在不同的行為上來改變主題。將支配——服從型式動作化的一對夫婦可以把這種型式轉變為教育——弱點的型式，這是一種更容易接受的角色差別。

3.將注意力重新集中在對稱性競爭也可能是有效的。例如：真正的敵對可以轉變為模擬的攻擊。(**專欄 13.1**) 給出了關於這一過程的很好的例子。

4.經歷了分裂發生的團體或者個人可以團結起來反對共同的敵人。例如：我們知道，在戰爭中，民族主義的情緒往往克服了內部的政治競爭。

5.有等級制度的組織透過允許一個人去支配較低層次的集體，同時又對較高層次的集體表示服從來減輕互補性相互關係的緊張。例如：在工作中無權力的丈夫可以支配他的孩子們。

6.顛倒分裂發生的型式可以相互抑制雙方。例如：愛這種積極情感的增強可以消解敵對這種消極的情感。

資料來源：

格雷戈里·巴特森(Gregory Bateson)，《離心作用》(*Naven*)，第二版，加利福尼亞，斯坦福大學出版社，1958。

進一步閱讀資料：

格雷戈里‧巴特森，《通往精神生態學的台階》（*Steps to an Ecology of Mind*），
紐約，Ballantine 出版社，1972。

珀爾‧瓦茲拉維克（Paul Watzlawick）、珍尼特‧比文‧巴維拉斯（Janet Beavin
Bavelas）和唐‧D‧杰克遜（Don D. Jackson），《人類溝通中專斷的人》（*The
Pragmatics of Human Communication*），紐約，Norton 出版社，1967。

技能訓練：同理心和透視的採用

　　本章強調了關係性訊息是如何影響人們解釋相互間訊息內容的方式和經過一段時間後界定他們關係的本質的。儘管關係性訊息偶爾可以語言化，但是我們已經看到，在大多數情況下，它們是被非語言地和非直接地傳遞的。由於關係性訊息常常是被自發地溝通，掌握它們的能力就取決於我們是否更能意識到我們發出的和從他人那裏得到的那些關係性訊息。透過提高同理和透視的採用的技能，這樣的意識會得到發展。

　　傳統上，社會科學家用下列兩種方法中的一種來界定同理心：

- 體驗另一個人如何感覺的能力。
- 精確地預測另一個人對她自己、她的處境或者她自己的情感狀態的言辭描繪的能力。㉖

　　我們寧願分開這些界定，把**同理心**(empathy)作為在直接的情感水平上自動地與另一個人認同的能力，而把**透視的採用**(perspective-taking)作為對另一個人如何理解他自己、他的處境和他的情感的更具認識論意義上的評價。這兩種技能是密切相聯的但又不是完全等同的。同理心是可能在自發的水平上得到體驗和交流的；透視的採用在本性上更具有符號的特徵。

　　儘管與另一個人的同理心肯定有助於我們理解那個人的情感，但同理心獨自未必能導致有效的溝通。透視的採用則常常要求對狀況做更全面的了解並且適當地做出反應。舉個例子或許有助於澄清這種區別。讓我們假定你最好的朋友薩曼莎最近相當沮喪。你非常了解她以致於甚至當她力圖掩飾它時，你感覺到了她的情緒狀態。事實上，你和她如此協調一致以致於只有幾分鐘的互動之後，你感到和她一樣沮喪。很清楚地，你與她發生了同理心，但是你變得沮喪並非是使她振奮起來的良藥。情緒感應獨自並不能提供更多的安慰。在另一方面，如果你採用透視法，你就努力從她的有利角度去看這種狀況並去理解它。你試圖去認明她的注意力集中在目前形勢的什麼方面，她頭腦中可能會有什麼目標，她的哪些看法肯定是錯的，以及她為什麼那樣做出反應。總之，你不是像她感覺得那樣僅僅在感覺，

而是試圖從認知上理解整個情況對她來說看起來和感覺起來像什麼。在這樣做的同時，你還要考慮這樣的事情，比如：她是怎樣看待你們的關係的以及在這種處境中她期待或者希望一個好朋友做些什麼。結果，你可能意識到她所需要的是你的理解和你溫柔的消除疑慮：情況將會變好的。她需要的最後一件事是必須幫助你們倆從沮喪中恢復過來的擔子。在頭腦中保持著同理心和透視的採用的區別，讓我們看一看我們能夠提高這兩種技能的幾個方法。

也許你能夠做的惟一的最重要的事情就是提醒你自己去注意他人的自發的情感表現。對非語言的接受能力的測試表明人們對他人的非語言暗示的敏感度是有很大差別的。然而，研究人員還發現當人們接受指令去注意非語言性暗示時，大多數人的能力有了重大的提高。㉗這裏的涵義是清楚的──同理心（意識到另外一個人的情感狀態）產生於對他或者她的非語言性情感表現的意識，但是我們必須提醒我們自己要有靈敏的注意力。沒有人會替我們做到這一點。

如果你自己以一種更能表現的方式去溝通，同理心的能力也能得到提高。羅斯‧巴克已論證說，同理心實際上並不是一個個人的技能，因為它強烈地受到發出者和接受者表現出溝通的質量的影響。根據巴克的說法，「由於富有表情，一個人促使另一個人去回報，那麼一個富有表情的人實際上經歷生活，在他的或者她的足跡中留下一串情感的表現，而一個不富有表情的人則相反。」㉘如果我們自己富有表情的行為喚起其他人更富有表情，而且我們注意他們表現出範圍比較廣泛的非語言性暗示，我們將會更準確地看出其他人的情感狀態。更大的同理心就是這個結果。

同理心是重要的，因為它提供了情感的聯繫和去理解與幫助他人的動機。對於另一個人的觀點的更多認識，意義上的意識要求不僅是情感上的聯繫，它要求我們去推斷其他人對一個情境的社會的──認知的框架與我們自己的是如何的不同。

我們能提高進行透視能力的一個重要方法就是要抵抗我們自己的以自我為中心的傾向，這種傾向是用我們自己的術語去界定其他人的經驗。這意味著在我們能夠看到另一個人對同一境況的看法之前，我們必須能夠把我們自己對這一境況的觀點懸掛在一邊。把個人的建構、刻板印象、腳本以及我們有特點地了解某一特殊境況並接著探究界定那個境況的可供選擇

的方法所應遵循的規則等列成詳細目錄可能是有用的。與種族文化的或社會的背景不同於我們自己的人們發生互動，是獲得一個不同觀點的另一個方法。用這樣的會話做一個練習，把你所得到的自己觀點和感覺記下來並且仔細地聽其他人是怎樣談論事件和人物的。努力去辨明其他人的認知框架(個人的建構、腳本、歸因)是如何與你自己的不同。

如果你請求他人用言語來表達他們的觀點，然後對它們詳細探究，這也能提高你進行透視的能力。儘管在一些情況下，這樣可能是不方便的，這通常只不過是表示了解某人過程的延伸。人們經常相互分享他們的觀點，但不怎麼詳細探究相互間的觀點。既然大多數人願意談論他們自己的以自我為中心的關於世界的看法，那麼為什麼不利用這個條件，盡可能地多了解他們的觀點呢？你對透視的採用練習得越多，當你需要它們時，你的技能就越靈敏。

實踐過程

討論題

1.你認為為什麼人們寧願用非語言性符碼而不願用語言性符碼來表示關係性訊息,特別是非語言性符碼常常是不太明確而且比較難於精確地譯解?難道意義含糊的符碼有什麼優勢嗎?

2.在大多數情況下,關係性符碼未被注意就跑掉了。人們什麼時候和在什麼條件下注意關係性符碼?看看你是否能夠建構一個包括影響這個過程的一些因素的理論。

3.回顧一下(**表 9.1**)上的關係的主題。討論一下(第 7 章)談過的每一個非語言性符碼是怎樣用來傳達每一個主題的。

4.分析一下在教室這個環境中,關係性主題被學生和老師傳達的方式。請詳細精確些。

5.想像一下你正在進行一次求職面試。你打算傳達什麼樣的印象?發出什麼樣的關係性訊息是最合適的?在一個辦公室中,二十分鐘的求職面試中,你如何最有效地傳達這些訊息?

6.有人論證說,許多男子——女子互動(男人為女人開門和男人為社交約會付錢)的傳統型式是表示支配的關係性訊息。你的觀點是什麼?

7.研究表明,對細微的關係性暗示,女子比男子更敏感。你想像一下在他們的關係性訊息中,為什麼女子常常更敏感些而男子則更遲鈍一些?這對男女互動有什麼暗示?

8.評價一下作為對人們界定關係的方式進行描述的文化和契約隱喻。它們是考慮關係的發展的有用方法嗎?它們是以什麼方式崩潰的?

9.建立一個模式描繪一下夫妻如何在對關係的特性認識上達到一致的。什麼要素參與這個過程?有哪些步驟?

10.盡力提出阻止非情願的反覆性型式的一系列建議。

觀察指南

1.考慮一下這樣一個情況，在哪裡你被某人動搖了信心。描述一下這個動搖過程。你對這個動搖感覺如何？這種情況是如何消解的？現在考慮一下使你信心更堅定的境況。做了什麼或者說了什麼使你有了那種感覺？

2.你是否經歷了一個非情願的反覆性型式？如果是的話，詳細地描述一下這個型式。行為系列是怎樣的？你感覺如何？關於它，你做了些什麼事？如果這個非情願的反覆性型式被消除了，這是如何完成的？如果它沒有被消除，你認為什麼東西可能已經起了作用？如果你從未經歷過一個非情願的反覆性型式，你可能已經觀察到一個。關於這個觀察到的非情願的反覆性型式，回答上面提到的同樣問題。

3.考慮一個目前的關係。你們的關係的特性是什麼？你是如何認識到這一點的？顯示一個關係的特徵，靠什麼樣的協定和標準？考慮一下進行某個商議的規則，並描述這個過程。如果這個商議過程是容易的，是什麼使它這樣的？如果是困難的，又為什麼？為輕鬆一下境況可能已做了些什麼？

練習

1.播放所喜愛的電視節目的錄音，或者實際生活中會話的磁帶。和作者一起選擇某個片段並給它編碼，編碼時使用下列的體系：㉙

支配（↑＋）：嚴重地限制他人自由的試圖。
建構（↑）：試圖控制他人同時又給他或她一定的選擇餘地。
等同（→）：彼此視為同一或者相等的企圖。
接受（↓）：願意聽從但同時保留一定自由。
服從（↓＋）：極願意被別人領導。

討論這個編碼，直到你們同意。如果可能的話，用一個可攜帶式發音機把你們的討論錄下來。你們看到了什麼樣的型式？是互補性的還是對稱性的，或者是兩者都有？你們怎樣總結他們的相互關係？（為了使這更有趣，回去聽關於你們自己互動的磁帶。同時分析一下你們在做這練習過程中所出現的控制向度。）

2.設計這個練習的目的是讓你們練習一下發出和接受關係性訊息。開始先形成四或六個人的小組，然後翻到被伯貢和黑爾所確定的十二個相互關係的主題(**表 9.1**)。拿來一副 3×5 的卡片，分別在不同的卡片上印上每一個相互關係的主題的名字，對同一主題的積極的和消極的表達要分別做卡片(也就是說，爲支配做一個卡片，爲服從也做一個卡片，爲親愛做一個卡片，也爲敵視做一個卡片，以此類推)。

現在把這些卡片打亂弄混並分給每個成員同樣數量的卡片。最先開始的人從他手中選取一張卡片並把關係性訊息加以動作化。唯一能夠被使用的詞語是按順序排列的字母表中的字母。當一個表演者把訊息動作化，這個小組的每一個成員必須在一片小紙上記下所傳遞的訊息。等所有成員做出猜測後，他們應該比較一下他們的答案。如果這個表演者能設法比得過至少一個成員，就獎勵他給五分；對所有猜對的人也獎勵五分。一旦分數被獎勵過，目前這個表演者就要拋棄剛才表演過的那個卡片，接著下一個人就要表演她的一張卡片。這個過程一直持續到所有的卡片都被表演過。如果出現得分相同的情況，就讓得分相同的表演者進行一局決賽。

討論一下傳送這種訊息的困難程度。你是一個情感表現豐富的人嗎？爲什麼是或爲什麼不是？你對他人的訊息敏感嗎？爲什麼敏感或爲什麼不敏感？

專有名詞

下面是本章所引人的主要概念的一覽表：

· 內容的訊息	*content messages*
· 關係性訊息	*relational messages*
· 關係的界定	*relational definitions*
· 關係性文化	*relational culture*
· 關係性契約	*relational contract*
· 關係的主題	*relational themes*
· 爭占上風的訊息	*one-up message*
· 甘居下風的訊息	*one-down message*
· 滲透性訊息	*one-across message*
· 增強性訊息	*confirming message*
· 削弱性訊息	*disconfirming message*
· 自相矛盾的特性	*paradoxical definition*
· 自相矛盾的命令	*paradoxical injunction*
· 雙重約束	*double bind*
· 互動	*interact*
· 標點	*punctuation*
· 互補性型式	*complementary pattern*
· 對稱性型式	*symmetrical pattern*
· 競爭性對稱	*competitive symmetry*
· 退讓性對稱	*submissive symmetry*
· 螺旋式運動	*spiral*
· 非情願的反覆性型式	*URP*
· 同理心	*empathy*
· 透視的採用	*perspective-taking*

建議讀物

Bateson, Gregory. *Steps to an Ecology of Mind.* New York: Ballantine, 1972. Bateson is one of our most original thinkers. This is a collection of his ideas about communication and interaction. It's impossible to read Bateson without gaining insights.

Laing, R.D. *Knots.* New York: Vintage Books, 1970. A fascinating look at some of the "psychologics" that lead us into relational binds and paradoxes.

Watzlawick, Paul, and John H. Weakland, eds. *The Interactional View.* New York: Norton, 1977. A collection of essays by members of the Palo Alto group.

Wilmot, William W. *Dyadic Communication,* 2nd ed. Reading, Mass.: Addison-Wesley, 1979. Anexcellent introductory text. Wilmot's discussion of relational intricacies is particularly relevant.

Relational Contexts

Chapter 10

家庭互動模式

*John Biggers' mural, Family Unity, talks to us of family struc-
ture and the importance of ancestral ties in Black American
culture. Notice that the women are shown bearing a house on
their shoulders, indicating their central connection to the
home. Biggers employs elements of West African iconography
to express his unique cultural experience.*

(John Biggers, detail of Family Unity mural, 1979 – 1984)

我們一家人精神上總是非常親近，我們小的時候父親在一次海難中被淹死了。母親總是說，這種牢固持久的家庭關係將來我們決不會再碰到。我對這個家庭考慮不多，不過只要一想起家人和他們生息的海岸，想到溶入我們血液中的海鹽，我就會愉快地回憶起，我是個Pommeroy——我長著高鼻子，膚色油黑，並希望長壽——當時，我們家雖非名門，但只要家人聚在一起，大家就幻想Pommeroy是舉世無雙的並為此感到陶醉。我這麼說，既不是因為我對家庭史感興趣，也不是因為這種獨特感深置於心或對我很重要，而是為了闡明，儘管我們家人各如其面，存在差異，但大家卻是互相忠誠的。任何不和均會造成混亂和痛苦。①

——約翰・齊夫爾《再見，我的兄弟》

　　這是約翰・齊夫爾(*John　Cheever*)的短篇小說《再見，我的兄弟》(*Goodbye, My Brother*)的開頭。小說對虛構的Pommeroy家庭生活中複雜感情的描繪，細緻入微，引人入勝。主人翁認為，他的家庭紐帶持久牢固，家人之間忠誠相待。同時他也承認，他家並非顯赫名門，他們擁有幻想，但他並不經常想到家庭。

　　不同的家庭的確存在著巨大的差別。有的可能像Pommeroy家族一樣默默無聞、毫不顯眼，而有的則可以像甘迺迪家族那樣聲名顯赫、實力強大。即使沒有血緣關係的人們也常常自稱屬一個家庭。教會、俱樂部甚至商業等組織都自稱為「一個幸福的大家庭」。

　　本書認為，家庭是一個社會建構，是溝通發生的一個地方。它實際上是溝通模式最豐富的源發地之一。為了更好地理解家庭對溝通的影響，本章將考察作為家庭系統以及其中的溝通模式。

家庭系統中的個人和子系統。
(Marisol, *The Family*, 1962)

維持家庭聯繫

　　本章將講述一些奇妙的公式和具體溝通模式和技能，以幫助你使家庭生活臻於完美。成功或失敗的人際溝通模式有許許多多，其創新性和多樣性憂喜參半。事實上，許多家庭問題專家和研究者一致認為，「理想家庭」的神話本身就是一個問題。②

　　「理想家庭」的神話是什麼？你可能十分清楚。理想家庭是和睦相處，很少發生緊張的家庭，理想家庭的人們可以並且實際上幾乎毫無保留地暢所欲言，不論其年齡、性別和觀點上的差別。發生意見分歧時，他們就互相抱以令人舒心的微笑。他們從不大喊大叫。他們常常擁抱。他們傾聽別人的意見。力求最大限度地接受———一位專家稱之為 **悉聽**（total listening）。他們經常坐下來長時間地凝視對方——僅是同屬一個家庭就使他們激動不已。他們沉醉於玩笑和其他形式的善意、文明的娛樂當中。總之，

他們在一起玩、祈禱、居留和說「嗨！」。

　　也許我們對「理想家庭」有些誇張。然而，事實上「普通」家庭並不總是一帆風順、風平浪靜。家庭成員的觀點各不相同，興趣也迥然有別。家庭生活的主要階段可能產生「危機點」。家庭成員的外在興趣以及社會——經濟變遷都要求家庭統一體做出適應和變化。儘管每一家庭都必須面臨許多困難，但它仍是最完善的社會單位。

　　家庭本質上是保守的。一方面社會在迅速變化。另一方面要求保持穩定的身份，家庭正是兩者之間的緩衝地段。家庭，既是人們的第一「社會現實」，也是許多將在以後生活中重複的溝通模式和關係類型的原產地。福克尼亞·塞鐵（*Virginia Satir*）把家庭比喻爲製造各種各樣人物的「工廠」。③這裏正是希望把家庭作爲工廠加以研究。

　　家庭作爲各種人多種溝通模式、關係及其他社會關係的生產者，有的工作相當完滿，有的則很差勁。在一些情況下，結果本身就可以說明問題。比如某個家庭培養出若干對社會有益的公民，而另一家庭連續地出了一些社會逆子。但多數情況下，家庭培養的結果好壞參雜、良莠不齊，評價家庭時還必須考慮許多其他社會環境因素。本章不是要確定一個「理想的」家庭類型，而是要把家庭描繪成由共同起作用的多種因素構成的系統，家庭系統產生的溝通模式能使其成員適應或拒絕外來影響、避免重大危機。一旦理解了潛在於家庭互動中的這些過程，就應更好地評價原生家庭（一個人出生於其中的家庭）以及即將建立的家庭。事實上，一旦理解了原生家庭中的互動方式，就會驚奇地發現自己當前的許多親密關係都在不自覺地重複與以前相同的模式。（參見第 11 章）讓我們先看看所謂「家庭」的關係系統。

作爲系統的家庭：結構與功能

　　把家庭比喻爲一個系統，這聽起來好像是屈從於我們時代的技術，使充滿生機的事物顯得單調乏味、頗具機械性。這當然不是我們的目的。相反地，把家庭設想爲一個系統恰恰使它充滿活力，提出了新的洞見，爲我們提供了談論家庭溝通的術語（metacommunication）。（第 2 章）介紹了

系統理論的基本概念：開放和封閉系統，整體性內在相互依賴（相關性、非加和性、同等終極性）。請先回頭熟悉一下。

家庭的準確定義是什麼？學者們對此眾說紛紜。有的偏重強調文化傳統價值觀，從而用婚姻和血親來定義家庭。我們樂於採取較廣義的定義，認為家庭包括自稱屬於家庭的人群，即使他們沒有血親或婚姻聯繫。凱瑟琳‧蓋文和伯納德‧布羅梅（*Kathleen Galvin and Bernard Brommel*）把家庭定義為：「長期生活在一起，由婚姻、血緣承諾、法律或其他方式聯結在一起的人們組成的一種網絡。」④

家庭規則和互動關係可以在整體層次上進行觀察（作為一個家庭，每週我們總要在奶奶的房間吃一頓豐盛的周日晚餐——全家只有她每天 24 小時都待在家裏），也可就其眾多系統之一加以研究。（安妮和查理斯總是為該輪到誰洗碗而爭吵）子系統（又稱**次系統** subsystems）的形式多種多樣，夫妻間，父（母）子（女）間或兄（弟）姊（妹）間，以及家庭成員中的一部分人組成臨時聯盟反對另一部分人等等，這些都可以叫作家庭系統中的次系統。

關係作為系統的家庭，還應注意的是，每個家庭成員都是其中的一個組成部分。雖然每個部分都是獨特的個人，但他或她同樣是整個系統的有機組成成分。正像在任一機械系統中單個（零件）之間必有某種工作程序一樣，在人的系統中也有工作程序。我們稱兩個部分間的工作程序為「關係」，整個家庭產生的多種工作程序叫作**家庭結構**（family structure）。家庭結構使家庭得以順利運作，使其眾多子系統協調發展。家庭系統還可按 **家庭功能**（family functions）來分析，即根據家庭為其成員和整個社會提供的服務來分析。家庭最明顯的功能是使家庭成員社會化，保證他們的衣食住行。為其成員提供情感支持。對於社會來講，家庭是將文化信念傳播給下一代的陣地。

最後，每個人的系統都經歷著一個**進化**（evolution）的過程。任何家庭系統都不可能保持靜止不變。家庭系統的進化是指，家庭如何適應發展化和個人需要，如何適應不斷變化的社會和經濟需要。下面依次考察家庭系統的這些方面。

家庭結構

有多少要對付的事件和問題，家庭就可能有多少種不同的結構。關係家規問題，有權力——權威結構，而對即將來的變化，家庭該如何行動和該如何利用自由時間，對此有決策結構，另外還有互動網絡，它指明哪些家庭成員更可能互相談論問題、分享秘密或結成聯盟以增加其影響力。在上述各種結構中，家庭成員扮演不同的角色，並且分別以獨特的方式與家庭中的其他成員相聯繫。這些角色和關係是在不斷重複的模式化的溝通事件基礎上建立起來的。

權力——權威結構

透過觀察權力——權威結構在家庭中是如何起作用的，我們每個人都對如何對待和表達權威有著豐富的了解。羅納德·柯羅威爾（*Ronald Cromwell*）和大衛·奧爾森（*David Olson*）把家庭中的「權力」定義為：「改變家庭中其他成員行為的能力（潛在的或實際的）。」⑤在大多數家庭，權力是由父母的一方或雙方共同把持的。只能父母管教孩子，而不能反過來。然而，大多數父母也知道，孩子們很快會建立他們自己的權力基礎。小約翰知道，做個「鬼臉」通常會使爸爸發笑而不是懲罰他，他還知道大哭不止會使媽媽厭煩，從而允許給他一些冰淇淋吃。

有的家庭建立了非常清楚的權威界線，有的家庭允許個人決定他們的影響力。巴希·伯恩斯坦（*Basil Bernstein*）指出，前一類家庭擁有了**定位結構**（positional structure）；後一類家庭具有**以個人定向的結構**（person-oriented structure）。⑥

在定位家庭中，權威界限是根據等級劃分的。在傳統家庭，權力最後都落在父親手中，他若不在，母親就代管，若母親也不在，則暫時由長子（女）接管，以此類推。一些研究表明，定位家庭大量使用限定性語言符碼（參見第 8 章），換句話說，孩子們說出自己意見的機會很有限，因為他們沒有多少影響力。相反地，以個人定位的家庭在很大程序上依靠溝通作為影響的手段。家庭中的所有成員通常可以發表自己的意見，面對家規對自己的行為做出解釋或辯護。於是，這類家庭教會孩子們使用複雜的語言符碼，從而幫助他們適應更豐富多彩的社會生活。並非每個家庭都可被稱為

定位的或以個人定向的。伯恩斯坦認爲，這兩類家庭分別處於相互對立的兩極。一般家庭可能界於兩極之間的某個位置。

決策結構

有些家庭的決策結構和權力結構幾乎完全相同。比如父母做出家中的一切決定，制定並實施家規的情況下就是如此。而在以個人定向的家庭中，可能有多種**決策結構**(decision-making structures)，因爲孩子可以有較多的影響別人及父母的機會。在以個人定向的家庭中，能說會道、長於表達的孩子或配偶在決策中要比相對不能說的成員起更大的作用。

家庭作爲一種決策結構形式，針對多種不同決定，它可能建立特殊決策方式或採用獨特的方式。拉夫•特納(*Ralph Turner*)區分了三種常見的家庭決策方式：合意式、讓步式和事實式。⑦也許其中一項適合你的家庭。最罕見但最值得稱道的溝通方式是**合意式**(consensus)。合意式表現爲家庭成員努力達成一致決定，徵求每個人的意見，包括不同的意見和價值觀，從而找到一個使每個人都感到滿意的解決辦法。合意式比後兩種形式需要更多的協商。在很多情況下家庭成員們眞正達到一致幾乎是不可能的。但是，爭取達到合意的過程也許要比實際結果更爲重要。

家庭中更常見的決策形式是**讓步式**(accommodation)。少發言權或不佔主導地位的家庭成員屈從於有權力或更固執的成員。表決決策是一種讓步決策。特納提出，有的家庭成員經常做出讓步，因爲他們認爲進一步討論下去沒有什麼意義。他們看到了「凶事的預兆」，因而認爲當別人不留有任何談判餘地的情況下，再爭來爭去是浪費時間的。久而久之，這種讓步方式可能對家庭生活產生一種消極影響，尤其是在少數幾個人把持決策權而使「討論」流於形式的情況下。讓步式還有一種逃避衝突的傾向。這就意味著問題可能被掩蓋，不被提出來，因而可能更經常地重複出現緊張狀態。然而，情況並不總是如此。如果家庭中每個人都偶爾退讓一下，以便每人在面臨與己關係重大的決策時都有一種能夠影響別人的感覺，這時讓步式就是成功的。

在上述兩種決策方式均不起作用的情況下，許多家庭訴諸事實的決策方式。**事實決策式**(de facto decision)是指，通常在一段時間毫無結果的爭論之後，家庭中某個成員單獨行動或者事情「由事件本身」來決定。例如：

全家集體外出，是一典型的範例，大家對該在哪兒停車吃午飯爭論了 20 分鐘，結果一無所獲。經過若干快餐店後，開車的終於筋疲力竭地刹住車：「我們在這兒吃飯吧！」或者在州與州交界警告牌上看到寫有「50 英哩以內最後的服務」，決定停車吃飯。

毫無疑問，這三種方式刻劃了大多數家庭決策的方式，但家庭決策具有一種以上獨特的溝通模式。如果能把溝通模式及其結果(該模式肯定誰的意見，多數家庭成員對它的滿意程度，最重要的是它產生的決策性質)描繪出來，就將更好地理解決策過程並且在必要的情況下轉變這個過程。

互動結構

考察家庭結構的另一個方法是描述家庭中最常採用的溝通通道。家庭中有的人較多的時間與別的成員相處；有的人之間的交談可能多於他們同其他成員的交談，家庭中互動的類型模式(誰最常與誰談話)叫作家庭的**溝通網絡**(communication network)。家庭網絡的結構可能存在很大的差異。具有統一的網絡的家庭，某個人與所有成員進行大量交流，他可以把訊息傳遞給家庭的其他人，也可以不這麼做。這個中心成員具有中間人的作用，使家庭成員保持聯繫，即使成員們實際上不能經常交談。在擴大式家庭，父(母)或祖父母可能承認這個中心角色。離家在外的子女們可以打電話給父(母)親，而不是相互打電話，因為他們知道只要跟父母通話就能了解其他人的近況。

內聚力強的家庭趨向於表現出**非中心的**(decentralized)網絡，即互動可能經常發生在所有或大多數家庭家人成員中間。具有非中心的網絡的擴大式家庭可能要支付大量電話費，因為每個人都想直接從其他人那裏聽到消息，當令人激動的某事情發生時，他或她會與每個人共同分享喜悅而不是只把它告訴給家庭的中心人物。

看一下(**圖10.1**)中不同溝通網絡的圖解，考慮一下哪一種圖解最能代表你自己家庭的溝通網絡。當然你的家庭實際上可能有不只一種網絡。許多家庭為了應付不同的環境或事件會不斷改變其溝通模式。由於個人的好惡不同，在交換某些種類的訊息，一個或更多的成員可能自動地退出網絡。一本正經的姊姊認為閒扯是一種惡行，她反倒更可能成為別人議論的對象，而自己卻很少聽到別人的議論。哥哥不喜歡體育，其他人在整個夏天

討論三角錦旗賽就不會叫他，即使他可能經常聽到別人的討論。尤其是在處理家庭問題時小孩子常常要到外面玩耍。他們不屬於解決問題網絡的一部分。

下面我們設想一個家庭，克里克一家，從中看看上面討論的一些結構。在最簡單的層次上，家庭角色結構包括：父親(華克，38 歲)，母親(芭芭拉，36 歲)，大女兒(布蘭達，15 歲)，老二兒子(巴克，12 歲)，最小的幼兒(賓基，6 歲)。這個家庭的權力結構是定位型的，父親母親有最強影響力，布蘭達其次，巴克和賓基的影響力最小。雖然沒有人明確說出權力結構，但孩子們「知道」母親更可能實施有關餐桌上要有禮貌和不能講罵人的話等家規，而父親則要檢查給每個人分配的家務是否做完。父母不在時，布蘭達可以實施家規，但她實際上不能懲罰弟弟們。

克里克一家的決策結構則稍有不同。在做出重要決策時，諸如假期該上哪兒去時，每個人都有機會說出自己想去的地方，巴克養成了鑽研自己感興趣的問題的習慣(今年他想參觀幾個歷史博物館、看一場 Red Sox 比賽)，因此他的意見經常比姊姊和弟弟更有說服力。儘管父母可能由於費用和距離的原因取消去某些地方的計劃，但家庭的決定通常還是根據表決的多數而定。大多數家庭的決策是按這種方式做出的(這種決策方式是合意式和讓步式的混合)。

最後，克里克家庭的互動結構十分有趣。布蘭達跟父親關係十分親密，主要是因為她對父親作為賽車機械師的工作感興趣。她老是向父親問這個那個的問題。她非常愛護賓基，而討厭巴克的意見。巴克在家裏是個受孤立的人。他閱讀了大量歷史書籍，喜歡壘球，他泛泛地談論自己的興趣，而不針對某個具體人。如果受氣，他會說在家裏他只跟賓基要好。賓基是媽媽的寵兒。他倆經常在家庭決策過程中結成聯盟。(圖 10.2)描繪了克里克家的三種結構。

克里克家的結構關係不一定是大多數家庭中的典型結構關係。每個家庭都在對付重複出現的情況過程中建立獨特的模式和手段。你可能想分析你自己家庭的各種結構，看看它們從你年輕時起是否發生了變化。

家庭成員往往各有角色分工。文化模式會影響到他們的角色形成。

家庭結構的特點

在家庭成員建立和重複溝通模式的過程中，家庭結構也隨時間的推移
而不斷改變。這些結構有許多共同特點，包括對家庭成員進行角色分化、
劃定和維持界限，以及協調次系統。

角色分化（role differentiation） 家庭結構中的成員相互聯繫地執行
著互不相同的任務。在有效家庭結構中的角色是互補的。當父母進行管敎
時，小孩就得聽話。當然，這種理想狀態並不是總能達到的，但是如果這
種理想狀態很少達到，系統就無法正常地運行。家庭中兩個成員爲同一角
色競爭時常出現緊張，正像父母的一方故意反對另一方的權威：「我不管
你媽說什麼，你不能去！」。系統要運行，角色就必須有足夠的互補性，而
不能過於專門化，否則在家庭中扮演某個角色的成員不在時，家庭就無法
適應。

界限（boundaries） 又著名的家庭問題治療專家薩瓦多‧米奴勤
（*Salvador Minuchin*）認爲，在家庭成員之間以及家庭與外界之間必須建
立和保持清晰分明的界限。次系統的界限由「確定誰歸屬及如何歸屬的規
則」組成。⑧家庭內部常常有實際界限，比如：單獨的臥室、各自的玩具

或衣服以及相應規則：誰可以進入這些臥室、誰可以玩這些玩具、穿這些衣服。父母甚至會對自己強加種種界限，以便給孩子們自由活動成長的機會，或者不過分要求孩子。兩個小孩子解決他們的爭端時不予干涉，或者對他們說「我不能解救你——你得自己解決這個問題。」這就是設置界限的一個例子。這實際上就是說，「成人不許介入」。

同樣，家庭也對外界影響家庭日常生活的程序作出規定。大衛・坎特和威廉・里爾（*David Kantor and William Lehr*）區分了三種基本家庭類型。這三類型對待整個社會的方法差別很大。⑨**開放家庭**（open family）鼓勵其成員投身廣大的社會生活，然後把獲得的經驗分享給家庭中的其他人，從而不斷為家庭提供新觀念。這種家庭能適應文化中的變遷，其典型形式是把父母比喻成司機，他先是把孩子們送到舞蹈教室、鋼琴課堂、壘球訓練場和電影院，然後再把他們送到當地大學接受正規成人教育。家庭生活與其他生活之間的界限十分靈活，兩者之間互相影響。

封閉家庭（closed family）對外界社會的反應有更多一點的懷疑和冷漠。「家庭成員同玩同息」成為封閉家庭價值觀的一個公理。許多外界活動是受限的，即使參加了，也要受到家庭權威人物的嚴密監視。但無論如何，家庭總是首先與外界活動相聯繫的。界限常常表現為不同的規則體系：一種是說明在家該如何行為，另一種是面對陌生人該如何行為。

與前兩種家庭中的親密關係和家庭共享相比，第三類家庭具有較強的獨立性和難以預見性。在這種家庭中，成員之間可能成月沒有多少接觸，而突然待在一起相伴共度三個星期。由於成員們的興趣在不時地變化，家庭要聚在一起的計劃可能會定了又改，反覆變動若干次。由於生活如此難以預料，坎特和里爾稱之為**偶合家庭**（random family）。偶合家庭的界限並不十分明確，因而常常引起誤解和爭執。

米奴勤認為家庭系統的界限是以「陷入型」界限為一端，以「脫離型」界限為另一端的連續體。⑩**陷入型系統**（enmeshed system）為了達到強大的內聚性而犧牲成員的自主性。成員之間感到十分親近，但家庭沒有劃定每個個人身分的清晰界限。結果，損害了個人隱私權和強立思考的能力。相反地，**脫離型系統**（disengaged system），即使冒對家庭不忠之險，也要鼓勵個人的獨立性。個人次系統間的界限極牢固，在極端情況下，成員間甚至不能互相提供社會支持。對家庭整體來講這些界限是真實的，即家庭

中個人次系統或者是陷入型或者是脫離型的。

次系統間的協調 從某種意義上說，家庭生活與合作的社會生活大同小異。對於大家庭或擴大式家庭更是如此，正如實業把不同技能的雇員分別組織起來，力爭協調他們的工作，從而生產產品一樣，家庭單位也被分成多個成員組成的次系統，成員的工作也必須協調進行，從而生產其產品（人、價值觀、家務等等的合理摹寫）。本章後面還將考察各種家庭次系統的主要溝通模式。而現在重要的是應認識到，這些次系統是互相重疊的，它們必須協調起來。夫妻次系統中任一方都不能孤立行動。作為夫妻的一對配偶，其行為也會影響他們在父（母）──子（女）次系統中的角色。在父母雙雙離開孩子在外工作的情況下，許多父母感到與子女的關係緊張。這便是一個典型的例子。雖然父母確信他們需要錢，但他們同樣關心孩子一個人留下或和姊姊在一起會怎樣。要使這種次系統適應情況的變化，不致破壞持久的家庭關係，就必須對孩子進行耐心細緻的解釋和說明。

家庭的功能

重複的溝通事件中會出現結構關係，這有許多原因，考察這些溝通模式的成因，實際就是在尋問家庭單位中溝通模式的功能或目的。家庭中的溝通以兩種相當廣泛的方式起作用：

* 內部功能，保證系統的正常運行，為組成家庭單位的個人服務。
* 外部功能或服務，是面向社會的。

下面依次分述之。

內部功能

家庭提供居住、溫飽和愛護等基本生活之必須。（**專欄 10.1**）考察了環境與家庭間的互動關係。家庭還完成以下社會心理功能：社會化、智力培養、娛樂及情感支持。

愛護 嬰兒是地球上最無助的動物之一。他生活不能自理，處於對成人的持續依賴狀態。因此，最基本的需要，如：飲食、起居、衣著和照看，成為家庭首要的功能。這種功能，即使不具有法律意義，也是具有道德意義的，在多數社會這是一種義務。在美國，如果小孩沒有得到父母公正的

幫助培養幼兒的智力是家庭生活提供的諸多功能之一。

愛護，法院可能會把孩子從父母那裏帶走。

社會化　家庭除了提供基本的撫養外，還承擔著主要的教育功能。家庭不僅教其成員如何做人，如何做男人和女人，而且給他們灌輸道德的與非道德的，有禮貌的與非禮的等大量其他社會規範。孩子學習由家庭規定的恰當的性別行為。家庭社會化的影響是根深柢固的，以致於在接近成人期時，人們的許多思想和行為模式似乎成為「自然而然」難以改變的事。在社會化中被培養成愛國者的小孩，難以理解有人對國家的不敬。有個朋友，他母親要求孩子們每次聽到國歌都要立正，無論是在遊行隊伍當中還是在看電視轉播的一場壘球比賽。許多人都是按類似的方式社會化的。

智力培養　很多家長花費大量時間、金錢，費心勞神以保證子女有足夠的機會學有所成，並且為他們提供足夠的獎賞。孩子的學習環境擺滿了教育玩具、各種雜誌，還可選擇多種特別的有線電視節目。教育子女常採取這些形式：背誦字母、算數或對一組問題做答「你叫什麼名字？你的名字怎麼拼寫？你住在哪兒？你家的電話號碼是多少？」兒童在進入幼稚園之

前大多要先接受日托教育。在另一極端，也有很多家長忽視兒童的智力培養，希望以後學校去做這項工作。他們甚至公開反對智力培養，說出「我不希望孩子長大了聰明。有什麼用呢？」之類的話。

娛樂 玩耍是兒童期活動的主要形式之一。每個家庭都有家庭遊戲和習慣玩法。娛樂並不要求家人個個參加，只要他們能找到聚在一起而「什麼都不做」的辦法就成，而這本質上正是娛樂的全部內涵。

情感支持 家庭內部功能中最為重要的大概是家庭能給其成員一種歸屬感——愛、依戀親緣、相伴、接納和內在剛毅。從個人自尊看，這一點尤其重要，因為家庭是人們對付外部世界的力量源泉。

許多社會批評家痛惜，原先主要由家庭完成的許多功能現在正逐漸被廣大社會，例如：托兒所、學校、保育室……等等接管。克里斯多佛·拉許（*Christopher Lasch*）認為，這樣的結果，家庭預期將主要成為情感支持的避風港。⑪過分強調任一功能都可能導致對家庭系統的過分依賴。

外部功能

家庭之與文化的作用恰恰一如它對個人的作用。家庭起作用的方式主要有：

- 將文化價值觀傳授給年輕成員。
- 適應文化變遷。

傳授 家庭是文化價值觀從一代傳播到另一代的第一個，也許是最重要的傳播者。父母們把年輕時透過讀小說、傳說和寓言故事學到的文化神話和人生觀傳授給孩子們。他們還在孩子觀看的電視節目中強化這些價值觀念，許多人過分重視電視節目對幼兒的影響，卻低估了父母對孩子如何解釋自己所見所聞的重要影響。孩子的態度和價值觀與其父母的態度和價值觀直接相關，至少在兒童早期是這樣，並且通常要延續相當長一段時間。

四年級學生進行的模擬投票一致表明，孩子們選舉的總統候選人與其父母選出的完全相同，從孩子的眼光看，父母是最高的權威，父母給孩子的首要訊息是如何歸屬其自己的社會圈子和大文化。每種文化都教育年輕人熱愛祖國，在與其他文化相比時崇尚自己的生活方式。在美國文化中，這就意味著父母必須傳播這些價值觀：自由、追求幸福以及物質財富、民

越戰戰俘美國陸軍中校羅伯特‧L‧斯廷的家人在 1973 年迎接他的返回。情感支持是家庭成員相互間的一種功能，即使在分離無法實際溝通的情況下，也是如此。
(Sal Veder)

主規則、宗教自由、個人主義、拓寬眼界等等。

適應（accommodation） 除了傳授文化價值觀以外，家庭還鼓勵其成員適應社會的種種變遷。美國文化 25 年來經歷了重大的社會變遷。婦女角色得到了重新界定，對許多少數民族來說，民權得到了授予，或者至少得到許諾，爭取兩性平等的浪潮風靡一時。但是這些「改變」只在諸如：家庭、教會及社團等主要社會組織開始適應它們時才能變成現實。家庭中，有關「女人的工作」或男孩子和女孩子該玩什麼玩具、遊戲等老規矩都逐漸被改變。現在正是評估你自己的家庭是否接受這些主要文化的改變和如何改變之大好時機。

在較世俗的層次上，家庭之間相互攀比追求更豐富的生活方式，從而推動了文化變遷。「與瓊尼斯家並駕齊驅」是美國中產階級的傳統。美國的技術製造了電腦和錄影機；美國家庭適應形勢，購買了這些東西，並以調節日常生活，改變生活方式，從而把錢花得更有價值。最後，這些表面的變化可能導致一種或多種家庭結構的變化。例如：掌握電腦語言的孩子可能有更多的發言機會，因而在家庭決策等級中可能贏得比較突出的地位。

依凱和范‧拿奔家族共同參與了慶祝茉莉‧依凱和馬克‧范‧拿奔的婚禮。茉莉是一個日裔美人；她的父親來自日本，和茉莉的繼母，兩個異母弟弟共同參加婚禮。茉莉的生母也出現在這張家庭照片中。

演變中的家庭：變化的測度

　　家庭並非靜態的社會單位。從男女雙方決定結婚或開始家庭生活起，變化在雙方事務中就一直起著重要的用。在這些變化中，有些具有高度可預見性；另一些則不然。成功的家庭能夠學會處理家庭生活中的各種主要壓力和緊張關係。如果能理解變化的動因，掌握一些有益的對策，那麼獲得成功的機會就會增大。讓我們逐個地詳細考察這些過程。

家庭變化的動因

家庭生活變化的原因是多種多樣的。其中最可預見的變化涉及家庭生活週期的變化以及與家庭外人們的緊張接觸。還有難以預測的危機，比如疾病和死亡、離婚或遺棄。這些突發事件都可能導致家庭結構、規則和家庭次系統間的界限等的暫時或長期的波動。

家庭生活週期

多年來，研究者一直在分析家庭生活週期的主要階段——家庭生活中最可能出現的事件序列。大多數學者同意以下從大衛·奧爾森和哈米頓·麥克卡賓（*Hamilton McCubbin*）的書中選取的生活週期的七個階段（life cycle stages）：⑫

- 第一階段：年輕夫婦，尚無子女。
- 第二階段：有學齡前兒童的家庭。
- 第三階段：有就學兒童的家庭。
- 第四階段：有青少年的家庭。
- 第五階段：起飛家庭——把年輕成人送入社會。
- 第六階段：空巢——孩子離開後的生活。
- 第七階段：退休後的生活。

儘管這些階段都可高度預見（假設一對夫婦確實有了孩子），但在每個階段，緊張和壓力程度則因家而異。年輕夫婦越是預知生下第一個孩子家庭生活會如何變化，從第一階段向第二階段的轉移就越早發生。許多人現在為退休後制定了詳細的計劃；另外一些人則要等到**獲得金錶**（get the gold watch）之後才考慮不可避免的生活變化。預知面臨的情況不一定就能完全地一帆風順，但它確實有助於人們為即將來臨變化做好心理準備。預先討論這些變化可幫助一個家庭商討和協調將來生活而不是等到變化發生時才匆忙應付。

夫妻生活的最重要變化大概是妻子的第一次懷孕，對大多數人來說，這標誌著向「成為一個家庭」轉移。研究者發現，即使在關係最平等的家庭，第一個孩子的出生也會使夫婦雙方轉向更傳統的性別角色。這部分是

因為，要做平等的父母，缺乏可以模仿的角色——於是人們大多又求助於自己的父母（他們可能是傳統意義上的母親和父親）作為界限模範。最近的兩項研究表明，家庭關係平等的夫妻，在第一個孩子出生後，他們的調適碰到了極大的困難。相反地，早已具有明顯性界限區分的夫妻對此的調適相當順利。⑬梅耶羅維茲和菲爾德曼（*J. H. Meyerowitz* 和 *H. Feldman*）進行的一項研究發現，孩子出生後的前幾個星期，夫妻關係可能得到改善。五週後，百分之八十五的夫妻認為他們的關係「一切正常」。然而在四個月後，認為關係良好的比例下降到百分之六十五。同時，大多數家庭決策由丈夫做出，夫妻間交談的時間開始減少，⑭進一步加強了向傳統性角色的回歸。許多婦女報告說，懷孕使她們感到丈夫甚至自己的父母更多的關懷。⑮

　　家庭生活週期中另一重要的轉移期是「起飛期」——剛剛長大成人的孩子們外出去上大學、遷入他們自己的房子或是結了婚離開了原來的家庭。就多數婚姻而言，無論是對婚姻的滿意程度，夫妻雙方的伴侶關係，還是對婚姻中角色的協商合意，此刻都經歷一個特有的低谷。⑯在此期間最具重要意義的因素之一就是孩子離開後在家庭系統中留下了空缺。斯蒂芬・安德森（*Stephen Anderson*）用下面的例子說明這些變化：

　　　　孩子日常的家庭角色調控著父母關係的情感距離，（例如：婚姻關係緊張時，孩子常表現不規行為；家庭矛盾出現時，孩子作為仲裁人，或者作為父母一方的聯盟夥伴反對另一方。）而他一離開，突然加速了父母更直接地相處的需要，或者說促使他們用另一個孩子填補原先三角關係的那個空缺。⑰

　　安德森對比了孩子離家去上大學的家庭與孩子住在家裏往返到地方大學的家庭，他發現若孩子往返上學，父母間個人溝通程度實際上是增加了，而孩子要是外出上學，父母溝通反而減少。⑱這大概是由於兒子或女兒經常出現，可以間接促使父母的溝通。

　　對家庭生活週期中溝通模式變化的研究才剛剛起步，許多有趣的現象有待於我們進一步探索和研究。

家庭最基本的功能之一就是照顧幼小兒童,幫助其建立基本的信任。

面對外界的壓力

正如家庭生活週期會引起家庭單位內部的變化,其他因素也會從外部引起家庭的變化。每個家庭成員都屬於許多群體和社會組織,這些群體和社會組織對人的壓力可能被帶到家庭。最明顯的機構有學校和工作場所。父(母)親失業或某個孩子因違犯校規被學校開除,其影響會波及整個家庭系統。甚至更微妙的壓力,比如:在辦公室度過糟糕的一天,也會造成夫妻一場突如其來的爭吵,而孩子無意中聽到後,誤以為是她做錯了什麼事才引起父母吵架的。同樣,鄰居抱怨某家的狗吠聲太大或者這家的「破爛堆」太髒亂,這家人整個都會感到一種壓力。

家庭成員患病或死亡

所有家庭既須預期家庭生活週期的內在發展變化，又得考慮和外界日常接觸的影響，然而有些危機諸如：死亡和重大疾病或傷殘是不能預見的。從某種意義上講，**危機階段**(crisis stage)是無法避免的。每個家庭都知道可能受某種形式的損失。然而很少能夠預先對這些危機做好準備。美國社會嚴忌談論死亡。這大概是為了向語言編碼獻殷勤。我們害怕語言的「魔力」，害怕說出的話會逃脫我們的控制，釋放出邪惡的力量。

缺乏準備使人在感情上痛苦，這使得家庭系統在面臨危機時顯得特別脆弱。如果一位家庭成員死亡或傷殘了，這就意味著系統必須改變——另一成員必須接替死者或傷者的角色功能。這種調適決非輕而易舉。夫婦一方去逝，剩下的一方就需要找一份新的工作，對孩子是既當父親又當母親（或者，如果孩子大了，他(她)可能開始依賴孩子們），或者迫使大兒子(女兒)承擔家務、照顧嬰兒等等。有的家庭成員會反對別人替代逝去的成員（「你不是我媽媽——你不能代替她！」）。在有些情況下，家庭的凝聚力會深受影響，尤其如果逝者是家庭的主要情感支柱的話。而在另一些情況下，由於大家齊心協力維護和保持家庭系統的正常運行，略顯鬆散的家庭可能會加強聯繫的紐帶。

家庭成員的離異或分離

家庭生活中的另一重大危機是指兩個成員或更多家庭成員之間關係的暫時或持久惡化。離婚一詞通常專指夫妻關係的終止，但它同樣適用於家庭中任何其他關係的惡化。兄弟兩個長年不說話、小孩逃離家門、兒子或女兒為了離開家而結婚——這些都代表一種紐帶關係的破裂。在每種情況下，危機都要求家庭系統進行重新調適。多數離婚，尤其是有孩子捲入的離婚，本質上是重新界定關係的問題，而不是完全終止關係的問題。在當今社會，婚姻的終止通常並不導致父母角色的終止。離異夫婦趨向於保持某種關係，即便是間接的接觸。在這種接觸中，孩子成為父母溝通的通道。儘管如此，最近的一項研究表明，離異後仍堅持經常接觸的夫妻寥寥無幾，他們的接觸一般也很不愉快。多數離異夫婦都認為，他們的關係應以禮貌規範為基礎，但仍有百分之四十一的人承認，他們並沒有像該做的那樣善待其前妻(夫)。⑲

有孩子的離異夫婦很少交談，也很少談到他們的孩子。這使得一位研究者把 **合作父母**（coparenting）重新定義為「平行父母」，在教育方法和管教孩子方面，合作父母的雙方幾乎毫無一致性。[20]唯一例外的是，某些較高層次社會經濟圈中的雙職家庭。[21]顯而易見，金錢上自足的婦女不必要依靠離異丈夫的支持，這時他與前夫的關係會更和諧。這樣雙方可將他們的關係拋之腦後，更多地專注於作為父母的責任。

家庭在應付如死亡或離婚等意外事件時，有沒有可遵循的預見模式？許多人常認為：有，凱瑟琳·蓋文和伯納德·布羅梅綜合了這些學者的著作，歸納概括指出四個基本危機階段：[22]

- 階段一：打擊導致麻木或懷疑一切、否定一切。
- 階段二：退縮階段導致氣憤、混亂、譴責、歸咎及爭吵。
- 階段三：憂鬱階段。
- 階段四：重組階段，認可和恢復。

要想成功地適應環境的變化，一般要經歷甚至必須經歷上述四個階段。在每個階段，如果溝通僅是為了讓家庭成員表達拒絕、氣憤和憂鬱等情緒的話，那麼它是至關重要的。顯然，家庭成員難以表達自己的感情，不過如果他們社交網絡中的朋友和熟人能悉心傾聽他們的苦衷的話，也是有益的。真正的朋友在別人家庭遇到悲傷或不幸時會主動迴避，但不會中止有益的幫助。在這種情況下你應該說些什麼呢？最好是簡單地表達你的同情，認真地傾聽不幸者的訴說。了解掌握以上幾個主要階段將有助於你理解你所聽到的(不要做評價)情況。

應付變化的對策

唯有變化是絕對不變的，所以建立種種對策以便家庭在安排生活周期、處理意外事件時使用，這顯然是明智之舉。

預期變化

人人對生活都建立一種基本的哲學觀或人生觀。有人預期他們的生活在 25 或 30 歲時「安頓下來」。他們希望建立一常規，並且「從此以後」按這種常規生活下去。另一些人對這些展望憂心忡忡。我們不提倡毫無目標、

毫無預期和禮儀模式的混亂生活方式，但我們建議人們承認這個事實：正當你認為自己完全建立起了某種生活常規時，重大的變化可能正在臨近。提高預見能力的一種方法是廣泛閱讀有關個人和家庭生活周期的材料，因為材料中反映的變化在絕大多數家庭都發生了，你的家庭也不大可能例外。

增強家庭凝聚力

建立和維持適度凝聚力的家庭，比起過於鬆散的家庭來說，更可能度過緊張時期。如果家人之間失去聯繫，那麼在碰到危機的情況下提供情感支持就比較困難。大多數家庭可能認為家人之間有著牢固的紐帶，僅僅因為他們屬於同一家庭。常言道「血濃於水」、「家庭第一」，這些都強化了家庭的傳統文化內涵。然而家庭需要展示出凝聚力的可見標誌——互相依賴的行為模式——在需要時召之即來。觀察一下你自己家庭日常互動中凝聚力的事實。對所有或大多數家人顯得十分重要的家庭禮儀是什麼？如果家庭發生緊急情況，家人們會做出哪些犧牲？如果某個家庭成員在外上大學或住在另一城市，是否經常打電話或通信？這些互相依賴行為可能是凝聚力的最好指標。

保持適應性

家庭互動很容易落入成規，按照關於決策、勞作分配、談話的時間地點等等的慣常模式。當一個家庭碰到壓力或失去了某個家人時，有些常規實際上不可能再能作用。決策中總是強調「邏輯思維」的家庭在面臨情感危機時可能難以清晰地思考問題，在這種情況下，邏輯也不能成為行動的最佳指南。保持適應性意指家庭即使在處理最日常的問題時也要有應變的方法。

如何增強適應性？一種方法是使家庭不時地適應一些微小的變化。能夠成功地處理小問題，逐漸培養對付大問題的能力。另一種簡單的方法是要求家庭成員針對主要問題設想出新的解決辦法，即使「老辦法」仍然管用。在商業上這叫作應急計劃，缺乏應急計劃被認為是商業中的大忌。

建立社會網絡

常言道「任何人都不是一座孤島」，家庭也是如此。家庭在順境中可以

完全自足，在逆境時也可能充滿信心，但如果有鄰居、教會人員或其他「家庭的朋友」的支持，仍然是有益無害的。在困難時期，家庭單位的一切都不是十分穩定的，而這時穩定的社會網絡(整個家庭是其成員)則是一個安全網。網絡中的成員往往能提供面臨緊張時想像不到的辦法。(**專欄 10.2**)討論了社會力量與家庭生活在一個歷史時期的關係。

家庭溝通模式

缺乏適當的溝通，家庭結構將分崩離析，家庭的內外功能將遭到破壞，文化的連續性也將中斷，以致於「家庭」的觀念也將淪為一個無用的社會概念。本節不僅考察許多保持家庭運行的溝通模式，而且研究危及家庭生活網絡的溝通模式。有些模式是家庭整體的特徵；有些則主要是針對家庭單位內部次系統的。

家庭整體的互動模式

家庭系統的互動方式與其說是把單個成員疊加起來，不如說是使他們共同生活更貼切。家庭互動有兩種廣義的類型：

- 建立指導家庭溝通的具體規則。
- 建立較一般家庭主題和身份。

家庭溝通規則

家庭要順利地運行，其成員的行為至少部分地必須協調。而要達到這種協調必須建立和強化家庭規則。(第 8 章)介紹了兩種溝通規則：管理性規則和建構性規則，家庭生活中也充滿了這兩類規則。

管理性規則　這些規則是行動的指南。管理性規則描述何種行為確定一個人屬於某家庭的一員。從個人或家庭的觀點看，這些規則可被視為義務性的、禁忌的、適當的以及不相干的。當你讀完下列例子後，思考一下管理性規則如何在你的家庭中運行。

管理性規則通常按這種方式表達出來：「你必須」或「我們不得不」。

許多家庭認同他們自己的一個方法是經由設計家庭的飾
章。在這盾形紋章內寫下一個形象來表現你的家庭。

有的管理性規則則近乎喊叫：「你只要在這個家住下去，就必須把你的房
間收拾乾淨。」或者是「凡事一定要準時，沒有比遲到更糟的了。」另一
些管理性規則是複雜的。經常是非言語的現身說法和強化；「我們從很小
的時候起，睡覺前就總與媽媽擁抱和親吻。沒有人說你必須那麼做，然而
如果你忘了，媽媽臉上會不高興的。」

　　大多數兒童可能認為世界充滿了你「不能」或你「不該」做什麼的規
則。「不要對我（或你爸爸）起高腔！」「你怎敢那樣離開這個家呢？」這些
規則描述的行為對別的家庭的成員可能是允許的，但這個家則不允許。
有時，一個規則陳述可以是義務和禁令的結合：「我希望你坦誠待我──但
你並不必告訴我你所做的一切！」

　　大量多樣性家庭規則僅僅是適當的。對家庭成員來說這些規則不具有

義務的約束力但被認為是「好的」行為，對陌生人有禮貌，與兄(弟)或姐(妹)分享玩具，這些都可被認為是適當行為。人們對某個行為的反應如果是：「你做了件好事。我為你感到十分驕傲。」那麼，該行為很可能反映了一個規則或反映出適當溝通的指南。

最後，就家庭成員來講，有的管理性規則是無關緊要的。如果某個家人的行為既不使其他家人難堪，也不會引起自豪的反應，這就可認為是無關緊要的行為。有的家庭認為，孩子在學校參加課外活動只是為了消磨時光；而有的家庭則認為這是必須的義務。

建構性規則 管理性規則指導行為，建構性規則決定意義。同是某一行為或溝通模式，有的家庭認為它有積極涵義，而有的則認為它是消極的。下面是家庭成員對行為進行解釋的例子：「幫助你哥哥做家務說明你關心人」、「與陌生人交談是危險的」、「去看X極電影是一種罪過」以及「真正的男子漢是敢做敢為的」。建構性規則常常伴隨有隱含的管理規則：「自命不凡者根本不值得尊重。」

考慮一下你的家庭中特有的建構規則。有沒有這樣的行為，即你的家庭對它的解釋與大多數家庭的不同？與之相關的管理規則是什麼？列舉你們家人人皆知的規則，不成文的規則，以及引起最大誤解或衝突的規則。家庭中有沒有你不能談論的事？有沒有在大多數家庭是禁忌的而在你們家卻可公開討論的事？

家庭主題和形象

剛剛看到的家庭溝通規則適應於具體的行為和實例。當我們考察整個家庭規則模式時，可能發現有些一般主題影響著具體的規則。**家庭主題** (family themes)是指整個家庭共有的對生活的持久態度、信念和觀點，許多家庭熱衷競爭，贊同某一套宗教信仰，或者視「廝守一起」為幸福生活之關鍵的家庭焦急不安，他們為瑣事憂心忡忡。相反地，有的家庭整個看法是「人生是一場賭博；要敢於冒險。」這種家庭主題會影響到他們的許多日常規則。他們的禁忌規則比多數家庭少，並且他們總是時刻準備著接受新經驗。

當家庭主題突出，家庭單位正在凝聚力時，就出現了**家庭認同**(family identity)。正如每個個人都建立起自我身分一樣，家庭成員也分享一種群

體認同，對家庭的歸屬感。當你聽到家庭成員稱自己「可笑又可愛」、「有成就的人」或「負責公民」時，他們就是在談論其家庭行爲構成的形象。有一個擴大式家庭自稱是「旅人」之家，因爲他們每個人都不願長時間住在一個地方。一個成員一年間三次喬遷。另一位六年中五次從新英格蘭遷到西南部又返回來。大多數成員只要待在一個地方兩年就開始感到身子「發癢」，躍躍欲走。你如何描繪你自己的家庭形象？你心目中的形象是什麼？與家庭認同相關的主題或溝通規則是什麼？

家庭次系統中的互動模式

每個家庭都包括一個或多個次系統。本節將討論幾種不同的家庭二位關係，包括夫妻、父母子女及兄弟姊妹次系統。

夫妻次系統

家庭中第一個次系統是夫妻關係。在第一個孩子出生前，這種關係是家庭生活的核心。研究表明，夫妻溝通的質量是婚姻滿意程度的最佳預兆。㉓他們的滿意程度部分地取決於他們商定的婚姻關係的類型，以及他們如何對待諸如：節制、相處、自由和情感表達等重複發生的事件。瑪麗・安妮・費次帕特里克（*Mary Anne Fitzpatrick*）和她的同事按以下三種概念，研究了夫妻在關係確定方面的一致程度：自主——相互依賴、觀念保守——觀念不保守以及陷入衝突——迴避衝突。研究結果出現了四種迥然不同的夫妻類型：傳統型、單獨型、獨立型和單獨傳統型。㉔

傳統型夫妻（traditional couples）互相依賴性很強，對婚姻和家庭生活均持傳統看法，雙方發生的衝突相當有規律。從溝通方式看他們十分善於表達，互通訊息得到高度重視。**單獨型夫妻**（separate couples），另一方面，趨向於更自主，夫妻分別給對方更多的自由，他們不那麼善於表達。雖然他們對婚姻抱著相當保守的觀點，但卻不像傳統型夫妻那麼強烈。而且他們還盡可能避免發生衝突。他們對付衝突的辦法是扮演互補的角色——個人決定做什麼，另一個隨之效仿。**獨立型夫妻**（independent couples）與別的類型不同，對於夫妻關係他們贊成非傳統的價值觀和觀點。他們不像單獨型夫妻那樣自主，而只是保持適度的互相依賴。夫妻非常善於情感交流，也不迴避衝突。事實上，獨立型夫妻在所有夫妻類型中享有最高層次的**自**

我坦露（self-disclosure）。費次帕特里克報告說，在她研究的夫妻中，百分之六十屬於上述三種類型之中的一種，剩下百分之四十是「混合型」，夫妻在界定其關係方面看法上不一致。**單獨傳統混合型夫妻**（separate／traditional couples）是混合型中最突出一種。這類夫妻具有最傳統的性角色，很少表白自我，也不怎麼打聽對方，不過他們一致高度評價各種檔次的婚姻滿足。一項研究表明，在這種關係類型中，妻子比在其他任何類型中的妻子都更準確地理解丈夫。㉕在上述四種夫妻關係類型中，傳統型和單獨傳統型夫妻一般對婚姻最滿意，而獨立型和單獨型夫妻對婚姻最不滿意。

研究表明，不管是在哪種夫妻關係中，對婚姻的滿意程度都趨向隨時間而達到平衡穩定的水平，特別是在第一個孩子出生後。滿意程度的降低通常因為作父母的新角色帶來的滿足而得到補償。㉖我們已經看到，一旦孩子出世，夫妻明顯地向傳統值觀和性角色靠攏。㉗所以，向父母期的轉移可能改變夫妻對其關係的界定。在此角色轉變過程中，另一具潛在破壞性的變化是夫妻因花了更多的時間去做父母而花在對方的時間相應減少了。家庭治療家常常建議夫妻檢查一下他們單獨相處時談話是否仍在談論孩子。你認為家庭應建立何種規則才能使父母至少在某些單獨時刻保持夫妻關係。

要保持積極的夫妻次系統，部分地取決於他們獨處時談論的內容。我們已經看到，夫妻間的關係類型既影響到他們溝通的頻率，又影響到他們自我表白的樂意程度。研究還表明，一般來說，男人和女人對同一溝通類型的重要性的看法存在很大差別。琳達・阿西特麗（*Linda Acitelli*）報告說，丈夫們只是在他們認為有必要的情況下（比如：為了解決一個矛盾）才可能重視「談論他們之間關係」。相反地，女人即使在一切正常的情況下也重視談論倆人的關係。㉘男人迴避日常關係交談的偏向與女人偏愛日常關係交談的偏向可能引起夫妻關係的緊張，尤其是在大量交流時間花到孩子和其他事務上的時候。

事實還表明，夫妻間如何溝通還取決於生活跨度的影響。在針對年輕、中年和退休已婚夫婦的談話的一項研究中，保爾・齊特羅（*Paul Zietlow*）和阿蘭・希拉斯（*Alan Sillars*）發現年輕夫妻一般比中老年夫妻善於表達。㉙年輕夫妻把交談作為釋放緊張的出口，也作為商討必要角色變化的辦法。中年夫妻也透過溝通進行角色調適，但似乎對付衝突的需要並不急切。

文化傳播：一位日本老奶奶正在教年輕人學茶道。

老年夫妻的交流方式具有獨特的熱誠（其特點是隨意的交談和閒聊），衝突對他們並不十分重要，但有時在衝突當中，談話特別尖銳苛刻、充滿抱怨。他們很少像年輕夫妻那樣透過溝通解決衝突。老年夫妻認爲夫妻關係「能夠減少衝突，同時也會造成夫妻無能力談論根據外在角色標準無法解決的衝突。」㉚

　　這些模式中有些反映了不同年齡階段在價值觀和夫妻關係界定方面的差異，衝突問題的重要性則反映出不同年齡階段的夫妻家庭生活周期的不同階段。年輕夫妻要面臨更多的調適，尤其是有了孩子以後。因此，他們可能要比老年夫妻面臨更多的衝突。相比之下，中老年夫妻已經飽經風霜，對待衝突能夠更放鬆，也不用過多討論衝突。

父母——子女次系統

　　父母——子女次系統的功能是一種互相社會化。嬰兒需要照看，需要情感支持，並且透過榜樣和管教在想像中的混合塑造適當的行爲。毫無疑問，父母向孩子發出的訊息影響著孩子人格和道德標準的樹立。父母們力

爭的是，準確確定哪些溝通模式將達到欲期的結果。

　　專家們對父母們的具體建議差別很大，對眾多不同的觀點即使各舉一例也會超出本書的範圍。不過他們大致同意，愛護和支持是做父母的首要職責，緊接著是控制和管教。研究表明，要想讓孩子聽話，首先必須建立情感的基本紐帶。父母的**支持訊息**(support messages)，比如：表揚、誇獎、鼓勵和愛護可以增強孩子們的自尊感，也關係到孩子對權威的服從。㉛戴斯蒙德‧莫里斯曾經建議，所有兩歲以下的幼兒都需要基本的關懷和無條件的愛；到兩歲時應該開始對他們進行適當的限制和管教。㉜

　　父母中利用的管教形式與(第 6 章)介紹的贏得順從策略大同小異。在關於父母──子女的論述中，管教形式稱爲**控制訊息**(control messages)：強迫、引導、**冷落**(love withdrawal)。採用體罰極端形式可能使孩子感到被父母拋棄，從而導致攻擊依賴，缺少道德標準的內化。**引導**(induction)是指針對孩子的行爲向他(或她)講道理的策略。(你不能玩火車，因爲你會弄壞它的)。人們並不十分熟知引導效果，因爲已有的研究還沒有考慮到孩子是否能理解父母所講的道理。有時父母還利用冷落的辦法管教孩子。這常常有效地使孩子短期聽從。而它對父母──子女關係的長期影響如何仍是一個未知數。

　　在兒童早期，家庭規則常常主宰著父母──子女關係的管教方面。父母與子女的溝通之所以必要，不僅是爲了建立這些家庭規則，而且是爲了解釋規則背後的道理，說明將要強化那些規則。許多父母關心的一個領域是建立一些管理性規則，規定孩子可以看的電視節目和時間多少。他們還希望建立一些建構規則，解說電視暴力和性行爲的意義和道德問題，區分現實與虛構事物。不少研究不僅考察了電視的作用，認爲電視是父母──子女交談內容的來源，而且還考察了父母向孩子傳遞和解釋電視節目的內容和形式的作用。**父母傳遞中介**(parental mediation)是指父(母)與孩子一起看電視，看前或看以後討論具體的節目，以及一般地談論電視節目。羅杰‧戴孟德(*Roger Desmond*)及其同仁將父母──子女談論電視的情況劃分爲三種一般類型：

　　‧批評，父母對具體節目或廣告做出評價。
　　‧解釋，父母解說，電視調節和緩了孩子對觀察到的暴力和異常行爲

的恐懼。

- 建立規則和管教，父母鼓勵看某些節目，而限制看另一些節目。㉝

關於建立規則，羅杰‧戴孟德等人報導了一些有趣的結果。孩子對他或她所看到的事情的解釋與其父母的傳遞方式緊密相關。比如：區分現實虛構的能力在下列條件下得以加強：

- 家庭控制著看什麼電視節目。
- 積極的和消極的規則同時得到強化。
- 管教嚴格。
- 收看電視數量相對較少。

對具體情節的解釋不公與堅持某些電視規則相關，而且與父(母)子(女)之間積極的交流，以及父母經常對電視內容進行解釋有關。由於看電視往往帶有較強的被動性，因此研究者指出「家庭傳遞的最重要的功能之一應是提高孩子在看電視過程中的主動思考和專注能力」。㉞

隨著青春期的到來，父母和子女常常對他們之間的關係有著更深入的理解，同時也感受到這種關係的巨大緊張。青少年開始受同齡人較大的影響，他們企圖建立一種更自主的關係，這往往會導致家庭關係緊張。不過，新近的研究表明，這些困難並不反映父母子女之間的全部關係。威廉‧羅林斯(*William Rawlins*)和米里沙‧赫爾(*Melissa Holl*)報告說，青少年趨於認為父母和朋友都是他們的重要談話夥伴，只不過同他們談論的話題和需要大相逕庭罷了。父母是有關歷史問題的重要訊息源──這些問題是父母從前經歷過的和了解的。另一方面，如果需要了解現實的情況或問題，青少年則轉而求助朋友。還有一個重要而鼓舞人心的差別是，青少年儘管認為父母比朋友更愛評判，但父母也比朋友更加關心他們。人們認識到，父母的批評通常都是出自對孩子的真正關心。㉟

父母──子女關係的另一有趣變化發生在子女離家走入社會時期。斯蒂芬‧安德森發現，兒子或女兒離家時有著富有意義的性別差異。兒子離家去上大學後，母子交流得以增進，而女兒只有住在家裏往返走讀，母女關係才會更好。㊱安德森推測，兒子離家反而給他足夠的距離去重新建立一種更牢固的家庭紐帶。相比之下，女兒能更好地處理母女關係，同時建立

其自我認同。

兄弟姊妹次系統

兄弟姐妹關係大概是家庭中最有趣的關係。年幼、年齡又比較接近的兄弟姊妹，機靈可愛，富於想像力。學生子經常建立他們自己的私人語言，其他兄弟差不多具有同樣的想像力。大一點的姊姊在對年幼的弟弟妹妹進行社會化方面的作用幾乎可與父母的作用媲美。即使在小弟弟、妹妹的競爭中，各種關係也像在任意其他競爭中一樣豐富多彩。

兄弟姊妹一般屬同齡人，因此比起他們與父母的關係來說，他們之間的關係更平等。他們可以更獨斷地相互對待，他們通常正是這麼做的。他們互相影響的特點是身體攻擊(打架)和其他形式的反社會行為。隨著年齡的增長，他們逐漸成熟，開始進行更具社會性的行為，合作玩遊戲等等。合作在同性手足間要比在異性手足間成長更快，這無疑是由正在形成中的性別類型身分引起的。年幼兒童之間大量進行模仿，不過隨著年齡的成長，異性手足之間的模仿行為會大大減少。

研究還表明其他一些與年齡、性別相關的傾向：小弟弟或小妹妹一般喜歡和敬畏他們的哥哥姊姊，而反過來哥哥姊姊對他們的喜歡則沒有達到相同的程度；哥哥和妹妹的關係充滿矛盾；而姊姊與弟弟的關係通常最為融洽。[37]

像其他次系統一樣，手足關係也隨人生跨度而變化。高廷(*A. Goetting*)把這些變化歸結在三個階段：

- 兒童期——青春期。
- 成人早期和中期。
- 老年期。[38]

在所有這三個階段中，兄弟姊妹趨於互相陪伴並提供社會支持，儘管在兒童期更多是親近的廝守。在兒童期，年長者偶爾可能充當看管人，教導年幼的弟、妹學習社交及其他技能。在成人期，互動的頻率可能下降，尤其是在同胞各住一地的情況下，然而其關係往往可透過打電話和家庭聚會得以保持。維克托·西西來里(*Victor Cicirelli*)和瓊·納斯鮑姆(*Jon Nussbaum*)在對手足關係研究的評論中指出，即使在交往稀少的時候，兄

弟姊妹仍透過互相確認對方及回憶共同經歷的事件來保持一種象徵性的關係。㊳老年兄弟姊妹互相提供幫助。比如：偶爾借錢給兄弟姊妹、照看對方家的小孩、商討共同關心的事、照顧年邁的父母等。最後，在老年期，如果朋友或其他家人故去，那麼這種手足關係會顯得極為重要。老年期兄弟姊妹還在評論過去人生滄桑，面對當今事務方面互相幫助。老年手足關係有多少種類，這也是個有趣的問題。戈爾德（*D. T. Gold*）劃分出五種類型：親密型（百分之十四）、相投型（百分之三十）、忠誠型（百分之三十四）、冷漠型（百分之十一）和敵意型（百分之十一）。㊵百分比揭示隨著年齡的漸老，手足關係的相關力度和重要性。有趣的是，在兄弟姊妹漸老的過程中，無論對男性手足還是對女性手足來講，姊（妹）日益成為交往的重要對象。西西來里和納斯鮑姆推測，由於女性具有更強的表達能力，她們又是傳統的育人角色，因此男女手足都會從他們的姊姊或妹妹那裏獲得情感支持和實際幫助。

　　顯然，各種家庭次系統中的溝通模式在數量、經常性和功能方面均隨時間而變化。儘管如此，家庭關係仍具有一種持久性，它是家庭外人們難以經驗的。的確，多數浪漫關係產生在家庭之外，不過很快就由於婚姻出現和孩子的出生而陷入到擴大式家庭當中。我們常常以為，家庭成員互相親近和提供情感支持是理所當然的事。但是，只要提醒人們注意虐待兒童、遺棄等其他形式的家庭暴力造成的痛苦，就會意識到那種理想的家庭關係並非總能實現。承認家庭生活的陰暗面將促使我們建立和保持積極的個人和家庭關係所必須的溝通技能。在結束本章時，我們把注意力轉向能幫助家庭成員建立在需要時可依靠的技能：安慰技能。

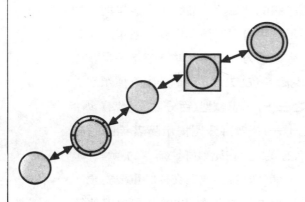

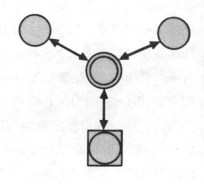

鏈狀網絡(The Chain Network)

家庭成員透過一系列其他成員互相傳遞訊息。它主要用於家庭成員能時常相見，但卻很難全部聚在一起的情況下。訊息在傳遞過程中容易被曲解。

「Y」型網絡(The "Y" Network)

它是一種統一網絡，其中一個成員作為「守門人」允許某些而非一切訊息在成員間交換。父(母)的監聽，另一方對小孩提出要求或者姊姊會把弟的要求匯報給父母。

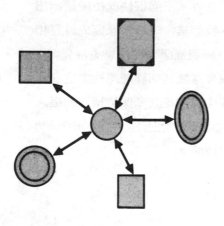

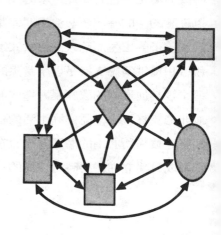

輪狀網絡(The Wheel Network)

高度中心化的網絡。出現在透過一個中心人物進行溝通的家庭。其中大多數成員並不直接互相交談，而是透過中心人物了解別人的情況。

全方位網絡(The All-Channel Network)

最分散的網絡。這種家庭花費大量時間整個在交往或兩兩以一對進行交往。全部或絕大多數管道開通並得到利用。

圖 10.1　家庭互動的四個網絡

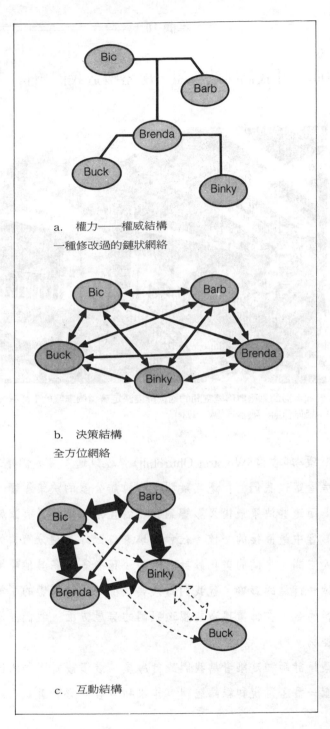

a. 權力──權威結構
一種修改過的鏈狀網絡

b. 決策結構
全方位網絡

c. 互動結構

圖 10.2 三種家庭結構─克里克家

家庭空間：「我們建造房屋，房屋塑造我們。」

家庭生活的風格與環境空間的適應程度決定著這個家庭的生活狀況。
(Millard Sheets, *Tenement Flats*, c. 1934)

　　溫斯頓·邱吉爾(Winston Churchill)曾經說過：「我們建造房屋，反過來房屋塑造我們。」毫無疑問，公司辦公室的決策影響到很多經營決策，而這些決策最後又影響到我們的生活，不過只有家庭影響才是環境影響中最直接的一種。社會科學家曾記錄了過分擁擠的房間、缺少私人空間、房間的美化設計、照明、花瓶等許多其他環境因素對人的認識和行爲的影響。就我們對人與環境的互相影響的了解來看，出人意料的是，在佈置建造能塑造我們的房屋方面，我們並沒有施加更多的控制。

　　建築設計師和建築者爲我們設計房屋，裝潢設計者和木匠把房間裝修佈置一番，電視和雜誌編輯，作家和廣告商影響著我們如何安排

裝飾住所方式。在這個過程中我們自己起了多大的作用呢？除了在最佳地點，以合理的價格選一幢現成的房子外，我們多數人很少另有作為。我們真的塑造了將塑造我們的房屋了嗎？還是別人——某人「專業人員」——為我們完成了這項任務？我們的房屋（或房間臥室）真的適合我們嗎？還是我們被迫適應房間？

蘇珊娜(Suzanne)和亨利蘭那德(Henry Lennard)一直從事家庭互動模式與房屋設計佈置之間關係的研究，他們區分了三種類型的適合：同形適合、互補適合和不適合。

同形適合(isomorphic fit)是指家庭生活方式與家庭環境完滿吻合。isomorphic fit 一詞來自詞根 iso，意指「相同、同類」morphic 意指「與形相關」。設想一個家庭成員都注重私人性和個體性，要求清晰的界限和獨自的活動空間。如果他們住在一幢大房子中，房子裏有多個單獨的臥室，各種活動的中心，供學習的小型圖書館，以及可躲避干擾的地下室，那麼他們就有充足的條件發展各自的興趣。

互補適合(complementary fit)指家庭生活的具體方面與家庭環境的一種平衡。凱瑟琳·蓋爾文(Kathleen Galvin)和伯納德·布羅梅(Bernard Brommel)以一個四名青少年組成的混合家庭為例，對互補適合進行了說明。在兩個家庭混合前，小孩們各有單獨居室，出現緊張時常可躲到自己的房間裏。當父母結婚後，他們租了一套僅有少數幾間臥室的房子。他們本意是為了讓雙方的孩子們增加互相接觸的機會，從而建立一種較強的作為一個新家庭的「聯繫」感。他們力圖利用互補家庭設計抵制家庭互動中可能出現的問題。

不適應(nonfit)是指家庭與其環境互相對立。如果居住在有若干小房間，傢俱昂貴，但無處存放運動器械的房子裏，家庭生活方式雜亂無章，那麼家庭與環境就不會很好地適應。

　　除了家庭空間的基本設計外,我們用於佈置空間的物件也可能適應或不適應於我們喜愛的生活方式。傳播媒體的影響,比如:「名人富豪的生活方式」節目以及《建築文摘》(*Architectural Digest*)都可能引導我們把房間裝飾成地位的象徵,而不是裝飾成舒適居所。加拿大建築師 Witold Rybczynski 曾撰寫一本透徹精闢之作,討論人們想從居室獲得什麼。在房間扭曲我們之前,或許現在是我們重新考慮改變我們生活空間的時候了。

資料來源:

蘇珊娜和漢瑞‧雷納德(Suzanne and Henry Lennard),〈建築學:地域、邊際和方向對家庭功能的影響〉(Architecture: Effect of Territory, Boundary, and Orientation on Family Functioning),見《家庭過程》(*Family Process*),1977年,第 16 期,第 49—66 頁。

進一步閱讀資料:

凱瑟琳‧蓋文和伯納德‧布羅梅(Kathleen Galvin and Bernard Brommel),《家庭溝通:內聚力和改變》(*Family Communication:Cohesion and Change*),Glenview, I11,史考特,福斯曼,1982 年,〈家庭生態學〉之特別章節。

Albert Mehrabian,〈公開場所和私人空間〉(Public Places and Private Spaces),紐約,基本書籍出版社,1978 年。

Witold Rybczynski,《家:一個概念的短暫歷史》(*Home: A Short History of an Idea*),紐約,維吉出版社,1986 年。

---- 專欄 10.2 ----

十八世紀的童年：是什麼塑造我們的家庭？

圖 a　威廉‧霍加特《一個妓女的形成》第一場劇照。

　　18 世紀早期倫敦藝術家和政治諷刺作家威廉‧赫加思（William Hogarth）曾指出在他的時代中，英國生活方式中最富意義的整個嚴酷的事實；他發表在倫敦流行刊物上的繪畫爲人們所熟知。當時倫敦是許多聯合村莊的聚集，還不是 19 世紀時的大工業城市。赫加思同情被壓迫的下層階級、受困的僕人和被城市腐蝕的無辜兒童。他把諷刺的矛頭對準整個社會結構（風俗、法律、政府和敎會神職人員），因爲這個社會不能保護從鄉下來找工作的兒童。他認爲家庭，特別是孩子已成爲腐敗社會的犧牲品，他希望他繪畫中表達的道德評論有助於改革這個社會。據藝術史家大衛‧昆柔（David Kunzle）指出：「赫加思認爲，無論是在私人核心家庭中還是在由社會機構組成的公共家庭中，社會已背叛了父母的責任，孩子們基本上成了無父母的小可憐。」他作爲

圖 b 　《一個妓女的形成》第五場劇照。

藝術家的大量作品都致力於抨擊造成這些惡果的社會。

　　赫加思最大膽的作品之一是他 1730 年創作的一套五幅的系列畫，題目叫《一個妓女的形成》。這裡選取第一和第五幅畫面，反映出作者對所謂維護人民的社會機構是如何對待家庭及其成員提出的看法。在（圖 a）中，我們看到一位年輕純潔的鄉村女孩凱蒂來到倫敦其堂兄湯姆家，並且想找個僕人的事做。然而沒有人來接她，專門獵取和引誘年輕女孩當妓女的老鴇正注視著她（前景），也沒有哪一家出來保護她，注意馬車上的其他年輕女子（後景）在牧師機警的注視下，似乎得到了保護，不受傷害。然而牧師並沒有對年輕的凱蒂提供絲毫的幫助，從中可以看到教會已經失去作用。同時，大量好色之徒四處遊盪。（注意門口手插在衣兜裏的人，據信，象徵著一個殖民者的特性（Colonel Charteris），畫這幅畫時他正因強姦罪受審）。

　　中間的幾幅畫（圖 b）描繪的是：凱蒂從一個僕女淪落成一個妓

女，被逮捕並送到女監，在監獄受到不公正的待遇。最後第五幅，她因早產而死，留下一個私生子（棺材前中間者）。小傢伙孤苦零仃，連「哀悼者」也忽略了他，他注定要過悲慘的生活。

　　赫加思在這幾幅傑出作品中向我們展示的是，強大的社會力量(無論腐敗與否）在特定歷史時刻改變家庭生活的作用。我們同樣可以看看我們當今的社會結構（工作模式、法律體系、政府干預、治療保障等等）並思考它們如何塑造當今我們了解的多種形式的家庭中的角色和溝通模式。

資料來源：

大衛·昆柔(David Kunzle)，〈威廉·赫加思：墮落城市的流浪兒〉(William Hogarth: The Ravaged Child in the Corrupt City)，見《變化中的家庭形象》(*Changing Images of the Family*)，維吉尼亞·圖浮特和巴巴拉·曼霍夫(Virginia Tufte and Barbara Myerhoff)編，耶魯大學出版社，1979 年，第 99—140 頁。

技能訓練：旨在安慰的溝通

　　家庭溝通的最基本形式之一是提供情感支持。父母愛護孩子，認可孩子，或者父母雙方互相表示鍾愛和認可，這些都是情感支持。情感支持不但可使家庭單位團結和睦而且它還是培養孩子積極自我形象和自我價值感的重要因素。許多與情感支持相關的溝通技能在前些章節已進行了探討（如：積極傾聽、表示同感、設身處地及感情表達）。另一種與情感支持密切相關的技能是在情感波動和不幸時安慰別人。應當牢記，此技能雖然在夫妻和父母──子女關係中是基本的，但它在其他背景下，比如：建立保持友誼和親密關係方面仍然頗為有益。

　　布蘭特・伯萊森（*Brant Burleson*）把**安慰**（comforting）行為定義為撫慰、緩和、減輕別人不幸情感狀態的努力。[41]提供情感支持的方式為數眾多，不過研究者指出，多數人安慰時採用的訊息並不是實際上成功的訊息，兩者之間存在若干重要的區別。從關於情感支持的研究中，我們抽取 3 個一般的原則以幫助你提高安慰他人的能力。

　　成功安慰的第一步是要採取一種他人中心方法。這就意味著你必須仔細去聽，去理解不幸者如何看待他或她的處境，他經歷了什麼樣的感情波瀾。如果你承認他的觀點和感情的正當性，你的反應將會更敏感。（「我知道你很想恢復與杰夫的關係。你對你們倆的關係投入那麼多感情反而看到它的破裂，這的確令人傷心」）相反地，大多數人以安慰者為中心，或者提建議（「你為什麼不試著……」）或者告訴不幸者應該怎樣對待（「你不能讓事情這麼支配你，你必須堅強些」）。在一項研究中，研究者向失去親人的父母或夫妻詢問他們覺得最「有益的」和「最無益的」的安慰話是什麼。他們指出，提忠告、鼓勵他們振作起來，甚至強迫他們保持愉快，這些都是無益的安慰。相比之下，簡單地表示關心，為不幸者提供一個宣洩感情的機會，或者僅陪伴不幸者，這些都是最有益的安慰。[42]

　　有效安慰的另一方式是安慰人說話不加評價。該方法包括：一般地而不是具體地描述被安慰者的感情及其產生背景。應該避免提及太多具體細節或評價被安慰者的人格特徵。安慰一個剛剛與其男朋友分手的女孩，如

果你不明智地提供歸還男友的戒指或放棄某項倆人共同參加的戀愛活動（春季短假），她必定會相當難受，你可能給這個女孩施加更多的痛苦。像責怪那男朋友（「他對你一點也不好」）這樣的否定性評價通常也是無效的。在一般層次上安慰別人表示你關心他；而過於注意細節可能隱含：你企圖趁機偷看別人的隱私——你迫不及待地想弄清楚問題出在哪裡。

提高安慰效果的另一辦法是，幫助被安慰者正確地看待不幸事件和感情遭遇。這可能是不幸者唯一能容忍的忠告形式，因幫助不幸者更好地理解自己的感情。有時這意味著讓被安慰者換一種方式解釋已發生的事件。如果一個朋友感到她找工作面試時表現不佳，你在承認她的感情之後，可以建議她把這次面試當作一次學習經驗的機會。如果她能找出面試中的問題，下次她就知道該在什麼地方下功夫。或者你以反過來講，指出這次面試不成功可能是因爲她能夠充分施展才能的地方不是公司。或許她阻止了一場可能的巨大不幸：爲一個不欣賞她的公司工作。伯萊森指出，由於緊張的處境常常在情緒上具有壓倒的優勢，所以許多不幸者不能建立對其情感的認知解釋——這些解釋可能使不幸者與情感創傷之間拉開一定的心理距離。

詹姆斯・艾波傑特（*James Applegate*）提出，在企圖提供安慰時，人們採用的方法在承認和詳細說明被安慰者的看法和感情方面存在差異。最無效的方法是指責，否定或無視被安慰者的看法和感情。較好的方法是至少含蓄地承認被安慰者的觀點和感情，透過把注意力轉向其它問題，只要承認他的感情或試著**消解**（explain away）這些感情，或者幫助他換個有益的視角看待這些感情。㊸儘管研究證實，比較明確的方法更爲有效，但在多數情況下人們仍趨向於採用不定或隱含的而不是明確的方法。㊹

在我們設身處地採取受安慰者的觀點，並且認可其感情的情況下，安慰訊息顯得最有效。人們需要掌握安慰技能，只要有耐心並經過一定訓練，我們能學會成功地安慰和鼓勵那些其心身健康對我們至關重要的人。

本章區分了主要出現在美國家庭的一些結構、功能和溝通模式。了解這些模式當然是提高你作爲你家庭中一員有效活動能力的良好的首要步驟，不過，你的家庭肯定與這裏所說的「標準」家庭有所不同。因此，重要的是，你培養認識和描述你家庭實際遵守的溝通模式的能力。這項任務可能會花費你大量時間，但這是值得的。你可以做個日記，記下你全家在

一起時和在所有的次系統中觀察到的溝通行為，試著從你的觀察記錄中抽象出溝通規則和家庭主題。試著預見家庭系統演變，想像在家庭生活周期的下一個階段情況會如何變化，或在意外危機發生時會出現什麼變化。在你描繪了你家庭的「情況」之後，你就可以開始探索其它的變化。尋問你的朋友們是如何對付其家庭中類似的處境的。你下次讀一本小說或看一場電影時，留意關於家庭的情節。其中的家庭表現出了那些規則、主題或形象？我們這裏的建議不是簡單的佈置作業，而是增加你的知識，提高你建立自己的家庭或使自己的家庭恢復生機活力的最佳方法。

實踐過程

討論題

　　1.在課堂上，提出你自己對「理想」家庭的認識。你的「理想」家庭與本章講的有何不同？實際家庭很少能達到理想家庭，這有什麼不利？

　　2.討論允許孩子參與家庭決策結構是否合適？好處是什麼？消極後果是什麼？孩子「被看著，不能聽大人說話」，或者把他們當成小大人，讓他們享有同等參與和商談權，後者是不是更好呢？這裏還有那些其它問題關係重大？

　　3.本章討論的陷入和脫離兩種緊張，家庭是怎麼平衡的？你自己的家人在需要獨處或他人陪伴時如何表示？對各種家庭次系統和整個家庭而言，指定「獨處時間」和「共處時間」是否可能？討論家庭成員單獨過度期的好處或不利後果。

　　4.強化家庭生活的討論還有一種辦法，就是指出家庭實現本章提出的各種功能時採取的辦法。討論與每種功能相關的積極的和消極的溝通模式。

　　5.本章提到，有些批評家認為，太多的家庭功能被其他社會機構取代了。學校主要負責孩子的智力培養，甚至孩子的社會化。日托人員或嬰兒照看者負責哺育嬰兒，為他們穿衣，與他們一起玩耍。家庭只剩下提供情感支持這個主要功能。家庭只「專限」於一種或兩種功能的危險是什麼？這是否給家人壓上了太重的情感負擔？

　　6.針對本章提出的夫妻關係類型，試著從邏輯上演繹每個夫妻類型最可能建立的家庭類型(開放的、封閉的、偶合的、陷入的或脫離的)。這是不是預見家庭演變的可行方法？為什麼？

觀察指南

1.寫一篇短文描寫你自己家庭的演變。盡可能從很久以前寫起，可詢問家裏的老人(祖父母、叔伯等等)。試著找出歷代保留下來作爲每一代特徵的家庭主題。

2.觀察電視節目中的不同家庭——單親的、擴大的、核心的和混合家庭，因收養或再婚建立的家庭。找出共同的線索。「家庭」概念最基本的共同特徵是什麼？和目前最流行的是哪一種類型？

3.選取電影或電視中的虛構家庭。從家庭事實及其次系統中識別家庭主題，管理性和建構性規則，及其他溝通模式。比較虛構家庭與你的家庭及你所知道的其他家庭。哪些主題、規則、界線或模式是不現實的？電視中的家庭與眞實家庭相似還是相同？電視家庭使眞實家庭產生什麼預期？模仿電視家庭是否存在危險？

練習

1.A.把班級分成若干 2—6 人的小組。每個小組就是一個家庭單位，這樣保持一周時間。小組或指導教師決定誰當父親、母親以及誰是長子等等。這就給學生們賦予了不同的年齡。

B.角色確定之後，「父母」應在一起討論他們想用以撫養孩子的價值和規則。同時，兄弟姊妹也要建立各自的人格面具。

C.接下來每個「家庭」應聚在一起計劃兩、三次外出活動，包括去公園、逛商店、辦家庭宴會。計劃要適合學生們的年齡。當然，無子女的夫妻可自做打算。這幾次活動不僅要安排好而且要在這一周眞正執行。

D.父母應使每個孩子明白本周的「規則」。例如：一些父母可能堅持一個孩子擁有一支電話或他們二者允許今晚外出。(指導者可能希望建立一些有範圍的規則來預防濫用。比如：角色的扮演是受學校時間限制的)。練習的目的，是讓家庭成員遵守他們不太願遵守的規則，看看他們的最大容忍力如何。

E.每個家庭成員應對家庭中的思想、感情和溝通觀察做出日記。要求他們交一篇短文，評述家庭結構、功能、形象、規則、決策方

式等。這周結束時組織全班進行啓發性的討論。

2.把班級分成 7 個小組。每組負責研究家庭生活周期的一個階段,並向班級其他人做 10 分鐘的報告。研究可集中確定:

- 每個階段的主要問題。
- 典型的溝通模式。
- 最常見的家庭問題。

小組可利用短文、飾演角色及其他視聽手段模仿每個階段的家庭溝通。

專有名詞

下面是本章引入的主要概念的一覽表：

・家庭	*family*
・次系統	*subsystems*
・家庭結構	*family structure*
・家庭功能	*family functions*
・進化	*evolution*
・權力	*power*
・定位結構	*positional structure*
・以個人定向的結構	*person-oriented structure*
・決策結構	*decision-making structure*
・合意式	*consensus*
・讓步式	*accommodation*
・事實決策式	*de facto decision*
・溝通網絡	*communication network*
・界限	*boundaries*
・開放家庭	*open family*
・封閉家庭	*closed family*
・偶合家庭	*random family*
・陷入型系統	*enmeshed system*
・脫離型系統	*disengaged system*
・生活周期階段	*life cycle stages*
・危機階段	*crisis stages*
・家庭主題	*family themes*
・家庭認同	*family identity*
・傳統型夫妻	*traditional couples*
・單獨型夫妻	*separate couples*
・獨立型夫妻	*independent couples*

- 單獨傳統混合型夫妻　　　*separate ╱ traditonals*
- 支持訊息　　　　　　　　*support messages*
- 控制訊息　　　　　　　　*control messages*
- 父母傳遞中介　　　　　　*parental mediation*
- 安慰　　　　　　　　　　*comforting*

建議讀物

Fitzpatrick, Mary Anne, and Diane Badzinski. "All in the Family: Interpersonal Communication in Kin Relationships." In *Handbook of Interpersonal Communication*. Mark Knapp and Gerald R. Miller, eds. Beverly Hills, Calif.: Sage, 1985. An up-to-date overview of theory and research on communication within the family structure.

Minuchin, Salvador. *Families and Family Therapy*. Cambridge, Mass.: Harvard University Press, 1974. This book is written for practicing family therapists but makes for enlightening reading for anyone interested in the family. Based on systems theory, it demonstrates family interaction patterns by exploring transcripts of some of Minuchin's own therapy sessions.

Satir, Virginia. *Peoplemaking*. Palo Alto, Calif.: Science and Behavior Books, 1972. A book that truly blends theory about families with practical, engaging activities that any family can use to better understand itself. It is written in a lively style and intended as a workbook for families interested in changing some of their rules and family structures.

Chapter 11

親密關係
——建立二人認同

In intimate relationships, we do not always need
a reason to be together.
(*John Singer Sargent, Paul Helleu Sketching with His Wife, 1889*)

在講授人際溝通的課堂上，一個年輕學生走近老師，表露了他的困惑：

> 我與一個女孩已約會了好幾次，看上去事情進展得挺順利。我是說，我們談得很坦率，相處得也很不錯。可是上星期她卻使我惶惑不堪。當我們正談得投機時，她卻說我們的關係簡直有點「愚蠢」，然後她放聲大笑。我問她是怎麼回事，她說「哦！沒什麼，眞的；有時我覺得咱倆在一起有些滑稽可笑。」而我從來沒有這種感覺。如果我們眞正建立了親密的關係，那麼我猜她只是開開玩笑，我也會從容對待。可是，也許她想告訴我點什麼。也許所謂的玩笑正是她告訴我她不再對這種關係抱有那麼多熱情了的一種方式。我應該相信她說的話呢，還是應該相信我認爲她想表達的意思？我眞希望我能明白。①

這個年輕人的經驗並不是獨一無二的。我們多數人有時也會碰到類似的處境。某個關係陷於難堪的時刻，我們弄不清哪個更重要：是此刻正在交流的訊息，還是在此之前我們研究我們已確定的關係。作爲學習人際溝通課程的學生，我們了解，在整個溝通過程中，人際關係不斷地被界定和重新界定。我們知道，在建立某一關係時，我們交流的大多數訊息是關於對方的社會地位和群體歸屬等文化特徵或有限知識。而在個人層次上了解某個人是一個更複雜的過程。

本章將探討人們是如何把關係從公衆層次深入到個人層次的。首先，我們將定義親密關係及其兩大形式：友誼和戀情。接著考察建立這些關係的兩種方式：透過有意識地計劃並合理認識關係性訊息，或者經由較後地不大自覺地建立互相依賴及親密關係所需的其他條件。然後考察人與人之間相互吸引的各種方式，看看友誼和戀情關係產生、保持及破裂的主要階段。最後研究有助於人們保持親密關係的兩種主要溝通技能：處理衝突和對付壓力的能力。

親密關係是如何形成的

　　親密關係的產生，正如其他任何社交關係一樣，首先受到禮貌規則和習俗的支配，並且必須接受關係中每個人的文化形象等等。然後，在某一點上，這些非個人的角色和規則被拋棄，取而代之的是一種新的更個人化的交往系統。這是如何發生的呢？當兩個人開始建立一種私人人際關係時，他們將往那個方向前進？讓我們轉移我們的注意力到如何發展私人關係上。

確定私人聯繫

　　(第 2 章)概述了私人聯繫與公共聯繫的區別，見(**表** 2.1)。思考一下作為判斷人際關係親密程度、標準的各個方面是有益的。比如：私人關係十分強調關係涉及的人是誰(不可替代標準)，以及他們是如何圍繞共同參與的活動，組織日常生活的(互相依賴標準)，共享更多的關於他們倆的獨特訊息(個性標準)，商議指導他們關係的獨特規則，而不是遵循一般的社交規範(個體規則標準)，允許情緒和感情在溝通中起著重要的作用(情緒標準)，最後從關係本身獲益，而不是關係中的某一方。(內在獎賞標準)

　　我們並不認為，每種親密關係都將滿足所有這些標準，或者標準代表著親密關係的某種「理想」。但是，我們也認為，親密關係比公眾關係更多、更經常地展示了上述標準。比如：在一起從事高度互相依賴工作的人，像外科醫療組的成員，一天中實際花在一起工作的時間要多於每個人花在與重要他人相處的時間。然而，他們可能不會把工作關係歸為親密關係，除非成員間還表現出若干上述的其它標準。(**專欄** 11.1)討論的敵對關係也滿足六種標準中的大多數標準，因而也是一種親近關係。因此，我們所說的私人或親近關係一般都符合六種標準的大多數標準。我們可以把**親密**(intimacy)定義為由兩個人建立起來的一種獨特聯繫，其特點是兩人的行為高度互相依賴、遵循個體化規則、個人暴露以及關係雙方都認為這種關係較具感性特色、內在獎賞性和不可替代性。

所有關係的一個重要特徵就是它們都不是一成不變的。因此，親密關係的相互依賴性、情緒性和個體性也會日日甚至時時刻刻發生多多少少的變化。實際上，許多親密關係還可能消失。有一項研究要求大學生確定並報告其最親密的關係。9個月過後，百分之四十二的親密關係發生破裂。②那些保留下來的關係，也得到原來角色和規則的重複參與的熟悉事件的創造和「再創造」。如果出現新的事件或角色和規則被修改，這些親密關係也會變化或被重新商定。例如：兩個朋友不斷重建其關係，因為他們共同參與喜愛的活動，比如：「去看電影」、「越野滑雪」或互相「傳授訣竅」。一對已婚夫婦也可透過經常的活動，如「細說當天的見聞」，或者「談論將來的打算」重新肯定其親密關係。或者，他們可以增加某種新活動，比如：「森林野營」來加強其親密關係。他們還可以改變親密關係的基礎。他們可以更自主一些(丈夫去上烹飪課；各自度假；妻子參加健美俱樂部與女孩們玩保齡球)並透過更多的傾聽、交談對親密關係進行補償。

　　從這些例子可以看出，親密關係不是建立之後便可放在架子上觀賞和讚美的東西。各關係就像是每天驅車沿同一條路去上學或上班，我們知道還有許多其他路可走，但我們仍繼續沿著熟悉的路走。同時，我們透過參與同樣熟悉的活動日復一日地「重建」同一關係。這麼說來，親密關係對我們只是相對地「穩定」，因為我們總是不斷地將熟悉的部分(交往、活動等等)整合起來，或者同大體相似的部分替代那些熟悉的部分。實際上，這些親密關係常常並不十分穩固，正如親密關係中的事實所表明的，在親密關係的所有六個方面或某些方面都存在變化。

　　在我們文化中最常見的親密關係類型是戀人關係、友誼和家人關係。艾倫・伯斯奇德(*Ellen Berscheid*)及其同事在對大學生最親密關係的一項研究中發現，近一半人認為是戀人關係，百分之三十六的人認為是友誼，百分之十四的人則提到家人關係。③因為上章已討論了家庭關係，這裏我們主要來探討友誼和戀人關係。

友誼和戀人關係

　　從表面上看，友誼與戀情的差別似乎顯而易見。性行為的規則為一些人標明了界限。對另一些人，互相表達強烈的愛慕表明其戀愛關係，而友誼是建立在強烈的喜愛或相伴基礎上的。有人認為，戀愛關係要想持久必

須讓位給友誼,因為戀愛關係是短命的。試著界定朋友與戀人之間的差異,它並不像你想像的那麼容易。

　　友誼與戀情可能還有其他更細微的差別,這可以表現在我們前面講到的六個方面上。(應該表達多少情、允許哪種相互依賴、程度如何等等。)例如:有些理論家主張,朋友間的行為依賴通常是自願的;在詢問之前他們通常不會擅自向對方提出時間要求。④而在婚姻中,這種相互依賴可以被預期,甚至被認為是理所當然的。因此,儘管友誼與戀情均被視為親密關係,但它們卻有一個重大經驗區別。在兩種關係隨時間的發展過程中,友誼趨向獲得其自願的本性,而戀人關係則表現出把義務和承諾融入關係之中的趨向。

　　即使在同種親密關係,比如:婚姻關係中,人們建立關係的方式也會大相逕庭。例如:任何一種親密關係都可以說具有高度不可替代性、互相依賴性和情緒性、適度的個體性和內在性等特性,但卻不能說具有特別的癖性(個性)。在這種一般的親密關係中,關係的任何一方都不能設想與另一方生活在一起,即使某一方的伴侶去世了。他們幾乎可以一起做任何事情,在同一辦公室工作,參與同一社交活動以及在同一時間上床休息。他們可以滔滔不絕地表達互相的感情。他們也可以從小受到同一亞文化的教育,這種亞文化規定了關於夥伴應如何相處的大多數規則。他們因此也可能建立少數其關係中獨具的規則。由於社會地位和經濟保障等原因,他們還可能被教導結婚應找一個「門當戶對的人」,因而他們從親密關係中既得到許多外在的好處,又得到了同樣多的內在恩惠。最後,他們可以談論被許多人視為「非個人的」話題;比如:世界和城市關係、天氣和電視節目等等。因此,他們雖然很少長時間談論和表達其私人態度和感情,但他們對其關係是十分滿意的。

在界定親密關係方面的歷史影響

　　我們已經把親密關係定義為一個靈活的概念,隨行為和意義的若干方面波動變化。之所以這樣定義親密關係,是因為親密關係的意義是隨不同文化、不同家庭及不同時間而變化的。讓我們看看家庭和文化訊息對界定親密關係的影響。

家庭訊息

上一章我們討論了夫妻間建立的長期關係的一些類型。這些關係往往受到夫妻雙方年輕時學到的家庭溝通模式的影響。因此，我們每個人都可能把對親密關係涵義的完全不同的印象帶入某個關係之中。也許你能回憶起兒時聽到的、告訴你「理想的」關係是什麼樣的語言訊息或非語言訊息。對親密關係的這些相異之見，毫無疑問會影響到我們對任何當前關係的界定。

近期的文化訊息

同樣，關於親密關係應當是什麼樣的觀點也會受到變化中的文化訊息的影響。維吉尼亞‧基德（*Virginia Kidd*）在討論 50 年代到 70 年代早期流行雜誌時記述了人們對人際關係的認識以及人們針對人際關係提出的忠告方面的重大變化。⑤基德指出，50 年代和 60 年代早期人們對關係的看法依據自我特性和迴避衝突的單一標準。（看法Ⅰ）。任何努力都是為了讓關係夥伴高興。這種看法到 60 年代末期終於被第二種看法取代，即自我犧牲變為自我實現（滿足），迴避衝突變成友好地或敵意地公開表達感情。（看法Ⅱ）（**表 11.1**）指出了這兩種看法的一些主要差別。或許你能想出表明親密關係主導看法被再次修改或改變的最新文化訊息。

有距離的文化訊息

為了全面理解親密關係的不同界定，注意一下我們文化的久遠歷史是有益的。郝瓦德‧加德林（*Howard Gadlin*）對過去 300 年間親密概念在美國中產階級及異性關係中是如何變化的分析，或許是對親密關係歷史的最有趣的研究。⑥加德林研究了美國生活不同歷史時期的個人日記和諮詢書籍，並且參考了許多歷史學家的觀點。他指出，美國在工業革命以前，親密關係的特徵是外在的親近（父母和子女往往同住一個臥室），這種禮節我們今天認為是非個人的。部分原因在於，工作場所與家庭住所基本上是不分的。一個家庭自種糧食，把家中生產的東西與別人進行物物交換。個人生活不是私人的；相反地，個人始終受到所處整個社團的監督。人們能夠保持獨立身分感的唯一方式是深藏自己內心深處的感情，避免與別人親近。儘管對親密關係的這些定義不一定影響到我們今天的觀點，但它卻向我們表明，隨著經濟和文化環境的變化，今天對親密關係的看法也將發生

變化。

親密關係的建立

　　一些研究者認為，親密關係之所以能夠建立，原因在於人們總是在不斷地尋找若干相好夥伴。這種尋找過程被描繪成像是去購買一雙好鞋的過程。你不停地試穿，直到發現合適的一對為止。這種研究方法假定，人們對其自我行為有高度的自覺，也能充分認識與他人交往的意義。另一些社會科學家指出：親密關係往往就那麼發生了，人們事先不能十分清楚地預見它，這也就是常言所說，當愛神之箭射中你時，你卻「一點兒也不知道」。許多親密關係的產生是緩慢的，幾乎無法察覺，夾雜有個人和非個人兩種因素。上述兩種觀點可能都對，因為溝通模式及其意義，往往在相互反映中看得更清楚。⑦

親密關係的準備

　　關於親密關係是如何建立的，一些分析認為，親密關係雙方在建立親密關係之前要進行大量的策略性準備。最初的交往叫作「對友誼的試聽」，關係雙方有意識地評價對方的行為，看看對方是否符合某種「理想夥伴」的要求。按照這種看法，兩個剛剛相逢的人之間進行的大多溝通都是在測試與對方建立親密關係的可靠性：「你和我是同類型的人嗎？」「你是否符合我的標準？」「來，做個測試，看看你是否能通過。」

　　我們實際上是否經常或在何種程度上測試一種新關係的親密潛能？當然，我們有時觀察我們的生活，發覺我們的親密關係不夠多但也並不少。在大學第一學期，第一學年(一年級)我們就有這種體會。我們碰到成打甚至成百的新人，而只有少數將成為我們親密的朋友。我們可能十分清楚地意識到我們與他們(少數朋友)是如何相互選擇的。約會也是能高度意識其潛在可能性的實例。我們被教會用約會遊戲的方式找到中意的人選；但這通常並沒有完結，不是一蹴而成的活動。我們接受的文化訊息可能鼓勵我們更清楚地意識到整個活動過程。在美國文化中，如何建立親密關係的自助書籍指出，建立親密關係是一種珍貴的佔有。我們開始會認為關係像「商品」——待售的產品。我們如果接受這個看法，就會更加注意我們的購物習慣，以便確保自己是關係的合格消費者。

總之，我們的確能夠在某些情況下清楚地意識到某一新關係所具有的親密關係潛能。我們甚至可以預先安排接觸，以期該關係朝親密關係的方向發展。然而，沒有跡象表明我們總能理性地意識關係的發展方向。事實上，許多關係在相對非個人的基礎上持續多年之後才轉向親密關係發展。

建立親密關係的條件

　　親密關係並非總是有準備的；關於親密關係的建議也並非總能聽到。並非總有一個追求者和一個被追求者。親密關係也不會突然以完滿的形式湧現出來。親密關係的發展是溝通過程的一部分。但由於這樣或那樣的原因，關係夥伴看不到（或忽視）他們分享訊息和活動中建立親密關係的潛能。研究者指出，許多因素可能結合起來或逐漸或突然地使我們意識到某個關係發展的親密關係的潛能。

　　身體貼近度（physical proximity）是其中的一個因素，它增加了兩個人經常溝通的可能性。單獨這個因素難以導致親密關係，除非很少其他人可交往。接近度較經常地確定其他因素的階段。也許親密關係類定基礎的最普遍且往往被忽視的因素之一是 **共有事件**（shared episodes）出現的頻率。共有事件是指兩個人共同參與某個任何一方單獨無法進行的活動。因此，當兩個人緊挨著，一起工作、一同去爬山亦或者重複地參與任一共有活動，他們就會增加其互相依賴性。最初，關係夥伴建立起行為互相依賴。他們互相投入的一切都是在進行協調行為的交換。哈瑞特·布萊克（*Harriet Braiker*）和哈洛德·凱利指出，親近關係發展的普通模式分為三個步驟：

- 行為互賴。
- 建立共同行動的規則和規範。
- 個人態度和特性的互賴。⑧

　　這表明，建立行為一致性，雖然不能保證必定建立親密關係，但只要要求並鼓勵進一步建立親密關係，都確實為此鋪平了道路。前面提到，約會通常被視為建立進一步嚴肅關係的前奏，儘管就其本身而言也被視為一個終結。父母和青少年子女對教會的看法經常有分歧。一個女孩把約會僅僅看成一次活動，告訴她父母不必擔心，「根本沒事」。而父母也許直覺地意識到這種行為互賴的潛在發展可能性，他們會告誡女兒說：「不要隨便

跟你不想與他結婚的人一起出去。」

影響親密關係建立的其他環境因素還有時間、地點和日期等等。這些因素能影響我們對馬克‧卡納普所指 **親密準備**（intimacy readiness）狀態的認識和形成。情人節、春天時的倦怠心情、高中或大學的最後學年都是建立親密關係的良機。同樣發覺自己處於通常定義爲親密關係的處境中也會產生親密感情。⑨比如你與幾個朋友和熟人一起去跳舞；夜幕降臨後，多數朋友卻相繼離去，只留下你和另一個夥伴——她碰巧又十分迷人。幸運之神又一次撞見你——不過沒有人能預料結果如何。在這些情況下，誰是夥伴並不那麼緊要，關鍵是要有一個夥伴。關係可能像離弦之箭，甚至在你並未來得及評價它之前就已經射出了。

戀情（romantic feelings）是影響親密關係產生的另一環境因素，也許是美國文化中最常見的因素。我們多數人首先需要「墜入愛河」的感情，然後才承認關係發展到親密關係的地步。瓦倫‧希伯萊斯（*Warren Shibles*）和查爾斯‧札斯楚（*Charles Zastrow*）在對戀愛的分析中區分了三個主要成分：

- 使兩個人結合起來的事件，如：約會
- 積極的自問，使自己確信對方有吸引力
- 喚起的情緒反應或感情（心跳加快，神經興奮等等）。⑩

有趣的是，缺少任何一個成分都會改變戀情的本質。缺少第一個條件，只有喚起和吸引將導致浪漫的幻想。有了使兩個結合起來的事件和喚起而缺乏吸引力將導致迴避行爲；既相互吸引又有實際事件，但缺乏喚起也只能產生友誼而非愛情，不過，最令人迷惑的是情感反應。許多研究表示，任何情緒，包括戀愛都由兩個因素所組成：心理學上的喚起和認識上的標明，比如：愛、恨、恐懼。認識上的標明是根據對環境的文化和社會定義制定出來的。⑪在一項研究中，三組受試男人在觀看他們被告知將見到的女人的錄影帶之前，分別經歷不同程度的喚起。那些經歷較高喚起程度的男人認爲漂亮女人更具吸引力，而對不太吸引人的女人則較反感。⑫

研究者早已知道，無論親密關係的種類如何以及人們對其建立的認識程度如何，如果缺乏某種形式的吸引，親密關係就很難產生。互相吸引的人會更多地交往，從而使其關係向更個人的方向發展。

人際吸引：廣開的門路

我們可能「喜歡」很多人，也就是透過自問建立起對他們的積極印象，而不再進一步同他們建立更個人的關係。在有些情況下這可以叫作「遠距喜愛」（沒有任何實際溝通）；在另一些情況下我們可能與某人繼續文化或社會學層次上的溝通。理查·桑尼稱這種溝通為**「客套」**（civility），或者是「關係雙方既相互保護又共享相伴關係的一種活動」。⑬我們可能按這種方式被很多人所吸引。只要關係夥伴要求進一步發展關係，吸引人建立客套非個人關係的許多因素同樣可為更個人的關係奠定基礎。實際上，一種吸引理論表明，我們差不多一開始就對別人作為可能朋友或戀人做出了評判。從我們碰見的所有人當中，我們開始進行「過濾」，剔除沒有發展可能的人，仔細審視有希望與已建立進一步關係的人。讓我們詳細地探討這個理論。

達克的吸引過濾理論

史蒂文·達克關於吸引的**過濾理論**（filtering theory）說明了我們在何時以何種方式運用他人的言語和非言語特徵確定他們作為關係夥伴的吸引力。他指出，人們運用一系列明確有序的標準來評價對方的吸引力。⑭我們評估初識者和以前認識的人的吸引力的方法是不同的。在關係向更個人的方向發展時，確定吸引的標準就會發生變化。這些標準作為過濾器，篩除那些不大可能適合我們社交圈的人。根據達克的觀點，過濾的程序是這樣的：

- 社會學的或偶發事件的暗示。
- 其他前互動的暗示。
- 互動暗示。
- 認知的暗示。

社會學的或偶發事件的暗示

吸引的第一個標準是人們必須有機會互相觀察。因此，諸如：家或工作地點相近，交往頻繁，將來有可能相遇等因素都可促使吸引的產生。

其他前互動的暗示

一旦我們知道我們可能再次見到某個人，我們就開始仔細觀察他或她的行為。諸如：身高、胖瘦、容貌、衣著等外部特徵都可作為吸引有益的根據。我們可以根據這些特徵推測其社會地位、收入情況以及生活方式。儘管我們推測的認識存在或多或少的差異，但它們總是在一定界限之內。我們可以根據推測的認識決定是否需要進行一次談話，什麼樣的話題可能是適當的。

互動暗示

互動只要一開始我們就有了更多可利用的訊息。我們共同感興趣的話題，每人談話的時間多少，交談是否順利，以及眼神接觸的時間長短，相互作用距離的大小等等，這一切都是幫助我們決定喜愛程度的暗示。對方的某些行為可能立即引起我們的厭惡，而另一些行為則需要數次互動之後才能做出評判。根據達克的看法，我們相互作用越多，社會學意義上的和前互動的暗示作為吸引的根據就越顯得不重要。

認知的暗示

最後，互動行為還使我們形成對別人態度、信仰及個性（人格）的印象。這些印象一旦形成，吸引就更可能建立在對這些認識的暗示評價上，而不是建立在群體所屬、衣著或具體行為的了解上。

人際吸引力：使我們相吸相斥的因素

過濾過程說明了人們是如何在很一般的意義上評價吸引的。大量研究則是針對使人們之間產生相互吸引或相互排斥的具體原因。這類研究發現，人們互相吸引，是由於以下一個以上的原因造成的：即形體美、重要相似點、相互喜歡、滿足的需要、預期的付出或回報等的認識。我們將簡要考察人際吸引力研究提出的接近——迴避間的人際變化。

形體美

如過濾理論所示，**形體美**（physical beauty）往往是起初吸引的最重要的基礎。(第 7 章)講過做為一種非語言符碼的形體。我們還指出，大多數文化都確定男性美和女性美的標準，而這種標準影響著我們對外貌吸引力的認識。因此，我們最可能追求與我們認為形體最吸引人的那些人建立關係。然而，有些研究也主張一種略顯不同的觀點，叫作**匹配假說**（matching hypothesis）。根據這類研究，決定進行交往並追求建立一種更個人的關係往往是基於這樣的認識，即關係雙方在外貌吸引力方面是相對「平等」的。⑮許多人斷定，他們「沒有機會」與他們認為比自己長相更好的人建立關係。所以說，我們經常評價自我及對方的吸引力，看看雙方是否「相配」。

相似性

你曾經多少次聽到過「物以類聚」或兩個人是「同類精靈」的說法？常識告訴我們，人們之所以相互吸引，是因為他們具有重要的相同點：他們喜愛同樣的食物，同樣的政治，以及同一類人。他們共有同一人格的許多特質。驗證**相似性**（similarity）假說的多數研究都在某種程度上證明了這個假說。⑯儘管如此，相同點與吸引之間的關係並不明朗，仍是難以捉摸的。兩個人之間有多少相同點，也就至少有多少不同點。過多相同點從長遠來看是不利的，因為這可能導致厭倦，或者使人難以看到足夠多的行動路線。一開始，最重要的就是認識到有足夠的相同點可保證交往的延續，有足夠的共同感興趣的話題可談。在有些情況下，吸引的基礎可能是單獨一個共同點，它聯結了大量的不同點。例如：兩個人可能發現他們倆都喜歡爭論，然而遺憾的是，他們幾乎在其他任何事情上都爭論不休。

最初的相同點也可能使人誤入歧途。兩個人可能有一個共同的信仰：他們應「幫助不幸的人」，但他們持有這種信仰的理由卻根本不同。一個人的信念建立在恐懼之上，認為「如果我們不幫助別人，上帝將懲罰我們」；另一個人則認為，「幫助別人是人性(道)根本的形式」。托馬斯・李克納（*Thomas Lickona*）主張，認識及道德方面的相同點——不是一個人在想什麼，而是他或她是如何推理的——是保持長期親密關係的最重要的相同點。⑰

相互喜歡

我們常常被另外某個人吸引，原因僅僅在於他或她表現出 **相互喜歡**（reciprocal liking），或者首先對我們感興趣或表現出實際的喜歡舉動。不少研究證實，表示喜歡通常將會得到回報。[18]如果你稍加思索就會明白，我們喜歡那些喜歡我們的人，這正是自然而然的事情。畢竟，如果某人能欣賞你，樂意與你相伴，在你眼裏，她一定也是個不錯的人。同樣，當某人見你走進房間臉上就露出厭惡表情的人也會得到你同樣的反應。

一些研究表明，表示喜歡往往足以抵消最初對不同點的認識。本杰明‧布羅姆（*Benjamin Broome*）發現，美國大學生比較容易為那些說美國語且易於相處、見多識廣，與他們說話有趣的外國學生所吸引。[19]在這個例子中，表示「喜歡」是針對一般美國人而言的，它甚至並沒有直接針對美國大學生。

相互喜愛假說雖然看上去是自然而然的，但它並不總是有效的。在有些情況下我們並不向喜愛我們的人做出積極的反應。因為相互喜愛說的基本前提是每個人都自愛。然而，如果某一個人抱有消極般的自我形象，他可能難以使自己相信別人真的喜愛他，因而可能視別人的喜愛表示是禮貌的不誠實。這也就是所謂的「**哥魯喬‧馬克斯綜合症**」（the Groucho Marx syndrome)（「我不願加入想讓我做一名成員的俱樂部」）。這種人認為，喜歡他的人一定有什麼毛病。另外，表示喜歡還必須選擇適當的場合。如果有跡象表明別人擺出某種屈尊施恩或盛氣凌人的架勢，他們即使投之以桃，我們也不會報之以李。[20]

滿足的需要

根據心理學家威廉‧舒爾茨（*William Schutz*）的觀點，每個人都有三種不同程度的基本人際需要：歸屬、支配和情感。[21]在人際關係的發展中，一方的需要匹配或完成另一方需要的程度如何，將影響他們的互相吸引程度。

歸屬需要（need for inclusion）是指我們要求別人在場的強烈程度。明顯地，我們都有希望獨處的時候，不過也有一些人對私人性的要求比較強烈。舒爾茨稱這類人，「**沒有達到社交水平**（undersocial）」。同樣，一直需要有人在場的人則「**超過了社交水平**（oversocial）」。歸屬需要採取兩種形

式：

- 把別人納入你自己活動的需要——接觸別人。
- 要求被納入別人發起的活動的需要，比如：別人邀請你加入其團體或俱樂部。

由於人際關係雙方的歸屬需要必須是補足的，因此雙方必須十分相似。

第二類人際需要即 **支配需要**（need for control）指要求支配別人的行爲或讓別人支配自己行爲的特殊需要。喜歡支配別人的人叫作獨裁者；樂意讓別人做決定的人被稱爲傀儡。當關係一方喜歡掌權，而另一方也不介意，或者樂意讓別人控制時，支配需要是補足的。由於大多數人都想在其人際關係中擁有某種程度的支配權，因此支配需要往往必須經過協商才能實現。

人際關係的第三種基本需要是 **情感需要**（need for affection）它是指個人感到他必須向別人表達情感或親近或者讓別人向他表達情感。它與歸屬需要的區別在於，我們可能喜歡周圍許多人，但並沒有貼近他們的特殊動機。或者，我們對有許多人相伴並不關心，而是想與少數幾個人貼近，把他們納入到我們的社交圈當中。顯然地，當兩個人的情感需要相差懸殊時，他們就不能互相滿足對方的需要。結果，由於這些需要長期得不到滿足，吸引就會消失。

付出與酬報

關於吸引的一種觀點認爲，人們在互動中互相交換財源，這些財源往往被稱爲人際關係的貨幣（參見第 6 章），從本性上講它是經濟的。（就像金錢、貨物、服務等等一樣）或者說具有或多或少的親密性（家、時間、友誼、愛情等等）。㉒兩人之間任何財源交換的結果都可根據付出與獲得來看待。根據交換理論，人際溝通一產生，每一方付出與回報之間的比率就良好地預兆了其關係對各方的吸引力大小。檢驗這個假設的困難之一在於，溝通前如何確定那些交往行爲和活動對關係的某一方來講是最大報償或者是付出最多。當然人們仍可能把其相互吸引建立在上述分析之上，至少在某些時候可以這麼做。

友誼的特徵往往是，自願花時間相處
並享受高度放鬆的非語言溝通。

吸引力的其它來源

　　研究者未曾盡舉吸引的一切根源。吸引還可建立在交談本身的重要性
質之上。(除了潛在的相同點，補足的需要等等之外)我們只能推測，諸如：
幽默機智、妙語連珠，使人聯想起以前某個關係的非語言行爲以及許多個
人特性等因素都經常引起的吸引。在你已建立起的各種關係中經歷的交談
方式和內容中，找出你認爲最有吸引力的因素，這將是十分有益的。應當
記起，導致吸引的因素並不像設想的那樣一成不變。交往會影響我們對相
同點、補足性、付出與回報等等的認識。我們在交談中創造這些因素。我
們不能過分強調這個事實。兩個人可能有相同的需要，除非他們互相意識
到這些相同點，實際的相互吸引就是不可能的。自知理論(參見第 4 章)認
爲，我們可能用我們將來決定我們必定喜歡的方式與他們溝通。一些研究

證實，當人們向比較陌生的人吐露心聲時，常常出現這種情況。㉓

在與別人互動的過程中，我們可能發現，我們與別人相互吸引的方式有許多種，這些吸引方式能夠做為建立更個人關係的基礎。下面我們把注意力轉向分析關係發展主要是如何產生的。

越近越好：向對方揭露自我

正如吸引的過濾理論所認為的，一開始被人吸引並不自動地使關係朝親密關係發展。即使某個人滿足作為一個有吸引力的「臨時的熟人」或「談話夥伴」的所有標準，他或她也不一定能成為「一個好朋友」或「戀愛夥伴」。因為關係要向親密關係方向發展，必須建立和重複使用性質不同的多種模式。研究者認為，從一般關係到親密關係的發展是分階段進行的。本節將講述關係發展（先講友誼，然後講戀情）的幾個主要階段，仔細關注代表每個階段特徵的溝通模式。（**表 11.2**）對友誼發展的階段與戀愛關係發展的階段進行了比較。

友誼發展的幾個階段

社會科學家把注意力多集中在戀人關係上，幾乎完全忽略了對友誼的研究。然而，近年來研究者對友誼的興趣正與日俱增。威廉・羅林斯曾提出一個最全面的友誼發展模型。按照這個模型，㉔典型的友誼要經歷六個發展階段：

- 限定角色的互動。
- 友好關係。
- 走向友誼。
- 初建的友誼。
- 牢固的友誼。
- 友誼的消失。

受角色限定的互動

友誼的產生像其他任何關係一樣。首先最初的交往要接納社會角色和社交規則（參見第 4 章）。這種互動叫作公衆互動，它受客套的規則所支配。儘管有些友誼可以因身處某個不尋常環境（例如：危及生命的處境或與別人隔離）而迅速形成，但那畢竟是一些例外情況。

友好關係

前面已指出，角色的互動可以採取多種方式。建議者——被建議者或雇主——雇員關係的特點是公事公辦，一絲不苟的，或者使人聯想到積極的情緒。在填寫一張貨款、申請表時，銀行職員與顧客之間沒有必要互相說一些幽默的軼事或友好地閒聊，在許多這類情況下，友好行爲模式只是行爲者的自我欣賞；它並不一定要求進一步的友誼。不過，友好關係的確爲潛在的友誼奠定了基礎。

走向友誼

在角色互動中，人們的行爲受文化規則的支配；交往的理由很大程度上是「義務性的」。如果銀行貸款員突然抱怨工作疲勞，打斷銀行業務，我們會認爲這是粗魯無禮的。然而正是這種角色義務成爲阻礙友誼及其它親密關係的障礙。羅林斯指出，友誼的一個基本限定性因素是其自願性。朋友就不像銀行貸款員，他可能抱怨太累，並且離開正在進行的活動。在走向友誼階段，關係一方邀請另一方參加不大受角色限制的活動，而另一方自願地接受。這類活動一般時間不長，參與雙方都沒有義務延續交往。在這種嘗試性持續活動中，第三方也可以包括進來，以便避免過分的緊張。還有一些活動的進行是不受時間限制的。由於參與是自願的，因此任何一方都可自行決定何時退出活動；任何一方都無權向對方提出時間要求。「與幾個人一道看電影」是由第三方參加的短期活動的良好例子。夜晚在迷人的噴泉邊流連忘返就不受時間限制。

在此階段互動的內容也產生了質的變化。羅林斯的研究表明，人們正是在這個階段開始建立關於世界的「共同建構的觀點」。交談最初可能集中在態度和價值觀的共同點上，而後逐漸轉向對意見差別的探討。當合意改變了互動前所指的觀點時，共同建構的觀點就出現了。

初建的友誼

一旦走向友誼的表現反覆重現，關係雙方就開始認爲他們已「成爲朋友」。友誼也就在此階段形成了。友誼形成之後，溝通中出現一些重要的變化。曾經作爲關係特點的角色互動現在看來已不再適合。羅林斯稱這種情況爲**消極規範**（negative norms）——出格的溝通形式。雖然友誼的自願性仍是一個恆常的特徵，但新結交的朋友常常選擇參與更廣泛的活動及交談話題。

牢固的友誼

在美國文化中，建立友誼一般不舉行慶祝儀式。如果有的話，也只有諸如：「拜把兄弟」等少數契約儀式。因此，友誼聯繫往往十分脆弱。互相稱對方是「朋友」，只是口頭上承認，實際上由於濫用，「朋友」一詞的意義在不斷削弱。一般的熟人之間也常常互稱朋友，儘管他們互相很少了解。到美國的移民往往難以適應人們對朋友一詞的隨便使用。例如：對許多非本土人來說，說：「我找了 20 多個朋友想辦一個晚會，你不想參加嗎？」這的確讓人難以置信。㉕

那麼，我們怎麼知道何時一個關係變成了穩固的友誼？大多數人強調了建立信賴的重要性。顯然地，信賴並不是在關係發展的單個階段建立起來的。建立信賴的過程是逐漸展開的，它包括相互關聯的兩種行爲。**信賴行爲**（trusting behavior）指可增加一個人對另一個人依賴程度的任何行爲。自願與另一個人進入一個危險處境，或者向對方傾訴內心的隱秘，這些都是信賴行爲。警官平常都把自己放在其夥伴可信賴的位置上。**值得信賴的行爲**（trustworthy behavior）是對信賴行爲的反應，它保護脆弱的對方。一個朋友若把秘密洩漏給第三者，他就表現出不值得信賴的行爲。因爲朋友暴露自己的弱點是一點一點地，常常是極爲謹慎地進行的，因此建立信賴是一個複雜的過程，它需要相當長的時間。

許多人對朋友種類或友誼層次做了區分。保羅・賴特（Paul Wright）把友誼區分爲表面友誼和成熟的友誼。表面友誼中，關係夥伴喜歡與對方相伴，成熟的友誼則建立在互相關心，互相承認對方的獨特性和不可替代性的基礎上。㉖至於友誼層次到底有多少，研究者們很少達成一致意見，不過最常見的區分包括三個層次：一般朋友、親近朋友（摯友）和最好的朋友。

一般朋友只建立表面友誼，摯友和最好的朋友則建立比較成熟的友誼。人們一般有幾個摯友但只有一個最佳朋友。

羅伯特‧海斯(*Robert Hays*)曾要求一些大學生連續一周每天記錄他們與一個摯友及一個一般朋友的交往情況。結果他發現，與一般朋友相比，摯友們的交往更頻繁，交往背景更廣泛，他們的交談更具有排他性和情感支持性。互開玩笑，相處一起感到輕鬆愉快，這些都是關係進展的顯明預兆。㉗

蘇珊娜‧洛絲(*Suzanna Rose*)和費里西希馬‧塞拉費卡(*Felicisima Serafica*)研究了不同類型的朋友由於維護或終止其關係的各種方法。㉘對一般朋友來說，經常接觸是保持關係的重要方面。缺乏接觸，無論是敵意的還是無意義的，都是可能危及友誼。要保持親近友誼和最好的朋友關係，更多地依賴於交往的質量，尤其是表現出的親近感情的多少。這類朋友關係可能會終止，如果朋友間的爭吵、失信或厭倦了親近感情的表達。有趣的是，交往不頻繁對親近朋友的威脅比對最好朋友的威脅更甚。如一位婦女所言：「對待親近朋友關係，你必須比對待最好的朋友關係更加盡心。它要求更多的努力。你不能認為親密朋友就多麼理所當然。」㉙

友誼的消失

友誼如同其他任何關係一樣也不是自足的。它要求友誼雙方努力保持聯繫，努力探索新的活動和興趣。友誼走向消失的原因是多種條件的：疏忽大意，缺乏重要他人的支持，重大的失信行為，偏離重要的關係規範，提不合理的要求，以及大量其他可能因素。就溝通模式而言，友誼消失可能表現在坦率的地方加上限制，在共處的規則處強調自主。如果我們不希望友誼消失，我們就應當關注它，但也要避免驚慌失措。多數友誼都會經歷類似的階段。我們都經歷過這樣的情況：某些朋友彷彿銷聲匿跡了——不寄明信片、不來信、也不打電話——而幾個月之後卻突然冒了出來，一五一十地把原因全告訴了我們，於是我們的朋友關係繼續保持完好如初，就像沒有出現任何中斷一樣。

友誼發展的許多階段和溝通模式與我們在戀愛關係——約會夥伴關係、夫妻關係、長期同居的夥伴關係的模式相同。實際上，許多戀人稱他們是「最好的朋友」，除非你溶入了戀情。戀愛關係的發展方式與構成其發

展的問題模式之間存在著本質的區別。下面將考察這些戀愛關係。

戀愛發展的幾個階段

　　戀愛關係的進展在很多方面與友誼關係相似，兩者都必須解決信賴，坦率——拘謹，獨處——共處等問題。既然前面已經對此討論了不少，這裏對戀愛關係發展階段的考慮將要簡略一些。我們將試著指出，走向友誼軌道的關係與踏上戀愛之路的關係之間的一些重大區別。

　　儘管戀愛親密關係發展有許多模型，我們將採同馬克‧卡納普提出的比較流行的一種模型。㉚此模型描述戀人走在一起的過程有五個階段：開啓、實驗、強化、整合和契約。雖然這些階段不能反映每一種戀愛關係的發展情況，但它的確描述了大致的路線。下面我們將分述這五個階段。

開啓

　　這個階段與友誼的角色限定的互動階段類似。此刻的溝通主要包括問候致意以及環境要求的其他接觸形式。新工作上班的頭一天，或者新學期的第一天都為我們提供了許多開啓種種關係的機會。此間溝通完全允許人在對對方幾乎一無所知的情況下進行交往。交往中可以應用吸引的最初過濾，也可以對溝通能力做出判斷。

實驗

　　初次接觸之後，關係雙方可能根據互動的標準規則繼續進入閒談階段。善於開始並維持溝通（參見第 8 章）的人在此層次上能十分有效地處理關係。閒談和其他形式的互動能夠使人表現出預期的自我形象，形成對對方的印象，分離出兩人需要進一步探討的相似性。禮貌規範規定著這些互動。

　　在此階段，我們常常千方百計取悅別人，然後再「測驗」他們喜愛我們的程度如何，我們是否應努力把關係發展到強化階段。羅伯特‧貝爾（*Robert Bell*）和約翰‧達里（*John Daly*）發現，人們用於使人更喜愛自己的**尋求親合策略**（affinity-seeking strategies）有七類。㉛（**表 11.3**）概括了這些策略。這些策略表明，在引導喜愛——取悅關係進展的重要因素方面，溝通行為是相當重要的。研究者還發現，諸如：果斷性、溝通憂懼及溝通風格等人性特徵都影響到人們會使用那些策略及其效果。高度自控者、果

在整合和建立契約階段，朋友和戀人常常透過非語言行為向外界表現出其關係的性質。

(Pablo Picasso, *The Lovers*, 1923)

斷性強、反應敏捷的個人能比大多數人認識到更多的策略，也能運用更多的策略；而對溝通憂心忡忡謹慎的人的選擇機會就十分有限。

強化

多數關係並不超越開始和實驗階段，而在朋友關係中，未來的親密者會互相暗示對方強化其交往。卡納普指出了言語溝通模式中的許多變化：稱謂更加不拘禮節，更多地使用代詞**我們**（we, us），建立私人語言和言語簡稱等等。但這些並不是一夜之間突然發生的。強化過程包括大量的測試。例如：尋求親合的策略，以複雜的方式指明了我們自己的就緒狀況，不過，要確定關係對方的認識和感情就需要更多複雜的方法。研究表明，人們一般禁忌談論關係的進展狀況，於是人們求助比較間接的測試。萊斯利・伯克斯特（*Leslie Baxter*）和威廉・威爾莫特稱這些測試為**秘密測試**（secret tests）。顯然地，當某個關係具有戀愛潛在可能性時，關係雙方最常見的是採用旁敲側擊、分離測試、忍耐力測試及三角測試來探聽關係的虛實。㉜**旁**

敲側擊(indirect suggestions)包括開玩笑這種事情，用較嚴肅的詞稱兩人的關係，調侃逗弄對方，藉以觀察對方反應。如果對方認為兩人的關係只是玩笑，那麼兩人的關係將只停留在表面的層次。**分離測試**(separation tests)包括，短時間或長時間不見對方(以便觀察對方是否與你進行聯繫或者是否想念你)**耐力測試**(endurance tests)增加與兩人關係相異的付出，從而觀察對方是否願意繼續保持關係。例如：免為其難地要求對方提供幫助。最後，**三角測試**(triangle tests)是指與別人一起外出，從而測試對方是否嫉妒，談論你認為對方感興趣的某個人看看他或她的反應。

詹姆斯·托韋森(*James Tolhuizen*)還研究了關係雙方用於將一般關係轉化為較嚴肅的排他性關係的策略。㉝尋求親合的許多策略在強化階段也被採用。托韋森發現，關係雙方表現出一種強烈的傾向：即談論和協商兩人的關係問題，直接要求建立更嚴肅的關係，透過更隨便的接觸表達感情，性感的言語表達，增加性親近。在這方面雖然很少性別差異，但女性更多地參與關係協調，更經常地等待男性向她們提出更大承諾的要求。在多數情況下，想要建立更嚴肅關係的人共同使用多種策略，而且一般還會加強接觸或報償。

整合

在此階段戀人開始圍繞雙方組織他們的日常生活。他們開始表現出越來越多的互相依戀。對友誼來說，此時共同建構的觀點出現了，制定計劃時把對方考慮在內，兩人的社交圈開始重疊。事實上，一項關於戀愛關係的研究顯示，與戀人的社交網絡進行溝通是十分重要的。麥考姆·帕克斯(*Malcolm Parks*)和馬拉·阿德曼(*Mara Adelman*)面試了 172 名大學生，要求他們回答是否經常與其約會夥伴的家人和朋友交談，以及這些人對他們與約會夥伴的關係是否贊成。三個月以後的面試表明，那些較多地捲入約會夥伴的社會網絡的人仍然保持約會關係的可能性較大。不僅如此，他們還感到對其約會夥伴的行為、態度和感性都有了更好的了解。㉞整合可能發生在其它方式上。有的約會夥伴共同購買一些小物件作為他們共同的財富。有的則改變他們的某些習慣以便有更多的時間待在一起。例如：一個離婚的母親邀請將來的繼父與她和孩子們一起共進晚餐。整合也可透過象徵方式達到。萊斯利·伯克斯特把**關係的象徵**(relational symbols)定

義爲「交往間關於親密關係息息相關的關懷等抽象性質的具體陳述……關係雙方把它們等同於其關係。」㉟她描述了戀人常把它們與其關係同一性聯繫起來的五種象徵，並且指出了它們如何被使用的：

- 行爲活動象徵：互動儀式、遊戲、暱稱以及戀人經常開兩人獨特的內部玩笑。
- 事件／時間：初次約會、初吻或對戀人雙方具重要意義的某個特殊的周末。
- 實物：表明兩人關係發展重要階段的禮物。
- 具象徵意義的地點：具特殊意義的地點。
- 具象徵意義的文化內容：戀人認爲屬於「他們自己的」歌曲、書籍和電影。

許多關係象徵被用作結合機制，以便指明戀人關係的排他性，與外部世界的隔離性，共享活動，以及親密關係的不斷加強。總之，象徵表明戀人作爲一對的結合。

把兩個單獨個人的生活結合起來決不是件容易的事情。結合過程困難重重，且大多數關係能達到這一步肯定已經歷了許多衝突。許多戀人發現他們之間的差異太大以致難以有進一步的發展。於是，他們終止戀愛關係，或者重建高度的獨立性，削弱投入的強度。那些漸漸前進的人，在人與人之間衝突的角色中是艱苦的。社會科學家在發展親密關係中逐漸地學習衝突的重要性。避免衝突可以預防人們從關係方式中醒悟潛在地報酬。

衝突的過分反應或處理不當都會造成關係的持續傷害。成功的處理衝突常常引導更大的了解和關係的許諾。

建立契約

當兩個人的生活相互交融達到雙方滿意時，常常形成私人的承諾。契約階段是眞正使關係制度化的階段。結婚，共同買一幢房子，或建立一些其它的共同承諾，鞏固了兩人的紐帶聯繫。現在兩人的關係具有一個公共的形象。社交面具和自我形象現在必須加以擴大，以便能容納這個重要的關係形象。其結果既可能維持關係各方追求自我目標注入新的力量，也可能阻礙自我發展，這要取決於從此以後兩人關係的進展情況。

儘管典型的親密關係達到契約階段需要透過兩個自我在互相自我揭示的基礎的結合，但這並不是絕對必須的。運動隊、青年幫、音樂小組和支持某項事業的群體的成員之間也經常建立親密紐帶。這些群體中的成員感到一種超越兄弟姊妹關係之外的紐帶聯繫，他們不必對其他成員的個人感情或心理特徵有許多了解。一些獨特的職業二人關係，比如：冰上雙人舞演員、舞伴、和雙人雜技表演藝術家之間的親密關係，更多地基於複雜的行為互相依賴而非基於對對方的心理了解。當然，我們也難以確認這些關係僅僅是基於對對方社會學意義上或文化意義上的認識。

　　雖然關係並非終止在此階段不再發展，但在此階段常有一個蜜月期，期間兩個人之間的情感紐帶似乎主宰一切。蜜月期一般持續時間不長，但是為了在本章的下一節裏介紹它，讓我們希望它能持續長久。

舒適的兩種親近：在親密關係中保持認同

　　友誼或戀愛紐帶一旦被視為長期的投入，就會出現一個新問題。關係雙方必須協商如何重建同一感，如何更清楚地劃定自我與關係的界限以便促進兩人的和諧相處。本節將集中探討這些問題，同時考察惡化的關係經歷的若干階段。

平衡自我認同與關係認同

　　兩個人建立一種親近關係後，雙方都把自己的絕大部分投入到關係當中。雙方都要進行一些適應，以便新關係能適合他們忙碌的生活。而其它一些關係比如某些個人追求可能遭到的冷落。當然，放棄的東西被許多新的、令人興奮的以及許諾將來提供回報的新東西所取代。同時，建立紐帶的過程，往往使人產生被吞沒於關係之中的感覺。親密夥伴，特別是住在一起的親密夥伴，親密相處花費其大量的閒暇時間。對那些贊成思想學派「溝通應公開」的人來講，心理上的親近則佔絕對的優勢。適應親密關係可能帶來混亂，人們可能忘掉自我同一性。(專欄11.2) 考察了男女對親密關係的不同看法。

　　人們是怎麼處理這個問題的；一方面把自己投入到重要的關係之中，

另一方面又要保持一種強烈的自我感？這大概是處理親密關係中的主要問題。有的人對此的反應是實際上逐漸失去自我，把絕大部分精力投入到親密關係當中。另一些人則強調自我發展，而把親密關係控制在不阻礙個人發展的限度內。然而，我們大多數人都必須學會創造性地處理個人認同與關係認同之間的緊張。研究者認為，學會處理這類緊張在友誼中表現為要學會三種平衡能力：

- 平衡傾訴需要與保護需要。
- 平衡自己需要與共處需要。
- 平衡可預見需要與創新需要。㊲

我們認為在長期戀愛關係中同樣存在這三種緊張。

表達──保護的辯證法

兩個人學會相互信任之後，他們通常更願意表達個人的積極的或消極的訊息。重視信任就引出了威廉‧羅林斯所謂的 **表達──保護的辯證法**（expressive-protective dialectic）。朋友之間有表達的需要，有傾吐個人思想和戀情的需要。不過，過於坦露心胸也可能暴露一些脆弱的地方。這又要求人們互相保護對方的弱點。保護的方式有兩種，首先，保護自我。我們每個人都有弱點或舊傷不願公開。鼓吹完全坦露，親密關係可能對我們施加過分的壓力。其次，我們必須對親密朋友的類似弱點保持敏感。就是說，學會不去涉入這些領域。要保持一個穩定的關係，坦率和節制都是必須的。羅林斯主張，朋友之間實際上必須協商親近的必要條件。坦率與節制的緊張關係是根據問題本身而定的，因為朋友和戀人有時認為某些問題已經成熟，可以公開談論，有些問題則最好加以限制。

自主──共處的辯證法

自主──共處辯證法並不僅限於友誼，但友誼對其尤其敏感，因為友誼紐帶是自願的。**自主──共處的辯證法**（autonomy-togetherness dialectic）指明，朋友之間必須注意不要假定對方將自動地參加某個活動。他們不能總認為對方花費共處的時間是理所當然的。然而反覆地尋問大家共同參加的日常活動也是愚蠢的。平衡自己──共處緊張的能力大小標明著友誼關係的好壞。戀愛關係中也存在有這種緊張。實際上在戀愛關係中，這種

緊張甚至更舉足輕重，因爲戀人共處的時間通常更多一些。親密關係中每一方都應當意識到，他們共處的時間越多，對自由的需要就可能越大。由於任何兩個人都不相同，因此關係一方可能比另一方更快地達到極限。

親密夥伴對這些親密關係中的問題、主題、界限和模式的處理方式與家庭成員對家庭關係中的問題、主題、界限和模式的處理方式十分相似。(參見第 10 章)實際上，家庭極大地影響我們處理這些緊張的可能方式。

創新——可預見性辯證法

建立親密關係的重要方面是建立兩人認爲自己獨有規則的互動模式。根據**創新——可預見性辯證法**(novelty-predictability dialectic)隨著時間的推移，親密關係會表現出其生命，關係夥伴互相間都是可預見的。這就潛伏著使人產生厭倦的危險，也可能使人感到親密關係變的陳腐不堪了。萊斯利・伯克斯特在對此現象的一項研究中發現，大多數親密夥伴願意與其關係的基本性質保持可預見性，喜歡他們的談話和日常活動反映出更大的創新。㊲「你根本不再使我驚喜了」的抱怨表明日常生活過分死板了。

處理辯證的緊張

伯克斯特還研究了親密夥伴是如何處理其關係中的這些緊張的。她發現三種辯證法貫穿在親密關係發展的各個階段。親密夥伴處理這些緊張的策略有六種：

- 選擇：親密夥伴選擇一個極端。比如(第 10 章)講到的「分離的」已婚夫婦選擇較多的時間分開過。(選擇自主而不選擇共處)
- 輪流循環的：親密夥伴共處一段時間，接著自主一段時間，依次循環。(高度可預見，接著是創新活動依次循環)
- 論題分割：親密夥伴在有些活動中選擇自主或封閉，在另一些活動中選擇共處和公開。
- 節制：親密夥伴在兩極之間進行折衷式沖淡兩極對立。比如：公開而表面性的閒聊既不會過於公開又不致封閉。
- 打擦邊球：親密夥伴利用含蓄間接的方式處理緊張，例如：暗示問題而不是公開討論問題。
- 重構：親密夥伴變換問題，從而使問題被視爲具有另一不同意義。

夫妻關係的長期維護往往基於二人對諸如：自主與共處等基本關係困境的恰當處理。

重新界定自己，認爲自主是爲了增加更多的共處時間。(不再被作爲共處的對立面)

伯克斯特發現，絕大多數親密夥伴利用循環分離的辦法處理自主——共處的辯證法，而用分割或節制的辦法對付公開——封閉的問題。分割也常被用於處理可預見——創新問題。親密夥伴一方面在談論其關係時保持可預見性、可信賴性等，另一方面力爭對其活動進行創新。親密夥伴有時也先進行可預見的互動然後進行某種創新(輪流循環的)。

許多關係夥伴在平衡坦率——節制緊張時，幾乎是不自覺地誤解了人際認識。關係夥伴偶爾地使用合乎其辭或離題的溝通做爲緩衝。例如：他們經常不正面對待自己不贊同的問題，而是打擦邊球。他們用這種方式表示自己的看法：即如果需要的話，對方可能認爲他們是贊同的。只要問題對夥伴的日常交往不是至關重要的，都可以加以限制。

阿蘭‧希拉斯(*Allan Sillars*)和邁克‧斯考特(*Michael Scott*)在一項

富有洞見的研究回顧中區分了在親密關係中產生和加強的幾種認識偏誤。㊳具體來講，有四種。親密夥伴傾向於：

- 認為自己在親密關係中的溝通(比如，製造衝突)比其夥伴更積極。
- 對自己的態度與夥伴態度的相似性估計過高。
- 在對由誰來做出重要的家庭或親密關係決策的認識上發生分歧。
- 一般地而不具體地描述親密關係問題。(例如：指出每個人的一般特質而不是集中於具體的行為)。

因此，親密夥伴常常指責對方故意找碴，並把雙方的行為歸結為個性特質造成的，而認為自己的行為是外因造成的。

希拉斯和斯考特對這些認識偏誤提出了一些有趣的明釋。例如：他們主張，熟悉增強了我們能理解夥伴的感性和態度的信心。這種信心開始表現在口頭上，然後表現為努力去理解夥伴，不久就會擴展到未被全面調查的領域。因此，我們只是認為我們互相理解了。「默認」一般被認為是人際互動中的一個主要錯誤，但實際上它有時卻起著重要的作用。

希拉斯和斯考特認為，情感捲入也是導致認識偏誤的一個重要因素。親密夥伴同時又是對方最知情又最不客觀的觀察者。㊴總的說來，對夥伴持積極情緒可能使訊息解釋向 **同化**(assimilation)偏離，或者使解釋假設了比實際情況更多的一致性。另一方面，在壓力或衝突時期，人們可能根據**對立**(contrast)解釋訊息，或者假設更多的分歧。同樣，研究還表明，當人們經歷感情壓力時，他們處理訊息的能力下降，思考方式也趨向更簡單化、模式化。顯然地，這會導致認識偏誤。

當這些緊張得不到適當平衡時，親密關係的惡化過程就應運而生。下面我們把注意力轉向對這個過程幾個階段的分析。在描述這幾個分崩離析的階段時，應當記住，它們並非不可逆轉的。經過短期惡化之後，親密關係往往能重新建立起來。自然地，如果由於長期疏忽或極端痛苦的衝突，由於對信賴的破壞而造成了比較嚴重的惡化，那麼重建關係就變得更為困難了。

關係解除的階段

馬克‧卡納普捏出的關係變化模型包括關係惡化的五個階段：

- 區分。
- 限制。
- 停滯。
- 迴避。
- 終止。

區分

當關係夥伴開始認識到他們是獨立的個體，並且認識到他們除了這種關係外還有其它關心的問題時，他們就開始進入區分的過程。區分通常是由看上去無關痛癢的事件引發的。瑪麗‧安‧馬克跟瓊斯剛剛結婚不久，收到了一封沒寫收信人地址姓名的信件。信上寫著「瑪麗‧安‧瓊斯」收。開始她不知道這信是寫給誰的。當她意識到是怎麼回事時，她說，信上的稱呼幾乎毀了她的身份感。她不知道她到底是誰。她立刻告訴她丈夫，她想保留她的原名。雙職家庭必須面對時間緊張，任務繁重的狀況，因此區分就顯得更平常。這個階段可以更確切地叫作維持關係的階段，因為大多數親密關係不能避免「區分」階段。許多關係夥伴要經歷關係破裂、關係恢復的不斷循環，在夥伴從建立紐帶到區分：再重新結合和建立紐帶。

限制

親密夥伴開始經常性地限制他們的溝通時，關係惡化就變得更加嚴重。這可能發生重大的背信行為，或者是關係質量的不確定性不斷增加。沙利‧普拉納普(*Sally Planalp*)和詹姆斯‧亨尼卡特(*James Honeycutt*)研究了諸如：欺騙、個性或價值觀的變化、婚外情以及背信棄義等等，所有增加關係不確定性的事件。這類事件可能直接導致¼以上的關係終止。另外⅓認為這類事件發生後，他們的關係不再親近。⑩卡納普指出，在此階段交談時間較短，且限於「保險的」話題，唯恐觸及某根敏感的神經，幾乎完全沒有任何新的自我表露。夫婦只在他們的朋友面前才勉為其難表現出高興的樣子。

照片下的話（照片中的婦女所寫）貼切地表現了其夫妻關係的狀況。

停滯

　　關係發展到這個階段，兩個人都意識到，他們之間的交談既令人不快又毫無決策，並且感到幾乎無話可說。不過在此階段主要靠外在報償維持的這種關係也可能持續多年。但對大多數人來說，這個階段只是通向關係終止的坎坷路途而已。

迴避

　　當停滯造成的不快變得無法忍受時，親密夥伴開始重新安排其生活，

儘量避免面對面的接觸。這個階段的行為特徵是：臥室分開、上下班時間錯開、嘗試性分居。為互動而忍受痛苦已不再值得。

終止

在關係夥伴從心理上、身體上脫離親密關係之前，互動的最後一個階段主要是進行談論，為即將來臨的終止做準備。關係的死亡常常是由外部原因引起的，比如：某一方必須搬到另一座城市或大學畢業生不得不離開學校的朋友們。在這些情況下，人們經常在啟程前幾周就斷絕了與朋友們的聯繫。這可能(大概)使實際的終止更容易些。終止階段的交談或採取強調未來的好處的形式(現在向真實的世界出發了。見上幾面。情況看上去很好！)或者採取詆毀過去的形式(我終於擺脫了這個討厭的傢伙。整整四年──簡直是浪費時間！)

許多組織(機構)在僱員辭退時要厲行「退出前面談」，希望找出僱員辭退的原因，並採取措施防止其他人效仿。遺憾的是，在人際關係當中，這種明智之舉並不常見。要想採用這種辦法，或許得在吸取一些有益的教訓之後。

維持親密關係需要大量認識和溝通技能。一開始我們必須學會恰當的自我表現，培養積極的關係訊息，建立各種尋求親合策略。進行微妙的秘密考驗，我們能更好地判斷何時去追求親密關係，而何時拖延關係會更好些。我們追求的關係可以透過建立實際意義的關係象徵而加以建立和鞏固。在關係趨向成熟的過程中，我們必須留心處理諸如：自主──共處，坦率──限制，和可預見──創新等不可避免的緊張的辦法(方法)。維持這種關係也要靠對付無法用微妙的暗示和建議去對付的重大問題的能力。因此，親密關係夥伴的最重要的溝通技能之一就是處理衝突的能力。現在我們將注意力轉向這個至關重要的技能。

表 11.1　兩個年代人際關係觀念的比較

觀念 I 1950 年代—60 年代早期	觀念 II 60 年代中期—70 年代早期
單一標準是關係行為的規範，根據適當的男女行為來界定	變化是關係行為的規範；模範婚姻是一個神話
關係的意義是預先想好的	關係的意義是靈活的、可協商的
偏離規範就等於出現情緒問題	偏離規範可被視為有創造性，它是協商新關係的方法
能力表現在創立一個類似文化中理想的形象	能力就是公開性(開放性)；我們能談出來建立一個獨特的關係
溝通的主要規定	
自我犧牲——使別人愉快	保持自我——表達你自己的感情
迴避衝突或避免引起別人不適；衝突是消極的	溝通 　不能溝通是消極的；「受苦不是生活中最壞的事情……漠不關心才是」
共處 　僅僅相處就是最重要的；「你甚至甭想在外單獨過一夜」	自主 　共處是在不過分干涉個人自由的情況下才是重要的

Adapted from Virginia Kidd, "Happily Ever After and Other Relationship Styles: Advice on Interpersonal Relations in Popular Magazines, 1951–1973," *Quarterly Journal of Speech* 61 (1975): 31–39.

表 11.2 兩種關係發展模型的比較

友誼發展 （羅林斯）	階段	戀愛發展 （卡納普）
角色限定的互動	1	啓動
友好關係	2	試驗
走向友誼	3	強化
初建的友誼	4	結合
牢固的友誼	5	建立紐帶
友誼的消失（亡）	6	區分
——	7	劃界
——	8	停滯
——	9	迴避
——	10	終止

Adapted from William K. Rawlins, "Friendship as a Communicative Achievement: A Theory and an Interpretive Analysis of Verbal Reports," unpublished dissertation, Temple University, 1981, and from Mark L. Knapp, *Interpersonal Communication and Human Relationships* (Boston: Allyn and Bacon, 1984).

表 11.3　尋求親密的策略

策略類型	代表策略	定義／實例
支配／可預見性	個人自主	把自我表現為獨立、自由的思考者
	聯繫 (交往) 的報償	把自我表現當作能夠報答別人；饋贈禮物
	支配力假設	控制環境
	物力論	行為充滿生機活動
	表現出有趣的自我	把自我表現的讓別人有興趣了解
	身體的吸引力	試著穿著和看上去盡可能地富有吸引力
互相信賴	可信賴	表現出誠實、可信賴
	公開 (坦率)	表露個人的心聲
禮貌	遵守交談規則	嚴格遵守關於禮貌的文化規則
	支配的讓步	允許對方設定對關係活動的控制程度
關心／愛護	自我概念的確證	讚揚，有助於對方對自我產生好感
	啟發對方表露自我	鼓勵對方談論自我
	傾聽 (聆聽)	積極地聚精會神地聆聽
	支持	站在對方一邊
	敏感地	以富有同感的方式行為熱情
	利他	在當前活動中幫助對方；施恩；跑腿
其他捲入	促進愉快	力爭誇大交往的積極方面 (好處)
	容納別人	把對方納入自己的社交群體中
	非語言直接性	透過多種非語言暗示表明對對方感興趣
自我投入	自我歸屬	安排環境使之更適合接觸
	影響對親近的認識	使用暱稱；談論「我們」以改變對方的關係的認識
共性	抬出共同點 (相似點)	強調兩人共有的特點
	採取平等	平等地對待對方，避免一個人高高在上的方法，避免勢利的做法
	舒適的自我	在對方面前表現舒適、放鬆。

Based on Robert Bell and John Daly, "The Affinity-Seeking Function of Communication," *Communication Monographs* 51 (1984): 91-115.

敵對關係：親密的敵人

夏洛克・福爾摩斯有對手摩里阿蒂，克里斯托。卡琳頓有她的敵手亞里克斯・科爾貝。威爾・E・克意特，從一塊巨石後探頭窺視，焦急地等待著他的仇敵路德・瑞納發出熟悉的「嘟嘟信號」。伯格斯・邦尼再次秘謀如何去艾爾蒙・福迪的花園中偷吃美味的胡蘿蔔。我們聽到阿希・本科爾在對密特海大發雷霆，看到 J・R 艾溫把克利夫・巴恩安排好，等待另一張百萬英鎊。像這些敵對關係是相當普遍的，但我們很少承認它們也是親近關係。多數人與如下的害群之馬——高中裏總是把書本推到桌下的小阿飛，辦公室裏想讓人到別處工作的長舌婦，甚至法定親戚者，親近的朋友——保持著愛——恨的關係。

最好把敵手描繪成可怕的對手，把敵手之間的關係描繪成充滿敵意的關係。親近常常表現在這些關係當中，原因是對手之間需要相互了解對方的心思和可能的行動。我們常用「貓鼠」棋戲或遊戲來類比敵手間力爭戰勝對方的典型的運動與反運動。敵對關係具有深厚的影響力，以及參與雙方的形象都要受到它的塑造和限制。在維克多・雨果(Victor Hugo)的古典名著《悲慘世界》(*Les Miserables*)中，警長沙威耗費了一生大部分的時間，一心一意追逐他的敵人，一個在逃

犯冉‧阿讓。沙威是一個治安維護者，他像獵狗逐獵一樣狂追冉‧阿讓。冉‧阿讓拒絕服刑，但卻不能使疑心滿腹的沙威相信他無罪。經歷數年追捕，多次被捕、逃跑之後，兩個敵手之間建立了牢固的紐帶。讀者甚至會懷疑沙威是否不自覺地放跑冉‧阿讓，以便他可以繼續追逐，兩人的關係仍舊保持下去。最後，兩個敵手的關係佔居了主導地位——沙威不能否認冉‧阿讓的自由。

　　民主社會中一種常見的敵對關係是記者和政界要人之間的關係。威廉‧里夫爾斯指出了兩者之間相互依賴的程度。沒有政界要人的言行（希望其言行失誤）記者幾乎無事可寫。對記者來講政界要人常利用新聞報紙實現野心，因為新聞媒體多是非官方的。里夫爾斯指出：「政界要人與政治新聞記者具有很多共同利益，這是民主生活中的一大諷刺。他們都是多面手，必須理解專業在時代的全局性問題。他們承諾要服務於民，而人民則帶著懷疑的眼光看待他們。……他們公開地犯錯誤。最重要的是，政界要人和記者是互相依賴的。」

　　實際上，敵對關係對民主實踐是至關重要的。里夫爾斯指出，在這種敵對關係中，最大的問題是記者和政界要人變成「情人」——變得過分信賴。當出現這種情況時，新聞報導者會輕易地接受施捨來的消息，而不是指出質疑和挑戰。民主要想繁榮，敵對關係必須保持。

　　生活的其它領域一樣需要保持敵對關係。設想你處於艾溫‧E‧克意特的位置，試著設想沒有駱德‧瑞納你將如何生活。

資料來源：

威廉‧瑞威士（William Rivers），《對手：政治和壓力》（*The Adversaries: Politics and the Press*），波士頓，Beacon 出版社，1970 年，第 2 頁。

「與親密者形成一點間距」：爲什麼男人和女人對親密關係看法不一

男人和女人對親密關係的看法不同。儘管男——女關係中出現了不少重大文化變遷，但其在基本上的差異仍然存在。麗蓮·魯賓(Lillian Rubin)在她的《親密的陌生人》(*Intimate Strangers*)一書中，考察了這些差異，並爲解釋男女爲什麼對親密關係反應不一提出了一個有說服力的理論。

最明顯的差異之一，表現在男女對親密感情的言語表達分別採取了不同的方式。魯賓接見的一位年輕的女人這麼解釋說：「我總是忙裏忙外，把事情安排的井井有條，妥妥當當。而他大多數時間簡直是個啞巴先生。」

她丈夫的反應卻是：「她老是跟我說，要是我們不交談就不能真正保持親近。我難以理解她說的是什麼意思。難道她不知道，對我來說只要與她同居一室就會感到親近嗎？」

這些反應典型嗎？是否大多數男人和女人對親密的涵義難以達成一致意見？

魯賓認爲，男人和女人難以互相理解，不是因爲他們不去嘗試，而是因爲他們各自建立了根本不同的人格和看待關係的方式。與差不多完全集中於文化、生理學或心理學方面的解釋不同，魯賓認爲，文化事實、兒童期的心理發展、社會組織的再強化等的複雜混合是男女無法互相理解的成因。

　　魯賓以理論肇始於單一個的文化事實：婦女是男女嬰幼兒的主要
照料者。於是，我們產生的第一個真正的區分（確認）或關係是牽涉
女性的。魯賓論證說，無論是作為男人還是作為女人，這個事實都對
我們的成長產生如此巨大的影響，以致它將影響到整個成年期我們與
異性的關係。這個簡單的事實怎麼會施加這麼巨大的影響？因為，它
影響到兒童期兩個主要的人格發展：

‧性別認同的形成。
‧自我界限或個人的產生。

　　對女孩來講，性別認同的形成相當容易。因為她們在生理上與其
母親相似，並且她們業已與母親建立了一種深刻的情感紐帶，她們確
認自我為女性沒有什麼困難。然而，這個事實卻使女孩建立固定自我
界限時更困難。母親與女兒難以截然劃分界限，你是你，我是我。魯
賓認為，這有助於解釋為什麼成年婦女如此重視情感關係，而當關係
太親近時常懼怕自我的喪失。

　　而對男孩來講，這個過程幾乎是完全相反的。確認自我的過程，
建立性別認同的過程，則是一種情感危機。直到他必須確認自我是個
男孩時，他父親差不多是他生活中的一個遙遠模糊的形象。模仿父親
意味著他必須放棄他曾經歷的最重要、最具情感意義的關係──認同
母親的紐帶。魯賓援引心理分析理論發展的新成果，表明了從母親的
關係中分離出來對男孩的自我界限產生的影響：

　　為防止他內心世界劇變造成的痛苦，他建立一套防禦體系，該體
系好或壞將以多種重要的方式服務於他今後的生活。這是建立牢固穩
定的自我界限的開端──固定地把自我與他人分開的屏障，它不僅制

定了自己與他人的關係,而且制定了自己與內心情感生活的聯繫。

這個創傷過程的結果是,小男孩壓抑自己早期對母親的認同。情感被埋入「地下」,隱藏在大量恐懼和防禦之中。後來,當女性要他說出自己的感情時,他只會吃驚地看著她,不知道她是什麼意思。充其量,他找來一些表面情感打發她。

魯賓的理論對親密的異性關係中的溝通有何意義?假如男性和女性都是按我們的典型文化程式培養成人的,假如魯賓對成長過程的看法是正確的,那麼如何建立雙方均滿意的親屬關係將是一場無休止的爭執。這將意味著關係雙方必須對對方關於何種語言或非語言事件是親近的表達的定義方式保持敏感。這還意味著,當對方太接近時,我們的許多反應都是不自覺的,並且這些反應的變化將非常緩慢,交錯痛苦。正當我們看上去想要調整適應時,我們可能又陷入舊的框框之中。魯賓提出,我們將來不得不變成「過程中的人」,力圖改變人的存在與人的聯絡的歷史性方式。就整個文化而言,我們將必須改變許多已制度化的角色、作父母的方式,從而使下一代的孩子們不被局限於前人互相聯繫的方式中。

資料來源:

麗蓮·B·魯賓(Lillian B. Rubin),《親密的陌生人:男人和女人相處》(*Intimate Strangers: Men and Women Together*),紐約,Harper & Row 出版公司,1983年,摘自第 56、75、77 頁。

技能訓練：處理人際衝突和壓力

即使在最好的人際關係中，有時也會碰到衝突和壓力。衝突是日常生活中普遍的常事。雖然溝通不能神奇地磨去人們價值觀、目標和期望方面的基本差異，但只要實際而有效地適用互動，它就能幫助我們處理人際關係中的問題。本節考察擺脫衝突的一些規則。我們將考慮人際衝突的積極方面，探討衝突是如何被經常誤處的，並且看看在衝突期間應如何溝通。

人際衝突的積極方面

一般來講，只要目標受到阻礙就會發生衝突。當兩個人的目標或行動互不相容，即他們不能透過協商達到共同滿意的結局時，就出現 **人際衝突**（interpersonal conflict）。[41]衝突會使人們發怒、變得不理智，但它也並非總是消極的。只要處理得當，衝突不是應避免而是應受歡迎，因爲它對關係是健康有益的。下面是衝突的幾個積極特徵：

衝突意味著相互依賴　衝突是兩個人互相捲入對方生活的標誌。兩個完全自主的人不會經歷衝突。兩個人發生爭執，這說明他們仍相互關心。[42]儘管反覆衝突可能表明關係趨於瓦解，但爭執卻意味著關係還未進入停滯階段。在成功地處理並解決衝突之後，凝聚力常會增加——許多夥伴感到在衝突得到恰當處理之後他們更親近了。

衝突表明對變化的需要　變化是可怕的，因爲它破壞熟悉的模式，但它也同樣是有益的。缺乏適應能力，系統早晚也要土崩瓦解。衝突爲人們變得更具適應性和創造性提供了一個機會。衝突使人找到合諧相處的新方法。

衝突使問題診斷成爲可能　許多人傾向於否認而不是承認問題。外顯衝突能表明雙方的需要和期望。衝突還是問題實際產生的安全閥。毫無衝突發生的關係是不自然的，其關係雙方可能進行了不現實的否認。

誤處的衝突

人們懼怕衝突的原因之一是，多數情況下我們對衝突的處理非常糟糕。下面看看我們使衝突產生破壞性而非建設性的一些做法。

誤處衝突的一種方法是試著逃避衝突。處於強烈衝突中的親密關係的一方或雙方有時會經歷一種手足無措的精神癱瘓。㊸雖然他們實際上經歷了強烈的情感波瀾，但卻顯得漠不關心、麻木不仁。而最後的結果可能是實際的逃避——關係夥伴互相避開對方，任關係自行消解。雖然關係必定會終止，但逃避卻給關係的終止提供了成功的機會。

誤處衝突的另一相反方法是過分具有攻擊性。雙方不是對衝突視而不見，而是爭執不休。雖然爭執不一定是壞事，但有些爭執方式卻具有破壞性。喬治‧巴奇（*George Bach*）和皮特‧懷登（*Petter Wyden*）首先探討過數種破壞性的爭執方式。㊹不擇時間進行爭執肯定是有害的。當一方忙碌一天走進門或邀請來吃晚飯的客人就要到來之際，千萬不能發生爭執。對付衝突一定要有所準備；應當選擇適當的時間。

爭執也應當及時進行。如果爭執持續延拖下去，一旦發生就無法收拾。等到問題有朝一日突然發生而手忙腳亂無力應付，這叫**養癰成患**（gun-nysacking）。就像你把所有的悲傷都埋入一個舊麻袋裏，越來越重，直到它終於破裂。

養癰成患還會導致另外一種不正當的爭執手段——**謾罵**（kitchen-sinking）。在爭執中找出了各種可以指責對方的理由。例如：瑪麗和詹妮特兩個鄰居，一開始因詹妮特倒車時撞了瑪麗家的垃圾箱而爭吵。可是，爭吵中，他們卻使盡各種謾罵技倆。詹妮特稱瑪麗是個惹事生非者，而瑪麗則針鋒相對說詹妮特自私粗野。接著詹妮特更進一步，罵瑪麗的孩子，而瑪麗則回敬辱污詹妮特的丈夫。如此等等。不一會兒原來的問題被忘掉了；現在的目標就是盡可能地互相挖苦。

另一不正當的手段叫作貼標籤或刻板印象。比如：詹妮特可能會對瑪麗說：「你當然是不顧別人；紐約人總是這樣。」她就是刻板印象，這種舉動只會導致衝突加劇。

衝突中的有效回饋

僅僅避免使用消極的手段是不夠的。要想成功地處理衝突，還應該清楚直接地表達自己，讓對方了解你的確切感受。(第7章)(第8章)兩章的技能培養兩節，我們強調了了解並直接清楚地表達自己的感情是多麼重要。這裏我們為衝突中的回饋提供一些具體的指導意見。⑤

掌握自己說話的分寸　假設你對配偶沒去割草這件事極為惱火。因為他(或她)不是像你希望的那樣去院子裏割草，而是坐在電視機前觀看賽馬。下面哪種方法最好地表達了你的感受？

你是應該說，「你知道，這實際上對我沒什麼，可是鄰居們都開始抱怨了。街區的每個人都認為咱們院裏的草長得太高了」還是應當說，「我很生氣。你答應去割草的，那你為什麼沒有做呢？」

如果你生氣了，那麼把生氣歸結到別人身上是不正直的做法。除此之外，告訴某人「每個人」都認為他(或她)做得不對，這就使他產生防禦和無助的情緒。

不要為自己的感受而道歉　如果你不住地道歉，你就把所有罪責放到自己身上。你是否應該認真地對待以下的說法？「對不起，我不想做這個，我可能沒有權力這麼認為，不過，你這麼對我講話，我受不了。」

講話要具體可行　你的夥伴首先要知道究竟什麼使你不安。下面兩個說法，哪一個最好？「我想你的態度實在太糟糕了。」或「你打斷了我。我覺得你對我必須說的話毫無興趣，這使我很生氣。」多數專家認為，第二種說法提出了更多的訊息，因而更有益。完全改變一個人的態度是相當高的要求；而注意不打斷別人則要容易得多。人們常常沒有意識到他們做了冒犯別人的事，但當他們得到具體回饋時就會樂意加以改變。

確信你做到了言行一致　如果在告訴對方你如何生氣時卻力圖顯得平靜沈著，你發出的就是混雜的訊息。同樣地，如果你用諷刺的口吻表達感情，就會使對方感到不適。「我就是喜愛你做那個」，如果用刺諷的、尖刻的口吻說出來，就是一個令人迷惑的無效回饋。

避免對關係夥伴加以評價和解釋　「你差不多是我見到過的最自我中心、最自戀的人」，如果對方聽到這樣的話，他能做何反應呢？除了感到不適和受辱之外，幾乎不會有什麼反應。你不是在描述一個行為，而是在攻

擊人。

衝突容忍

衝突過大就會造成失控。把衝突保持在可控制之下的一種辦法是**分解**（fractionating），即把衝突分解成若干小的易處理的部分。對付衝突的辦法不是一下子改變一切，而是一次只解決一個小問題。㊻假設你處於以下的嚴重關頭：一切看上去都很糟，或者你憎恨整個生活。那麼試著分解你的感受。如果你發現你不喜歡你的工作，憎惡你的鄰居，而這些還不致於危及你的社會生活，那麼你就應逐個地解決這些問題。如果你跟老闆相處得不好，那麼坐下來試著以簡單可操作的形式列舉你的苦衷。現在你對該如何容忍有了一個初步的認識。透過協商，你就能夠對如何解決你的衝突達成一致意見。

分解衝突中有益的一個技術是**消極性詢問**（negative inquiry）。㊼如果你的老闆告訴你，她對你的表現感到不快，你不要抵抗，而應該盡可能地詢問原因。比如你可以問「你能告訴我為什麼我那麼做達不到要求嗎？」她做答之後，再進一步問：「你認為還有什麼需要注意？改進我的工作還需要做些什麼？」這樣，你既表示了改進工作的意願，同時又收集了有益的訊息。

準備對付衝突的辦法，並在事後分析每個衝突也是重要的。衝突通常是富有壓力的，並且我們知道在壓力情況下我們的思維會變得非常簡單和模式化。這就是為什麼你應當在思維最清晰時評價衝突策略。

對付關係中的問題沒有包醫百病的秘方，但是卻有更有效地處理衝突問題的辦法。本章強調了衝突的積極方面，考察了在溝通失控時可能出現的問題。下章結尾「技能培養」一節將重新探討這個問題。我們將針對如何選擇恰當的衝突方式，以及如何改進協商技巧提出建議。

實踐過程

討論題

1.討論你最羨慕的親密關係。這些關係既可以介於父母、朋友之間，亦可以是小說或電影中描寫的關係。當然，對待小說或電影中的親密關係，一定要按其「實際狀況」去評價。

2.你認為人們在何種程度上打算建立親密關係，抑或是對親密關係的條件做出反應？你覺得自己是否把初次交往作為友誼的試聽手段，如果是，你想找到些什麼？你要發現建立親密關係的潛在可能性，都利用了那些測試和實驗？可能會冒什麼風險？

3.建立友誼是否如羅林斯所言是一種自願的活動？如果是，自願與否是不是友誼與戀情的主要區別？朋友之間的溝通與戀人之間的溝通還有其它什麼區別？

4.在耐普所謂親近就緒狀態下，人們最可能是什麼樣的？

5.我們如何最好地對待「物以類聚」與「異己相吸」這兩個相互矛盾的說法？

6.除了本章講到的原因以外，你認為相互吸引還有什麼原因？以過濾理論為指導，你認為你提出的原因及本章所講的原因分別在什麼情況下最突出？

觀察指南

1. 找一個親近的戀人，要求他或她與你合作，觀察你們之間的溝通。選取幾次談話，錄音或寫下來。如果要筆錄，盡可能談話之後馬上寫下來，兩人都確認談話的內容得到了準確記錄。在記錄兩、三次談話之後，對之做出分析，以便確定：

・關係處在哪個發展階段，指出具體溝通行為（言語）作為證據。

・在此階段，什麼樣的溝通行為趨於維護關係或進一步促進關係的發

展，或者分化。

2. 做一周的日記，記錄你在每種重要的親密關係中處理三種辯證緊張關係（表露與保護，自主與共處以及可預見性與創新）的實例。在這個周末觀察所記內容，自問是否成功地處理了這些緊張關係。寫下你的改進意見。

練習

1.盡可能多找一些關於吸引和親密關係的理想形象的文化訊息，把它們帶到課堂上。這些訊息既可取自於雜誌、電視廣告、報刊上的私人諮詢專欄或「脫口秀」節目，又可取自音樂錄影帶或抒情詩。分成小組，針對不同的文化訊息進行改造或修改，使之適合（**表 11.1**）中福吉尼亞‧凱迪關係理想的第一種模式。其它模式可能是什麼？製作一些廣告或對諮詢問題做出答覆，要分別反映出不同的關係模式。討論對文化訊息做出評價和反應的方式。

2.老師向學生每人發一份威廉‧舒茨的 FIRO-B 量表，要求課前完成。該量表測量人們對支配、接納和愛護的人際需要。上課時，老師指定若干二人小組，有的小組中兩人的各種人際需要相差很大，有的小組中兩人的人際需要則有相似。假定你與你的夥伴具有親密關係，示演下列諸情節：

A.決定是建立單獨帳戶還是兩人合建一個帳戶。
B.決定何時或是否經常夜晚外出與「小伙子」或「女孩子」約會。
C.確定你們之間在公開場合應採取的忠愛方式是什麼。

你也可以設想其它的情節。然後在課堂上討論人際需要的影響，討論需要差異之間的互補、相似和交融。

專有名詞

　　下面是本章引入的主要概念之一覽表：

- 親密　　　　　　　　　　 *intimacy*
- 身體貼近度　　　　　　　 *physical proximity*
- 共有事件　　　　　　　　 *shared episodes*
- 親密準備（就緒）　　　　 *intimacy readiness*
- 戀情　　　　　　　　　　 *romantic feelings*
- 客套（禮貌）　　　　　　 *civility*
- 過濾理論　　　　　　　　 *filtering theory*
- 形體美（身體美）　　　　 *physical beauty*
- 匹配假說　　　　　　　　 *matching hypothesis*
- 相似性　　　　　　　　　 *similarity*
- 相互喜歡　　　　　　　　 *reciprocal liking*
- 滿足需要　　　　　　　　 *complementary needs*
- 歸屬需要　　　　　　　　 *need for inclusion*
- 支配需要　　　　　　　　 *need for control*
- 情感需要　　　　　　　　 *need for affection*
- 信賴行爲　　　　　　　　 *trusting behavior*
- 值得信賴的行爲　　　　　 *trustworthy behavior*
- 尋求親合策略　　　　　　 *affinity-seeking strategies*
- 旁敲側擊　　　　　　　　 *indirect suggestions*
- 分離測試　　　　　　　　 *separation tests*
- 耐力測試　　　　　　　　 *endurance tests*
- 三角測試　　　　　　　　 *triangle tests*
- 關係象徵　　　　　　　　 *relational symbols*
- 表達—保護的辯證法　　　 *expressive-protective dialectic*
- 自主—共處的辯證法　　　 *autonomy-togetherness dialectic*
- 創新—可預見性辯證法　　 *novelty-predictability dialectic*

- 同化　　　　　　　　　*assimilation*
- 對立　　　　　　　　　*contrast*
- 人際衝突　　　　　　　*interpersonal conflict*
- 養癰成患　　　　　　　*gunnysacking*
- 謾罵　　　　　　　　　*kitchen-sinking*
- 類型化　　　　　　　　*stereotyping*
- 分解　　　　　　　　　*fractionating*
- 消極性詢問　　　　　　*negative inquiry*

建議讀物

Levinger, George, and Harold Raush, eds. *Close Relationships: Perspectives on the Meaning of Intimacy.* Amherst: University of Massachusetts Press, 1977. Eight essays on different aspects of intimate relationships. Topics include a comparison of friendship and marriage, commitment, the use of attribution theory to explain distortions in intimate relations, and Howard Gadlin's analysis of the changes in perceptions of intimacy over the last 300 years in middle-class American culture.

Rubin, Lillian B. Intimate Strangers: *Men and Women Together.* New York: Harper & Row, 1983. This intriguing book is a compilation of case study interviews conducted by the author. Using a combination of cultural factors and psychoanalytic theory, Rubin offers a fascinating explanation for why male-female relationships are difficult to manage. Differing male and female perceptions of intimacy are explored in detail.

Chapter 12

非個人的關係
——與同事及其他陌生人溝通

Customer relations are often impersonal and sometimes un-feeling. Note the bureaucrats hiding behind rules and regula-tions in this eerie evocation of modern organizational life.

(*George Tooker, Government Bureau, 1956*)

「共進午餐」可能會危及人際關係，至少對彼得・G・皮特森、劉易斯・哥拉克斯曼兩個夥伴是這樣的。他倆是華爾街最早的投資銀行「萊曼兄弟」的同事。下面的故事是對紐約《時代雜誌》上肯・奧萊塔(*Ken Auletta*)文章的縮寫。它表明，如果管理者不能保持禮貌關係，或者採用了無效的溝通手段，就會帶來嚴重的後果。①

　　皮特森和哥拉克斯曼是萊曼兄弟投資銀行的合作經理。在災難性午餐之前僅幾個星期，皮特森剛剛把哥拉克斯曼提拔到與他同級的職位。皮特森自豪地以為，他把粗俗的哥拉克斯曼培養成一名經理。

　　然而他倆的差別卻十分明顯。皮特森是常青藤聯合會的華盛頓的名流，曾經成功地管理了其他幾個公司。他知道如何在上層社會活動。而哥拉克斯曼在公司工作 21 年，逐級向上爬。他早出晚歸對公司的日常事務盡心盡責。他負責內部管理；皮特森對外聯絡。哥拉克斯曼出身於中下階層家庭，因而他討厭在他心目中皮特森那種盛氣凌人、居高臨下的態度。

　　要害問題是倆人對對方在公司中的角色互不喜歡。哥拉克斯曼像個「商人」，皮特森像個「銀行家」。在投資業務中商人買賣證券，必須思維敏捷，決策果斷。銀行家則欣賞輕鬆、長期的經營觀，勸告顧客，建立合併經營等等。銀行家視商人為「卑賤的商人」而商人則以為銀行家「目中無人」。每一方都不怎麼喜歡另一方，不過商業運轉還必須有雙方的參加。

　　在皮特森被邀請出席的一次午宴上，倆人的關係達到了危急的關頭。午宴前，皮特森安排哥拉克斯曼也被邀請到現場。午宴上，皮特森坐在桌的首席，緊挨著主人。哥拉克斯曼被安排到不起眼的邊座上，這使他十分惱火。宴會上人們對他毫不理睬，這更使他又氣又惱，他開始敲餐具，轉動椅子，弄出噪音分散人們的注意力。皮特森在介紹中試著將哥拉克斯曼包括進來，可是事情卻更糟了，哥拉克斯曼怒氣沖沖一連朝皮特森嚷了幾分鐘。

　　後來哥拉克斯曼憤怒地離開宴會，他決心取代皮特森。由於公司內部的支持，他成功了。然而 10 個月後，公司已搖搖欲墜，只好拍賣了。萊曼兄弟公司就此倒閉。

　　為什麼兩個極為能幹的經理會讓兩人之間的磨擦毀了他們的公司？為什麼他們不能正確面對雙方的差異並互相尊重對方的努力？我們日常了解到的公司的合併、倒閉和損失背後是否常常潛伏著這類問題？希望你的職

業追求不致達到這樣辛酸的結局。我們雖然不能保證向你提供萬無一失的溝通方法，但是我們認為本案將幫助你更好地理解公眾的或非個人的溝通。本章研究和探討日常社交活動、職業二人關係、工作小組及組織間的溝通。

公眾場合中的人際溝通

(第2章)反駁了人際溝通的發展觀，因為它限制了應考察的關係種類。人際溝通的發展觀只專注於比較親密的關係，心理層次的規則被用於解釋訊息交流及對訊息交流的反應。如前所述，只有少數關係可被視為朋友或親近關係。我們沒有時間，也不需要把每種關係都發展成親密關係。這就是說，大多數人際關係仍是非個人的、公眾的社交。為了更好地理解公眾人際關係的運作，讓我們考察一下公眾人際關係的參與者以及成功人際互動的標準。

公眾互動的參與者

公眾關係參與者包括你的所有熟人、鄰居、工友、上司、你認為友好的聯邦、州及地方政府的代表、你的理髮師、給你鞋、衣服、雜貨和彩票的售貨員、你的醫生、牙醫和律師以及你每天碰到的許多陌生人。現在，你可能感覺你與這些人的接觸是不關緊要的，因而不值得花時間去讀本章。如果是這樣，我們建議你三思，我們鼓勵你思考一下任一公眾人際場合的一些基本問題。

處理公眾互動的標準

為了使公眾場合正常進行，人們創立了一些標準的互動方式，按照這些方式互動，人們不會感到太難把握，不會投入太多的私人自我，也不會打擾社會秩序。我們確定了以下的標準：

- 公眾互動應包括適當的角色和劇本(辦事程序)。
- 公眾互動應當互相尊重對方。

在全世界的各種文化當中，向他人表示尊重都是禮貌關係的標幟。

(Paul Klee, *Two Men Meet, Each Believing the Other to Be of Higher Rank*, 1903)

• 公衆互動應能使參與雙方實現其實際目標。

• 公衆互動應給個人的表達行爲留有餘地。

示演角色與劇本

　　熟悉我們遇到的每一個售貨員、存貨員或出納員是不切實際缺乏效率的。爲了節省時間，保護自己的隱私權，使社交活動更可預見，人們對大多數可想見的公衆互動制定了劇本和角色。劇本(辦事程序)是一種高度可預見的行爲或事件序列(參見第 3 章)；它告訴人們在特定情景下該如何行動。角色限定了每個人對互動對方的預期(參見第 4 章)；它告訴人們互動者各自在劇本中扮演的人物。如果在未挑好襯衫之前就向出納員付錢，她會感到迷惑不解(因爲你弄亂了辦事的順序)。同樣，你不能要求售貨員「穿上試試是否合適」(因爲那不屬售貨員角色的職責範圍)。如果你不了解角色和行動路線，一般互動就比較困難，而如果你根本不知道什麼角色和行動路線，那麼公衆互動就根本不可能。

表示尊重與值得尊重

雖然我們的私人生活躲避開與我們公眾互動的人物，但我們仍是社會人而非簡單的自動機。實際上，社交的標幟是表示尊重和接受尊重。著名社會心理學家羅姆・哈里（*Rom Harre*）指出，「最深層的人類動機是尋求他人的尊重」。②角色互動可使互動一方或雙方缺乏人情（性），但也未必如此。極小的社會角色是旨在輕視自我的。由於人們不理解社會角色的互補性，例如：如果沒有病人，任何人也不能適當地被確定為醫生，因此常常出現交往問題。同樣，當某種文化養成一種引入歧途的個人主義時，角色交往就會出現危機。根據一些觀察家的觀點，美國文化正走向自戀主義——只對自我感興趣，貶損任何不能幫助某人觸及私人自我的人際關係。③當這發生時，社交界的大部分（陌生人和一般熟人）對我們就變得毫不重要，除非我們很快把他們變成與己的親密人。於是對我們碰到的大多數人缺乏尊重。

在社會角色受到適當尊重的情況下，某些複雜的社交機制使尊重得以實現。歐文・戈夫曼區分了幫助人保持尊敬和 **尊重**（deference）的兩種機制：迴避禮儀和表現禮儀。他還表明，要配得上他人的尊重，必須表現出適度的謙虛。④

迴避禮儀（avoidance rituals）　人們透過有意識地允許對方保留隱私權而向對方表示尊重。迴避禮儀指規定適當個人距離的文化規範（參見第 7 章）。當一個過分熱情的售貨員在你剛一進商店就向你猛衝過來並且尾隨太近時，即使你說：「我只是看看，謝謝！」，仍感到十分困惑。迴避禮儀另一表現是使用正式稱謂和姓，而不直呼名字，從美國人的禮節的感受來說，這種尊重可使許多顧慮煥然沐釋。年輕人可能樂意比較隨便地直呼名字，而認為正式稱謂有些勢利或顯得疏遠。相反地，美國老年人則常常被這種隨便的稱謂冒犯。你能否想出人們避免侵入他人隱私的其他方式？你認為當今哪些迴避禮儀最易被人接受？

表現禮儀（presentational rituals）　迴避禮儀透過確定出格的角色行為表示尊重。考夫曼認為，表現禮儀以更積極的情緒表示尊重。這種儀禮包括敬禮、讚揚、細小服務以及邀請參加小組活動等。注意在下面這個例子中每種禮儀是如何表示尊重的。辦公室的一天早上，上班時間一到，同事們友好地互相問候致意，但並不花很多時間。（「早安，惠特莫先生」，「你

所謂茉莉胭脂(The Moulin Rouge)，是一座巴黎式舞廳和卡巴萊餐館(有歌舞表演的餐館——譯注)在法國藝術家托魯斯——勞特萊克(Toulouse-Lautrec)的30 餘幅繪畫中變爲不朽 的形象。注意一下藝術家如何能抓住多種多樣的顧客形象。如果換到公共場所人際溝通會發生什麼變化呢？

(Henri de Toulouse-Lautrec, *At the Moulin Rouge*, 1892)

好，佩德格拉斯小姐」等等)如果某個同事剛剛休假回來，問候通常要多一些，(「嗨，你們瞧誰從熱帶回來了！你假期過得好嗎？)時間也會長一些。這並不意味問候者與度假者是較好的朋友，而只是表示尊重。如果對度假歸來的人向問候平常人那樣平淡，那將是失敬的，即使度假者的外出並未被意識到。即便是你不喜歡對方，向他表示尊重也僅僅是保持禮貌客套而已。

在一天的工作中，同事之間會稱讚對方的穿著打扮，接待顧客的方式，以及對方迅速地提供了所需的訊息。他們會向別人提供細小的主動服務，比如額外倒一杯咖啡或送一份重要的郵件，以此表示尊重。最後，尊重還可以表現爲：邀請每個人包括辦公室的「下等人」參加小組活動。如果幾個人辦完事要停下來喝點什麼，邀請在場的所有人是尊重的適當表現。被

邀請者可以委婉謝絕：邀請表示出尊敬，而不是接受與否。

　　戈夫曼指出，迴避禮儀與表現禮儀二者常常處於緊張狀態。邀請同事或熟人參加你的活動，就可能冒犯了他的隱私權。「必須維持一種特有的緊張，因為對這些對立的行為要求必須既要區分開來又要意識到它存在於同一交往當中」。⑤因此，應當認識到下列行為的重要性：發出邀請但並不欲期讚揚，施予小惠而不是過分破費（即將隱含著關係的升級），不要濫用問候禮儀。

　　謙卑者（demeanor）　保持彬彬有禮就是你向別人表示尊重，並且以一種值得被尊重的方式行動。每種文化對「體面」人的特性界定也略有差異，而且文化也會隨時間發生變化。考夫曼確定了謙卑者或日常舉止禮貌者的特徵：謹慎、誠實、謙虛、有運動家道德、語言得體、行動適當、情緒、興趣、願望有度、在壓力下保持鎮靜。⑥在上面列述中，也許你可以增加或刪減，以捕獲今日世界中人們期望的適當品行狀態。

重視實際目的

　　引起公眾互動的原因主要有兩個：或者是為達到某個實際的目的，比如購買商品和服務，或者只是喜歡透過角色扮演而與他人為伴。人們最先考慮的往往是最實用的。我們去市場是為了買食品等物，而不是為了去見那些服務人員。這一點如此顯而易見以致於不需要提醒，然而你肯定會碰到一些人，他們瞬時忘掉了互動的目的。一位顧客想退回買到的次品，排隊等了半天，他終於氣憤不過，朝售貨員嚷了起來。（售貨員的最終目的是讓顧客滿意）反過來，售貨員對該顧客的粗野行為回敬道：「我並不必接受這個，先生。等你學會文明禮貌之後再來退貨吧！」那位顧客大發雷霆，嚷道：「我再也不來這兒買東西了！」過了一會，兩人都意識到，他們都沒能達到各自實際目的。

為表達行為留有餘地

　　公眾互動的另一主要原因常常被忽略。我們通常斷言，實際目的是我們與不甚了解的人互動的主要原因。而理查德‧桑尼提出，歷史表明人們十分愛好公開「表演」。⑦**表演**（playacting）恰恰是指試扮新角色，做自己從未所是的人，隱藏在面具背後，享受與陌生人為伴的樂趣。在許多公眾場合，這類行為得到較高重視，不過現在這類行為要比過去少一些。人們

聚結起來，在音樂會，運動會和大型新年除夕晚會的「人群中迷失了」。在這些場合中，人們能增加自己的「認同」，實際上他們可以隨心所欲成為任何人。在一群陌生人中間我們仍然進行某種程度的表演，比如一個陌生人鼓勵另一個人參加狂歡節的即興舞蹈。朋友們可能會模仿他們喜愛的電影中的某些情節，並且當著一群陌生人的面這麼做，以此做為一種娛樂。總之，某些公眾互動允許人們進行表達，享受生活，扮演丑角，給他人某種享受（無論他們參與我們的活動還是只當觀眾）。

在考察支配公眾互動的一些標準之後，我們想更詳細地審視工作背景下的交往。首先，我們描繪職業二人關係的模式。然後研究工作小組和大組織中的人際溝通過程。

職業二人關係中的人際溝通

一般來說，人們成年生活的幾乎⅓是在工作中度過的。當今美國一半以上的工作被歸為資訊處理和為公眾提供服務。⑧ 在勞工市場的這些領域，溝通受到了極大的重視。對公司領導的調查表明：招工時最需要的兩種技能是寫和說的技能。⑨與人接觸，一對一進行互動的能力也十分重要。人們需要應用這些技能的工作環境可能多種多樣，我們把它歸納為三大點：

- 上下級互動。
- 職業幫助關係者的互動。
- 雇員與一般大眾的互動。

上下級關係中的溝通

大多數組織都有某種嚴格的職權等級，其中有些成員擁有高於另一些成員的合法權力。這些權力包括：分配工作、監督管理和評斷工作表現。研究指明，上級大約花⅓至⅔的工作時間去與下級進行直接溝通，通常提供關於組織政策和實踐，公司目標工作指導及其理論根據，以及關於工作表現的回饋等訊息。而下級則趨於向上級提供關於他們自己的情況、與工

作有關的問題、需完成的任務、當前的工作以及上級要求的政策和實踐活動。⑩

溝通中的地位差異

上下級關係的主要特徵表現在地位的差異上。由於上級因其職位而擁有較高的地位，他們也可能擁有「啓動權力」。上級可較自由地開始和停止對話。打斷下級的談話；上級還可選擇離得近些，隨意接觸，用非正式的語氣講話；而這些對一個地位較低的雇員來講可能是不恭敬的行為。另外，上級異常希望下級暴露他們的弱點。例如：如果你向你的老闆承認，你發現與另一位雇員一起做事有困難，這個訊息可能被作消極理解，因而可能影響到你的工資，升遷和就職良好評價的機會。因此上下級常常互相提防就不足為奇了。

不過，研究還證實，與你的上級建立一種有效的關係是工作滿意的最好預見之一。⑪怎樣才能建立一種良好的上下級關係？顯然地，上級處於確定上下級關係基調的最佳位置。他(或她)可盡力避免地位障礙的消極影響。在不犧牲個人正直的情況下，透過保持對上級的尊重，下級也可為上下級關係有不少做為。在你讀到關於有效監督和下級直接與上級溝通的秘訣時，試想地位差別是如何有助於或有礙於溝通努力的。

有效率的管理溝通

在對上下級溝通研究的全面回顧當中，弗里德利克・傑賓（*Fredric Jablin*）報導關於有效率的與無效率的監督管理者特點。⑫研究最多的瑞丁（*W.C. Redding*）提供了最全面的有效率的特點。⑬他提出良好管理者：

- 比較善於溝通——他們樂於同下級交談。
- 願意傾聽雇員的建議和怨言，並採取適當措施改進工作。
- 傾向於更經常地「請求」或「勸說」雇員做什麼而不是「告訴」或「要求」雇員做什麼。
- 對下屬的感情和自我防禦需要保持敏感，謹慎地私小懲戒雇員等。
- 比較公開地向下屬發佈消息，提前預告即將來臨的變化，並解釋說明政策和規則背後的根據。

然而，簡單例舉也存在問題。因為它忽略了許多影響有效率的領導的

有些組織中的角色關係是明確界定的；有些則比較模糊。在這幅畫中諸如勢態、眼神以及個人空間是如何表現角色關係的？

(Edward Hopper, *Office at Night*, 1940)

環境因素。比如對下屬開誠佈公。下面將看到，「組織文化」社會化其雇員（上下級都包括），使他們使用某些溝通風格而避免其他溝通風格。溝通風格開放的經理在一個「閉嘴」組織中難以長久待下去。傑賓表明，在上級不過多地捲入組織政策的情況下，下級更可能對開放風格的溝通做出反應。⑭或許是因為，下級不信任喜歡向上爬的上級，而更信任「留在家裏」對下級看上去更忠誠的上級。而這種假親善行為實際上會加大上下級之間明顯的地位差異。下級個人或下屬群體的成員水平也會影響上級的溝通風格。對待工作技能差，動機水平低的小組管理者如果提出要求，並且溝通方式不那麼公開，反倒更可能成功。本章後面關於群體領導的討論中將更多地談到這一點。

向上溝通

人際溝通是雙向的，管理者不可能單獨成功地溝通。上下級關係要保持良好，上下級都必須努力建立並保持這種關係。要建立良好的工作關係，下級能夠做些什麼呢？

· 對上下級的自然角色差異與機能失調角色差異做出區分。
· 認識到向上反映情況可能的歪曲傾向。

自然的與機能失調的角色差異（natural and dysfunctional role differences） 自然角色差異是由於工作特點的不同引起的。管理者須考慮政策和程序對整個單位，而非一個人的影響。管理者一方面需使上級、其他部門的人滿意，另一方面甚至要使外部原料供應者或顧客滿意。你不在其位，也就不謀其政，與他的看法會不同。它的好處是多方面的：你可以擺脫大量事務，從而集中於自己的責任。

機能失調的角色差異（dysfunctional role differences） 另一方面，機能失調的角色差異是有礙生產的可預見的行為差異。研究者稱關於重大組織問題的分歧或誤解為「語義資訊距離」。常見的分歧大多是涉及具體工作責任，以及管理者應有多大權力。這些差異必須加以討論和解釋，否則，如果放任自流，發展下去將阻礙生產，危及領導管理工作。另外，上下級均抱一種傾向——過高估計對方對具體問題的了解和記憶。而結果常常導致誤解和麻煩。

向上歪曲（upward distortion） 在向上級彙報工作時，每個人都必須對付的一個問題是歪曲資訊的傾向。研究表明，當訊息是消極的或使下級處於不利地位時，最容易發生向上歪曲。盡可能表現出最佳形象恰恰是人類的本性。尤其是在對方對你的未來前途具有很大影響的情況下。任何人都不願告訴老闆他不能勝任新工作，新工作方法比老方法花費了更多的時間，引起了更多錯誤。研究還指出，懷有晉升企望的人，很怕丟掉工作的人，不信任其上級的人最可能歪曲資訊。⑮

不過，這種傾向是能夠克服的。上級往往不太重視下級彙報的正面訊息而認為負面報告更準確。在一項研究中，上級指出，辦事效率最高的下級也是最願報告壞消息的人。⑯「殺死帶來噩耗的送信人」的諺語也許沒有那麼多真理性。或許先彙報一些細小的惡訊試試水深是一個好主意。

職業中的溝通

在遭受情感和身心壓力時，我們常常向朋友尋求幫助。當過於緊張或身心生病時，就需要專業幫助。關於輔助性職業的討論包括兩個方面。有些人可能想到從事這類職業，因而想了解什麼樣的訊息輸出輸入技能最有益。另一些人則可能更關心接受最佳的職業性關照。他們更感興趣的是，了解可預期什麼，如何透過有效率的溝通改善將得到的關照。研究溝通的學者如今對職業助手與其服務對象之間溝通模式的調查抱有日益深厚的興趣。下面將簡要考察兩種普通的職業關係中的互動：治療及健康護理二人關係。

服務對象——服務者之間的互動

一個人無論何時只要尋求受過職業訓練，靠服務拿工資的助手，這就出現了治療關係。精神病醫生、社會服務人員、家庭治療者、牧師、求職諮詢者、忠告專欄作家、學術顧問和特別官員都是以職業助手為生的。有時，酒吧招待、妓女、牧師、私人偵探也向服務對象提供忠告或安慰服務對象，因而也算是職業助手。從更基本的意義上講，朋友之間也常常相互照顧。

研究治療溝通活動的先驅者之一卡爾·羅傑斯（*Carl Rogers*）提出現代治療中漸被公認的溝通的三個因素：熱情、真誠和準確的同感。⑰**熱情**（warmth）是指帶有支持和鼓勵的訊息，它為探索和解決問題製造了一個積極的環境。**真誠**（genuineness）是指治療者向服務對象表示至上的關心。**準確的同感**（accurate empathy）也同樣重要，它是傾聽和理解受治者表達感情和情緒的能力。

羅伊德·佩蒂格魯（*Loyd Pettegrew*）和理查德·托馬斯（*Richard Thomas*）進行了一項研究，比較了受治者對治療者使用的溝通風格的認識與受助者對提供幫助的未受培訓的朋友或熟人的印象。他們發現，無論是朋友抑或是治療者，表現出友好、殷勤、放鬆並且給人留下印象的人，以及表現出良好的溝通形象的人，創造了最積極的治療氣氛。⑱「非正式的助手」被認為更友好和真誠，但也更受支配人、更好爭論。正規治療者更殷勤和隨意。佩蒂格魯和托馬斯在解釋這些發現時指出，這是由於人們對朋

工作日益依賴於協調勞動分工的良好溝通技能。

友的預期不同於對治療者的預期造成的。「受治者或許隱含地知道,治療者
對他的興趣是職業性的,因此他不大注意治療者表現出的友好」。[19]由於對
非正規的助手(朋友),受助者的接受行為享有更大的自度,因此朋友可能
更具支配性和更愛爭論,而如果職業助手治療時武斷和好爭論,則會危脅
到他們與受治者的職業關係。[20]

　　有效率的非正規及正規治療者之間最大的共同點在於,他們都擁有表
現準確同感的能力——理解受助者的感情和情緒。

患者——健康護理者之間的互動

　　相比而言,美國人求助職業治療者以改善心理健康的百分比較小。然
而,如果當我們的身體健康出現危險,我們幾乎毫不猶豫地尋求醫療人員
的幫助。在這種情況下,我們可能接觸到醫生、牙醫、護士、技術人員、
接待人員、醫療記錄人員、醫院管理者等等許多人。迄今為止多數研究集

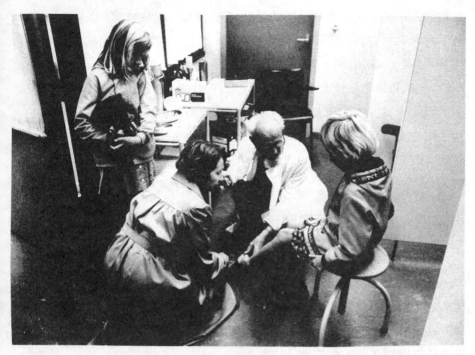

醫療會診是高度程序化的，但它仍充滿熱情和關懷。

中於主治醫生和護士與其病人之間的互動。

健康護理者與病人之間的溝通通常旨在以下幾個主要目的：

- 診斷病情。
- 勸告病人接受適當的治療。
- 在接受治療時贏得病人的合作。
- 向病人講解疾病的性質、病因、症狀等等。㉑

如此說來，專業治療者與病人間的溝通基本上是單方面的。不少研究證實，醫生比病人說得更多，尋問的問題幾乎是病人的兩倍，並且提出更多的要求。㉒

消費提倡者爭辯道，這種單方面趨向需要加以調和。他們提出，病人應該提問題，要求醫生對他們不理解的治療做出解釋。㉓然而，不少因素也影響到病人這種坦率的溝通。首先，人們認爲醫生享有較高的地位，是高度可信賴的，因此病人沒有資格去質問醫生或與他們爭論。其次，許多醫

生和病人都斷言，醫療的技術語言超越了病人的理解範圍。人們幾乎無力填平病人理解力與技術語言之間的鴻溝。最後，醫療會見是高度程序化的（開頭問候，來訪原因，症狀／身體檢查，診斷，治療／開藥／試驗，下次預約），並且很難隨便改變，因為人們假定「就應該那樣」。㉔

因此，當健康護理者或病人出現不願意時，雙方都有責任進行調查。醫生和護士應當隨時意識到病人可能想要求進一步的解釋卻又難以啓齒。而病人則必須克服其角色的消極性，牢記醫生主要是勸告者，而不是獨裁者。

與陌生人的溝通：顧客關係

另一種常見的互動發生在顧客與職員之間。這裏職員角色有時被稱為「越界角色」，因為扮演這些角色的人主要是與工作組織以外的人互動。這種角色一般包括售貨代理、購貨代理、公關人員、不動產代理、餐桌服務員、遞送員、郵遞員、銀行出納金融顧問等等。(**專欄 12.1**) 考察了公眾與越界角色之間關係的一個方面。

從某種意義上說，這些關係是較難處理的，因為地位的差別並不十分明確。上下級知道誰擁有最高權威，專業人員預期比尋求幫助的人知道的多。而顧客——職員關係並沒有十分明晰的界定。有的顧客把職員角色基本上看成是「僕人」，而許多商業指令其工作人員堅持「顧客第一」。另一些人認為，顧客與職員間的關係是一種互相依賴的關係，並賦予顧客和職員相當平等的地位。還有一些顧客把自己放在謙恭的位置上（「如果你現在有時間，能否請你讓我看看日產 35mm 相機？我真的很喜歡它。太感謝你了。不，沒關係，我等一會兒）。

雖然關於顧客關係的性質有這些不同的假定，但仍有一些一般的準則。售貨員要記住的最重要的事是，對待不同的顧客應採取不同的方法。正如在其他情況下一樣，顧客在這裏也學會與售貨員恰當交往的各種規則。逛商店時，有的人喜歡流覽而不想被售貨員「打擾」——他們發出清楚明白的非語言暗示：不進行目光交流，看見售貨員走過來就轉過身去，等等。有的人則希望售貨員特別的注意，他們將等待售貨員走過來，向他們展示商品、提建議。尋問顧客的愛好是發現他是否希望得到建議的巧妙方法。售貨員必須一直保持對顧客非語言行為的敏感——這些行為將表明

售貨員遵循的規則是否與顧客遵循的規則相吻合。

　　大多數顧客會對簡單禮貌的行為及令人愉快但不過分友好的方式做出反應。在招攬回頭客是十分重要的情況下，服務員應弄清顧客的名字，記住使用恰當的稱呼(先生、小姐、博士等等)。許多售貨員盡力為常客多提供一點額外的服務，比如為推銷商品向老顧客寄張明信片或打個電話。而這往往使顧客對商店保持忠實。

團體和組織中的人際溝通

　　除了上述二人關係外，雇員還必須學會有效地與同事們團體進行溝通，並且學會涉足更具體的貫穿組織的溝通通道。下面先考察工作小組的溝通模式，然後考察較大組織中的溝通。

小團體中的人際關係

　　組織中存在小團體，這有多種原因。許多小團體被正式建立起來，作為組織中的永久性機構：部門、委員會、部門中的工作小組。這些小團體的任務包括決策、解決難題、分享資訊、協調日常工作。有時(特定的)臨時性團體的目的是為了制定新政策，再重新設計生產程序，或消除組織各單位間的問題。在這些正規團體旁邊，雇員們為了分享資訊和建立公認的工作規範，也建立起自己的非正規團體。

　　無論是對正規團體還是非正規團體來說，團體互動的很多運行概念是一樣的。每個團體都將演化出專門的角色，也將產生支配團體互動的規範和規定，以及使團體團結起來的某些社會凝聚形式。就團體互動中的所有角色而言，無論是普通人還是研究人際溝通的行家，都對團體中的領導者給予了最多的關注。

領導與二人聯繫

　　在大多數組織中，任務團體或決策團體中的領導角色都是正式任命的。為了保證優質生產，領導應該有效地鼓動、指導、評價糾正團體行為，並同團體一起參加勞動。有效領導是什麼意思？多年來，研究者一直認為，

由於環境的局限（噪音，人與人相距較遠等），工作場所的溝通有時僅限於非語言形式。然而工作者們常常仍在類似圖書所示的環境中建立牢固的聯繫。

(Jacob Lawrence, *Builders No. 1*, 1970)

透過確定領導的**人格特質**（personality traits）可以預測領導效果。他們希望找到領導的共同特徵：明智、超凡的魅力、廣泛的社會交往等等。不過，人格與領導之間的關係仍是模糊不清的。在經歷 750 多次研究之後，研究者打消了建構領導特徵形象的企圖，轉而研究其他方法。㉕

　　研究者力圖確定有效領導的另一方法是指出其 **領導風格**（leadership style）。特質方法強調的是內在特點，風格方法則側重於行為方面。領導風格主要有三種：獨裁式、民主式和放任式。**獨裁風格**（autocratic style）的領導善於支配，要求下屬該做什麼，重獎罰。研究表現，這種領導風格十分有效；這類領導往往受到下屬的敬畏，但不一定很喜歡。毫不足奇的，美國社會，工作者最熟悉的領導方式是**民主風格**（democratic style）。民主式領導尋求工作者的投入，相信他們參與工作過程將是一種主動力。因此，這種風格比獨裁風格要花費更多的時間。雖然它有有利的一面，但並不是

在任何情況下都是有效的。它假定，工作者願意參與，他們具有與管理者基本相同的目標。**放任風格**(laissez-faire style)有時又稱「放手」的領導方法。領導讓聰明的工作者自己做出判斷，而只在需要領導建議或聽聽別人意見時才來找他。

　　三種領導風格的共同點在於，它們通常都假定，如人格一樣，領導從頭至尾只採納一種風格。實際情況往往是這樣的，因為人們很容易養成習慣。然而，愈來愈多的事實表明，大多數成功領導者是那些因人隨境調整其溝通風格的領導者。

　　情境取向強調，需要保持靈活性，審視各種因素，然後確定最有效的溝通策略。這些因素包括任務性質(簡繁程度如何)，工作小組的成熟水平(工作者們願意和能夠做事的程度)，領導的法定權力(他或她擁有多大權力)，領導——成員關係(團體成員喜歡尊重領導程度)。

　　傳統經營智慧要求，領導應當以同樣方式對待所有下屬，避免給人「偏愛」或不公正地對待某些雇員的印象。然而，這恰恰表現出最有趣的隨境方法之一。但是根據**二人聯繫理論**(dyadic linkage theory)進行的研究對此提出了質疑。二人關係模型表現，以某種意義上講任何二人關係都是獨一無二的，有效的領導應該調整自己的溝通風格以適應不同人的需要。這就是說，對於樂意接受指導，不定時戳他一下，或朝褲子上踢一腳的下屬，領導應採用較獨裁的風格。同樣，對能力強、有主意的雇員，領導應注意給他更多的自由，而對愛挑剔的工作者則應適用更具參與性、保證地位平等的溝通風格。

　　總之，領導必須對下屬需要保持敏感，並採取相當靈活的溝通風格。考慮你最近的工作經驗。設想你是團體的領導。你如何針對每個成員調整你的領導風格？要鼓動每個人，你將做些什麼？

成員與認同

　　與領導風格同樣重要的是，領導必須牢記與合作者建立良好的團體關係。大多數組織的核心和靈魂是工作單位。工作單位不能正常進行，其後果通常將波及到整個組織。領導者應意識到團體溝通的若干方面，從而改進或維護團體關係。這些方面包括：培養互補角色、建立有效的團體規範，形成有凝聚力的團體認同。

團體角色庫(group role repertory) 專家們一致認為，團體要正常進行工作，成員必須承擔不同的角色，互相強化角色表現。多數人還認為，有五種最基本的特定角色：任務領導、社會領導、資訊提供者、緩和緊張者以及吹毛求疵者。在此應記住的重要事情是，成員需要學會掌握角色互補與角色重複的微妙平衡。換句話說，當團體中的角色相互補充而非相互競爭時，團體互動最有效。例如：吉布森給團體提供關於計劃銷售者的訊息(資訊提供者)，戈伯對銷售量是否可行提出疑問(吹毛求疵者)。接著，吉布森又對如何實現計劃銷量做出解釋。他倆的活動是互補性的，因為他們共同增加了團體對所獲資訊準確性的信心。他們促使團體向目標前進。有時角色行為不是互補的。比如當出現爭執時，戈魯伯(緊張緩解者)開個玩笑，打破緊張局面。如果戈伯接著再開個玩笑，他就是在與戈魯伯競爭，而不是互補合作(除非戈魯伯的第一個玩笑未能成功地緩解緊張氣氛)。

團體成員必須能承擔多種角色，以便在團體中某成員不在時加以彌補替代。設想團體中的成員分別有主角色和副角色是有益的。主角色是團體成員最經常承擔的角色；副角色是在正規角色承擔者不能完成角色行為的情況下，其他團體成員能替代承擔的角色。在新團體中，角色形成需要一段時間，因此在人們各自找到自己合適角色之前，可能會爭搶領導地位和其他重要角色。非正式任命的角色將根據團體對其溝通努力的正負回饋情況而定。

團體規範(group norms) 團體角色是團體對具體個人的行為期望，而團體規範是團體對所有成員的期望。沒有規範，團體就缺乏認同，無法使自己與組織中的其他團體區分開來，也不能支配整個團體的行為。團體規範既要求有高有低，成員之間還可能建立互開玩笑的模式。

在建立和維護良好團體規範，改變過於陳舊規範時，溝通是至關重要的。有效團體的成員傾向於談論他們遵循的工作標準，並互相強化對方的工作。從工作者對某同事工作的積極評價中可以看到該工作者對其工作是滿意的。㉖多數團體擁有關鍵角色，有時叫作**意見領袖**(opinion leader)，他們對改變團體規範最具影響力。一個好的領導在想改變工作小組內部標準時善於把這些「意見領袖」挑選出來，加以利用。

團體凝聚力(group cohesion) 如果說角色和規範是有效團體進行之必須的話，那麼凝聚力則使團體生活既愉快又充實。它使成員更全面地感

穿制服是在小團體或組織中建立認同感的一種方式。形成團體凝聚力和團體認同的其他語言或非語言方式是什麼？

到團體認同和對團體的歸屬。如果下個簡單定義的話，**凝聚力**（cohesion）是指團體成員在多大程度上互相喜歡和願意留在團體中。與凝聚力相關的因素有許多：相似的態度、信仰、價值觀；使用團體相關的代詞比如我們（we,us,ours）而不是你的××，我的××（yours and mine）；信任的發展；內部笑話、與眾不同的禮儀、傳統或故事；同甘共苦等等。當團體開始表現出這類行為時，它就變得更具凝聚力。

　　儘管專家們對凝聚力做出了高度評價，但他們也指出凝聚力過強的缺陷。如果團體聯繫過分緊密，成員則趨向於不惜一切代價維護團體關係。結果就造成所謂的**團體思維**（groupthink）現象：為促成團體意見一致而犧牲毗鄰性思維。[27]團體成員開始以為自己不會犯錯誤。他們的決定不是基於對事實的詳細分析，及對可能行動路線的仔細考察，他們變得草率而過分自信。結果出現決策失誤或生產出廢品。因此，專家們建議，團體必須謹慎小心，不可放任對團體的忠誠向極端發展。

　　為了促進有效的團體關係的發展，建立反映互補角色、明確規範及適度凝聚力的溝通模式是十分有益的。考慮一下你過去曾工作過的團體。最成功的角色、規範和凝聚力形式是什麼？

組織中的溝通並不一定發生在令人乏味的舊式辦公室。設想努力保證這幫人和諧相處。

　　除了了解如何建立良好的上下級關係和工作團體內部關係以外，掌握整個組織範圍內的溝通通道也十分重要。下面將開發這些通道。

組織中的人際溝通

　　在組織中要達到有效的溝通，必須培養有助於接觸廣泛組織成員的溝通技能。認識能力也是需要的，因為成員需要識別出重要的訊息。因此，成員不僅需要認識到在組織中的社會化過程，而且需要認識到諸如「小道消息」等溝通風格及其運行情況。成員還需掌握一系列具體的溝通技能。如(專欄 12.2)指出的，恰如其分的禮節也是成功經營的有機組成部分。

溝通與社會化

　　自新雇員參加組織之時起，就出現兩種社會化過程：一方面，組織力圖教化新雇員，另一方面，新雇員力爭掌握規範並向組織打上自己的印記。

　　從組織的觀點看，必須教育新雇員如何成為「好雇員」，因此，要發給

他們文字資料、模式化的介紹資料，並且對他們的信仰、價值觀及行為提出非正式的要求。這種社會化少部分是透過正規訓練和公司印發的資料來完成，但大部分來自於合作者和管理者。不過，該過程不是自發的。D‧C‧費爾德曼（D.C. Feldman）報告說，必須首先建立一定程度的信賴和友好關係，然後「正規軍」才能與新來者共享重要的資訊：如果老雇員感到他們不能相信新來者時，他們就不向新來者提供關於上司愛好及個性方面的資訊，從而使新來者在上司眼裏缺乏能力。㉘

一般來說，新來者大多來自大學或強化訓練班，他們熱切希望表現自己能學到的知識。然而，仍然當一段時間學生——向同事學習，遵守實際上並不喜歡的標準，從而贏得信任——是極為明智的。根據傑賓的觀點，這種順從行為將打開內幕消息的大門，「幫助新雇員譯解流行於組織中的辦事程序和基模」。因此，一旦你被接納為團體的一員，你就能開始對組織施加影響。㉙

溝通網路

新到一個單位，掌握大致情況之後，就該闖入廣大組織之中，涉足控制上下內外活動的資訊流。實際上在大組織中有許多種不同的溝通網路，其中大多數是由想得到通常正規通道無法獲得的資訊的人們非正式地建立起來的。有些網路，比如小道消息網路，不僅被命名，而且幾乎人人相信。另一些網路幾乎是無形的，即使身處這些網路之中的人也可能意識不到它的存在。當成員不正式互報訊息，而只根據某種慣例交流資訊時，就出現非正規的溝通網路。他們談論的訊息話題幾乎無所不包。比如，「革新」網路是指，對技術和新觀點感興趣的人，即使他們不在同一單位，只是偶然相遇時進行交談。交談中，他們可能談到各自部門的許多革新成果。他們常常發現新的生產線和其他新技術，而且他們的發現一般要比公司時事通訊和內部備忘錄的報導早數月。

小道消息（grapevine）大概是最有趣的，也是研究最多的網路。人們對幕後活動非常好奇，常常談論他們在走道、飲水機旁、喝咖啡時知道或聽到的消息。很多人依賴小道消息累積的資訊，增強自己對組織的認識，預測未來變化，並靠著自己是知情人而鞏固自己的權勢。聽不到小道消息的人往往可能成為謠言的目標。研究證實多數人以為小道消息形象不佳，可

有些社交批評家認為，在公共論場相對陌生者之間進行溝通的機會較少。你上次在投票所逗留並與社會成員閒聊是在什麼時候？
(George Caleb Bingham, *The County Election*, 1851–52)

是他卻寧願得到可能引入歧途的資訊也不願根本毫無資訊的。㉚

　　然而，大眾針對小道消息的爭論是最有趣的。與大多數人的想法相反，小道消息的準確性令人吃驚。㉛根據研究估計，透過小道消息獲得的將近百分之八十的資訊基本上是準確的。不少研究還發現，透過小道傳播的資訊，比起大多數透過正規通道傳播的資訊，較少被歪曲。㉜因此，精明的經理知道小道消息的價值，在有些資訊需要告知工作者但公開講明又太敏感的情況下，他們經常使用小道消息的手段來傳播資訊。

　　在組織中資訊就是力量，缺乏資訊會削弱一個人在公司中的地位。因此應當把小道訊息看作一種可行的溝通通道，當然要記住小道消息中得來的資訊會有不實的成分。努力接觸其他非正規的網絡，因為說不定什麼時候就會派上用場。只有這樣才能成為組織中的真正資產消息靈通人士。

　　要成為左右逢源的溝通者，你必須處理好公開的、非個人的關係，同時要處理好親密夥伴關係。本章描述了衡量公眾互動的主要標準。在缺乏

其他較具體資訊的情況下，這些標準能移做爲一般的指南。

在任何組織中，了解人際溝通的進行情況，並據此培養溝通技能都是豐富有價值的。在大學學習期間，你將希望訓練自己的公開講話能力、寫作能力以及會談能力。這些能力將使你成爲一個組織化的和有技能的溝通者。你還需要依靠前文探討過的許多人際溝通技能：積極傾聽、擺脫刻板印象、組織談話、以別人的眼光看問題、偶爾表達自己的感情或表現出同感。還有下面要講的在公衆場合特別有用的技能：商談藝術。

表 12.1 相互衝突的風格

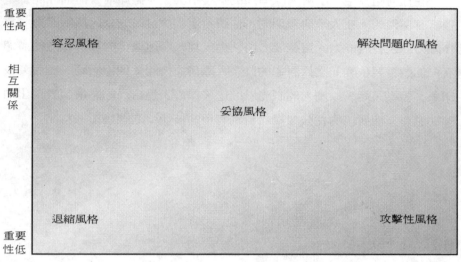

專欄 12.1

微笑大戰：友好關係的情感代價

我們一貫認爲微笑是免費的，它不花費什麼。我們通常希望得到別人，尤其是爲我們提供友好服務的女性的善意微笑。甚至禮儀小姐也會認爲：「你的醫生和律師，如果對微笑略有了解的話，也會像女侍者和汽車修理師一樣向你表現出愉悅的表情。」可是對你提供友好服務的人員不斷的微笑服務卻不是免費的。它是一種情感勞動，社會學家阿里·羅素·郝奇斯氣爾德 (Arlie Russelll Hochschild)把它定義爲「在自我和他人身上喚起或抑制感情的無聲勞動」。長期從事微笑服務會導致嚴重的情感無力或被工作搞得精疲力竭。微笑是艱苦的勞動，而微笑的義務（要求）在服務人員與他們服務的顧客之間釀成一場無聲的大戰。誰受害最深？那些必須每天七小時或八小時工作時間全都面對面與大衆接觸的服務人員受害最深。比如，售貨員、理髮師、護士、教師、社會工作者還有全美七萬空運人員。

郝奇斯氣爾德首次使公衆注意到「微笑大戰」現象。她 1983 年在《瓊斯母親》(*Mother Jones*)雜誌上的文章記述了一位空姐嚴格的受訓過程和令人疲倦不堪的工作經歷。空運工作的主要負擔是由廣告造成的，廣告上描繪（並許諾）航班乾淨舒適，總是準時到達，每位乘客都能得到眞誠友好的空姐的照顧。郝奇斯氣爾德認爲，這種許諾煽

動起乘客過高的簡直無法達到的期望，特別是，在班機相當擁擠以致空運人員無法一次給每位乘客送去早餐，更不用說添滿咖啡了。當忙得暈頭轉向的空運人員忘了微笑時，乘客的腦海中卻閃現出電視商業廣告的形象。「微笑服務哪裡去了？」他或她可能這麼認為，甚至說出來。郝奇斯氣爾德說：「廣告中的微笑使顧客覺得空姐沒有微笑準是表情走神了。」這裡包涵著性別因素。當有人說出對微笑的要求時，要求者通常是男乘客而被要求者肯定是空姐。空運人員中男服務人數較少，人們也不像要求空姐那樣要求他們。

在培訓空運服務人員時，幾乎絲毫不允許懷疑微笑的義務和壓抑其他不愉快感情的義務。未來的空運服務員常常被告知要以飛機為家，以乘客為佳賓。不過，重點最多的建議是要微笑、微笑、微笑、微笑。一位飛行員不無抱怨地說：「微笑簡直成了強顏歡笑。」

我們都想得到友好的服務。友好服務是重複性經營的基礎。人們要麼應喜歡其工作，要麼應另找工作，對嗎？對的。不過，這裏還有一個問題。郝奇斯氣爾德把人們對工作的表現區分為表層行動與深層行動。如果僅僅是要求表現友好，我們每天在整個工作時間可以只進行表層行動，而保留我們私人的感情，因為工作中不需要表現這些感情。然而在強調「真實」的文化中，在把勞務服務當作真實感情來買的行業中，人們實在難以容忍裝模作樣虛假表現的想法。唯一的選擇是投入深層行動。為此，我們必須「在自身內部喚起我們需要的感情，以便彷彿感覺到對工作合適的感情」。關於工作與從事這項工作的人員之間的界限變得模糊不清，因而也引起混亂和情感壓力。

微笑，從身體勞動上講，至少相當於整天地站立著那樣使人勞累。不過，情感的付費可能要高得多。設想你下次要求別人微笑服務或你拒絕買賣產品因為售貨員的微笑看上去不夠真誠。

資料來源：

阿里‧羅素‧郝奇斯氣爾德(Arlie Russell Hochschild)，〈微笑大戰：估計情感的勞動意外〉(Smile Wars: Counting the Casualties of Emotional Labor)《瓊斯母親》(*Mother Jones*)，1983 年，12 月，第 35-40 頁。

商業禮節：處理人與人工作關係的微妙藝術

　　作爲社交關注的問題，禮節似乎時而流行時而過失，處在不斷變化之中。在歷史上，禮節有時受到推崇，有時只是被容忍，有時甚至被視爲勢利者的專有財富。然而在保守的商業界，禮節一直被保留下來。無論是求職面試，吃工作午餐，處理辦公室內的戀情，還是機智地對付老板、同事和秘書，一直都有恰當或錯誤兩種不同的辦事方法。有些規則隨時間的推移而改變，而被普遍認同的一些規則則保持相對穩定。

　　多數研究禮節問題的專家主張，所謂「禮貌大方」會隨公司之不同而各有不同。不過，差異不是根本性的而只是程度上的。例如：你的兩位同事互不認識，而你卻不予介紹，這將普遍被認爲是不禮貌的。而且，一般的規則還要求，你應將下級介紹給上級，把女性介紹給男性（假設他們是同年齡人）。換句話說，你應先提到上級的名字，比如

「史密斯女士，我想把你介紹給波特先生，我們新來的售貨員。」在不太講正規的辦公室裏，人們會用教名代替頭銜和姓。而在另一些公司直呼教名則被認為非常不合適。對初來乍到者來說，最好的建議是仔細傾聽公司所有人們之間的交往方式，從而找到該企業（公司）文化的具體規則。

最近出版了不少關於商業禮節的圖書指南。其討論的題目範圍十分廣泛，從上班穿什麼衣服到如何唸外文菜單，乃至如何成功地對付窘境。例如：馬加貝利·斯苔瓦特(Marjabelle Stewart)和馬林·福克斯(Marian Faux)在《管理禮節》(*Executive Etiquette*)一書中提出，向老闆抱怨某同事做事不力有一個禮節需要注意。斯苔瓦特和福克斯引用一位雇工的話說出了在與同事協同解決問題未能成功之後應遵守的規則：「你不能走進老闆的辦公室說某位同事的壞話。你也決不要在下面嘮嘮叨叨。你最多必須走進辦公室向老闆說明工作的情況——通常不提別人的名字——希望老闆自己明白你所指的意思。」

因此，最好的建議是提出另一種完成工作的方法，而不是抱怨特別的某個人。這就避免了暗地誹謗的方法，使工作關係顯得彬彬有禮，並且通常也能提醒經理來採取必要的措施。

介紹禮節的圖書當然會提供有益的洞見，因為他們通常是被多年經驗的結果或者是與有多年經驗的人多次會談的成果。但是它們不能代替要求文雅大方的真誠願望，也不能代替一個人對工作的具體環境和氣氛的靈敏感知。

資料來源：

馬加貝利·榮格·斯苔瓦特(Marjabelle Young Stewart)和馬林·福克斯(Marian Faux)，《管理禮節》(*Executive Etiquette*)，紐約，聖馬丁出版社，1979 年。

進一步閱讀資料：

萊特蒂亞・巴爾德里格(Letitia Baldrige)《萊特蒂亞・巴爾德里格的管理的儀態指南》(*Letitia Baldrige's Complete Guide to Executive Manners*)，紐約，Rawson協會，1985 年。

朱迪・瑪爾汀(Judith Martin)《女管理者的儀態正確行為的指南》(*Miss Manners' Guide to Excruciatingly Correct Behavior*)，紐約，華納圖書公司，1988 年。

技能訓練：創造性地處理衝突與商談

在所有溝通背景下，無論是職業性的還是私人的，都包括不同意見的衝突和差異。不管在工作中還是在家裏，你都可能碰到你的興趣與別人的興趣發生矛盾的情況。要想成為一位成功溝通者，你需要了解如何利用談話消除這些興趣的衝突；也就是說，你需要學會商談。

協商（negotiation）是起初興趣相左的兩個人或兩派利用溝通達成聯合決定的過程。兩個超級大國簽定一項和平條約，經營董事建立一項國際性的合資企業，市政官員與工會領導結束一場罷工，這些都是商談。同樣，學生們與老師們對如何增加額外學分達成一致意見，父母與子女商定子女該有多大的活動自由，以及兩個朋友選定某項進行娛樂，這些也都是商談。在所有這些情況下，人們透過談話實現自己對對方的要求。如果他們的溝通起作用的話，雙方都從中受益，關係也會加強。如果溝通無效，就可能出現挫折、憤怒和沮喪。因此，有效商談的能力是重要的人際溝通技能。

本節將對如何增進協商技能提出一些線索，首先介紹五種衝突風格。探討每種衝突風格適用的場合，接著請讀者思考自己的風格。然後考慮哪些方法能使人把衝突場合轉變為創造性地解決問題的機會。最後談論合作性商談的一些一般規則。雖然對這一複雜問題我們的考慮只能浮光掠影，但我們仍希望讀者在閱讀本節時進一步思考自己的商談行為。

選擇衝突風格

雖然你沒有意識到，但可能已形成了一種商談風格。大多數人都具有商談風格。有人完全受衝突控制，他們或者避開它或者委屈求全，維持和平。有人視之為一場競賽，將不惜一切爭取勝利。有人則尋求妥協，還有的人認為它是創造性地解決問題的機會。

我們可以根據人們實現個人的和關係的兩類目標的能力來定義五種基本的衝突風格。(**表 12.1**)表明了這兩類目標與衝突風格之間的關係。先看右下方，在這裏人們主要關心的是實現個人目標，甚至不惜犧牲人際關係。對這些人來講，衝突是競爭性遊戲；他們甚至會喜歡爭鬥——只要能勝

利，我們稱之爲**攻擊性風格**（aggressive style）。戴維‧瓊森（*David John-son*）把每種衝突風格都比喻爲一種不同的動物。㉝他把運用攻擊性風格的這些人稱爲鯊魚。

順時針向左，我們看到左小角。這裡，人們力圖迴避衝突。對他們來講，激烈的爭鬥是毫無意義的。當面對分歧時，他們採用**退縮風格**（withdr-awing style），身心均從衝突中退卻下來。瓊森稱這些人爲烏龜。

左上角代表的是**容忍風格**（accommodating style），對關係的關心較多，而實現個人目標的需要較低。這些人努力消除一切分歧。如果你委屈只是爲了求全，那麼你就是一個容忍者。瓊森把這類人稱爲玩具熊。

（**表12.1**）的中間部分代表的這些人對個人目標和關係目標都有適度的關心。這些個人常常努力利用**妥協風格**（compromising style）解決衝突。瓊森把這些人比喻爲狐狸。

右上方代表的人對個人目標和關係目標都做出承諾。他們尋找使雙方都受益的解決辦法。雷蒙德（*Raymond*）和馬克‧羅斯（*Mark Ross*）在談到其問題解決風格時這麼說到：「它是一種基於以下假設的明智風格，這些假設包括：人類經驗中有衝突是自然而然的；衝突可以透過理智的、合作性的問題解決方式得以消除。而開誠佈公是必要的第一步。」㉞瓊森把使用這種風格的人比喻爲貓頭鷹。

哪種風格最好？這要根據具體情況而定。問題解決風格是最理想的選擇，但它要求人掌握較高的技能並做出努力，並且不可能適應一切情況。每種風格各有其應使用的時間。例如：在目標比關係重要的情況下，就要求攻擊性風格（至少是獨斷的）。購買一輛舊車時，與賣車人建立親近關係就不十分重要，重要的是要談好價錢。這時鯊魚就比玩具熊更起作用。

在有些情況下，維護關係和實現個人目標都不太重要。這時退卻是明智的。如果一個身穿皮衣，脖帶項圈的彪形大漢想把摩托車停在你正看管的停車場，如果你不想證明什麼，比較聰明的做法是迴避。

如果關係是重要的，那就要求一種容忍風格。假如你與一位近鄰合夥出錢爲一個朋友購買一件結婚禮物，而你不贊同近鄰要買的東西，但你還是決定最好保留自己的意見。如果你實際上並不特別關注禮物而更關注那位近鄰，那麼就最好採取容忍的態度。

如果你的情感投入和你的需要是對等而適中的，那麼可採取妥協的方

式。比如你可能在進行商業談判。你希望保持一種合理的、良好的商業關係，同時地想使自己獲益。這就要求透過談判達到最全面的妥協。

最後，如果個人目標和關係目標都危機四伏的話，就需要利用問題解決來處理問題。例如：與長期合作者或戀愛夥伴出現嚴重分歧就需要利用問題解決策略。關鍵的問題是，應該培養在適當情景下應用不同風格的能力。

採取問題解決方法

前面談到的五種衝突風格都各有其適用的場合，而特別重要的一種風格是：問題解決方法或稱綜合方法。因爲它包含了最多的人際溝通技能和敏感，並且可保證對下面兩個問題的進一步分析：

- 問題解決方法與商談有何差別。
- 有哪些具體策略可以利用。

妥協與問題解決之間的差別

最初妥協與問題解決很容易被混淆，但實際上兩者是不同的。舉個例子或許能有助於說明兩者之間的差別。丈夫和妻子在去哪兒度假的問題上發生分歧。丈夫想去山區，妻子想去海濱。妥協的解決辦法可能是把兩個假期分爲兩半：一周去山區、一周到海濱。這當然要比哪兒也不去強，但卻不是一個理想的解決辦法，因爲起碼有一半時間，一方不得不屈從另一方。而問題解決辦法尋求至少使雙方都有某些受益的新辦法。比如在分析他們各自偏愛的去處的原因之後，這對夫妻發現，丈夫想去山區度假，是因爲有機會打獵、釣魚和登山，而妻子喜歡海濱是因爲到那裏可以遊戲、曬太陽，和進行社交活動，於是他們就開始尋求滿足雙方需要的新選擇：去國內溫暖地區的一個風景區，這裏既要有沙灘，又可進行非常多種的娛樂社交活動，而且到處可以打獵和釣魚。㉟

解決問題的策略

尋找一種對衝突的創造性的解決辦法——既能增加衝突雙方的獲益又能減少付出——顯然是一種良好的建議，然而我們如何做卻並非總是顯而易見的。學習商談的學生認識到數種達到綜合解決方式的具體策略。在下

面我們將看到的兩例中，頭一例的兩個人透過互相減輕對方的付出或增加對方的獲益而達到意見一致。第二例的兩個人都改變各自的初衷。

　　第一種策略叫作**減少付出**（cost-cutting）。通常，反對某種解決方式是因為這種解決導致付出。如果能找到一種減少或消除反對付出的辦法，那麼就能夠達到意見一致。喬夫可能反對假日去塞蘭納家，因為路途太遠，驅車令人生厭。而塞蘭納可以許諾她來駕車，並提出路上可在一個風光的名勝地稍作停留，或者乾脆坐飛機回她家，這就減少了喬夫的付出。

　　當然，並非所有付出都那麼具體，有時付出只表現在心理上。一旦某人採取了某個主張，他往往出於自尊心而拒絕「屈服」。減少付出一種方式是幫助對方保全面子。我們已經探討過保全自我面子的重要性。成功溝通者也願意幫助他人保全面子。設想福斯特博士在沒有仔細考慮的情況下決定在一次大型家庭舞會之後進行一次考試。他的學生希望他能改個日期。在學生看來，老師簡單改變一下日期不會有任何付出。然而，福斯特對此事的看法則不同。他認為，重新安排授課計劃，以避免太多的麻煩，這是可能的。不過，這樣他的原則和地位就要受到威脅。福斯特拒絕僅僅為了容忍學生的社交需要而改變自己的課程安排。他感到，這種改變表明跳舞比上課更重要，而更重要的是，他感到如果他「屈服」了，他就將丟掉面子。找福斯特商談的學生必須認識到這一點。他們應當認真地問他表示尊重，使他知道學生們理解功課的重要性。他們應把商談限於解決問題，而不是對抗，他們還應特別注意千萬不可威脅老師的權威。他們要強調老師辦事靈活的同時也要指出他公正而嚴格，盡力減小他們要求改變程度，要求把考試提前而不是推遲。如果他們做到了這些，那麼說服老師的可能性就更大。如果你是這裡講到的學生，你如何減少老師的付出？假若你是教授你會贊同什麼？

　　達到雙方互惠協議的第二種方法是**補償**（compensation）或者說找到一種方法「補償」容忍的一方。1961 年古巴導彈危機期間發生的補償現象就是一個有趣的例子。你可能還記得，當時蘇聯開始在古巴部署核子飛彈。美國則要求蘇聯撤出這些飛彈。蘇聯秘密裏說服美國從土耳其撤出飛彈，這才同意從古巴撤出。這種補償使蘇聯人覺得他們的決定並不是單方面的容忍而是雙方受益的活動。有趣的是，美國飛彈的撤出推遲了四個月，以此使美國領導人免受國內的批評並且保全了面子。㊱

從日常生活來看，如果你母親同意借你她的車，你用完車回家的路上要把車清洗乾淨，至少要灌滿油箱，以此做為補償。人們施惠於他人時一般都期望某種報償。注意不到這個簡單的原則會損害人際關係，使對方感到自己被利用了，或者對方的幫助是理所當然的。簡單地說聲「謝謝」一般就滿足了要求補償的願望。闡明在維持人際關係方面簡單的語言反應是多麼重要。

創造性商談的第三種方法叫作**互相捧場**（logrolling）。這裏衝突雙方針對對方重要而對雙方來講相對不重要的事情做出讓步。也就是說，一方在A處和B處做出讓步，另一方在C處和D處做出讓步。例如：工會會員要求增加百分之二十的加班費（對他們來講很重要），同時增加20分鐘的休息時間。（對他們來講次重要）假定廠方強烈反對增加20分鐘休息時間的要求，而對增加百分之二十加班費的要求則有商量餘地。在這種情況下，工會可能願意放棄對增加休息時間的要求，如果廠方答應增加加班費。如迪恩‧普魯特（*Dean Pruitt*）所言：「對雙方來講，互相捧場的做法一般比在上面兩個問題上妥協要好些。」（即，增加百分之十的加班費，同時增加10分鐘休息時間）㊲

下面看互相捧場的另一個例子。吉納和艾倫要找一幢房子。吉納主要考慮房子要離工作地近些，其次她希望位於現代化高層建築。而艾倫不願住現代房間，她想要擁有壁爐和大廚房的老式住房。雖然她更喜歡在鄉村的住房，但地點對她來講不是最重要的。如果他倆能找到一幢改良後的跨兩層樓的公寓套房，雙方的主要要求就都能達到。雖然吉納沒能住在高層建築中，艾倫也沒能居於鄉村，但他倆還是能達到相對的滿意。

最後一種策略是 **架橋**（bridging）。跨越是指在雙方不必讓步的情況下找到一種使雙方滿意的新選擇。試看一個經典的例子。兩個人正在圖書館工作。一個人感到館內空氣不流通，於是決定打開窗戶。另一個人卻感到氣流使他不舒服，因而堅持要關上窗戶。任何妥協（例如：窗戶打開一半）似乎都不可能。發現這種僵持情況的另一位館員想了一會，然後打開了相鄰一間房間的窗戶，帶來了新鮮空氣而又不致受氣流影響。跨越的另一例子是古老的 **橋之鏈**（the brady bunch）。布拉迪一家積累了大量綠色印花──可以兌換昂貴的商品的息票。家裏的男孩想要划艇，女孩想買縫紉機，於是出現衝突。如果你看過這個故事（許多學生都看過），你會知道他們是

如何跨越分歧的：他們買了一台電視機，這個選擇比原先的兩種選擇都要好。

跨越的另一種方式叫作**增大飴餅**（expanding the pie）。如果是由於分享物品引起了衝突，解決問題的辦法之一是增加物品。假設一對夫婦在誰該獨占第二間臥室這個問題上發生爭吵。爭吵的一方是個作曲家，他想把第二間臥室當樂室用。另一方是個建築師，她想把它當作設計室。兩個共用這間房子，是一種妥協的解決辦法，但卻不可行。因為空間太小倆人都施展不開，而且還相互影響。一種解決辦法是另蓋一間房子，從而擴大可利用的空間，以便使倆人各取所需。

合作解決問題的規則

創造性地商談需要想像力和敏感度。這裏提出一些合作解決問題的規則。

判斷你的個人目標和關係目標　如前所述，人們有時逃避衝突，有時屈服，有時當仁不讓，有時則達到妥協。當你碰到利益衝突時，首先要如實評價你的個人目標和關係目標。如果兩個目標都很高，那麼就要求一種綜合的問題解決策略。

努力理解對方的利益和情感　不要忘記人的因素。參加商談的雙方是有血有肉的人，他們常會感到挫折、恐懼或憤怒，他們擁有各自獨特的思想和認識。(第 3 章)曾探討過歸屬偏誤。我們看到，人們理解自己的動機要比理解他人的動機容易得多。雖然以別人的觀點看問題是不易的，但卻總得一試。別人的要求往往不像你想像的那樣武斷和不合理。

理解別人的另一障礙是人們常常混淆別人的意向與自己的擔憂。羅傑‧費舍爾（*Roger Fisher*）和威廉‧烏瑞（*William Ury*）說明，人們很容易用自己的擔憂和期望影響自己的認識。他們記述了以下故事：「他倆在酒吧相遇，他主動開車帶她回家。他把她帶到陌生的街巷。他說這是在抄近路。他把她很快地送回了家，以致於她趕上了看 10 點鐘的新聞。」大多數人看到最後一句結尾出乎意料，因為他們自己的恐懼和偏見的假定與此截然不同。㊳商談中人們的懷疑常常使事情變得更糟。懷疑的代價是不願尋找創造性的解決辦法。

如果你能擺脫偏見，認識到對方的主張，你可能更有能力達到問題的

解決。如果一個父親理解孩子反對早起是由於他希望自立而不是就想晚起，他就能找到另一種使孩子感到成熟和重要的方式說服孩子。自問自己的行為在衝突對方看來如何，這是一個好主意。一方的羞怯在另一方看來可能像是冷漠或蔑視。如果羞怯者意識到這一點，他或她就可更開朗一些，以便改變對方的認識。最後，理解對方的認識還要求你幫助對方保全面子。應該記住，即使在長期間停止相信某一觀點之後，人們仍可能陷入此觀點的窠臼。你需要找到一種幫助他們體面地挽回面子的辦法。

認識到商談中會表現出激烈的情感，並且應視之為合理現象　在公開談判中，雙方都可能感到需要發洩憤怒。無論是為了向公眾表明他們並不軟弱或者只是為了減輕緊張。衝突者第一個反應可能是甩頭離去或者高聲叫喊壓倒對方的聲音，然而最好是讓對方講話。個人分歧也是這樣。一旦你的室友表示憤怒，她可能更會合理地講話。費舍爾和烏瑞援引了產業工人商談時形成的有用規則：成員們贊同一次只能有一個人發怒。這就使受批評的一方更容易聽到對方的意見，並且說：「好吧！現在該他發言了。」㊴

要專注於利益而非主張　讓我們拐回來再看看圖書館開窗的例子。爭執雙方各有初衷，一個主張「應該開窗」，另一個主張「必須關窗」。所謂**主張**(position)就是指衝突雙方的最初解決辦法。而**利益**(interests)則是雙方的潛在需要和關注問題。就這個例子來說，「得到新鮮空氣」和「避免氣流」是各自的利益所在。衝突雙方無法找到一個解決辦法，因為他們專注於主張。而館員意識到雙方受威脅的利益，並且找到滿足各自利益的解決辦法。

尋求主張背後的利益是解決衝突的重要步驟。假設某個社區的父母都對一處危險的建築工地憂心忡忡。㊵他們害怕孩子們在那兒玩耍時受到傷害，於是他們要求建築公司立刻將該地與外界隔開。建築公司不理解這些父母的要求背後的理由，因而認為這是無理取鬧。如果父母代表在商談時一開始就說：「我們要求你們在 48 小時之內把工地圈起來，否則我們將予以起訴。」那麼公司很可能做出防禦反應。最好是先從共同的基礎說起：「我們認為我們有一個問題需要解決。我們都關注安全問題，我們知道你們也是如此。如果出現事故對我們雙方都將是十分可惜的事情。要確保不發生事故，我們能做些什麼呢？」不僅如此，父母們還應表示出他們同時認識到了公司的利益：「我們知道，以最小代價完成任務，同時保護自己在安全和責任方面的信譽是符合你們利益的。我們這麼認為對嗎？你們還

有任何其他重要利益嗎？」透過對利益而非對主張做出反應，衝突雙方更可能解決問題。

考慮求助第三者幫助商談　只要衝突雙方誠心想解決問題，只要他保持必要的敏感並且擁有人際技能，那麼很多衝突是能夠解決的。但是並非所有衝突都能解決。這時完全可以在面臨衝突的情況下求助於別人。有關商談的論述把第三者介入區分為三種情況──調停、找事實和仲裁。普魯特指出：「**調停方法**（mediation）是第三者與衝突雙方一起努力，幫助他們達成協議。**找事實方法**（fact-finding）是指第三者傾聽雙方各自的主張，提出一套缺少約束力的實際建議。**仲裁**（arbitration）有些像找事實方法，只是提出的建議具有約束力。」㊶廠方與工會之間的衝突，常常利用後兩種方法加以解決。調停法被廣泛地應用於個人分歧和社區分歧上。

當商談出現僵局時就需要第三者出現相助。職業爭執時，人們往往求助於職業停調人。而對於個人問題，人們一般求助於某個朋友。在上述兩種情況下，入選的調停人必須具備某些特點：與衝突雙方建立友善關係的能力、良好的人際關係和說服溝通技能、公正果敢、有強大權力基礎、有得信賴的信譽。㊷最重要的是，調停人必須擅長抱有同感的傾聽。如果你認為你具備這些技能，並且想進一步發展這些技能，你可以考慮參加關於團體問題解決、衝突處理商談或調停的課程。這些課程將培養你的人際技能，並使你能更好地運用問題解決方法處理個人的及職業的問題。

實踐過程

討論題

1.討論本章開頭提出的處理公眾互動的四原則(標準)。這些標準是僅有的或者甚至是最佳的嗎?你願意加上或刪除哪些標準?你的同學同意嗎?討論各種意見的差異。

2.評論「示演」的定義。盡可能多地確認公眾場合下陌生人示演的情形。你認為示演是有益的,還是有害的,或者簡直是浪費時間?請幾位同學對下面這個主張做出評價:「現今大多數人不了解如何與陌生人交往,因此他們乾脆對陌生人漠然置之」。

3.你認為為什麼組織中會發生向上歪曲?你認為在什麼情況下下屬應以稍稍緩和和遮掩的方式彙報壞消息,在什麼情況下則應坦率直陳壞消息?

4.在醫生接見病人時,你應向他提出什麼建議?在提建議時,應牢記以下三個基本點:有效地利用時間、準確地處理訊息和使病人滿意。

5.在工作及社會世界交界,地位差異有多大重要性?地位障礙何時應保持,何時應拆除,何時應建立?為什麼?

6.研究表明,小道消息是大多數組織中最少被相信但被利用又最多的溝通網絡。你認為,要改變小道消息在校園或工作中的影響應當做什麼?

觀察指南

1.到可能發生非個人交往的公眾場所,比如市場、公園或商業區。記錄迴避禮儀和表現禮儀的實例。注意當某人越界時,比如過分客套或過分親近時會出現什麼情形。另外試著指出你認為可增加或減少非個人互動有效性的其他禮儀或行為。

2.觀察大量顧客——職員交往。記錄在出售諸如家具或汽車等大件物品時,或者在購買諸如:鞋子、雜貨或健康食品等小件物品時的溝通模式。另外,在顧客服務台周圍逗留一段時間,旁聽顧客退貨時的情形。每個觀

察過程都做出筆記，寫下訊息模式。然後把觀察到的交往分別歸於以下四類：

- 非常有效。
- 還可以。
- 有點兒問題。
- 根本無效。

對所觀察現象做出總結，指出最有效或最無效的溝通模式。

3.每個校園都是一個組織。據你作爲學生的觀點，盡可能多地確認不同的非正式溝通網路。小道消息的關鍵人物是誰？誰是最富影響力的決策者？誰已涉足於校園外的溝通網路？教職員工中誰看上去「聯絡」最多？這些非正式的溝通網路對學校的正常運行起什麼作用？你也可在工作中進行類似的觀察。

練習

1.由老師指定每個學生在一個虛構生產組織中的角色。抽出兩、三堂課時間，整個班級示演組織的日常工作活動。學生們從中觀察自己與管理者、同事、訊息員、總經理等人際的溝通情況，記錄在規定的「喝咖啡」期間的情況。練習結束後，討論觀察到的溝通模式：地位差異、向上歪曲、領導風格等等。

2.租一部內容主要涉及工作狀態的錄影帶或電影。選擇若干有趣的情節在課堂上放映。學生們分成不同的小組，指定各小組分別分析不同的情節。分析應反映本章講授觀的研究和理論。例如：小組可分析影片中描寫的上下級溝通的性質。另一小組可選擇討論決策風格及商業會晤中扮演的角色等等。每個小組應組織其分析，在班上做 15 分鐘的發表。

3.每個學生考慮自己曾捲入的最佳和最糟的上下級關係。這些關係可以發生在工作中、自願機構中或班級工作小組中，任何設立明確領導的組織中。在課堂上編制兩個表。第一個表應包括大家知道的最有效的上級或最無效的上級的特點。第二個表應包括觀察到的最有效關係和最無效關係的特點。仔細區分屬於上級的特點與屬於關係的特點。編制完兩個表之後，討論哪一個最有指導意義？是根據人格特質思考問題好，還是根據關係特

點思考問題好？爲什麼？

4.把全班分成若干個 3 人小組，小組成員分別扮演治療者、尋求幫助者和觀察者。然後示演非正規的治療過程。「治療者」應努力表現出卡爾・羅克斯提出的三大基本特質：熱情、眞誠和準確表現同感。「觀察者」應記錄傳達(或不能傳達)這三大特徵的語言訊息和非語言訊息。

情景 1：

治療者：酒吧招待

尋求幫助者：酒吧常客和一位獨立會計

情景：常客發現在郵購業務中關於顧客的一個問題。他想與那位會計攀談，但卻找不到可資閒聊的簡單話題。他向酒吧招待尋求建議。

情景 2：

治療者：最好的朋友

尋求幫助者：東海岸的年輕職業人員(雅皮)

情景：雅皮告訴朋友西海岸有一份工作可做。她確實想得到那份工作，但似乎不能使其男友相信到那裏他也有發展的機會。他喜歡自己目前的工作和朋友，而她認爲換個地方會更好──如果他願意嘗試的話。她向她最好的朋友尋求建議。

情景 3：

治療者：律師

尋求幫助者：一位 45 歲的新寡婦和一個孩子。

情景：年輕的寡婦與其律師商議。她正力爭恢復其正常生活但卻不能決定是賣了房子遷入套房，還是留下房子，出租房間。她想到面臨的抉擇時幾乎要哭了。

在示演角色之後，觀察者應彙報他能見到的情況，然後小組的三個成員討論如何進一步改善非正式的治療交往。例如：什麼情況下問題超出非正式幫助之外？你如何告訴某人，他或她需要尋求職業幫助？

專有名詞

下面是本章引入的主要概念之一覽表：

・尊敬	*deference*
・迴避禮儀	*avoidance rituals*
・表現禮儀	*presentational rituals*
・謙卑者（彬彬有禮者）	*demeanor*
・表演（示演）	*playacting*
・自然角色差異	*natural role differences*
・機能失調的角色差異	*dysfunctional role differences*
・向上歪曲	*upward distortion*
・熱情	*warmth*
・眞誠	*genuineness*
・準確的同感	*accurate empathy*
・人格特質	*personality traits*
・領導風格	*leadership style*
・獨裁風格	*autocratic style*
・民主風格	*democratic style*
・放任風格	*laissez-faire style*
・情境取向	*situational approaches*
・二人聯繫理論	*dyadic linkage theory*
・凝聚力	*cohesion*
・團體思維	*groupthink*
・小道消息	*grapevine*
・協商	*negotiation*
・攻擊性風格	*aggressive style*
・退縮風格	*withdrawing style*
・容忍風格	*accommodating style*
・妥協風格	*compromising style*

- 問題解決風格　　　　　*problem-solving style*
- 減少付出　　　　　　　*cost-cutting*
- 補償　　　　　　　　　*compensation*
- 互相捧場　　　　　　　*logrolling*
- 架橋　　　　　　　　　*bridging*
- 增大飴餅　　　　　　　*expanding the pie*
- 主張　　　　　　　　　*position*
- 利益　　　　　　　　　*interest*
- 調停方法　　　　　　　*mediation*
- 找事實方法　　　　　　*fact-finding*
- 仲裁　　　　　　　　　*arbitration*

建議讀物

Deal, Terrance, and Alan Kennedy. *Corporate Cultures: The Rites and Rituals of Corporate Life.* Reading, Mass.: Addison-Wesley, 1982, An almost anthropological guide to "reading" behavior in the organization. This very enjoyable book shows you all the things to look and listen for when you enter the corporate world: the importance of rituals and stories, the major role players in the communication network, and the heroes who embody the company's real goals and values.

Goffman, Erving. *Interaction Ritual: Essays on Face-to-Face Behavior.* Garden City, N.Y.: Anchor Books, 1967. An in-depth look at the social mechanisms of public life. Essays on face-work, deference and demeanor, embarrassment, and much more. A fascinating look at how we conduct everyday life.

Martin, Judith. *Miss Manners' Guide to Excruciatingly Correct Behavior.* New York: Warner Books, 1988. A very humorous, but nonetheless excruciatingly correct, discussion of "proper" public communication. This book and Miss Manners' newspaper columns have gone a long way to restoring the perception that it's OK to be mannerly.

Chapter 13

跨文化溝通

Harriet Powers, who made this quilt, was born a Slave in 1837
near Athens, Georgia. Her choice of biblical and astronomical
subjects and the proportions of the figures are Western. The
appliqued design and the animal figures, however, show an
African influence. With other African Americans, Powers re-
worked and expanded African cultural elements to create a
unique black culture.

(Harriet Powers, Pictorial Quilt, pieced and appliqued cotton
embroidered with Yarns, ca. 1895 – 1898)

首先，讓我們看看相隔七十多年的兩次極其相似的事件。它們說明：來自不同文化背景的人如果意識不到分別遵循著相互衝突的溝通規則就會引起溝通困境。頭一件事發生在 1914 年，黑人民權活動家門羅‧陶特爾（*Monroe Trotter*）在聯邦政府與當時的美國總統伍德羅‧威爾森（*Woodrow Wilson*）討論種族隔離問題。威爾森辯解說，支持隔離是爲了避免黑人與白人之間的磨擦。陶特爾表示強烈反對，他辯駁說，白人職員與黑人職員一起工作了 50 年，並沒有出什麼問題。威爾森被陶特爾的態度激怒了，他要求對方講話不要這麼唐突。當陶特爾詢問他那裡冒犯了威爾森，總統回答說：「你語氣裡滿是怒氣。」陶特爾不以爲然：「我根本沒有怒氣，總統先生，你完全搞錯了；你把我的熱情當成了怒氣。」①

另一件事是最近發生在大學校園裡的一幕。社區代表正在與黑人、白人教職員工探討城市教育中的一項大學生畢業規劃。討論很快熱烈起來。一位白人女教師指責這次討論會，說會議的氣氛像是「施洗禮者的再生會。」一位黑人男教員馬上指著她說：「××教授，你需要了解一些情況。你不能以小人之心度君子之腹。你明白嗎？你不能那麼做。」他看到那位女教師神色吃驚，語氣緩和了下來，接著說：「別著急，我還沒講完。等我講完之後，你再好好考慮考慮。」②此後，白人對會議這種情緒化的語氣表示反對，那個白人女教師認爲自己遭受了人身攻擊。相反地，黑人則認爲，他們既然對討論的問題感受強烈，那麼情緒化的表達就是完全適當的。被指控威脅女教員的那個黑人十分驚奇，他說：「我只是跟她談話。怎麼能說是威脅呢？」

本章後面將回過頭來分析這兩個事件中隱含的互相對立的文化模式。而現在我們首先考察什麼是文化，對跨文化溝通進行定義以便爲後面的討論奠定基礎。然後再看看文化是如何影響人際溝通的，並特別關注身處不同文化中的人，在溝通中所可能產生的問題。我們將首先研究溝通在國際層次上的差異，然後考察種族、區域和性別的差異，最後探討促進跨文化溝通的各種方法。

什麼是文化

　　本章著重強調文化在溝通中的重要意義。上一章講過,有能力的溝通者都對文化規範比較敏感,還例舉了來自不同地區和處於歷史時期的人解決溝通問題的實例。現在該分析一下來自不同文化的人溝通中出現的具體問題了。第一步要給文化下定義。**文化**(culture)是由價值觀和信仰、規範和風俗、規則及標準等組成的系統,它從社交意義上界定人群,使人們相互聯繫起來,並產生一種共同感。因為我們是人,所以我們提出關於世界以及我們在世界中的位置的問題,又因為我們是社會存在者,所以我們向別人尋求答案。從某種意義上講,文化是對困擾我們全體人們基本問題的集體回答。這些問題包括:我們是誰?我們在世界的位置如何?我們應如何生活?每個人對這些問題都形成了自己的解答,但我們也攜帶文化賦予我們的答案。在決定觀察世界的方式、決定反思自我及與他人的關係、確定和實際目標以及交流訊息等方面,這些文化理解起著重大的作用。

　　美國人曾經一度自鳴得意地無視任何「外國的」東西,然而那個時代業已過去。在世界日益變小的今天,誰也無法迴避文化交流。越來越多的人每年跨越文化的界限,甚至那些「安安穩穩」待在家裏的人也發現文化領域在不停地變化。由於技術和社會的變化,人們出生時的世界可能與後來生活、工作中的世界大相逕庭,要適應今日世界就必須適應文化的變遷。首先要認識到文化的力量。

改變文化認同

　　首先,個人並不僅僅屬於單一文化,而是屬於文化和亞文化構成的等級,每個文化和亞文化都以其各自的方式幫助人理解世界。有的文化團體相當龐大、豐富多彩,而有些文化團體規模較小、比較具體。有些文化具有重要的影響力和同一性,而另一些文化則只對人們產生輕微的影響。有的文化相互補充,有的則相互對立,但每種文化都影響著文化認同。

　　為了弄清在個人內部各種文化認同是如何互動的,我們以一位中國年輕學生延萍為例加以說明。她屬於哪些文化?首先,最起碼她是來自遠東。

在傳統社會，權力、威望的分配存在著差別。在這種社會中婦女的地位與男人的地位可能相差懸殊。

這就是說她與其他亞洲人在語言，某些藝術、文學和哲學的傳統，以及某些一般世界觀等方面擁有某些共同特徵。同時，延萍具有一個獨特的國家身分，屬於 10 億 1 千萬中國人中的一員。她出生於文化大革命末期，與同時代的人一樣，經歷了影響中國過去 25 年之久的社會和政治動盪。她屬漢民族而非少數民族，她的父母是教師而非農民或工人，她是中國南方人而非北方人。作為一所著名語言學院的學生，她覺得自己屬於中國知識分子的成員，她主修外國語言和文學。最後，身為女性，這也影響到她在社會中的位置及她對社會的看法。

延萍（像我們所有人一樣）一生中接觸到許多種文化的影響。她是亞洲人的後裔，她的出生國、種族背景、成長地區和階層身分、受教育程度以及性別等等都影響到她的行為。（第 5 章）曾講過，除了各種文化強加於人

的所有訊息(有些是互補的,有些是對立的)之外,人們仍力爭建立一種獨特的自我感。延萍當然也不例外,她既是所處文化的產物,同時也是獨特的個人。

文化的影響

像延萍一樣,我們都是多種文化的產物,其中有些文化會對我們產生深遠的影響。因此,有必要考察文化在認識、角色認同、目標實現和語言編碼等方面影響我們的一些方式,並且特別注意一下溝通實踐。我們將看到,文化是「使我們適應於與他人共同生活的東西」,我們還將研究文化是如何確定「何為眞、何為對、什麼是美、什麼是善」。③

文化影響知覺

威廉‧布魯克斯(*William Brooks*)關於文化系統如何影響認識的例子十分精彩。他講述了一則故事:一位倫敦大學的教授為他的非洲學生放映一部電影,情節是關於在自然村落改善健康條件。影片放映完後,他在班上問大家看到了什麼。一個學生答道:「看到了一隻雞。」其他人都隨聲附和。這位教授很吃驚,因為他覺得電影裏並沒有雞,他仔細地將影片又放一遍,一個鏡頭一個鏡頭地端詳,才發現有兩三個鏡頭的底角,有一隻小雞在蹦蹦跳。雖然小雞的鏡頭不足一秒,但學生們都看得相當清楚。他們反而沒有注意關於滅蚊的重要資訊(至少教授認為那才是重要的)。對此可以有幾種解釋:非洲學生的眼睛對狩獵場景相當敏感,雞在宗教方面有重要意義;初看電影的人趨向拘泥於鏡頭的細節而不是整個鏡頭。無論如何,非洲文化對學生們產生影響使他們對世界的看法不同於教授所處文化使教授看到的。④

這個例子指出,文化背景不同的人對景象內容的看法各不相同。如果在奈不勒斯卡(*Nebraska*)農場長大的人與在芝加哥市內長大的人相互交換環境,他們各自對新環境的看法肯定有別於與原來生於斯地的人,兩人都會忽略許多對方認為重要的東西。當然每個人都可能注意到對另一個人來講習以為常,因而視而不見的東西。

文化不僅決定我們看到了什麼,而且還決定我們的觀察方式。在不同文化中,一般資訊處理模式也不相同。卡里‧杜德(*Carley Dodd*)指出,一

般思想模式，包括我們運用邏輯的種類和我們排列事件的方式，也是文化的產物。例如：在有些文化中，人們用線性、連續和時間順序模式進行思考，而另一些文化中的成員則根據圖像和外形進行思考。⑤

文化影響角色認同

所有文化都把人分為不同的角色。對年齡的反應就是一種角色相關行為。在許多文化中，老人受到極大的尊重。例如：加納的阿山提（*Ashanti*）人用以稱呼所有老人的詞彙翻譯過來就是「我的祖父」，他們認為老人是智慧聚積的化身。⑥在中國，老人也受到尊敬，中國人很難理解為什麼美國人把老人與新一代人分開，即把孩子送到日托中心，把老人送到老人院。與阿山提人和中國人相比，美國人對老人不怎麼重視。在美國文化中，老人常常被視為（甚至他們自己也這麼認為）無用的、喪失生產能力的人。

對男女的價值觀也因文化而異，日常習俗就反映出這些評價觀。在印度的一些地方，婦女不與男人同桌吃飯；而是等男人吃完飯以後她們才單獨吃飯。⑦在越南，婦女必須比男人吃得少，儘管她們很餓。⑧還有，在有的文化中，婦女要戴面紗，並且完全與男人世界相隔離。不僅性別價值存在差異，男性特徵與女性特徵也有不同。許多美國人在受教育過程中逐漸認為男人自然比女人更具攻擊性，更講邏輯，但缺乏感情，而在有的文化中，情況恰好相反。艾德華・赫爾（*Edward Hall*）指出，在伊朗，吟詩自由地表達情感，憑直覺而非邏輯辦事的恰恰是男人；相反地，女人則被認為是冷淡、注重實際的。⑨

文化影響目標實現

文化不僅確定適當的角色行為，它還影響到個人目標和志向。杜德表明：有些文化強調工作目標，而另一些文化突出社會目標。工作文化的成員認為，自我價值可以根據一個人取得的成就大小來衡量。在這種文化中，諸如「不勞則無獲」「大膽進取」和「追求完美」等看法是「關於人的看法的深層認知取向的表層結構。例如：美國人就被認為是高度工作取向的。」⑩在更以人定向的文化中，完成工作就不太重要。人人都養成一種更具個人風格的談話方式。

文化還表明人們是否應設立目標。某些帶**宿命論**（fatalism）特徵的文化認為，個人對其未來無能為力。這種文化中的成員對待命運的態度是接

受、忍耐、消極無爲，斷定企圖改變上帝的意願是錯誤的。拉瑞‧賽莫瓦（*Larry Samovar*）曾說明宿命論與實現感的差異。「如果你問一個印度人爲什麼他從田裡只收獲 10 袋玉米而他的鄰居則比他收穫的多得多，他會回答，這是上帝的意願。而一個美國農民對此問題的回答則是：「哎，我工作不夠努力。」⑪顯然地，宿命論文化的成員的溝通不同於比較積極的文化成員的溝通。前者可能認爲，後者的溝通活動具有攻擊性、固執甚至傲慢。

文化影響語言符碼

文化差異的最顯著的表現之一就是語言差異。多德認爲，地球上共有 3000 多種語言，其中許多還未形成文字。接近一種文化的最好門徑之一就是接觸它的語言，因爲語言是文化傳播其價值觀和信仰的主要手段。但是學習一門新語言是困難的，因爲對不同的語言來說，可表達的內容各不相同。從（第 8 章）關於薩丕爾－沃夫假說的探討中可以看到，不同的語言團體建構世界的方式各有千秋。

不同文化間存在著明顯的語言行爲差異。非語言行爲差異雖然同樣重要，但卻不太明顯。在跨越國際界限之後，我們通常會意識到翻譯自己語言的困難；但卻較少意識到翻譯非語言意義的困難。（第 7 章）講過，非語言差異的一個領域溝通的意義和溝通的掌握方面。如赫爾所說：

> 「每種文化對溝通的建構都是不同的。在一種文化中人們的
> 聯繫和表達的情感在另一文化中幾乎總是意味著別的東西。當我
> 們說某些外國人『冒失』時，這只是意味著他們對交談的控制在
> 我們頭腦中引發了這種聯想。」⑫

赫爾解釋說，在拉丁美洲國家，人們覺得以比北美人習慣的更近的距離交談是適宜的。拉丁美洲人覺得適宜的交談距離對北美人來說不是表明性感就是懷有敵意。所以，北美人在與拉丁美洲人交談時會向後退。「結果，拉丁美洲人認爲我們難以接近或冷漠，畏縮而不友好。相反地，我們則常常指責他們逼得我們喘不過氣，擠得我們受不了，甚至唾沫都噴到我們臉上了。」⑬與拉丁美洲緊挨著工作的美國人知道用桌子或椅子等物體障礙來使自己與他們拉開距離，這個做法使他的拉丁美洲同事相當困擾，他甚至爬過障礙，找到舒適的交談距離。

體態語和目光交流也隨著文化不同。例如：在印度尼西亞，人們坐在地板上交談，但是不要讓腳底朝著交談夥伴，這一點十分重要，因爲那將意味著夥伴比自己低下。⑭在這種交談方式下，目光接觸自然能夠傳達許多訊息。康頓·E·C（Condon）曾概述了數種文化中睜大眼睛的涵義。例如：在美國主導文化中，睜大眼睛意味著驚奇或吃驚。而中國人睜大眼睛可能表示氣憤或憤怒。法國人這麼做的意思則是「我不相信」，而對於西班牙人來說，睜大眼睛表明不理解。⑮

文化限定溝通能力

　　文化對溝通影響最突出地表現在，它影響了溝通能力的各個方面：解釋、角色、目標和訊息等方面。來自不同文化的人處理資訊的方法各異。人們的角色關係和社會身分由文化規定，同樣，他們認爲重要的目標以及他們著手實現這些目標的方法也取決於文化。如前所見，語言和非語言符碼均由文化來確定。要想成功地與其他文化的成員溝通，必須敏感於溝通的差異，還必須牢記文化與溝通的相互依存。文化告訴人們如何勝任溝通，同時文化也透過溝通得到維持和傳播。

什麼是跨文化溝通

　　在同一文化背景中，多數人公認何謂有能力的溝通。而當文化背景不同的人進行溝通時，就缺少這種共識。只要我們與對世界抱不同理解的他人進行交流，我們就是在參與 **跨文化溝通**（cross-cultural communication）。這不意味著每次都會碰到麻煩，敏感而聰明的人常常能夠找到溝通的共同基礎。但是如果兩種文化差異巨大的話，那麼，即使最善理解的人也會碰到問題。下面我們將考察文化衝突中發生的一些問題，並且討論避免這些問題的方法。

　　跨文化溝通之所以是困難的，是因爲我們不擅於對付差異。如前講過，人們往往尋求相似的他人而迴避相異的他人。例如：在交談開始時，我們試圖找一些共同話題。所以，人們樂於找一個來自熟悉的地方的交談夥伴，接著還想找出共同的熟人（「哦！你從新紐澤西來，你認識某某嗎？」）共同

性是互相吸引的堅實基礎，以致我們實際上可能不喜歡與異己的他人交流。如社會比較理論指出，如果我們發現與交往的人有太多的差異，我們就會向他施加微妙的壓力以使他與自己趨同。

我們避免與我們相異的他人溝通，原因之一是：要想順利地與他們溝通，我們通常要付出更多努力。在這種溝通中，交談可能像猜謎一樣難以捉摸。我們不能依仗過去的思路，而必須費神確定新思路。熟知的交流規則可能不起作用，但以新方法進行交流則是有益的。跨文化溝通能使我們以新穎的方式觀察世界。

學習跨文化溝通意味著學習適應不確定性，它意味著從差異中獲益。它要求技巧和勤奮。技巧變得愈來愈重要。到別國工作、旅遊或者遇到別國來客時，人們都會碰到跨文化溝通。在國內也會經歷跨文化溝通：在國內人們必須學著與不同種族階層和地區的人溝通。在考察亞文化差異之前，我們先探討國際間溝通中的問題。

跨國界溝通

設想你剛剛從一個大的跨國公司得到了一個十分重要的職位。薪水很可觀，地位也高，唯一的問題是要求你頭一年在國外度過。當然你意識到，你必須適應客文化的習俗和溝通模式。然而情況怎麼樣呢？你的經驗會怎樣影響你的溝通能力？你怎麼才能調適到最佳效果？本節將描述文化構成的要素，比較美國價值觀、信仰與其他文化價值觀和信仰。

文化層面

描述文化差異的最佳方法是什麼？邁克‧赫齊特（*Michael Hecht*）等人討論了對溝通活動具大影響的六個文化層面：

- 權力距離。
- 個人主義。
- 性別(我們稱爲工具性／表達性層面)。
- 不確定性。

· 語境依賴。

· 親近性。⑯

赫齊特認爲，我們能夠根據六個層面的任意一種確定一種文化，從而理解這種文化。

權力距離

權力距離（power-distance）表現在權力和威望分配上的文化差異。在高權力距離文化中，財富和地位的分配不平等，決策權掌握在少數高貴者手中。在低權力距離社會，地位差別不太顯著，權力的分配比較平等，決策也是參與性的。這種差別會對溝通產生什麼影響呢？在高權力距離國家，尊敬和聽從式的溝通是重要的，下級與上級的溝通行爲存在差別，社會各階層之間的自由接觸受到限制。掌權人制定規則，不掌權者接受、遵守規則。相反地，在低權力距離國家，溝通角色的地位懸殊不明顯，每個人都有平等講話的機會，規則也將共同協商而定。赫夫斯蒂德（*G. Hof-stede*）認爲，南亞國家（如：新加坡和菲律賓）和一些南美國家（如：巴西、委內瑞拉、哥倫比亞）在權力距離層面上比歐洲中等民主國家（如：奧地利、丹麥和斯堪的那維亞國家）處於更高的層次。美國則被認爲處於權力距離中等偏下水平。⑰

個人主義

不同國家對**個人主義／集體主義**（individualism／collectivism）的評價也不相同。集體主義國家強調斯蒂拉·丁－土梅（*Stella Ting-Toomey*）所謂的「我們」認同，重視公共的利益，和諧和集體判斷。⑱相反地，個人主義國家重視「我」認同，強調個人認同、競爭和個人決策。北美和歐洲國家（如：美國、加拿大和英國）都崇尚個人主義，而許多南美和亞洲國家（如：委內瑞拉、秘魯、台灣和泰國）則突出集體主義。個人主義國家推崇自由，創造和經濟刺激，但同時可能無意中助長了物質主義、異化和生態破壞。就溝通方式而言，集體主義者努力盡可能地避免衝突，使用間接方式解決衝突，而個人主義者則更爲直接地面對衝突。

集體主義者不鼓勵個人的成功。在獎勵分配時，他們更可能運用**平均規範**（equality norm）（不論投入多少，每個成員均獲得同樣的獎賞），而不

是 **公平規範**(equity norm)(分配根據個人貢獻的大小而定);在個人主義國家情況恰恰相反。由於和諧對集體主義國家十分重要,所以集體主義文化重視服從,強調團體間關係融洽,以及文明禮貌。家庭和人際義務也很重要。正像丁—土梅所言,「吸引一個集體主義文化的成員,要對成員構成的社會網路承擔額外的責任和義務。」⑲

工具性定向/表達性的定向

赫夫斯蒂德創立了一個把不同國家劃分爲「男性」或「女性」定向的系統。它基於一個尚未定論的假設:存在著明顯的男性和女性行爲模式及社會關係。因此,我們傾向於稱之爲**工具性定向/表達性的定向**(instrumental/expressive orientation)。我們不把崇尚力量、攻擊和競爭的國家歸爲「男性的」,把重視憐憫、哺育和情感表達的國家稱爲「女性的」,而是稱前者爲「工具的」,後者爲「表達的」。⑳赫夫斯蒂德把日本、許多中歐國家、英國、愛爾蘭及澳大利亞歸爲第一類,把斯堪的那維亞諸國加上智利、葡萄牙、泰國視爲第二類。海齊特也曾指出,在「工具性」文化中,男女在權力和溝通行爲方面的區別截然分明。也就是說,武斷地表達自我的女人和充滿感情地表達自我的男人都會碰到溝通麻煩。在表達性國家看來,工具性文化的成員可能被視爲不關心人,冷漠和具攻擊性。在溝通中這些差異將導致嚴重的誤解,認識到這一點並不困難。

對待不確定性的態度

赫夫斯蒂德還認爲,不同國家 **對待不確定性的態度**(attitude toward uncertainty)或冒險意願各有差異。有的國家推崇冒險、機會和思想自由,而另一些國家則重視穩定、傳統和權威。推崇冒險,容忍模糊不淸的國家有美國、英國、丹麥和瑞典;重視絕對論的國家包括:秘魯、智利、阿根廷、西班牙和葡萄牙。在後一類國家中,人們可能以懷疑的態度看待創新思維和冒險。在不確定性較高的文化(如:美國)中,人們在和低不確定性國家進行商業活動時可能遭受極大的挫折,反過來,他們的舉動被後者認爲過於缺乏耐心、魯莽和輕率。

語境依賴性

第五個層面是文化在建構和解釋訊息方面的**語境依賴性**(context dependency)。艾德華・赫爾曾指出,在某些國家,資訊的意義不僅取決於資訊本身,而且同樣取決於它的出處和表達方式。例如:漢語就是高度依賴背景的。在漢語中,語法通常並不指明過去式、現在式、未來式,講話者談到去某地,你必須根據談話背景確定他是已經去了,還是打算去,還是明天就去。漢語中還有許多同音字、即音同字不同。要理解漢語中的一個資訊,你必須能「猜測」出它意指那個意義。東方國家的語言對背景的依賴最強,希臘、土耳其和一些阿拉伯國家的語言對背景也是有較高的依賴。瑞士、德國和北美屬於低背景依賴文化。低背景依賴文化重視精確性、具體性和清晰性;人們談論起來滔滔不絕,認爲健談的人具有吸引力,對非語言暗示則相對遲鈍一些。而高背景依賴文化中的人們常常發現低背景依賴文化中的人總是高聲喧鬧、感覺遲鈍,而後者則難以理解爲什麼前者不說出他們意謂的事情。如果你回憶一下(第 8 章)關於符碼闡釋的探討,對此觀點就不會陌生,闡釋的符碼是低背景依賴的,而限定的符碼則是高背景依賴的。

親近性

最後一個層面是**親近性**(immediacy),即指某文化成員表現出的身體和情感上的接近方式。一般來講,在高接觸文化(如:南美、東歐、南歐和阿拉伯國家),參與溝通在身體上表現爲接近甚至接觸。在低接觸文化(如:亞洲、北美和北歐),人們感到距離略遠一些,少接觸更舒服。阿拉伯人會發覺美國人極端冷漠、拒人千里之外,而美國人則發覺阿拉伯人過於咄咄逼人。

所有六個層面的差異都可能引起溝通問題。每種文化的成員都會認爲另一文化中的成員有著固有的毛病。身處重視效率,要求清晰明瞭和直截了當,甘願冒險,表現創新以及質疑權威的文化背景中的個人,在與強調與此不同的價值觀的文化中進行交流時,可能碰到很大的困難。當他們的好意被誤解時,會產生深切的挫折感,他們會以嚴厲苛刻的態度評判周圍的人們。因此,來自不同文化的人們要進行交流,就必須特別留心平衡人際關係的基本辨證法。

美國文化認同

　　與別國人一樣，美國人也是文化價值觀和文化認識的產物。至此以前，在與別國成員的對比之下，我們提出美國人「拼加形成」的一些方式。下面將略深入地探討美國文化的模式。當然，美國人也不是千篇一律、千人一面的，個人亞文化認同對他們認識將產生重大影響。不過，任何人一生中都要從學校、教會組織或者從新聞媒介中接觸到主導文化模式。無論是毫不懷疑地接受或是拒斥、反對，這些文化模式仍是個人行李中的組成部分——出國時你將隨身攜帶著。在探討美國主導文化模式時，我們將借用拉瑞‧賽莫瓦等人的研究成果。他們認為，文化對人們有五種影響：

- 世界觀。
- 活動和時間定向。
- 人性定向。
- 自我認識。
- 社會組織。㉑

世界觀

　　賽莫瓦等人把**世界觀**（worldview）定義為「對諸如：上帝、男人（女人）、自然、宇宙及其他與存在概念相關的哲學問題的文化定向」。㉒雖然，人們難以明確說出自己的世界觀，但它卻「如此深深地根植於人們的心理，以致人們視之為完全理所當然，自發地假定別人像自己一樣看待這個世界。」㉓在分析美國人的世界觀時，賽莫瓦指出美國人把個人與自然相分離，賦予科學和技術以重要性，以及美國人的物質主義。

　　有的文化強調與自然的統一，而美國人趨於把自然界與文明相分離，他們認為，人類與其他生物有機體不同（高於其他有機體），美國人認為，自然是有待統治的東西，是為了人類（和美國人）的利益可開發的取之不盡、用之不竭的資源。一方面這種觀點促使美國人積聚物質財富，另一方面，它也導致迄今才剛剛認識到的廣泛的環境問題。美國人高度推崇開發和統治自然的科學和技術。客觀性和統治是充斥美國人世界觀和交往實踐的基本科學價值觀。「美國人在溝通中趨於強調客觀性、經驗事實、合理性

文化制約著生活的各個方面，包括基本的價值觀。1987年為了降低出生率，法國政府企圖出售一種新產品：嬰兒。

和具體性，他們在理解不反映這些價值觀的人時，常常碰到相當大的困難」。㉔最後，賽莫瓦發現，美國人追求物質富裕的身體舒適的目標。個人成功的尺度之一就是個人努力積蓄物質財富的多少。因為美國人期望一種高度清潔和舒適，所以他們往往看不起低於一定生活水平的「不發達國家」的成員。

活動和時間定向

綜合上述可以看到，毫無懷疑的是，美國人是積極努力工作的；重視速度、效率和實際；美國人定向指向進步和變化。一般來講，美國人具有「**努力——樂觀主義**」（effort-optimism）的特點，即相信只要工作足夠努力，就能達到任何目標。當然，假如失敗了那也只能歸咎於自己。所有這

些價值觀在溝通上表現爲：要求清楚，直截了當，溝通管道暢通。美國人希望能經常有效地進行溝通。當他們到一個電話出了毛病或郵政服務無法信賴的國家時，他們很可能滿腹怒氣甚至遭受挫折感。

美國人的時間觀念也是根深柢固的。對大多數美國人來說，「時間就是金錢，大家都看重速度，詆毀懶惰。不能準時出席或者不能在規定期限完成任務，都是嚴重的問題。時間被分割成段，在某項活動中花費的時間並不由活動本身的性質來規定，而是鐘表來規定。美國人趨於使自己活動符合時間計劃安排，而不是反過來。

人性和個人自我

文化試圖回答的問題之一是，人性是什麼？根據賽莫瓦的觀點，美國人認爲，儘管人可能做惡，但本質來講人性是完善的。某人是變得卑微還是高貴，部分地取決於他的機會。因此，良好的教育和健康的環境可能改進人的行爲。美國人還認爲，人從根本上講是符合理性的，可以信賴他們自己做出決定。賽莫瓦指出，這個前提「隱含著民主的理想，同齡人的評判和自由經營。」㉕

如前所述，美國文化是個人主義的文化。個人身分和自我激發的重要性表現在許多的「成功故事」當中。美國人賞識自我實現的人。

賽莫瓦對個體自我重要性總結道：「在美國文化中個人主義的價值表現著一系列複雜的更具體的要求，比如：自我依靠、選擇自主、隱私權、言論自由、被人尊重、平等及民主程序。」㉖

社會組織

文化不僅回答關於自我本性的基本問題，而且指導人們如何建立適當的社會關係。賽莫瓦認爲，美國社會組織的兩個最重要的特點是平等和**將來定向趨同**(future-oriented conformity)。美國文化因強調個人自主和人的尊嚴而傾向於平等主義。在溝通時，美國人試圖建立一種平等的氣氛。而美國人輕鬆隨便的溝通方式在比較重視等級的社會可能會遇到麻煩。因爲，美國人的這種方式可能損害到其基本權力結構。

賽莫瓦指出趨同是每種文化背景的社會生活正常運行的必要條件之一。問題不在於任一文化是否促使趨同，而在於它促使人們趨同何種規則。美國人趨同將來定向的規範而不是傳統規範，對美國人來講，趕上潮流而

不是因循傳統以便「與同等人並駕齊驅」一般來說要重要得多。因此，美國人與潮流共進，並對進步和變化感興趣。

文化模式和人際溝通風格
多數人懷有一種叫作**種族中心主義**(ethnocentrism)的認識偏見，即認為自己的文化是「最好、最發達和最正確的」。我們的生活方式對我們可能是最佳的，但這並不意味著它對別人也是最佳的，或者說我們的文化模式會得到廣泛的分享。美國人認為自然和文明是互相對立的，而在有的文化中，人類無權踐踏自然，因為一切自然物都是神聖的。美國人相信累積知識需要經驗和科學的方法，而有的文化則認為，經驗知識是不可信賴的，只有精神洞見或直覺才是達到的最佳方法。美國人認為，人們透過艱苦的工作開創自己的未來，有的國家的人們則堅信命運是上帝的意願，個人能做的一切就是接受現實。至於談到物質主義，賽莫瓦提醒我們，「世界上多數人生活於這樣的文化背景中，即認為物質富足不被視為一種權力甚至不被視為一種可能性。」㉗儘管存在這麼多基本的差異，但這並不會使跨國界文化溝通成為不可能，當然，這的確使溝通變得複雜了，因為這些差異都反映在我們的人際溝通風格當中。

人際溝通風格看上去可能具有普遍性，而實際則不然。人們學到要遵守的許多基本的溝通原則都是文化的產物。試以信譽概念為例加以說明。對大多數美國人來說，應該竭力建立自己的信譽，這是理所當然的公理。如果在上公共討論課時，有經驗的發言者的開場白會強調其專長和信譽。然而在某些美國土著文化中則要表示自己才疏學淺，並敬告聽眾可自行評判發言的價值。

美國人認為在人際溝通領域，健康的關係應透過自我暴露來建立，與周圍人敞開心扉是重要的。在有些文化當中，推心置腹的表白反倒會使人厭惡，有的文化背景下發言者比美國人更直截了當。人們處理矛盾的方式也與文化密切相關。美國人認為，最好是面對問題對衝突展開討論，然而若是在一些東方國家，美國人必須小心。因為很可能因當眾批評別人而使人感到羞辱難堪，成功的跨文化溝通常常意味著重審關於溝通成敗的基本認識。

不確定性之因應

如果你有機會接受到前面討論的這些差異，你會如何做出反應呢？是歡迎機會呢，還是感到有些擔心？如果是擔心，這也並非你個人獨有。因為適應不確定性是一個困難的過程。到外國的旅人不僅會感到深深的苦惱，而且某些因素還會影響到他們緩和文化不確定性的能力。

文化衝擊

人們進入一個新文化時感到的緊張和迷失叫作 **文化衝擊**(culture shock)。自從凱夫羅・奧伯哥(*Kalvero Oberg*)首次將文化衝擊定義爲「由於喪失社會溝通中所有熟悉的符號和記號而產生的焦慮」以來，許多人一直在研究面對文化不確定性所經歷的緊張反應。[28]儘管文化衝擊的嚴重性各不相同，但都會導致煩躁和敵意、失落感、無助感、自卑感、畏縮和社會隔離。這導致文化的強烈衝動，甚至會造成失眠症、憂鬱症以及身體疾病。實際上，旅人常常是在經歷雙重的冒險。他不僅在進入一種新文化時會經歷緊張，甚至在重返母文化時仍會遇到麻煩。

文化衝擊的四級模式

許多專家都探討過文化衝擊的典型模式。[29]例如：奧伯哥把文化衝擊過程分爲四個階段：

- 蜜月階段。
- 敵視階段。
- 恢復階段。
- 調適階段。

在 **蜜月階段**(honeymoon stage)，旅人興奮而樂觀。他一切如意，相信決定出來旅行是有眼力的。他對當地的人們、風景和飲食都十分著迷。這時一切都既新鮮又使人激動。雖然整個旅行都可能停留在此階段，他卻根本沒有經歷眞正的文化衝擊，許多旅行者(會在一周或幾個月之後)進入第二階段。

在 **敵視階段**(hostility stage)，現實沉陷了。歡快感被失意煩躁，焦慮感所取代。旅行者曾一度敬慕的高雅悠閒的生活方式現在可能被視爲懶

團體外成員在群体內成員看來常常是奇怪的。繪制海軍准將佩里肖像的十九世紀中葉的日本藝術家和他的長官似乎混淆了。長官的眼睛是東方的,而鼻子則是西方式的,並且被極度地誇張了。在這個以種族爲中心問題的藝術家眼裡,所有西方人都是一樣的!

惰,缺乏效率甚至認爲當地人故意找碴。當地的榮餚也失去了魅力,旅行者開始渴望熟悉的食物。他們往往開始輕視當地人,退縮迴避文化接觸,花越來越多的時間與旅伴待在一起。在這個階段明確地表現出心理緊張。嚴重的情況下,個人可能相當憂鬱以致不得不離開客國。

通常,隨著個人找到對待新環境的辦法,敵視階段就會安然度過。在**恢復階段**(recovey stage),旅行者對客國的語言和風俗習慣更加熟悉,並且與客國人們建立起友誼,重新審視一切,比較辯證地看待事物。最後,在**調適階段**(adjustment stage)焦慮消失了,旅人與新風俗和態度相安共處。

助跑起跳模式

應該指出,並非人人都要經歷或再次經歷文化衝擊或返回衝擊,即使經歷文化衝擊的人也不一定完全按上述排列順序歷經四個階段。例如:金永云(*Young Yun Kim*)就對四階段模式和文化衝擊觀提出了批評,他認爲它們是蓄意製造犧牲品的「病」。相反地,他視文化衝擊爲適應的必要部分。他認爲,在緊張階段,旅人退縮採取減少或緩解緊張的行爲,以便對付原來認知模式的破壞。在此防禦性階段,他們重視認知和情緒,積蓄力

量準備衝向嶄新而開拓性的行為。因此，對 Km 來說，個人經驗不斷重複著緊張——適應——成熟的過程，或所謂的「**助跑起跳模式**」(draw-back-to-leap pattern)。每次循環之後，個人就更能對付客環境。不斷重複的文化衝擊過程可能是在個人力爭透過適應新的生活環境的要求、機會而重獲內在平衡時「適應性變化的必要前提條件」。㉚

文化適應

有些人會比較容易地適應新文化。有的人由於文化變化會經歷深深的苦惱，而有些人則容易地適應下來，**文化適應**(acculturation)是學習和適應不同於自己基本習得文化的新文化的過程。㉛跨文化溝通的學生竭力確定成功文化適應的因素。對付新文化的能力雖然因人而異。Km 指出了一個特別有用的模式。從(**表 13.1**)可以看到，Km 認為預測文化適應是否成功取決於五個變量：

- 個人溝通。
- 客社會溝通。
- 種族社會溝通。
- 客環境。
- 個人偏愛。

(**表 13.1** 列出的適應結果將在本章後面討論)

個人溝通

Km 提出的模式中第一個方面是 **個人溝通**(personal communication)，它是指旅人對客國溝通活動的了解程度和接受能力。認識到如何在新文化背景下勝任溝通的人會相當容易地適應新文化。根據 Km 的觀點，是否獲這種能力，表現在四個方面。第一，**掌握溝通活動的知識多少**(knowledge of host communication practices)，包括：語言和非語言符碼及其實用規則的了解。學習語言不可能一下子流暢自如，但是閱讀客國有關風俗習慣介紹，努力學習一些常用語彙是十分有益的。這不僅可使旅行者增強自信，而且還向客國人表明旅人願意努力適應新文化。

另一指標是不斷增長的 **認知複雜度**(cognitive complexity)。由於改變人的思想習慣總是困難的，因此把握這個指標比較困難。(第 3 章)講過，

認知豐富的人思維比較靈活和開放。要想達到認知豐富，必須拓寬自己現有的個人建構體系，擺脫陳舊的框框，學著從個人行為中抽象出不同文化模式。在個人逐漸熟悉自己環境的過程中，這常常會自發地實現。在初次到某個國家時，旅人可能認為客國看上去都千孔一面。過一段時間，他就逐漸發現到個人的差異及細微的行為差異。同時，他也更願意容忍模糊性，當然，旅人必須願意接受變化。認知封閉、缺乏靈活性的人們在進行適應所必須的認知調整時，會遇到較大的阻力。

溝通能力的第三個指標是**情感協同**（affective coorientation），意指情感敞開、準備好欣賞和經驗客文化。一個願意全身心投入新經驗的人要比拒絕欣賞客國人的審美和情感反應的人更易適應。例如：到中國的旅人可能透過閱讀翻譯過來的中國小說，了解一點中國藝術和建築，甚至練習中國書法或武術來達到情感協同。一般來講，愈是持積極態度的人，愈是易於適應，適應過程也愈容易。缺乏自尊的人在情感適應方面要比具有健康自尊的人遇到更多的困難。

最後，個人溝通的第四個指標是**行為能力**（behavioral competence）。Kim 以此指能夠按一個人剛剛內化的思想和感情進行行為。旅人必須擁有這一新行為，並且不怕犯錯誤，因為只有透過試錯才能學會在任一文化中恰當地行為。

客社會溝通

文化適應不僅受到旅人自己能力的影響，而且也隨旅人與客文化中的人和公共機構的社會聯繫情況而變化。Kim 把旅人參與客國網路稱為**客社會溝通**（host social communication）。他認為衡量客社會溝通的指標之一是**旅人與客國人建立個人聯繫**（personal ties with host nationals）的數量和強度。客國人不僅不斷地為旅人提供資訊，作出示範，而且還友好地為旅人扭正錯誤。人際接觸使新來者懂得說什麼，而且使他了解該如何做。這種人際溝通可以帶來適應所必要的許多認知、情感和行為的變化。

除認識以外，溶入客國的大眾溝通機構設施也是必要的。Kim 沿用布蘭特・魯本（*Brent Ruben*）的理論，提出大眾溝通的廣泛定義，即傳播和保持文化理解的大量社會設施：飯店、商店市場、學校、教堂、博物館、藝術館、圖書館、收音機、電視機和電影。所有這一切都反映文化的規範

和價值觀㉜。研究表明，這些公衆的溝通形式補充了人際溝通，幫助個人理解客文化。所以，客社會溝通的第二個指標就是，**接觸客國大衆溝通**(exposure to host mass communication)的程度和方式。這種大衆傳播媒介特別有益，事實表明，移民者若收聽收音機、電視和電影會更快地適應新的客文化。㉝

種族社會溝通

大多數旅人並不完全脫離自己的母文化。許多新來者(無論是移民還是旅行者)都願意接近來自本國的人們。Kim 稱之爲 **種族社會溝通**(ethnic social communication)：和那些與自己分享同一文化認同的人建立聯繫。本書作者之一曾經在中國生活和執敎過一段時間。在中國，一些外國人往往居住一起，他們可以在特別的「友誼商店」中買到美國產品。這給一些外籍敎師一種安全感，從而影響到他們適應過程，在這種互助小團體中，人們很可能只講英語，不去與客國人交朋友，仍舊吃花生醬、土豆片，和 M & Ms.巧克力。Kim 認爲，跨文化適應與種族社會溝通成反比關係，這可以按照 **種族間人際聯繫**(ethnic interpersonal ties)顯示出 **種族大衆溝通**(exposure to ethnic mass communication)的數量和類型來標明。

當然，種族互助小團體也具有益的作用。它有助於新來者慢慢地進入新文化。老手們會向他講貨幣、交通系統等問題，逐漸使他掌握處事的方法。他們還可爲新手提供娛樂的機會，甚至可幫助新手減輕與陌生人相處時產生的緊張壓力，不過，由於老手們不鼓勵參與客社會溝通因而會減緩文化適應過程。如果一個人的目的是身在國外而仍保持自己的國家認同，種族互助團體是有益的。相反地，如果你想介入客文化，它則是不利的。

客環境

影響文化適應的一個十分重要的因素是**客環境**(host environment)的性質。有些文化接受外文化的來客，有的則隔離和疏遠有別於自己的宗敎、種族身分的任何人。南非的種族隔離制度使得南部非洲的白人與黑人實際上不可能平等地交流，就是一個例證。許多文化把圈外人當野蠻人和異敎徒對待，也有許多文化鼓勵適應和同化。根據 Kim 的觀點，客環境接納性和趨同壓力的主要指標是其開放度、認可水平及其正規語言政策，非正規語言實踐和社會隔離程度。

個人偏愛

最後，正如並非所有客國都是千篇一律的一樣，新來者也人如其面各不相同。許多**個人偏愛**(personal predispositions)是與適應緊張相關的。首先，新來者的文化和種族背景會影響文化適應。具體來講，文化類似、身體特徵及背景威望是重要的。一般地，適應與己文化相似的文化比較容易些。因此，一個瑞典移民要比馬來西亞移民更易適應美國社會，而美國人到倫敦去幾乎不受任何文化衝擊，相反到了孟買則會受到極大的文化衝擊。有些種族和文化中的人會受到較高的禮遇。例如：在中國，美國人現在十分受歡迎(儘管情況並不一直是這樣)。所以，比起其他國家的遊客，如：尼日利亞或日本遊客，美國遊客受到的待遇優惠得多。

一個人的個性肯定也會影響文化適應。成功適應的兩個最重要的指標是開放性和韌性，一般來講，越是心胸開闊、寬容和樂於外出交際的人，其適應過程越容易。韌性包括：自信和自尊、執著、堅強和靈活等特性。有準備也是一個因素，比如：教育、出國前培訓、旅行前經驗及外出時的條件。受教育程度較高或接受過某種出境前培訓的人比缺乏準備的人更易於成功地適應新文化。盼望旅行並預期從中有所獲益的人比因戰爭或社會動盪而突然被拋入新文化的人更易成功地適應。如果你以往曾旅行過某國，即使是來去匆匆，那麼再次旅行你也會很好地適應。

適應結果

成功的文化適應的結果如何？一般來說，文化適應成功的人能更好地滿足自己的基本需要。他們的適應能力不斷加強，學會如何在陌生的新環境中生活。同時，他們的心理健康也得到改善：原來的不平衡隨著其內在認知圖式逐漸與外在要求相符合而消弱了。最後，他們會形成一種文化間身分感，即既屬於原文化又屬於客文化並能超越二者。如 Kim 所指「並非所有陌生者都會在適應過程中經歷到這麼深的層次，但那些達到這一步的人將能享受一種特殊的自由，在具體背景下自如地選擇如何行為，而不是簡單地受限於文化上規範的行為過程。㉞

在達到文化之後，人們不再是其社會訓練的產物，而超越這些系統，決定何時何種情形下趨同或拒絕趨同。這種自由不僅意味著人們已成為最成功的溝通者，而且意味著人們已經成熟，出境入境已可來去自如。

文化界線每天都在減少，這些中國南方農村的孩子們對美國人十分著迷，而且已經能講一點英語。他們身穿西式服裝，看上去有點兒像美國的小孩，但其世界觀將完全是中國人的。

跨越種族和地區障礙

出國旅行並不一定接觸跨文化溝通。情況常常是，同一文化內不同社會團體間的障礙正如不同國家之間的障礙一樣難以對付。只要有兩個種族對其成員的社會化方式有差異，文化誤解的可能性就存在。種族和地區、階層、性別差異等把社會劃分為不同的團體，從而影響到溝通。在這節中，我們首先將考察一些亞文化差異，探討最敏感、最重要的亞文化：偏見。

偏見與對現實的社會建構

顯然，一個國家中各個人社會化的方式不是完全相同的。一個國家文化中有許多亞文化，這些亞文化的行為規範會存在很大的差異，據之可以把人們分為不同的團體。在美國，亞文化差異常常表現為種族階層、種族和地區特徵的差異。

前面講過,對許多人來講,文化間的差異擾人而具威脅性。碰到文化異己的人,常常使人們對自己的身份和生活方式發生懷疑。我們發現異己者難以理解,更難以相處。碰到異己者,我們會採取兩種辦法:

- 了解他們,考慮他們文化中我們認為陌生奇怪的部分,力圖弄清這些部分的作用,並重視以新方式交流的機會。
- 拒絕之、貶低之,並著力限制與之接觸。

眾所周知,人們極常見地選擇後者,結果就產生偏見,歧視和團體間衝突。

下面將探討溝通是如何幫助我們建構現實的。首先我們以偏見為例加以說明,要了解社會現實建構過程是如何進行的,先要:

- 界定偏見。
- 考察偏見的產生和表現。

什麼是偏見

偏見(prejudice)是一個團體的成員對另一團體的成員持有的消極的社交態度,它歪曲認識並常常導致歧視。為了更好地理解這個定義,讓我們按狄吉克的分析把它分述為幾個獨立部分。㉟

偏見是態度 首先,偏見是對刺激物的**態度**(attitudes),或對刺激物的概括性評價。態度可指向任何事物、人或行為,它是個人經驗、人際溝通或傳播背景的產物。為了弄清態度一般地是如何起作用的,讓我們看看中性刺激物——馬。大家都知道,人們對此動物的評價是各有千秋的。有人對馬著迷,有人則對它怕得要死,而其他人則無所謂,這些各異的態度是何以產生的呢?

設想一個小孩鮑勃總是到一個農場度假,在那裡,他可以餵馬。他的朋友們都對騎馬很著迷,並時常談論有朝一日他們自己將擁有的馬。鮑勃還讀過有關馬的書,有一段時間他最喜愛的書就是《黑駿馬》。

後來他把這些經驗和資訊用來建構一匹馬的一般圖式:強健、迅捷和美麗。他把這個圖式存在記憶中,只要一提到馬,他就立刻想到這個圖式且並把它套用到後來對馬的認識上。等到一次假期,他騎上一匹桀驁不馴、渾身不潔、瘦骨嶙峋的馬時,發現這個可憐的畜牲與他原先的印象大相

逕庭，他認為這匹馬是不正常的，並為它遭受如此疏忽和虐待感到遺憾。而另一位小朋友凱西，從小就被告知要遠離馬，因為馬是危險的、顛狂的。她個人對馬沒有直接經驗，不過從媽媽那裡接受了對馬的恐懼觀念。她對馬的印象是消極的 當看到前面提到的那隻骨瘦如材的小馬駒時，她會自言自語地說：「瞧，我是對。馬是笨拙、醜醜的野獸。」概括性的觀念或態度都發展成為認識和活動的指南。

偏見反映著團體的意見　並非所有態度都是偏見。偏見態度的限定特徵之一是，偏見本質上是團體性的。有的態度是個人具有的，因此只是個人愛好的問題，而不是偏見。例如：你可能不喜歡高個子。如果你所處文化中的其他成員並不共持這個態度，也不用它來限制高個子的自由，這就不是偏見，而只是個人愚蠢而偏頗的意見。

另一些態度透過**團體內**(in-group)成員共屬同一團體的人的溝通形成，並且用於描給**團體外**(out-group)的成員（來自別的團體的人）。如果這些態度是消極的，那就是偏見。所有種族偏見的實例都極力強調團體特徵，強調「他們」與「我們」之分。對「他們」應謹慎，不要輕信，主要是因為他們與「我們」不同。種族偏見事實一通過團體間溝通產生和再生。可笑的是，許多人對團體外成員抱有強烈的偏見，但他們與偏見對象從未有任何直接接觸。事實上，偏見阻礙了他們與被偏見對象進行接觸，因為他們認為溝通將是危險或令人生厭的。他們往往頑固堅持消極態度。但這些態度都是來自間接的經驗，來自作為其文化組成部分的談話或文本。

偏見是消極的評價　根據定義，偏見是消極性的。由於偏見，我們貶低其他團體成員，僅僅因為他們與我們不同。狄吉克在研究荷蘭人對外國勞工（主要是 Surinamese，摩洛哥和土耳其人）的態度時，發現團體外成員被貶低有三個原因：

- 他們與荷蘭人不同。
- 他們與荷蘭人競爭業已匱乏的資源。
- 他們擾亂了荷蘭人的生活方式。

恰巧，在一項關於加利福尼亞白人對待西班人和黑人的研究中也出現了這三個方面。

狄吉克調查的荷蘭人抱怨，外國勞工與己不同，規範和價值觀低劣，

1989 年柏林牆被拆毀，東西德實現了重新統一。然而，兩德之間政治和意識形態間的差異可能會持續較長的時間。在統一的德國，偏見業已出現。

思想和行為也與荷蘭人迥然不同。具體來說，這些荷蘭人認為，外來勞工懶惰、喧鬧吵雜、拉幫結夥、骯髒不堪並且淫亂作惡。這些特徵常常用來描述團體外成員，而絲毫不顧及下判斷的團體或被評判的團體的真實情況。這些特徵似乎成為主導文化成員對少數民族文化的普遍抱怨。

　　在狄吉克的研究中團體外成員還被視為匱乏資料的競爭者，並被指責擠走了團體內成員的鄰居，搶走了職業和房子，儘管如狄吉克指出的那樣，團體外成員得到的工作和房子一般是荷蘭工人不願要的。再有，團體內成員一致抱怨團體外成員比他們享受了更高的利益，即使根據客觀標準這個認識是不真實的。

　　最後，團體外成員常常被認為侵犯了團體內成員的領地，文化認同、安全、財富及物質利益。㊱這就意味著，恐懼和強烈的消極情感常常伴隨著

偏見，並且可以說明團體間衝突為什麼極易引導突發暴力事件。

偏見基於偏誤的認知模式 在形成種族圖式時，偏見者的目的不是確切地表達現實，而是在團體內與團體外成員之間劃出一條區分「尊貴者」與「低下者」的界線。為此，偏見者常常使用已被歪曲了的材料，並進行錯誤的歸屬，無稽的斷言。狄吉克解釋道：

> 團體內成員理解「外族人」，目的主要不是對「真實發生的情
> 況」建立真實可信的認識。相反地，正如對其他圈外人的理解一
> 樣，他們建構起一個主觀上似真的模式……它與對族外人的原型
> 相符合，並部分地例示了族內人的一般認識和態度圖式。㊲

換言之，持有偏見的人尋求對其偏見的證實，因而忽視或捨棄了可能證偽的事實。

維持偏見的認知偏誤有以下幾種：消極解釋、輕視歸屬錯誤、誇大和極端化。**消極解釋**（negative interpretations）意即把少數民族成員的一切都作消極解釋。例如：如果我們看到一個團體外成員坐在庭院裡曬太陽，我們會解釋說，這是懶惰的表現，而若團體內成員這麼做，就會被視為是在充分休息。如果團體外成員結夥閒蕩，被認為是拉幫結夥行為，反之，若團體內成員這麼做，被認為是正常的社交活動。只要認為「他們」做的都是壞的，而「我們」所為皆是好的，這就是在進行消極的解釋。

輕視（discounting）是常常與偏見相聯的另一認知偏誤。輕視意味著捨棄與前定圖式不符的訊息。例如：假如你認為團體外成員不會成功，而你卻碰到一個人非常成功，你會告慰自己這個人只不過是「例外」，以此來輕視這個事實。或者你會使自己確信，他的成功不是由於天賦能力，而是由於運氣或恩寵。按此方式，你的圖式就永遠不會改變，即使在面對相反的事實情況下，你仍能繼續堅持你的偏見。

在前面關於歸因認知的討論中，我們看到，人們傾向於犯**基本的歸因偏差**（fundamental attribution error），即把別人的消極行為解釋為內在性格氣質所致，而非外部環境使然。（參見第 3 章對歸因偏差的全面討論）。這種錯誤在偏見者身上尤為強烈。如果偏見者發現團體外成員失業了，他將認為，原因肯定是團體外成員內在地缺乏能力和動力，而並非由於外部環境如：職業歧視。若偏見者自己丟了工作，歸因則恰恰相反。他會把失

業歸咎爲外部環境所致，比方說，是由於所有工作都被團體外成員搶走了。

最後，常用於支持偏見的偏誤還有 **誇大**（exaggeration）以及 **極端化**（polarization）。出於恐懼和憤怒，個人可能誇大團體外成員行爲的消極特徵。團體外成員如果與熟人發生意見分歧，會被視爲挑起了充滿火藥味的爭論。公衆場合訓斥自己的孩子被認爲是虐待孩子。進行誇大的不僅僅是個人；傳播媒介對團體外成員的報導也表現出這種偏誤。因此狄吉克報導說，在荷蘭，報紙經常用「洪水氾濫」比喻移民流入——例如：南亞泰米爾難民「潮水般湧入我國」。洪水、潮水這些詞在荷蘭給人特別不幸的印象，因爲歷史上荷蘭人曾經不斷與海水搏鬥以求生存。㊳

極端化就是把團體內與團體外的細微差別看得非常大的傾向。極端化也把人們之間的差異看得比實際情況更爲懸殊。一個移民成爲所到國公民以後，儘管他的外貌、行爲，無論從那方面講均與該國團體內成員的原型十分相似，但仍將被排斥在外，並被視爲「他們」中的一個。

偏見實現團體內的社會功能　偏見的最後一個特點是，人們常常根據偏見堅持歧視性行爲，也就是說，偏見使輕視團體外成員的做法合法化。偏見使得這一點成爲可接受的：即否定團體外者具有屬於團體內成員的相同權力和特權。所以，偏見常用來支持團體內成員的權力和主導地位。

偏見是如何進行溝通的

如前所述，偏見是被歪曲的消極認識。面對矛盾的事實，我們常常不得不竭力保持這些認知。在社交活動中，我們重演和復活這些態度。正因如此，「無害的」道德笑話和偏頗的談話才顯得令人苦惱。這類談話會使偏見看上去可以接受。與偏見相符的現實社交建構有兩種偏見形式：

- 大衆媒體溝通。
- 人際溝通。

大衆媒體的角色　大衆媒體再生偏見的方式有以下幾種：首先，新聞報導的寫作方式常追求使人驚奇或憤怒的效果。可是事實上，新聞報導常強調種族間相互影響的暴力和聳人聽聞的方面，原因大概是由於這樣可以擴大報紙的銷量和提高報紙的層次。少數民族團體成員一般被置於暴力事件的中心位置，但其角色地位總是「沒有發言權的」。這就是說，他們很少

有機會說明他們對事件的看法。而且，也由於少數民族的新聞記者，特別是身居高位的新聞記者人數極少，所以，人們常根據多數人的觀點描繪種族事件。最後，有關種族團體的普通日常生活的問題，諸如：工作、住房、健康、教育、政治生活和文化及在這些方面的種族歧視等很少在報紙上加以討論，除非這些問題爲社會整體帶來了「問題」或「變得相當嚴重」。㊴

個人的角色　個人也散佈偏見：透過講故事、軼事和笑話，透過勸說和日常會話。順便提及，社會整體的一般規範認爲，偏見不是好事情。然而，這並不意味人們不持有偏見。它通常意味著，人們對那些並不對自己構成挑戰的人保留著「我最好的朋友中有些就……」，「我不帶偏見，但憑心而論……」，或者是「他們中有的確實相當棒，然而……」這些語言形式給人公平合理的幻覺，從而有助於逃避可能的批評。遺憾的是，消極的模式仍遵循著這類句式。因爲這些模式掩蓋了團體外成員普遍憎恨的偏見和種族主義。

在一項經典研究中，傑克・丹尼爾（*Jack Daniel*）要求被試黑人報導白人對他們做出的不眞誠說法。㊵在分析結果時，丹尼爾把黑人的反應歸爲四類。第一類：白人希望對黑人表示親近，包括：像「我最好的一個朋友是黑人」、「你一點不比我差」、「我的僕人是個黑人」以及「我兒子與一個黑人小孩一同上學。」第二類：希望表明對黑人個人經驗的理解，諸如：「我也是少數人群中的一員」、「我完全能夠了解你的感受」、「我過去也住在希爾區（Hill District）（匹茲堡的黑人居住區）」、「我以前還不如你呢」。第三類：是陳腐而具貶損性的評價，像「你們這種人」、「小黑孩」、「看你有多大能耐」。第四類：評價表明多數人的代表根本不理解少數人問題：「黑人應該更令人愉快些」、「你眞是好鬥成性」、「要是你稍微多等一會兒……」更有甚者，「到底那黑人想要什麼？」

這些評價對你來講是否顯得偏頗？你曾否聽到類似的評說？如果你是一個少數人團體成員，你很可能有所聞。（儘管語言形式和評價內容上會有翻新）你可能有機會發現這些冒犯性的評說。本章最後將轉回來討論性別歧視語言中的溝通偏見問題。

種族、地區和階層差異

　　為了避免難堪或無意的冒犯，有的人拒絕談論亞文化的差異，而樂於假定每個人都被按完全相同的方式培養起來。但這並不是對溝通中偏見問題的真正解決辦法。因為，它忽略了實際的文化差異，因而使糾正錯誤和消極認識成為不可能。討論富人和窮人，黑人和白人，男人和女人各自樂於採取的不同溝通方式，這一點無可非議，只要這種討論是客觀性的旨在理解而不是指責。確實，了解差異以及衍生的差異有助於我們避免誤解和衝突。

　　要想不陷於老框框和偏見，就必須考慮亞文化差異。例如：如果一項研究斷言，美國東海岸的人比西岸的人粗魯，這個陳述意味著什麼？簡言之，它意味著，該項研究的研究者考察了東西部人團體的語言行為，並且發現了兩個團體間的行為差異。它並不意味所有東部人都講話快和粗魯，也不意味著西部人總是「溫文爾雅」，它僅僅意味這些團體在人際關係方面存在差異。在對亞文化差異下結論時，我們討論的是團體的平均情況，而不是關於任一個人或所有團體成員的。當你聽到一個可能使你吃驚的結論時(因為此結論不符合你或你的一位朋友的實際情況)，你沒有必要拒絕這個結論提供的資訊。相反，它應促使你親自觀察，看看相比而言它是否適用於團體中的成員。

黑人和白人的溝通模式

　　有許多種族團體可以比較，這裡選取美國的黑人和白人在溝通方面的若干差異進行考察。我們將採用托馬斯考奇曼（*Thomas Kochman*）根據個人經歷完成的力著《黑人與白人的衝突方式》（*Black and White Style in Conflict*）中的材料。考奇曼是個白人，他注意到在他與黑人管理者和學生接觸的過程中，這些人對他的反應出乎預料之外。考奇曼還發現，他自己的某些反應對他們也似乎顯得異乎尋常。考奇曼懷疑這些反應可能產生於文化間的差異。因此，他開始尋找不受個人影響的重複出現的模式。他漸漸感興趣的是：重建「黑人和白人帶入溝通環境的模式和態度的文化因素。」[41]

　　我們先應澄清考奇曼使用黑人、白人兩詞所指的團體包含哪些人。他

這樣描繪觀察到的團體：

> 「具體地講，白人意欲主導社會團體的文化模式和觀點，研究中亦稱白人主流、白人中產階層、盎格魯、盎格魯──美國人。黑人是代表黑人社會中的人們的種族模式和觀點，有時亦稱少數黑人、城市內黑人、或美國黑人。」㊷

考奇曼承認，區分社會階層的作用與種族認同是十分困難的。他還指出，所謂黑人文化幾乎完全存在於低收入黑人中間，而白人模式主要存在於中等以上收入水平的白人中間，不過，他爭辯到，這裡的模式既可說是種族的，又可說是經濟的，儘管在美國社會階層和種族認同常常相互參雜的情況中。

本章開頭考察了黑人與白人由於文化差異造成相互誤解的兩個結果。這兩個例子實際上是考奇曼提供的。現在該來確定引起溝通差異的原因了。回顧那兩個情景，很顯然，分歧與其說是針對內容的，不如說是關於溝通方式的。考奇曼認為，黑人和白人對爭論和討論持有各自不同的看法：「黑人的語氣──即黑人社會中人們的語氣──聲調高昂：激動、具感染力、直截了當。白人的語氣──即中產階級的語氣──相對的聲調較低、較平和，不易受個人情感影響、不具挑戰性。」㊸黑人的溝通方式表現出高度的情感捲入，而白人則較超然並且注意分析，對黑人談話者來說，爭論中表現出影響力(甚至是消極的影響力)表明爭論者是真誠而認真的。只有當一個人不信任交談夥伴時，黑人才控制自己的情感。而對於大多數白人談話者，激動表明氣憤厭煩；他們認為應控制自己的個人情感，因為感情和理智是互不相容的。結果呢？黑人談話者認為白人談話者不誠實，而白人則認為黑人失去了理智。

討論中發言次序的差異也會增強上述效果。考奇曼指出，白人談話者發言前一般稍事停頓，或等待直接點名，然後回溯至此以前人們的全部發言。相反地，只要一個論題一確定，黑人就竭力盡快做出斷言，然後逐步把評論集中於這一論題。由於這些差異，黑白兩群人均認為對方是在「清掃地板」。黑人將被認為過早地投入，而等待發言的白人則被視為沉默寡言。當然，只要白人一開始發言，他們的發言持續的時間將比黑人談話者所用的時間長。

人際溝通中談話方式的差異在公眾談話中也存在。一般來說，黑人的講話方式強烈、激動而有力，對聽眾常常具有較強的語言感染力。傑克‧丹尼爾和吉尼瓦‧斯爾曼認為，是傳統黑人教會及世俗的基本表達形式。這個源於非洲人的溝通過程，簡單下個定義就是：「在談者與聽者之間的一種語言和非語言互動，在此過程中，談者的每個陳述(或者『呼』)均被聽者的不同表達(『反應』)所加強。呼應方式作為黑人溝通系統中的一個基本方面，遍及黑人文化的聖俗各界」。⑭

　　黑人講話者和聽眾常常使用這種高度互動的交談方式，因為聽眾認為，為了讓講話者了解自己的「感受」，外顯反應是必要的。在黑人與白人的交談當中，由於白人不具備黑人這種文化模式，他只做出比較輕微溫和回饋，所以黑人會認為白人沒有專心聽他講，因此可能會「不住地停頓……」提出如下的問題「你在聽我講嗎？」、「你聽到我說的話了嗎？等等」。⑮而對白人來說，這些問題既毫無必要又讓人反感，因為靜靜地站在那裡並保持目光的交流，很明顯是在注意聽。相反地，白人講話時，他的黑人聽者開始插話，像「說下去」、「我聽著呢」或「接著講」，甚至更糟，當黑人聽者聽到某個特定評論時轉身走開，白人講話者很可能被完全迷惑了。這裡黑人興趣和投入的種種表現，都會被多數白人解釋為魯莽冒失，多嘴多舌。

　　誤解的另一個原因是由目光交流引起的。莫萊非‧阿山特(*Molefi Asante*)和愛麗斯‧戴維斯(*Alice Davis*)指出，黑人傾向於迴避與上等人進行目光交流，以此來表示尊敬，而白人傾聽過程中則趨於目光交流。一個白人雇主發覺黑人雇員不敢正視他的眼睛，他會斷言該雇工可能隱藏著什麼，而白人聽者瞪眼盯著黑雇主的眼，可能被認為不尊敬或者更糟，想對老板搞什麼鬼。⑯

　　這些僅是黑人和白人溝通方式被詳細記述的差異中的一小部分，事實上，大量文學作品都涉及黑人和白人各自的語言用法。(**專欄 13.1**)討論了常與男性黑人發言者相聯繫的另一種表達性強，互動性強的語言用法。「玩dozens 遊戲」。如果你從未玩過這種遊戲(因為你不一定是黑人)，你會發現這種遊戲有點與眾不同。如果你曾玩過，就會認為它是與別人交際的一種正常方式。無論如何，在兩種情況下，它都在玩這種遊戲的社團中執行著重要的職能。

　　應當重申，我們考察的這些差異是從一般意義上來說的，是以團體為

基礎的差異——它們並不適用於你所認識的每個黑人或白人。這些差異還表明，溝通方式不同的人們之間很容易互相誤解。本章開頭的兩個實例就是這樣。在兩個實例當中，黑人使用了高度投入的方式(斷定、情緒化、表達性強、滔滔不絕)，這都使白人聽者困惑不解。考奇曼在分析這些例子時指出，黑人相當常見地表現自己的情感，不是作為一種威脅，而是為了表示自己的真誠和專心投入。相反，白人則傾向於努力保持冷靜和不動聲色，這倒不是因為他們不真誠和冷漠麻木，而是因為對他們來講，情感蘊含著非理智，我們只有了解認識了這類差異，才能避免人與人之間的互相誤解。

地區和階層差異

種族差異並非造成溝通誤解的唯一原因。社會階層和地區也會引起溝通差異。例如：卡里·多德列舉了美國東海岸人和西海岸人之間人際互動方式上的某些差異。他列舉的差異包括：明顯的魯莽程度；講話速度；語言拉雜的程度(即在句子中介紹性詞語的數量)；目光交流的多少；談話雙方的距離大小；語言停頓多少；中斷談話走開的方式；熱情和坦誠的程度；激動程度；支配程度以及爭論激烈程度。㊼在前文(**專欄 8.1**)中可以看到迪波拉·坦南(*Deborah Tannen*)在比較紐約人與加利福尼亞人的溝通行為時，也曾發現許多類似的差異。她發現與加利福尼亞人相比，紐約人談話速度相當快、聲調也高，並且比較唐突。的確，具有共同地理區域的人趨向於分享基本的信仰、價值觀和行為規範。不同區域的人們之間的溝通差異常常是很明顯的。約爾·加勞(*Joel Garreau*)曾經寫過一本書，他將北美區分為 9 個分離的國家。他的想法被記錄在(**專欄 13.2**)。

(第 8 章)講到伯恩斯坦引申性和限制性的符碼理論。其中我們就看到，階層也是決定溝通活動的因素。生活富裕的人們與貧窮中長大的人們之間的差異有天壤之別。多德描述了貧困層亞文化中人們的某些生活態度。貧困文化的成員比起富人更可能抱有宿命論信念。許多窮人感到，將來怎樣是無能為力的，成功是不可能的，而失敗卻幾乎是不可避免的，在難以成功環境下成長的人，他們的抱負往往十分有限。這就導致「此時此地，得過且過」的生活態度，希望立即滿足欲望，而不是拖延到將來的某一天。貧困文化的成員常常比較傳統、保守、拒絕革新，死死抱住試真的經驗摸索方式行事。由於這些差異，窮人和富人間的溝通常常受挫。(**表 13.**

2) 扼要說明了一些貧困文化的價值觀。貧困文化的價值觀念與中等階層價值觀存在差異，這就意味著，當中等階層的人們與其貧困鄰人接觸時會發生根本的誤解。

填平性別鴻溝

（第 8 章）簡要涉及了男性和女性在語言方面的差異。本節剩餘的部分將進一步挖掘這些差異，並考究其產生的原因。雖然認為性別是一種文化差異顯得有些不可思議，但事實表明，男人和女人的確是按截然不同的方式培養起來的。在討論溝通差異的過程中，我們將首先考察語言交流，接著看看非語言交流。然後討論如何解釋這些差異以及如何避免性別歧視的語言。

男女在語言溝通上的差異

這方面的研究選取了許多語言變量，包括：談話量度、交談組織方式、形式（或記錄）以及談話內容。在考察研究結果之前，先停下來自問如下的問題：談話中男女誰說得更多？誰來選擇話題，誰又來改變話題？交談中哪一性更直截了當，哪一性更有禮貌？男人喜歡談論什麼？女人對什麼感興趣？如果你按照俗套觀念，就不難對這些問題做出回答，因為我們的社會對男女的談話方式具有強烈的刻板印象。首先，女人被認為比男人在交談中說得多。俗套觀念認為，在女人嘮嘮叨叨、喋喋不休時，強健、沉默的男性夥伴可能正掩藏在《華爾街日報》（*The Wall Street Journal*）的背後，力圖阻止交談的進行，嘴裡還不由自主地念道：「說得對，親愛的。」其次，女人的交談方式也與眾不同；更猶豫、更禮貌、並且更瑣碎。而男人只要一開口，就直接、有力，涉及重要的話題。究竟實際情況如何呢？

交談的流程

如果我們注意到女性行為兼具兩性特徵，就很難理解女人怎麼會落了個愛嘮叨的名聲。實際上，男人與女人交談時，多數研究表明男人比女人說得多。不僅如此，男人在支配談話方面要比女人做的好得多。不少研究

男女在成長過程中接受了不同的價值觀和溝通方式，結果會造成誤解和衝突。
(Roy Lichtenstein, *Forget It! Forget Me!*, 1962)

還表明，男人在打斷交談方面比女人更成功。一項研究表明，男人在 29 次嘗試中有 28 次都打斷了女人的談話，而女人的 47 次「插話」嘗試，只成功了 17 次。另項研究調查了男女使用的打斷方式，發現男人傾向於打斷別人以便陳述意見，而女人打斷別人是為了提問題。最後，事實表明，男人比女人更多地控制著話題的選擇權。⑱

但上述這些當然並不說明女人是滔滔不絕的交談者。那麼，上面那種俗套觀念從何而來呢？勞瑞‧阿里斯（*Laurie Arliss*）推測，它可能建立在我們關於如何與同性朋友相處的觀念基礎上。女人報告說交談是建立友誼的一種重要活動，並且表現出對與女性朋友「只是聊聊」的較強烈偏愛，而男性朋友似乎更喜歡從事比較有準備的活動。⑲

交談方式

許多人研究了所謂「**女性標記**」（female register）——女人的一種談話

方式。他們認爲，使用女性標記進行交談的人更多地使用修飾詞（或許、可能）、讓步語句（這可能是一個愚笨的問題、不過……）、附加疑問句（是那樣的，對嗎？）、客套形式（要不太麻煩的話……）以及委婉語句（這的確格外好）。這種說話的結果是什麼？從積極方面講，談話語言有禮貌，並且表現出對別人意見的關心。從消極方面講，可能使講話者顯得不關緊要，處於從屬地位。巴巴拉和基‧埃金斯（*Barbara and Gene Eakins*）概括了男女兩性在這方面的標記差異，他指出，女人說話避免「把信仰、協議強加於人，也不強迫別人服從」。這是「以人爲中心並關注人際事務」的交談方式，相反地，男人的談話方式更傾向於「直截了當的事實性溝通」，比較「實事求是」，直截了當和切中要害。埃金斯認爲，如果男人和女人不能變換標記以適應環境要求，而必須保持單面的狹隘的溝通方式，那麼這種語言使用的分化就會造成危害。⑤

　　傳統一貫假定男性交談的話題與女性交談的話題是不相同的。女性一般談論時尚、孩子或浪漫史等話題；體育、政治、金錢和性是男人們的話題。早期的研究確實發現了這種差別。問題是隨著男女在社會中地位的變化，他們談話方式、內容是否也在變？阿里斯指出，今天的男人談論與女人的關係就比以往多，男女都較多地談論工作，並感到比以前更自由地談論性經驗。⑤

男女在非語言溝通上的差異

　　男女在溝通上的差異並不僅限於交談，它也表現男女在面部表情、凝視、個人空間的掌握以及接觸等方面。首先，女人比男人可能具有更強的表現性。女人表露自己的情感要比男人顯得更合宜，儘管這在一定程度上依賴其表現的情緒內容。一般來講，女人的積極情緒如微笑會受到讚賞。她們也可表現悲傷和恐懼的情緒。不過，人們不希望女人過分強烈地表現氣憤，因爲那樣的話她們似乎就「缺乏淑女風度」。而男人的情況恰恰相反；氣憤就是對男人而言的，眼淚則不然。如果說女人用眼淚掩蓋氣憤的話，那麼可以說男人用憤怒掩飾了悲傷。

　　溝通夥伴的性別也是影響非語言溝通的重要因素。例如：女性夥伴之間，對視時間最長，而異性間的對視時間其次，兩個男性之間對視時間最短。這個規律對人們的空間接近程度和接觸情況也是適用的。與男女交際

相比，女人之間的互相接觸較多，她們交際時離得較近，而男人間交際時離得最遠，最少接觸。應該附帶說明的是，接觸行為的種類也十分複雜。男人可以比女人有更多的攻擊性接觸，而女人的接觸一般更親近些。表現在性接觸方面，一般男人先動手，而女人做出反應。

非語言溝通的情形似乎表明了，男人比女人表現出更多的非語言力量。正像男人更多地控制了交際中的談話一樣，他們也更多地支配著交際空間。他們的動作幅度較大，更具擴張性，佔據較大的空間領域。

對性別差異的解釋

上述這些差異意味著什麼？它們是怎樣產生的？答案並不清楚。不過我們可以進行推測。顯而易見，男女存在言行的差異，原因之一可追溯到自降生起就圍繞著他們的文化模式。大多數美國嬰兒碰到的第一件事是，他們要被用粉紅色或藍色單子包裹起來，正如親友們問的第一個問題那樣「是男孩還是女孩？」對此的回答就把孩子進行了區分，從此，一系列不同的預期就置於他或她身上。於是這個孩子一生要麼實現這些預期，要麼擺脫它們。

然而為什麼會產生這些特殊的差別呢？為什麼女人就富於表現和溫文爾雅，男人具工具性和攻擊性呢？同樣，沒有簡單的答案，不過許多研究者認為，這與社會中權力分配緊密相關。例如：南希・漢雷（*Nancy Henley*）指出，很多傳統上的女性行為是依附性行為，而許多傳統上的男性行為則屬於主導行為。⑤這說明，溝通差異表現在一個不容忽視的權力方面。許多一直屬於女性的行為使她們顯得太「甜蜜」了以致於不能行使權力，而歸予男人的某些行為又使他們難以表露自己的感情。男人和女人都需要努力培養既不過於親密又不過分屈從的行為，以便找到實現目標和維護健康人際關係的適宜方法。

避免性別歧視語言

正像種族偏見會混入語言一樣，對待男人和女人的貶損態度也會溜進語言中。事實上若不強調性別俗套，人們常難以遵循普通的談話方式。本節從我們語言中的眾多性別歧視實例中選取若干，加以考察。

先從職業說起，職業從語義上一般被分為男性的和女性的兩大類。事

實表明，當「錯誤的」一性進入某一職業時，我們感到有必要在語言上加以指示。用「護士」指一個女人毫無困難，而男人要做這一行通常則被稱為「男護士」。當發現一個女人做「男人的工作」時，我們同樣會表現出驚奇。所以人們總是熱衷於談論新上任的「女市長」或見到一位「女博士」。

另一種性別標記是用於調整像女作家、女詩人或女雕塑家等等的 ess 或 ette 等小形式。這種用法常常意味著與其男性同行相比，女性缺乏能力和力量。這種語言形式把女人作為特例分離出來，作為規則的偶然例外。我們會正經地對待一個詩人，而對於女詩人，總是略帶調侃的意味。

稱謂詞常常包含微妙的不平等。在公共場合，女人相當常見地被用輕視的詞稱呼。職員和售貨員更經常稱女顧客為「寶貝兒」、「甜心」或「親愛的」。而對男顧客最常見的稱呼是「先生」。你是否疑惑，為什麼婚禮上宣佈一對 **男人和妻子**(man and wife)而不是「丈夫和妻子」？無論如何，妻子是確定新娘新角色的關係詞，**男人**(man)則是一個絕對詞。為了更清楚地看到這一點，試想假如說「我現在宣佈你們是男人和女人」，這將是毫無意義的。

關於女性的性方面詞彙要比男性多十幾倍，而且這些詞中很多具有消極涵義，從這個事實我們能夠做出什麼結論呢？巴巴拉和基·埃金斯指出，「對女人來說，行為給人下定義：女人邋遢、淫蕩、引誘、奸詐、賣身等等」。㊾用身體詞彙談論女人的傾向也反映在我們傾向於更多地描述女性的身體形態。美國副總統丹·奎爾(*Dan Quayle*)當選時，報紙上讀不到「金髮碧眼的小尤物受到國會的青睞」的新聞標題，而這種荒唐的說法卻常常被用在女人身上。埃金斯援引了一些例子：

> 為政職競選的女人被說成是 12 歲的小祖母；針對《平等法修正案》接受採訪的女律師被描繪成「五官長相還不錯」……舉辦個人畫展的女藝術家發出一陣「低沉沙啞的笑聲」，長著一對「憂鬱無力的眼」，女運動員被稱為「一個藍眼睛的小美人」。這些被描繪的女人不是全美小姐或模特兒。她們是在日常政治、法律、藝術和體育等部門工作的普通婦女。㊿

語言差異的另一重要表現在於我們的語言中慣用總稱的「男性」形式。一方面，我們在談及**人類**(mankind)或說「每個人都應檢討自己良心」時，

我們就暗含著男人和女人。另一方面，如埃金斯指出的，「當某人在半總體的意義上使用男性總稱，而另一個人則用它專指男性時，就會出現誤解，而女性也就被無意地排除在觀點和陳述之外」。㊺

語言還以許多其他的方式反映出人們對性別的不同態度。羅賓・拉考夫（*Robin Lakoff*）的文章《語言與女人的地位》（*Language and Womans Place*）對此有精彩的概括。㊻這裡我們並不是主張語言本身引起了性別歧視——性別歧視的根源要深刻得多。這裡只是指出，性別歧視語言使性別歧視思維得以強化和合法化，以致我們常常以污辱和冒犯他人的方式談話卻毫無察覺。為了保證避免性別歧視式的談話，請根據（**表 13.3**）提供的無性別歧視語言指南加以自我檢討。

表 13.1　跨文化適應的向度和指標

適應的向度	關鍵字
人際溝通	主我（本土）溝通系統的知識
	認知複雜度
	情感共同取向（情感協同）
	行為能力
主我社會溝通	主我聯結的大小／比例
	主我聯結的強度
	主我大眾溝通的揭露程度
	揭露的內容
民族的社會溝通	種族聯結的大小／比例
	種族聯結的強度
	種族大眾溝通的揭露程度
	揭露的內容
主我環境	透過開放與接受的感受性
	透過正式語言政策的認同壓力
	非正式語言的實務
	社會分離
人際特質	文化相似性
	生活的卓越性
	背景特權
	開放與彈性之人格特質
	透過教育的改革準備
	早先的訓練
	旅居前的經驗
	轉移情境

適應的結果	關鍵字
功能性的健康	和諧意義的系統
	舒服感
	主客觀點的共同性
心理健康	缺乏文化驚愕症候群
	缺乏對本土社會的敵意
	缺乏嚴厲壓力反應
文化間的認同	第三文化的觀點
	團體之間的認同

Adapted from Young Yun Kim, *Communication and Cross-Cultural Adaptation: An Integrative Theory* (Philadelphia: Multilingual Matters, 1988), pp. 152–53.

表 13.2　美國貧困文化的種種觀念

概念	貧困文化的觀點
成功	一般是不能達到的，僅限於極幸運的人們
失敗	是不可避免的，根本無望克服內在的失敗
情感	情感就是要表達出來，無論是公開地或私下地
將來	難以想像，因此注意當下的生活吧
金錢	現在有錢趕緊花吧，不要為將來存錢
警察	不友好的，出來就是對付我們的，應該迴避他們
教育	對具上進心的窮人有用，對沒什麼追求的人是一種障礙
命運	主宰著某些人，因為各種各樣有形或無形的力量支配著我們的命運

Reprinted from Carley H. Dodd, *Dynamics of Intercultural Communication,* 2nd ed. (Dubuque, Iowa: Brown, 1987), p. 80.

表 13.3 無性別主義語言的使用指南

出版者要求作者避免使用性別歧視語言。下面是普林蒂斯－赫爾出版社的編輯關注的一些語言用法問題及用以說明這些問題的實例。在核校手稿時，要求作者自問以下的問題：

1.文中描寫女人的方式與描寫男人的方式相同嗎？或者是說，用於形容女人的形容詞和限定詞是否一貫地產生一種消極的印象？

偏見的用法	無偏見的用法
雖然她是個女人，但她仍有能力辦好經營	她有能力辦好經營
埃克頓夫人，一位塑像般美麗的女人，是喬·格蘭哥的助手	簡·埃克頓是喬·格蘭哥的助手

2.人們被作為人來對待的還是所有的描寫都是按性別角色進行的，從而給讀者只有男人做X，只有女人做Y的印象？

偏見的用法	無偏見的用法
當今的稅法允許戶主扣除一部分以便養活妻兒	當今的稅法允許戶主扣除一部分以養活配偶和孩子
生產線的主管負責其部門(his department)的生產，他的工頭(his foremen)管理女工	生產線上的主管負責部分(the department)的生產，監工(supervisors)負責管理生產線上的工人(workers)

3.你是否避免使用男性的代詞？

偏見的用法	無偏見的用法
一個人的面部表情並不總是表露其(his)真實感情	面部表情並不總是一個人真實的感情指標
有些醫生只在醫院裡為他的病人(his patients)看病	有時醫生只在醫院為病人(patients)看病
一般小孩放學後就馬上寫作業(his homework)	大多數小孩放學後就馬上寫作業(their homework)

4.你是否避免使用 man 一詞去總指所有人，或用以-man 結尾的詞？

偏見的用法	無偏見的用法
人類(mankind)	人類(human race、people、humankind、humanity)
人造的(man-made)	生產的、人工的(manufactured、made、synthetic、artificial)
普通人(the common man)	普通市民(the average citizen)

續表 13.1

街上的人（the man in the street）	俗人(the layperson)
俗人（the layman）	非專業人員(the nonspecialist)

5.你是否平行對待男女？

偏見的用法	無偏見的用法
辦公室的男人們帶著女孩(girls)去吃午飯	辦公室的男人們帶著女人(woman)去吃午飯
男人與妻子	丈夫與妻子
大學女生	學生
男人們和女士們	男人們與女人們、先生們與女士們

6.你是否使用無性別差異的稱謂？

偏見的用法	無偏見的用法
主席(chairman)	主席(chair,chairperson)
議員(congressman)	議員(member of congress, representative)
清潔女工(cleaning lady)	清潔工(cleaner)
救火人員(fireman)	救火人員(firefighter)
郵遞員(mailman)	郵遞員(mail carrier, letter carrier)

如果你不能忍受羞辱，就別參加遊戲：Dozen，一種消解衝突的禮儀

「罵娘」或「玩 Dozens」是黑人城鎮社區玩耍的一種語言謾罵遊戲。面對一群圍觀者，遊戲對手把污言穢語機關槍似地朝對方的親戚罵過去，從年齡、長相到財產等等，無不屬於譏笑謾罵之列。比較輕度的辱罵，比如：「你媽媽骨瘦如柴，她能在剃刀刃上溜冰」，「你媽穿著高跟旅遊鞋去教堂」。遊戲的目的之一是讓對手想出高於前面人新的創造性的罵人花樣。最妙的謾罵聰明機智，甚至富有詩意，遊戲者必須十分機敏並且掌握大量詞彙。

對這種禮儀已有多種解釋。有人認為這是社會和經濟壓力的變相攻擊行為，也有人不以為然，他們認為，這是戀母情結衝動的實際表現。還有人主張，不管它的其它作用如何，至少它教會人們安全解決日常溝通中衝突的辦法。

瑟曼·加南(Thurmon Garner)認為，人們在這種遊戲中學到了有關

衝突的重要課程。他們學會透過談話而非鬥毆解決衝突，在激烈緊張的情況下冷靜，機智地對付這種情況。

前面講過，對待衝突的一種方式是壓抑或減輕它。這裡介紹的另一種方式是透過把它公開使之戲劇化，敵意被公布於衆，表達出來，但在間接的和禮儀的形式中，它卻爲社團設立了一種解決衝突的非暴力的論壇。

遊戲參與者個人也從中受益，他們學會創新，果斷和沉著應付。他們還能獲得個人的權力感，因爲成功的遊戲者在社區中受到高度評價。他們還學會在遊戲激烈時控制自己的脾氣，學會「懸置」。他們學會保持面對臨近的失敗鎮靜自若。最後，因爲參賽者必須互相使對方出醜，並且遵守遊戲程序，他們學會了使思想和行爲協調一致。因此，在這種禮儀中，競爭和合作交織在一起，既有益於個人，又利於社團。

資料來源：

忐曼·加南(Thurman Garner)，〈玩 Dozens：人們生存的戰略〉(Playing the Dozens: Folklore as Strategies for Living)，見《演講季刊》(*Quarterly Journal of Speech*)，第 69 期，1983 年，第 47-57 頁。

北美九國：一種感情認識的事物

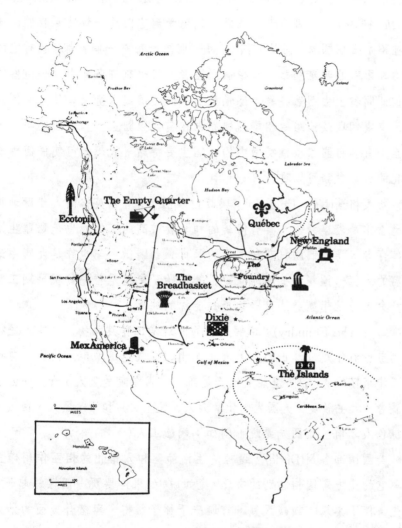

　　我們大多數人都承認，到互動性的商業集團工作或者去歐洲度假，都會把我們帶到與其他文化的成員打交道之中。在這些情況下我們就會對語言符碼和非語言符碼的差異更加敏感。我們都不像夏天去

奧克拉荷馬州拜訪親戚，或去度假看到紅木森林那般景致。但是，按照約爾‧加勞(Joal Garreau)，他是《北美九國》(*The Nine Nations of North America*)一書作者，我們應該感受到它們的一致性。我們的大陸並不是三個國家，而是九國。「每一個國家都有一個首都，也有它的權力和影響的明確網路。有幾個同盟者，但也有許多對手……這些國家彼此間看上去迥然各異，感覺截然不同，聽起來毫無二致，它們幾乎沒有幾個與政治路線相聯的疆界劃在當代版圖上。」下面簡明的名稱至少有各自國家多種特徵中的一個主要特點。設想如何使任何兩種文化的成員會談可以進行。

新英格蘭(New England)，與其他各國相比，新英格蘭人無疑地把自己看作是表達力強，具有傳統的和教養較高的。他們也是艱難生活的倖存者，爲他們的村莊和他們的歷史感到驕傲。它也許是九國中最貧窮的，但一種經濟重建的關鍵已經開始了。這是首先實現早期工業化社會，並且想盡辦法克服物資和能源的缺乏。

鑄造(The Foundry)，這個國家的關鍵是工作建築物。這些人民把他們自己看作是「眞正的」美洲。他們的習慣是這城市。他們以自己的工作來確定。「若問這些人他們是誰，他們在說是男人、女人、方法主義者、天主教徒、美國人、加拿大人、民主、共和國、黑人、白人、或棕色人之前，他們先要說，例如：鋼鐵工人」。

美國南部各州(Dixie)，這裡的生活節奏和人格化的相互作用確立起與它的北方鄰國相區別的文化。比如說，如果你要買一個螺絲起子，你先得停下車來，談談天氣，打聽一下種子價格，與櫃台後面的姑娘開個玩笑，然後才能要工具。而他們則以魯莽而又非人格的態度摔下錢並丟給你機械零件，因爲你是外來（局外人）。

島嶼(The Islands)，邁阿密是這些島嶼的首都，與委內瑞拉有的共

同點比佛羅里達和北美更多。藥材、國家間的貿易和旅遊。都是主要的產業。西班牙語是這種文化的真正語言。在這裡，佔統治地位的公司是不可動搖的司令部。但是安哥拉和西班牙文化的結合是十分遙遠的事。說一個安哥拉人，「噢，沒有人進城……他們真正的意思是沒有不說西班牙語的人進城」。

美國籍墨西哥人(Mexamerica)與島嶼相似，綜合性、結合性是美國籍墨西哥人的時尚。不僅是說英語並且西班牙語同樣地爲主要語言，它們還能逐漸地將它們合成在一起。在商場裡你被要求，「請用信用卡」。這語言是建立在西班牙語上……但……有一個較快的節拍、方向，「美國風格被說成是匆忙」。在這個國家裡，實際上有三種文化習慣：墨西哥的、美國人的和美國籍墨西哥人。然而它們在基本價值上彼此又是相互區別的。

生態保護區(Ecotopia)。在九國中大多都贊成這種哲學，即「越大越好」。生態保護者實際上以爲人與自然相一致，而不是相對立的。他們還以此方式投票選舉。他們支持環境保護政策、整體主義藥物系統以及核廢物的倉庫，並且希望有一個生存的較低程度水準，以提高他們生命的超然本質。

空寂的地區(The Empty Quarter)這是舊西部拼裝而成的國家。它蘊藏豐富，卻又人煙稀少。你可以在城市間開上幾天車才到，雨水缺乏使得水權和使用一個主要政治經濟的要素相結合。這個國家建構起的敵對的相互關係，另一方是東部礦石。作出決定的人，他們都忽視了這些方面。空寂地區的居民對「進步」的看法比起生態保護區鄰居來得更樂觀。空寂地區相信自然資源能夠，而且應該不斷發展。

麵包籃(The Breadbasket)。加勞發現這個麵包籃就是指這個國家在大多數時是和平的。土地的百分之八十都用手耕種，它的產品是佔

這個國家 3／4 的小麥玉米。穩固性、社會平靜，是這些人民的最基本的美德。這些大草原的居民對於他們的生活方式有幾分防禦性。尤其對那些把麵包籃看作在諸時代之後的東部人和無視農民的東部政治家。在原著人民和東部移民之間相互作用顯示出他們簡單的相互關係。加勞確定了他稱爲「噢！不值錢」路線。相反地，那些來自東部的學習參觀者，他們開始適應周圍環境，「你們不能帶走任何好的『菜餚』。並且，『這裡沒有太多的刺激物』。但是加勞警告我們一點也不要相信它。他僅僅是找出（發現）了是否外來戶都對陳述有些忽視」。

魁北克(Quebec)。令人驕傲之處是，說法語的加拿大省份，可能是這九個國中最有特色的「國家」，卻又是最不可能的一個。這種區分是由於有百分之八十習慣講法語所致，把這些省份看作一個眞正的國家。這個國家的風格和傳統都與北美鄰國不同。魁北克的非可能性是它竟然在說英語的人們環繞下 400 年卻沒有喪失它自己的同一性。事實上，住魁北克的英國人常常把它看成獨一無二的，並且想要參加到它的語言和風俗中。

按加勞的理論，你能忘卻北美的版圖——你在學校時學到的。當你在九國旅行時，你所能憑藉是找到他們在談吐、價值、風俗習慣和政治差異性，而這些都使每一個國家被特徵化了——誠如那些它們共同擁有的、和承認文化之間的溝通正好發生在這裡的國家中。

資料來源：

約爾·加勞(Joel Garreau)，《北美九國》(*The Nine Nations of North America*)，紐約，Avon 圖書公司，1981 年。

技能訓練：增強跨文化溝通的能力

適應不確定性和對付文化差異的能力日益成為一種重要的技能。人們參與跨文化溝通的機會與日俱增。本節提供一些指導意見，以便使跨文化溝通更容易一些。我們首先針對如何提高應付國際溝通環境的能力提出一些建議，然後再談談如何進行亞文化層次的交流。

適應國際間的差異

許多人發覺難以想像自己在國際背景下的情形。而統計卻表明，每年越來越多的人正在跨越國界。這裡提供一些指南，以便幫助你適應跨國界的溝通，並幫助你培養「第三種文化」觀。

1.預先要做好準備。正如 Kim 的文化適應模型所說，有準備是成功適應的重要一環。出國前先讀幾本書，修一門課，或試接觸本國內的客國人。尋問他們你能預期什麼。這種知識不僅使你增強信心，而且將給客國人留下印象，認為你在努力理解他們的文化。

2.出國旅遊應考慮到物質文化方面的差異。在許多國家，居住、交通、衛生、飲食和醫療設施可能達不到你習慣的標準。不要不考慮這些差異的重要性，但也不要讓它們嚇倒你。應當知道，長時間生活在不舒適的環境而又缺少私人自由空間將使人灰心喪氣。不要在客國人面前表現出這種沮喪。不應當抱怨不休，而應看他們是如何應付的。總之，要鍛鍊自己的耐心。

3.意識到自己脫離了熟悉的風俗習慣禁忌，這自然會產生緊張感。在感到文化衝擊的壓力時，要稍事休息、放鬆情緒。這意味著要往後退讓一點，直到重振旗鼓獲得探索新環境所需的心理平衡。牢記「助跑起跳」模型，給自己休息的時間。

4.與客國人交朋友，請他們帶領你熟悉客文化。人際接觸是資訊的一個重要來源。客國人通常會樂於向你揭示辦事的線索，他們會帶你進入你自己沒有勇氣探索的領域。如果你交了一些新朋友，你的旅行將會收穫更多。

5.認識到你將會犯錯誤。你將不時地違犯新文化的規範，客國人無疑也會違犯你國的某些規範。應當對這些錯誤付之一笑，並從中吸取教訓，如果人們對你的行為突然做出緊張的反應，就要尋問別人自己是否做錯了什麼，並討論一下你應該怎麼做才對。同樣，如果一個新結識的人違犯了你的一個習慣，那麼應用不加評價、不帶威脅的方式向他作出說明。像其他溝通形式一樣，跨文化誤解最好是透過**後溝通**（metacommunication）進行彌補。

6.養成一種非評價性的好奇態度。認為有差異就是「錯誤的」這是自然的，但這一般沒有什麼積極意義。在碰到一個新習慣時，應當中止評價，試著從其所在文化中找出這種習慣存在的原因和所起的作用。不應當做為批評家，而應當作觀察家。要牢記古老的諺語「理解一切就是原諒一切。」

增加亞文化層次的理解

有時人們在本國內碰到的誤解可能比人們在兩國間產生的誤解更難以消除。來自不同亞文化的人們對於我們可能相當陌生和具有很大的威脅。不過，我們還是可以透過一些手段增強理解亞文化溝通差異的能力。

1.敞開心胸，嘗試新的接觸。討論偏見時我們談到，偏見的人很少與其攻擊的目標進行直接接觸。所以，在亞文化溝通中，應當先停下來考慮一下自己的朋友圈子。你知道他們中有多少具有不同的種族、民族或宗教背景嗎？如果你的回答是很少或沒有，那麼你可能迴避了有益的經驗。增加亞文化理解的首要步驟是進行接觸。

2.了解不同亞文化的歷史和經驗。大多數人對自己或主要團體的歷史、問題和習俗知之甚多，而對其他人歷史問題和習俗所知甚少。這種傾向具有很大的局限性。如果你十分幸運，認識了來自其他亞文化的人，抽時間向他們詢問其文化傳統。如果沒有這樣的機會，閱讀或選修有關的課程也行。多數大學開設有關主要亞文化的歷史、文學和藝術的課程。大學裡還常常組織有關受壓迫團體的社會問題的專題討論會。如果有機會就利用這些形式多方面了解不同亞文化。

3.檢查你自己的舊觀念。人人都懷有某種偏見。驕傲地向世界宣稱「我一點偏見也沒有」的人，照樣可能有偏見。克服偏見的辦法是時刻意識到自己的偏見。當你感到自己在評價團體外成員時，自問你為什麼這麼做，

這麼做對自己有何影響。承認自己可能是錯的，努力更客觀地對待事物。

4.培養同感。不要假定世上的每個人都像你一樣思考和感受。觀察別人，聽聽他們在說些什麼。設身處地為別人設想。還應當意識到不負責任的評論可能傷害別人。在你講到可能冒犯別人的話時，自問「如果別人對我這麼說，我會怎麼樣？」

5.鍛鍊自己，逐漸變得更自信。如果你感到對自己不利，你可能拿別人做替身，把自己的危險轉嫁到他們身上。你自我感覺越好，你越可能感受到別人也好，並且願意向他們學習。

實踐過程

討論題

1.在課堂上，列舉所有影響你的文化團體。互相介紹這些團體成員對你的影響。為什麼有些比另一些更重要？

2.有沒有哪個國家或文化是你一直感興趣的？為什麼？它的什麼東西使人神往？相反地，哪些國家或文化是你認為不好的？為什麼？你對它們的描繪是什麼？它們公正的程度如何？

3.討論賽莫瓦的美國主導文化模式。你同意還是反對？如果反對，在課堂上確定你將如何說明美國文化。現在考慮溝通模式是如何與文化價值觀相聯繫的。

4.你去過國外嗎？如果到過，你感受到文化衝擊了嗎？如果感受到了，那麼你是怎麼消除它的呢？如果沒有，你認為是什麼阻礙了它？

5.你持有哪些偏見？它們是怎麼產生的，你如何對待這些偏見？

6.你認為要增強亞文化理解應當做些什麼？你認為什麼來自不同亞文化的人們溝通時會有困難？

7.你是否認為存在性別鴻溝？如果存在，它對男女間的溝通會產生什麼影響？

8.你是否曾被性別歧視的或種族主義的評說冒犯？

觀察指南

1.會見來自不同文化的人。考察在世界觀、時間和活動定向，對人性和自我的態度及社會組織方面的差異。分析這些差異可能會怎樣影響溝通。尋問他或她來我國遇到過哪些困難？

2.如果你是一個科幻小說迷或烏托邦文學迷，拿一本你愛看的書分析其主要人物的世界觀。小說中描述的虛設文化與你所處文化有何差異？你的溝通必須怎樣調整才能適合那個虛幻的世界？

練習

1.學校的機構常常組織活動使學生熟悉了解少數團體問題。把一些少數民族團體成員邀請到你們的課堂，進行一次專題討論。如果你們學校沒有這種機構，設立一門旨在增強多數人與少數人團體成員互相理解的課程。

2.把在國外的商人或政府雇員邀請到課堂，請他們談談自己的經驗，如果學校有教授是文化間事務的顧問，也請他們參加。

專有名詞

- 文化   culture
- 宿命論   fatalism
- 跨文化溝通   cross-cultural communication
- 權力距離   power distance
- 個人主義／集體主義   individualism／collectivism
- 平均規範   equality norm
- 公平規範   equity norm
- 工具性定向／表達性定向   instrumental／expressive orientation
- 對待不確定性的態度   attitude toward uncertainty
- 語境依賴性   context dependence
- 親近性   immediacy
- 世界觀   worldview
- 努力-樂觀主義   effort-optimism
- 種族中心主義   ethnocentrism
- 文化衝擊   culture shock
- 蜜月階段   honeymoon stage
- 敵視階段   hostility stage
- 恢復階段   recovery stage
- 調適階段   adjustment stage
- 助跑起跳模式   draw-back-to-leap pattern
- 文化適應   acculturation
- 個人溝通   personal communication
- 掌握溝通活動的知識多少   knowledge of host communication practices
- 認知複雜度   cognitive complexity
- 情感協同   affective coorientation
- 行為能力   behavioral competence
- 客社會溝通   host social communication

- 旅人與客國人建立個人聯繫　　*personal ties with host nationals*
- 接觸客國大眾溝通　　*exposure to host mass communication*
- 種族社會溝通　　*ethnic social communication*
- 種族間人際聯繫　　*ethnic interpersonal ties*
- 種族大眾溝通　　*exposure to ethnic mass communication*
- 客環境　　*host environment*
- 個人偏愛　　*personal predispositions*
- 偏見　　*prejudice*
- 態度　　*attitudes*
- 團體內　　*in-group*
- 團體外　　*out-group*
- 消極解釋　　*negative interpretations*
- 輕視　　*discounting*
- 基本的歸因偏差　　*fundamental attribution error*
- 誇大　　*exaggeration*
- 極端化　　*polarization*
- 呼應模式　　*call and response pattern*
- 女性標記　　*female register*

建議讀物

Dodd, Carley H. *Dynamics of Intercultural Communication*, 2nd ed. Dubuque, Iowa: Brown, 1987. An excellent general introduction to the field of intercultural communication. The book is easy to read and provides many interesting examples from a variety of cultures.

Eakins, Barbara W., and R. Gene Eakins. *Sex Differences in Human Communication*. Boston: Houghton Mifflin, 1978. An entertaining introduction to the subject of communication and gender. Especially interesting are the guidelines the authors offer for overcoming gender-based communication patterns and building confidence.

Henley, Nancy M. *Body Politics: Power, Sex, and Nonverbal Communication*. Englewood Cliffs, N.J.: Prentice-Hall, 1977. Henley shows us how everyday interaction patterns can signal and sustain power relationships. Henley expresses her point of view with vitality and style. Read this and see if you agree.

van Dijk, Tuen A. *Communicating Racism: Ethnic Prejudice in Thought and Talk*. Newbury park, Calif.: Sage, 1987. A thoughtful analysis of the structure of prejudice. This book analyzes the thought processes behind prejudice and shows how communication serves to maintain and legitimize prejudice. This is not easy reading, but it is an excellent example of how communication constructs reality.

參考文獻

CHAPTER 1

1. Carl Sagan, ed., *Communication with Extraterrestrial Intelligence (CETI)* (Cambridge, Mass.: MIT Press, 1973), p. 344. This book is a transcript of a conference held in 1971 at Byurakan Astrophysical Observatory, Yerevan, USSR. While it is technically difficult, the chapters "Message Contents" and "The Consequences of Contact" are easy to follow and very illuminating.

2. See, for example, Cyril Ponnamperuma and A. G. W. Cameron, *Interstellar Communication: Scientific Perspectives* (Boston: Houghton Mifflin, 1974). For a more popular discussion, see Carl Sagan, *The Cosmic Connection: An Extraterrestrial Perspective* (Garden City, N.Y.: Anchor Press, Doubleday, 1973).

3. Sagan, *Cosmic Connection*, p. 42.

4. For an excellent history of the study of communication, see Nancy Harper, *Human Communication Theory: The History of a Paradigm* (Rochelle Park, N.J.: Hayden, 1979).

5. Frank E. X. Dance and Carl E. Larson, *Speech Communication: Concepts and Behavior* (New York: Holt, Rinehart & Winston, 1972).

6. S. S. Stevens, "A Definition of Communication," *The Journal of the Acoustical Society of America* 22 (1950): 689–90. Quoted in Frank E. X. Dance and Carl E. Larson, *The Functions of Human Communication* (New York: Holt, Rinehart & Winston, 1976), p. 25.

7. Dean Barnlund, *Interpersonal Communication: Survey and Studies* (Boston: Houghton Mifflin, 1968), p. 6. Quoted in Dance and Larson, *Functions*, p. 25.

8. John T. Masterson, Steven A. Beebe, and Norman H. Watson, *Speech Communication: Theory and Practice* (New York: Holt, Rinehart & Winston, 1983), p. 5.

9. Bernard Berelson and Gary A. Steiner, *Human Behavior: An Inventory of Scientific Findings* (New York: Harcourt Brace Jovanovich, 1964), p. 527. Quoted in Dance and Larson, *Functions*, p. 24.

10. Sarah Trenholm, *Human Communication Theory* (Englewood Cliffs, N.J.: Prentice-Hall, 1986), pp. 4–5.

11. Aldous Huxley, "Words and Their Meanings," in *The Importance of Language*, ed. Max Black (Englewood Cliffs, N.J.: Prentice-Hall, 1962), pp. 4–5.

12. Joost A. M. Meerloo, "Contributions of Psychiatry to the Study of Human Communication," in *Human Communication Theory: Original Essays*, ed. Frank E. X. Dance (New York: Holt, Rinehart & Winston, 1967), p. 132.

13. Ibid.

14. Clifford Geertz, "Deep Play: Notes on the Balinese Cockfight," in *Myth, Symbol and Culture*, ed. Clifford Geertz (New York: Norton, 1971), p. 7.

15. John C. Condon, "When People Talk with People," in *Messages: A Reader in Human Communication*, 3rd ed., ed. Sanford B. Weinberg (New York: Random House, 1980), p. 58.

16. Erving Goffman, "On Face-Work," in *Interaction Ritual*, ed. Erving Goffman (Garden City, N.Y.: Anchor Books, 1967).

17. Ibid., p. 10.

18. Donald J. Cegala, "Interaction Involvement: A Cognitive Dimension of Communicative Competence," *Communication Education* 30 (1981):

109–21; Brian H. Spitzberg and Michael L. Hecht, "A Component Model of Relational Competence," *Human Communication Research* 10 (1984): 575–99; John M. Weimann, "Explication and Test of a Model of Communicative Competence," *Human Communication Research* 3 (1977): 195–213; David R. Brandt, "On Linking Social Performance with Social Competence: Some Relations Between Communicative Style and Attribution of Interpersonal Attractiveness and Effectiveness," *Human Communication Research* 5 (1979): 233–37.

19. Dell H. Hymes, "On Communicative Competence," in *Sociolinguistics,* ed. J. B. Pride and Janet Holmes (Harmondsworth, England: Penguin, 1972), pp. 269–93; Ruth Ann Clark and Jesse G. Delia, "Topoi and Rhetorical Competence," *The Quarterly Journal of Speech* 65 (1979): 187–206.

20. Stephen W. Littlejohn and David M. Jabush, "Communication Competence: Model and Application," *Journal of Applied Communication Research* 10 (1982): 29–37; Brian H. Spitzberg, "Communication Competence as Knowledge, Skill, and Impression," *Communication Education* 32 (1983): 323–29.

21. Clark and Delia, "Topoi."

22. James C. McCroskey, "Communication Competence and Performance: A Research and Pedagogical Perspective," *Communication Education* 31 (1982): 1–7.

CHAPTER 2

1. The situational approach is fairly standard in our field and can be found in most introductory communication texts. An especially well developed discussion can be found in David L. Swanson and Jesse G. Delia, "The Nature of Human Communication," in *Modules in Speech Communication* (Chicago: Science Research Associates, 1976).

2. For a discussion of the form of "inner speech," see Lev Semenovich Vygotsky, *Thought and Language,* ed. and trans. Eugenia Hanfmann and Gertrude Vakar (Cambridge, Mass.: MIT Press, 1962). An interesting source for a discussion of the elliptical and condensed quality of intrapersonal communication is Sigmund Freud, *The Interpretation of Dreams,* ed. and trans. James Strachey (New York: Avon Books, 1965).

3. William W. Wilmot, *Dyadic Communication,* 2nd ed. (Reading, Mass.: Addison-Wesley, 1979), p. 19.

4. For an interesting discussion of organizational culture, see Ernest G. Bormann, "Symbolic Convergence: Organizational Communication and Culture," in *Communication and Organizations: An Interpretive Approach,* ed. Linda L. Putnam and Michael E. Pacanowsky (Beverly Hills, Calif.: Sage, 1983).

5. Robert Cathcart and Gary Gumpert, "Mediated Interpersonal Communication: Toward a New Typology," *Quarterly Journal of Speech* 69 (1983): 267–77, 268.

6. Sarah Trenholm, *Human Communication Theory* (Englewood Cliffs, N.J.: Prentice-Hall, 1986), pp. 17–18.

7. Gerald R. Miller, "The Current Status of Theory and Research in Interpersonal Communication," *Human Communication Research* 4 (1978): 164–78.

8. Arthur P. Bochner, "The Functions of Human Communication in Interpersonal Bonding," in *Handbook of Rhetorical and Communication Theory,* ed. Carroll C. Arnold and John Waite Bowers (Boston: Allyn and Bacon, 1984), p. 550.

9. Gerald R. Miller and Mark Steinberg, *Between People: A New Analysis of Interpersonal Communication* (Chicago: Science Research Associates, 1975). See also Chapters 1 and 4 in Cassandra L. Book and others, *Human Communication: Principles, Contexts, and Skills* (New York: St. Martin's Press, 1980).

10. Shelley Duvall and Robert A. Wicklund, *A Theory of Objective Self-Awareness* (New York: Academic Press, 1972).

11. Wilmot, *Dyadic Communication,* pp. 9–10.

12. For an overview of general systems theory as related to communication, see the following: B. Aubrey Fisher, "A View from System Theory," in *Human Communication Theory: Comparative Essays,* ed. Frank E. X. Dance (New York: Harper & Row, 1982); B. Aubrey Fisher, *Perspectives on Human Communication* (New York: Macmillan, 1978), especially the chapter on the pragmatic perspective; George A. Borden, *Human Communication Systems* (Boston, American Press, 1985).

13. In his book on small groups, B. Aubrey Fisher

presents an excellent discussion of feedback: *Small Group Decision Making: Communication and the Group Process,* 2nd ed. (New York: McGraw-Hill, 1980).

14. For two additional discussions of interpersonal trajectories, see Jesse G. Delia, "Some Tentative Thoughts Concerning the Study of Interpersonal Relationships and Their Development," *Western Journal of Speech Communication* 44 (1980): 93–96; Steve Duck, "Social and Personal Relationships," in *Handbook of Interpersonal Communication,* ed. Mark L. Knapp and Gerald R. Miller (Beverly Hills, Calif.: Sage, 1985).

15. Bochner, "Interpersonal Bonding," p. 547.

16. William K. Rawlins, "Openness as Problematic in Ongoing Friendships: Two Conversational Dilemmas," *Communication Monographs* 50 (1983): 1–13, and "Negotiating Close Friendship: The Dialectic of Conjunctive Freedoms," *Human Communication Research* 9 (1983): 255–66.

17. The tendency of our culture to desire intimacy in all relationships has been discussed by a number of historians and social critics. See, for example, Howard Gadlin, "Private Lives and Public Order: A Critical View of the History of Intimate Relations in the United States," in *Close Relationships: Perspectives on the Meaning of Intimacy,* ed. George Levinger and Harold L. Raush (Amherst: University of Massachusetts Press, 1977), pp. 33–72; Christopher Lasch, *The Culture of Narcissism* (New York: Norton, 1978); Robert N. Bellah and others, *Habits of the Heart: Individualism and Commitment in American Life* (Berkeley and Los Angeles: University of California Press, 1985); Judith Martin, *Common Courtesy* (New York: Atheneum, 1985).

18. Judee K. Burgoon, "Privacy and Communication," in *Communication Yearbook 6,* ed. Michael Burgoon (Beverly Hills, Calif.: Sage, 1982), p. 225.

19. Ibid., p. 225.

20. Our discussion of relational competence is loosely adapted from the work of Linda Harris. In explaining her model, however, we have omitted its theoretical grounding in CMM theory. For a fuller understanding of her model, see Linda Harris, "Communication Competence: An Argument for a Systemic View," unpublished paper, Department of Communication Studies, University of Massachusetts, 1979.

CHAPTER 3

1. S. T. Fiske and S. E. Taylor, *Social Cognition* (Reading, Mass.: Addison-Wesley, 1984).

2. E. Tory Higgins and Jacquelynne Parsons, "Social Cognition and the Social Life of the Child: Stages as Subcultures," in *Social Cognition and Social Development,* ed. E. Tory Higgins, Diane Ruble, and Willard W. Hartup (Cambridge: Cambridge University Press, 1983), pp. 15–62.

3. Ellen J. Langer, "Rethinking the Role of Thought in Social Interaction," in *New Directions in Attribution Research 2,* ed. J. H. Harvey, W. Ickes, and R. F. Kidd (New York: Wiley, 1978), pp. 35–58.

4. Ellen J. Langer, *Mindfulness* (Reading, Mass.: Addison-Wesley, 1989), p. 97.

5. Charles Berger and William Douglas, "Thought and Talk: 'Excuse Me, but Have I Been Talking to Myself?'" in *Human Communication Theory,* ed. Frank Dance (New York: Harper & Row, 1982), pp. 42–60.

6. James Applegate and Jesse Delia, "Person-Centered Speech, Psychological Development and the Contexts of Language Usage," in *The Social and Psychological Contexts of Language,* ed. R. St. Clair and H. Giles (Hillsdale, N.J.: Lawrence Erlbaum, 1980); Brant R. Burleson, "Comforting Communication," in *Communication by Children and Adults: Social Cognitive and Strategic Processes,* ed. Howard Sypher and James Applegate (Beverly Hills, Calif.: Sage, 1984), pp. 63–104.

7. James Atlas, "Beyond Demographics: How Madison Avenue Knows Who You Are and What You Want," *The Atlantic Monthly* (October 1984): 49–58.

8. See R. Hastie, "Schematic Principles in Human Memory," in *Social Cognition: The Ontario Symposium 1,* ed. E. T. Higgins, C. P. Herman and M. P. Zanna (Hillsdale, N.J.: Lawrence Erlbaum, 1981). See also S. E. Taylor and J. Crocker, "Schematic Basis of Information Processing," in *Social Cognition: The Ontario Symposium 1.*

9. Nancy Cantor and Walter Mischel, "Prototypes in Person Perception," in *Advances in Experimental Social Psychology 12,* ed. Leonard Berkowitz (New York: Academic Press, 1979).

10. George Kelly, *The Psychology of Personal Constructs* (New York: Norton, 1955).

11.   C. McCauley, C. L. Stitt, and M. Segal, "Stereotyping: From Prejudice to Prediction," *Psychological Bulletin* 87 (1980): 195–208.

12.   Robert Abelson, "Script Processing in Attitude Formation and Decision-Making," in *Cognition and Social Behavior,* ed. J. S. Carroll and J. N. Payne (Hillsdale, N.J.: Lawrence Erlbaum, 1976).

13.   Albert Hastorf, David Schneider, and Judith Polefka, *Person Perception* (Reading, Mass.: Addison-Wesley, 1970).

14.   W. W. Grings, "The Verbal Summator Technique and Abnormal Mental States," *Journal of Abnormal and Social Psychology* 37 (1942): 529–45.

15.   Stanley Deetz and Sheryl Stevenson, *Managing Interpersonal Communication* (New York: Harper & Row, 1986), p. 58.

16.   Joseph Forgas, "Affective and Emotional Influences on Episode Representations," in *Social Cognition: Perspectives on Everyday Understanding,* ed. Joseph Forgas (London: Academic Press, 1981), pp. 165–80.

17.   Michael Brenner, "Actors' Powers," in *The Analysis of Action: Recent Theoretical and Empirical Advances,* ed. M. von Cranach and Rom Harre (Cambridge: Cambridge University Press, 1982), pp. 213–30.

18.   Steven Duck, "Interpersonal Communication in Developing Acquaintances," in *Explorations in Interpersonal Communication,* ed. Gerald R. Miller (Beverly Hills, Calif.: Sage, 1976), pp. 127–47.

19.   Seymour Rosenberg and Andrea Sedlak, "Structural Representations of Implicit Personality Theory," in *Advances in Experimental Social Psychology 6,* ed. Leonard Berkowitz (New York: Academic Press, 1972).

20.   Harold H. Kelley, "The Warm–Cold Variable in First Impressions of Persons," *Journal of Personality* 18 (1950): 431–39.

21.   Leonard Zunin, *Contact: The First Four Minutes* (Los Angeles: Nash, 1972).

22.   Walter Crockett, "Cognitive Complexity and Impression Formation," in *Progress in Experimental Personality Research 2,* ed. B. A. Maher (New York: Academic Press, 1965). See also Jesse Delia, "Constructivism and the Study of Human Communication," *Quarterly Journal of Speech* 63 (1977): 68–83.

23.   Jesse Delia, Ruth Ann Clark, and David Switzer, "Cognitive Complexity and Impression Formation in Informal Social Interaction," *Speech Monographs* 41 (1974): 299–308. See also Claudia Hale and Jesse Delia, "Cognitive Complexity and Social Perspective-Taking," *Communication Monographs* 43 (1976): 195–203.

24.   Crockett, "Cognitive Complexity."

25.   Mark L. Snyder, "The Self-Monitoring of Expressive Behavior," *Journal of Personality and Social Psychology* 30 (1974): 526–37.

26.   Mark L. Snyder, "Self-Monitoring Processes," in *Advances in Experimental Social Psychology 12,* ed. Leonard Berkowitz (New York: Academic Press, 1979), pp. 86–131.

27.   Robert Carson, *Interaction Concepts of Personality* (Chicago: Aldine, 1969).

28.   Edward E. Jones and Keith E. Davis, "From Acts to Dispositions: The Attribution Process in Person Perception," in *Advances in Experimental Social Psychology 2,* ed. Leonard Berkowitz (New York: Academic Press, 1965).

29.   Harold H. Kelley, "Attribution Theory in Social Psychology," in *Nebraska Symposium on Motivation 15,* ed. D. Levine (Lincoln: University of Nebraska Press, 1967).

30.   Ibid.

31.   For a review, see Lee Ross, "The Intuitive Psychologist and His Shortcomings: Distortions in the Attribution Process," in *Advances in Experimental Social Psychology 10,* ed. Leonard Berkowitz (New York: Academic Press, 1977).

32.   E. E. Jones and D. McGillis, "Correspondent Inferences and the Attribution Cube: A Comparative Reappraisal," in *New Directions in Attribution Research 1,* ed. J. H. Harvey, W. J. Ickes, and R. F. Kidd (Hillsdale, N.J.: Lawrence Erlbaum, 1976).

33.   J. Jaspars and M. Hewstone, "Cross-Cultural Interaction, Social Attribution, and Intergroup Relations," in *Cultures in Contact,* ed. S. Bochner (Elmsford, N.Y.: Pergamon Press, 1982); B. Park and M. Rothbart, "Perceptions of Outgroup Homogeneity and Levels of Social Categorization: Memory for the Subordinate Attributes of In-Group and Out-Group Members," *Journal of Personality and Social Psychology* 42 (1982): 1051–68.

34.   J. Miller, "Culture and the Development of Everyday Social Explanations," *Journal of Personality and Social Psychology* 46 (1984): 961–78.

35. Ralph G. Nichols, *Are You Listening?* (New York: McGraw-Hill, 1957), pp. 1–17.

36. Charles Robert Petrie, Jr., "What Is Listening?" in *Listening: Readings,* ed. Sam Duker (New York: Scarecrow Press, 1966), p. 329.

37. See, for example, Andrew D. Wolvin and Carolyn Gwynn Coakley, *Listening* (Dubuque, Iowa: Brown, 1985), and Florence I. Wolff, Nadine C. Marsnik, William S. Tracey, and Ralph G. Nichols, *Perceptive Listening* (New York: Holt, Rinehart & Winston, 1983).

38. See Voncile Smith, "Listening," in *A Handbook of Communication Skills,* ed. Owen Hargie (New York: New York University Press, 1986), pp. 250–51.

CHAPTER 4

1. Peter L. Berger, *Invitation to Sociology: A Humanistic Perspective* (Garden City, N.Y.: Anchor Books, 1963), p. 66.

2. Ibid., p. 78.

3. Ruth Benedict, *Patterns of Culture* (New York: Penguin Books, 1946), p. 2.

4. Theodore M. Newcomb, Ralph H. Turner, and Philip E. Converse, *Social Psychology: The Study of Human Interaction* (New York: Holt, Rinehart & Winston, 1965), p. 326.

5. George J. McCall and J. L. Simmons, *Identities and Interactions* (New York: Free Press, 1966), p. 67.

6. Charles Horton Cooley, "The Social Self: On the Meanings of I," in *The Self in Social Interactions, Vol. I: Classic and Contemporary Perspectives,* ed. Chad Gordon and Kenneth J. Gergen (New York: Wiley, 1968), pp. 87–91.

7. Leon Festinger, "A Theory of Social Comparison Processes," *Human Relations* 2 (1954): 117–40.

8. Daryl J. Bem, "Self-Perception Theory," in *Advances in Experimental Social Psychology* 6, ed. Leonard Berkowitz (New York: Academic Press, 1972).

9. McCall and Simmons, *Identities and Interactions,* p. 67.

10. Erving Goffman, "On Face-Work," in *Interaction Ritual* (Garden City, N.Y.: Anchor Books, 1967).

11. Ibid., p. 226.

12. Erving Goffman, *The Presentation of Self in Everyday Life* (Garden City, N.Y.: Doubleday, 1959), p. 24.

13. Sarah Trenholm, *Human Communication Theory* (Englewood Cliffs, N.J.: Prentice-Hall, 1986), p. 105.

14. Erving Goffman, "Role Distance," in *Encounters: Two Studies in the Sociology of Interaction* (New York: Bobbs-Merrill, 1961), p. 108.

15. Goffman, *Presentation of Self,* pp. 212–28.

16. Morris Rosenberg, "Psychological Selectivity in Self-Esteem Formation," in *Attitude, Ego-Involvement, and Change,* ed. Carolyn W. Sherif and Muzafer Sherif (New York: Wiley, 1967), pp. 26–50. Quoted in William Wilmot, *Dyadic Communication* (Reading, Mass.: Addison-Wesley, 1979).

17. W. Barnett Pearce, "The Coordinated Management of Meaning: A Rules-Based Theory of Interpersonal Communication," in *Explorations in Interpersonal Communication,* ed. Gerald R. Miller (Beverly Hills, Calif.: Sage, 1976), pp. 17–35.

18. Gerry Philipsen, "Places for Speaking in Teamsterville," *Quarterly Journal of Speech* 62 (1976): 15–25.

19. Ellen J. Langer, "Minding Matters: The Consequences of Mindlessness–Mindfulness," *Advances in Experimental Social Psychology* (1989): 137–73.

20. Milton Rokeach, *The Open and Closed Mind* (New York: Basic Books, 1960), p. 57.

21. Langer, "Minding Matters," p. 140.

22. Ibid., p. 167.

CHAPTER 5

1. John McCrone, *The Ape That Spoke: Language and the Evolution of the Human Mind* (New York: Morrow, 1991).

2. Michael Perrot, ed., *A History of Private Life: From the French Revolution to the Great War,* Vol. Four (Cambridge, Mass.: Belknap Press, 1990).

3. See, for example, John Kihlstrom and Nancy Cantor, "Mental Representations of the Self," in *Advances in Experimental Social Psychology* 17, ed. Leonard Berkowitz (Orlando, Fla.: Academic Press, 1984), pp. 1–47.

4. John P. Hewitt, *Self and Society: A Symbolic Interactionist Social Psychology*, 3rd ed. (Boston: Allyn and Bacon, 1984), pp. 89–91.

5. Mark Snyder and William Ickes, "Personality and Social Behavior," in *The Handbook of Social Psychology*, Vol. 2, 3rd ed., ed. Gardner Lindzey and Elliot Aronson (New York: Random House, 1985), pp. 883–947.

6. Charles Horton Cooley, "Looking-Glass Self," in *Symbolic Interaction: A Reader in Social Psychology*, 3rd ed., ed. Jerome G. Manis and Bernard N. Meltzer (Boston: Allyn and Bacon, 1978), p. 169.

7. William J. McGuire and C. V. McGuire, "The Spontaneous Self-Concept As Affected by Personal Distinctiveness," in *Self-Concept: Advances in Theory and Research,* ed. M. D. Lynch, A. A. Norem-Hebeisen and K. Gergen (New York: Ballinger, 1981).

8. William J. McGuire and A. Padawer-Singer, "Trait Salience in the Spontaneous Self-Concept," *Journal of Personality and Social Psychology* 33 (1976): 743–54.

9. S. Coopersmith, *Antecedents of Self-Esteem* (San Francisco: Freeman, 1967).

10. L. Jacobs, E. Berscheid, and E. Walster, "Self-Esteem and Attraction," *Journal of Personality and Social Psychology* 17 (1971): 84–91; Albert Mehrabian, "The Development and Validation of Measures of Affiliative Tendency and Sensitivity to Rejection," *Educational and Psychological Measurement* 30 (1970): 417–28.

11. Michael Lewis and Jeanne Brooks-Gunn, *Social Cognition and the Acquisition of Self* (New York: Plenum Press, 1979), pp. 222–40.

12. Jerome Kagan, *The Nature of the Child* (New York: Basic Books, 1984), pp. 136–42.

13. Andrew J. Lock, "The Role of Relationships in Development: An Introduction to a Series of Occasional Articles," *Journal of Social and Personal Relationships* 3 (1986): 89–99.

14. L. S. Vygotsky, *Mind in Society* (Cambridge, Mass.: Harvard University Press, 1978), p. 57.

15. Vittorio Guidano, *Complexity of the Self: A Developmental Approach to Psychopathology and Therapy* (New York: Guilford Press, 1987).

16. Ibid., p. 32. See also J. Bowlby, *Attachment and Loss, Vol. 1: Attachment,* 2nd ed. (London: Hogarth Press, 1983); C. M. Parkes and J. Stevenson-Hinde, eds., *The Place of Attachment in Human Behavior* (London: Tavistock, 1982).

17. William W. Wilmot, *Dyadic Communication: A Transactional Perspective* (Reading, Mass.: Addison-Wesley, 1975), pp. 44–45.

18. Anthony G. Greenwald, "The Totalitarian Ego: Fabrication and Revision of Personal History," *American Psychologist* 35 (1980): 603–18.

19. Daryl J. Bem, "Self-Perception Theory," in *Advances in Experimental Social Psychology* 6, ed. Leonard Berkowitz (New York: Academic Press, 1972).

20. Hazel Markus, "Self-Schemata and Processing Information About the Self," *Journal of Personality and Social Psychology* 35 (1977): 63–78.

21. Hazel Markus, M. Crane, S. Bernstein, and M. Siladi, "Self-Schemas and Gender," *Journal of Personality and Social Psychology* 42 (1982): 38–50.

22. Eric Berne, *Games People Play* (New York: Grove Press, 1964).

23. W. Barnett Pearce and Vernon E. Cronen, *Communication, Action and Meaning* (New York: Praeger, 1980), p. 136.

24. Steven Berglas and Edward E. Jones, "Drug Choice as an Externalization Strategy in Response to Noncontingent Success," *Journal of Personality and Social Psychology* 36 (1978): 405–17. See also E. E. Jones and S. Berglas, "Control of Attributions About the Self Through Self-Handicapping Strategies: The Appeal of Alcohol and the Role of Underachievement," *Personality and Social Psychology Bulletin* 4 (1978): 200–206.

25. Robert Norton, *Communicator Style: Theory, Applications, and Measures* (Beverly Hills, Calif.: Sage, 1983), p. 58.

26. Donald Darnell and Wayne Brockriede, *Persons Communicating* (Englewood Cliffs, N.J.: Prentice-Hall, 1976), p. 176.

27. Ibid., p. 178.

28. Roderick Hart and Don Burks, "Rhetorical Sensitivity and Social Interaction," *Speech Monographs* 39 (1972): 75–91.

29. Roderick Hart, Robert Carlson, and William Eadie, "Attitudes Toward Communication and the Assessment of Rhetorical Sensitivity," *Communication Monographs* 47 (1980): 1–22.

30. James C. McCroskey, "Oral Communication Apprehension: A Summary of Recent Theory and

Research," *Human Communication Research* 4 (1977): 78–96.

31. Ibid.

32. Michael J. Beatty and Ralph R. Behnke, "An Assimilation Theory Perspective of Communication Apprehension," *Human Communication Research* 6 (1980): 319–25.

33. Mark Knapp and Gerald Miller, eds., *Handbook of Interpersonal Communication* (Beverly Hills, Calif.: Sage, 1985), p. 72.

34. Barbara Montgomery, "Behavioral Characteristics Predicting Self and Peer Perceptions of Open Communication," *Communication Quarterly* 32 (1984): 233–40.

CHAPTER 6

1. Saul V. Levine, "Radical Departures," *Psychology Today* 18 (8) (August 1984): 20–27.

2. Ibid. See also Rodney Stark and William Sims Bainbridge, *The Future of Religion: Secularization, Revival and Cult Formation* (Berkeley and Los Angeles: University of California Press, 1985).

3. Ruth Anne Clark and Jesse G. Delia, "*Topoi* and Rhetorical Competence," *The Quarterly Journal of Speech* 65 (1979): 187–206, 196.

4. For a thorough overview of all the learning theories, see Frederick H. Kanfer and Jeanne S. Phillips, *Learning Foundations of Behavior Therapy* (New York: Wiley, 1970).

5. The original source is I. P. Pavlov, *Conditioned Reflexes* (London: Oxford University Press, 1927).

6. See, for example, B. F. Skinner, *Science and Human Behavior* (New York: Macmillan, 1953).

7. Albert Bandura, *Social Learning Theory* (Englewood Cliffs, N.J.: Prentice-Hall, 1977).

8. Mary John Smith, *Persuasion and Human Action: A Review and Critique of Social Influence Theories* (Belmont, Calif.: Wadsworth, 1982), p. 202.

9. George Caspar Homans, *Social Behavior: Its Elementary Forms* (New York: Harcourt Brace Jovanovich, 1959); John W. Thibaut and Harold H. Kelley, *The Social Psychology of Groups* (New York: Wiley, 1959).

10. Good discussions of relational currencies are provided in Kenneth L. Villard and Leland J. Whipple, *Beginnings in Relational Communication* (New York; Wiley, 1976), and Kathleen M. Galvin and Bernard J. Brommel, *Family Communication: Cohesion and Change* (Glenview, Ill.: Scott, Foresman, 1982).

11. For an overview of consistency theories, see Smith, *Persuasion and Human Action,* or Richard E. Petty and John T. Cacioppo, *Attitudes and Persuasion: Classic and Contemporary Approaches* (Dubuque, Iowa: Brown, 1981).

12. Fritz Heider, *The Psychology of Interpersonal Relations* (New York: Wiley, 1958).

13. Charles E. Osgood and Percy H. Tannenbaum, "The Principle of Congruity in the Prediction of Attitude Change," *Psychological Review* 62 (1955): 42–55; Percy H. Tannenbaum, "The Congruity Principle Revisited: Studies in the Reduction, Induction, and Generalization of Persuasion," in *Advances in Experimental Social Psychology 3,* ed. Leonard Berkowitz (New York: Academic Press, 1967).

14. Leon Festinger, *A Theory of Cognitive Dissonance* (Stanford, Calif.: Stanford University Press, 1957); Jack W. Brehm and Arthur R. Cohen, eds., *Explorations in Cognitive Dissonance* (New York: Wiley, 1962); Robert A. Wicklund and Jack W. Brehm, *Perspectives on Cognitive Dissonance* (Hillsdale, N.J.: Lawrence Erlbaum, 1976).

15. Charles R. Berger and James J. Bradac, *Language and Social Knowledge: Uncertainty in Interpersonal Relations* (London: Edward Arnold, 1982); Charles R. Berger and Richard J. Calabrese, "Some Explorations in Initial Interaction and Beyond: Toward a Developmental Theory of Interpersonal Communication," *Human Communication Research* 1 (1975): 99–112.

16. Milton Rokeach, *Beliefs, Attitudes, and Values* (San Francisco: Jossey-Bass, 1968), *The Nature of Human Values* (New York: Free Press, 1973), and "Value Theory and Communication Research: Review and Commentary," in *Communication Yearbook 3,* ed. Dan Nimmo (New Brunswick, N.J.: Transaction Books, 1979).

17. Daniel Katz, "The Functional Approach to the Study of Attitudes," *Public Opinion Quarterly* 24 (1960): 163–204.

18. Aristotle, *Rhetoric,* trans. W. Rhys Roberts, and *Poetics,* trans. Ingram Bywater (New York: Modern Library, 1954), pp. 24–25. For more modern formulations of the notion of credibility, see Carl I. Hovland and W. A. Weiss, "The Influence of Source Credibility on Communicative Effective-

ness," *Public Opinion Quarterly* 15 (1951): 635–50, and David K. Berlo, James B. Lemert, and Robert J. Mertz, "Dimensions for Evaluating the Acceptability of Message Sources," *Public Opinion Quarterly* 33 (1969): 563–76. For critiques of the credibility construct, see Gary Cronkhite and Jo Liska, "A Critique of Factor Analytic Approaches to the Study of Credibility," *Communication Monographs* 43 (June 1976): 91–107, and Gerald R. Miller and Michael Burgoon, "Persuasion Research: Review and Commentary," *Communication Yearbook 2,* ed. Brent D. Ruben (New Brunswick, N.J.: Transaction Books, 1978), pp. 29–47.

19. John R. French and Bertram Raven, "The Bases of Social Power," in *Studies in Social Power* (Ann Arbor: University of Michigan Press, 1959).

20. Edward E. Jones and Thane S. Pittman, "Toward a General Theory of Strategic Self-Presentation," in *Psychological Perspectives on the Self,* ed. Harry Suls (Hillsdale, N.J.: Lawrence Erlbaum, 1980).

21. Karen Tracy and others, "The Discourse of Requests: Assessment of a Compliance-Gaining Approach," *Human Communication Research* 10 (1984): 513–38.

22. Gerald R. Miller and others, "Compliance-Gaining Message Strategies: A Typology and Some Findings Concerning Effects of Situational Differences," *Communication Monographs* 44 (1977): 37–51; Michael E. Roloff and Edwin F. Barnicott, "The Situational Use of Pro- and Anti-Social Compliance-Gaining Strategies by High and Low Machiavellians," in *Communication Yearbook 2,* ed. Brent D. Ruben (New Brunswick, N.J.: Transaction Books, 1978), pp. 193–205.

23. Gerald Marwell and David R. Schmitt, "Dimensions of Compliance-Gaining Behavior: An Empirical Analysis," *Sociometry* 30 (1967): 350–64.

24. William J. Schenck-Hamlin, Richard L. Wiseman, and G. N. Georgacarakos, "A Model of Properties of Compliance-Gaining Strategies," *Communication Quarterly* 30 (1982): 92–100.

25. Michael J. Cody and Margaret L. McLaughlin, "Perceptions of Compliance-Gaining Situations: A Dimensional Analysis," *Communication Monographs* 47 (1980): 132–48; Michael J. Cody, M. L. Woelfel, and W. J. Jordan, "Dimensions of Compliance-Gaining Situations, *Human Communication Research* 9 (1983): 99–113.

26. Tracy and others, "The Discourse of Requests," pp. 520–22.

27. Ibid., pp. 533–34.

28. Harold H. Dawley, Jr., and W. W. Wenrich, *Achieving Assertive Behavior* (Monterey, Calif.: Brooks/Cole, 1976), p. 15.

29. Ibid., p. 97.

CHAPTER 7

1. John Fowles, *Daniel Martin* (Boston: Little, Brown, 1977).

2. Judee Burgoon and Thomas Saine, *The Unspoken Dialogue: An Introduction to Nonverbal Communication* (Boston: Houghton Mifflin, 1978), pp. 6–10.

3. Ross Buck, *The Communication of Emotion* (New York: Guilford Press, 1984).

4. George Herbert Mead, *Mind, Self, and Society* (Chicago: University of Chicago Press, 1934).

5. Desmond Morris, *Manwatching: A Field Guide to Human Behavior* (New York: Abrams, 1977), pp. 86–91.

6. Paul Ekman and Wallace Friesen, *Unmasking the Face: A Guide to Recognizing Emotions from Facial Expressions* (Englewood Cliffs, N.J.: Prentice-Hall, 1975).

7. Albert Mehrabian, *Nonverbal Communication* (Chicago: Aldine-Atherton, 1972), p. 2.

8. Daphne E. Bugental, Jacques W. Kaswan, Leonore R. Love, and Michael N. Fox, "Child Versus Adult Perception of Evaluative Messages in Verbal, Vocal, and Visual Channels," *Developmental Psychology* 2 (1970): 367–75.

9. Jeffrey G. Shapiro, "Responsivity to Facial and Linguistic Cues," *Journal of Communication* 18 (1968): 11–17. See also Leon Vande Creek and John T. Watkins, "Responses to Incongruent Verbal and Nonverbal Emotional Cues," *Journal of Communication* 22 (1972): 311–16.

10. Miles Patterson, *Nonverbal Behavior: A Functional Perspective* (New York: Springer-Verlag, 1983), p. 9.

11. Ashley Montagu and Floyd Matson, *The Human Connection* (New York: McGraw-Hill, 1979), p. 17.

12. Abraham Maslow and Norbett L. Mintz, "Effects of Esthetic Surroundings I: Initial Effects of Three Esthetic Conditions upon Perceiving 'Energy' and 'Well-Being' in Faces," *Journal of Psychology* 41 (1956): 247–54.

13. See, for example, Mark L. Knapp, *Nonverbal Communication in Human Interaction* (New York: Holt, Rinehart & Winston, 1978), pp. 83–113; Lawrence Rosenfeld and Jean Civikly, *With Words Unspoken: The Nonverbal Experience* (New York: Holt, Rinehart & Winston, 1976), pp. 161–85.

14. Steven Kaplan, Rachel Kaplan, and John S. Wendt, "Rated Preference and Complexity for Natural and Urban Visual Material," *Perception and Psychophysics* 12 (1972): 334–56.

15. Albert Mehrabian and James Russell, *An Approach to Environmental Psychology* (Cambridge, Mass.: MIT Press, 1974).

16. Rosenfeld and Civikly, p. 147.

17. Stanford Lyman and Marvin Scott, "Territoriality: A Neglected Social Dimension," *Social Problems* 15 (1967): 235–49.

18. Edward T. Hall, *The Silent Language* (New York: Doubleday, 1959).

19. Edward T. Hall, *The Hidden Dimension* (Garden City, N.Y.: Doubleday, 1969), pp. 133–34.

20. Edward T. Hall, *Beyond Culture* (Garden City, N.Y.: Anchor Press, 1970).

21. For a summary of this research, see Burgoon and Saine, *The Unspoken Dialogue*, pp. 93–94.

22. James G. Martin, "Racial Ethnocentrism and Judgments of Beauty," *Journal of Social Psychology* 63 (1964): 59–63; A. H. Illife, "A Study of Preferences in Feminine Beauty," *British Journal of Psychology* 51 (1960): 267–73.

23. Elaine Walster, Vera Aronson, Darcy Abrahams, and Leon Rottman, "Importance of Physical Attractiveness in Dating Behavior," *Journal of Personality and Social Psychology* 4 (1966): 508–16.

24. James E. Maddux and Ronald W. Rogers, "Effects of Source Expertness, Physical Attractiveness, and Supporting Arguments on Persuasion: A Case of Brains over Beauty," *Journal of Personality and Social Psychology* 39 (1980): 235–44.

25. Morris, *Manwatching*, p. 282.

26. See, for example, L. Aiken, "Relationships of Dress to Selected Measures of Personality in Undergraduate Women," *Journal of Social Psychology* 59 (1963): 119–28; Lawrence Rosenfeld and Timothy G. Plax, "Clothing as Communication," *Journal of Communication* 27 (1977): 24–31; Mary B. Harris and Hortensia Baudin, "The Language of Altruism: The Effects of Language, Dress, and Ethnic Group," *Journal of Social Psychology* 91 (1973): 37–41.

27. Thomas F. Hoult, "Experimental Measurement of Clothing as a Factor in Some Social Ratings of Selected American Men," *American Sociological Review* 19 (1954): 324–28.

28. Adam Kendon, "Some Functions of Gaze-Direction in Social Interaction," *Acta Psychologica* 26 (1967): 22–63.

29. Ekman and Friesen, *Unmasking the Face,* p. 40 and p. 52.

30. For a brief review, see D. R. Rutter, *Looking and Seeing: The Role of Visual Communication in Social Interaction* (Chichester, England: Wiley, 1984), pp. 49–54.

31. P. C. Ellsworth, "The Meaningful Look," *Semiotica* 24 (1978): 15–20; Miles Patterson, "An Arousal Model of Interpersonal Intimacy," *Psychological Review* 83 (1976): 235–45.

32. Irenaus Eibl-Eibesfeldt, "Similarities and Differences Between Cultures in Expressive Movements," in *Nonverbal Communication,* ed. Robert Hinde (Cambridge: Cambridge University Press, 1972), pp. 297–312.

33. Michael Argyle, Mansur Lalljee, and Mark Cook, "The Effects of Visibility on Interaction in a Dyad," *Human Relations* 21 (1968): 3–17.

34. Clara Mayo and Marianne LaFrance, "Gaze Direction in Interracial Dyadic Communication," paper presented at the annual meeting of the Eastern Psychological Association, Washington, D.C., 1973. Cited in Clara Mayo and Nancy Henley, eds., *Gender and Nonverbal Behavior* (New York: Springer-Verlag, 1981).

35. Rutter, *Looking and Seeing.*

36. Ibid.

37. Ekman and Friesen, *Unmasking the Face.*

38. For a review of these studies, see Judith Hall, *Nonverbal Sex Differences: Communication Accuracy and Expressive Style* (Baltimore: Johns Hopkins University Press, 1984), pp. 59–84.

39. Paul Ekman and Wallace Friesen, "The Repertoire of Nonverbal Behavior: Categories, Origins, Usage, and Coding," *Semiotica* 1 (1969): 49–98.

40. Morris, *Manwatching*, pp. 50–51.

41. G. L. Trager, "Paralanguage: A First Approximation," *Studies in Linguistics* 13 (1958): 1–12.

42. David W. Addington, "The Relationship of Selected Vocal Characteristics to Personality Perception," *Speech Monographs* 35 (1968): 492–503.

43. James McCroskey, Carl E. Larson, and Mark Knapp, *An Introduction to Interpersonal Communication* (Englewood Cliffs, N.J.: Prentice-Hall, 1971), p. 117.

44. Susan Milmoe, Robert Rosenthal, Howard T. Blane, Morris E. Chafetz, and Irving Wolf, "The Doctor's Voice: Postdictor of Successful Referral of Alcoholic Patients," *Journal of Abnormal Psychology* 72 (1967): 78–84.

45. Ashley Montagu, *Touching: The Human Significance of the Skin* (New York: Columbia University Press, 1971).

46. Brenda Major, "Gender Patterns in Touching Behavior," in *Gender and Nonverbal Behavior*, pp. 15–37.

47. Richard Heslin, "Steps Toward a Taxonomy of Touching," paper presented at the annual meeting of the Midwestern Psychological Association, Chicago, 1974.

48. Major, "Gender Patterns," p. 33.

49. Nancy Henley, "Status and Sex: Some Touching Observations," *Bulletin of the Psychonomic Society* 2 (1973): 91–93.

50. Equilibrium theory was first introduced by Argyle and Dean and has been modified considerably by Miles Patterson. Patterson has renamed the modified theory a "sequential functional model." We have chosen to retain the term *equilibrium theory* for heuristic purposes. See Michael Argyle and Janet Dean, "Eye Contact, Distance and Affiliation," *Sociometry* 28 (1965): 289–304; Patterson, *Nonverbal Behavior*, pp. 13–34.

51. James Averill, "A Constructivist View of Emotion," in *Emotion: Theory, Research, and Experience, Vol. 1*, ed. R. Plutchik and H. Kellerman (New York: Academic Press, 1980), pp. 305–39.

52. Richard Buttny, "The Discourse of Affect Display in Social Accountability Practices," paper presented at the International Communication Association annual convention, Chicago, 1991.

53. Example cited in ibid., pp. 20–21, and slightly modified for use here.

54. Ronald Adler, *Confidence in Communication: A Guide to Assertive and Social Skills* (New York: Holt, Rinehart & Winston, 1977), p. 178.

55. Janet Beavin Bavelas, Alex Black, Nicole Chovil, and Jennifer Mullett, *Equivocal Communication* (Newbury Park, Calif.: Sage, 1990).

56. Jane Austen, *Sense and Sensibility*, 2nd ed. (Oxford: Oxford University Press, 1982, 1811).

57. Lawrence M. Brammer, *The Helping Relationship: Process and Skills* (Englewood Cliffs, N.J.: Prentice-Hall, 1973), pp. 90–93.

CHAPTER 8

1. Helen Keller, *The Story of My Life* (Garden City, N.Y.: Doubleday, 1905), p. 36.

2. Daniel J. Boorstin, *The Discoverers* (New York; Vintage Books, 1983), Book One: Time.

3. For a nice summary of the differences between verbal and nonverbal codes, see Judee K. Burgoon and Thomas Saine, *The Unspoken Dialogue: An Introduction to Nonverbal Communication* (Boston: Houghton Mifflin, 1978), pp. 18–20.

4. For an attempt at a structuralist breakdown of nonverbal behavior, see Ray L. Birdwhistell, *Introduction to Kinesics* (Louisville: University of Kentucky Press, 1952), and *Kinesics and Context* (Philadelphia: University of Pennsylvania Press, 1970); and for a critique of this attempt, see Allen T. Ditmann, "Review of *Kinesics in Context*," *Psychiatry* 34 (1971): 334–42.

5. Umberto Eco, *A Theory of Semiotics* (Bloomington: University of Indiana Press, 1976), p. 7.

6. Our list is a composite made up of functions suggested by the following authors: Joost A. M. Meerloo, "Contributions of Psychiatry to the Study of Communication," in *Human Communication Theory: Original Essays*, ed. Frank E. X. Dance (New York: Holt, Rinehart & Winston, 1967), pp. 130–59; Roman Jakobson, "Closing Statement: Linguistics and Poetics," in *Style in Language*, ed. Thomas Sebeok (Cambridge, Mass.: MIT Press, 1960), pp. 350–77; and Dell Hymes, "The Ethnography of Speaking," in *Readings in the Sociology of Language*, ed. Joshua Fishman (The Hague: Mouton, 1968), pp. 99–138.

7. Sigmund Freud, *Introductory Lectures on Psychoanalysis*, trans. and ed. James Strachey (New York: Norton, 1966), pp. 25–79.

8. For a full discussion of the relationship between language and uncertainty reduction, see Charles R. Berger and James J. Bradac, *Language and Social Knowledge: Uncertainty in Interpersonal Relations* (London: Edward Arnold, 1982).

9. Michael Stubbs, *Discourse Analysis: The Sociolinguistic Analysis of Natural Language* (Chicago: University of Chicago Press, 1983), pp. 48–49.

10. If you are not familiar with language structure, you may find Frederick Williams, *Language and Speech: Introductory Perspectives* (Englewood Cliffs, N.J.: Prentice-Hall, 1972), a useful introduction to the subject.

11. *Webster's Third New International Dictionary* (Springfield, Mass.: Merriam-Webster, 1981).

12. Dan I. Slobin, *Psycholinguistics* (Glenview, Ill.: Scott Foresman, 1971), p. 96.

13. John R. Searle, *Speech Acts: An Essay in the Philosophy of Language* (Cambridge: Cambridge University Press, 1969).

14. CMM theory is one of the most popular of recent communication theories; there are many articles on the subject. We suggest you try W. Barnett Pearce, Vernon E. Cronen, and Forrest Conklin, "On What to Look at When Analyzing Communication: A Hierarchical Model of Actors' Meanings," *Communication* 4 (1979): 195–220, and Vernon E. Cronen and W. Barnett Pearce, "Logical Force in Interpersonal Communication: A New Concept of the 'Necessity' in Social Behaviors," *Communication* 6 (1981): 5–67. For an overview and bibliography, see Vernon E. Cronen, W. Barnett Pearce, and Linda M. Harris, "The Coordinated Management of Meaning: A Theory of Communication," in *Human Communication Theory: Comparative Essays,* ed. Frank E. X. Dance (New York: Harper & Row, 1982), pp. 61–89.

15. Edward Sapir, *Selected Writings of Edward Sapir in Language, Culture and Personality* (Berkeley and Los Angeles: University of California Press, 1958), and Benjamin Lee Whorf, *Language, Thought and Reality* (Cambridge, Mass.: MIT Press, 1966).

16. Sapir, *Selected Writings,* p. 162.

17. Henry Allan Gleason, Jr., *An Introduction to Descriptive Linguistics,* rev. ed. (New York: Holt, Rinehart & Winston, 1961), p. 4.

18. Slobin, *Psycholinguistics,* p. 125.

19. Whorf, *Language, Thought and Reality,* p. 240.

20. Ibid., p. 243.

21. Basil Bernstein, ed., *Class, Codes and Control,* Vol. 2 (London: Routledge and Kegan Paul, 1973).

22. The sample dialogue is taken from Raymond S. Ross and Mark G. Ross, *Relating and Interacting* (Englewood Cliffs, N.J.: Prentice-Hall, 1982), p. 93.

23. Two useful reviews of these studies can be found in Chapters 2 and 3 of Barbara Westbrook Eakins and R. Gene Eakins, *Sex Differences in Human Communication* (Boston: Houghton Mifflin, 1978), and Chapter 6 in Judy Cornelia Pearson, *Gender and Communication* (Dubuque, Iowa: Brown, 1985).

24. Robin Lakoff, *Language and Woman's Place* (New York: Harper & Row, 1975).

25. Eakins and Eakins, *Sex Differences,* p. 48.

26. Ibid, p. 49.

27. See, for example, Wendell Johnson, *People in Quandaries: The Semantics of Personal Adjustment* (New York: Harper & Row, 1946); S. I. Hayakawa, *Language in Thought and Action,* 4th ed. (New York: Harcourt Brace Jovanovich, 1978); J. Samuel Bois, *The Art of Awareness,* 2nd ed. (Dubuque, Iowa: Brown, 1973); and John C. Condon, Jr., *Semantics and Communication,* 3rd ed. (New York: Macmillan, 1985).

28. In putting together our discussion of conversational skill, we drew on two sources you might find useful: Alan Garner, *Conversationally Speaking: Testing New Ways to Increase Your Personal and Social Effectiveness* (New York: McGraw-Hill, 1981), and Sharon A. Ratliffe and David D. Hudson, *Skill-Building for Interpersonal Competence* (New York: Holt, Rinehart & Winston, 1988).

29. Mark L. Knapp and others, "The Rhetoric of Goodbye: Verbal and Nonverbal Correlates of Human Leave-Taking," *Speech Monographs* 40 (August 1973): 182–98.

CHAPTER 9

1. Paul Watzlawick, Janet Beavin Bavelas, and Don D. Jackson, *Pragmatics of Human Communication* (New York: Norton, 1967), p. 52.

2. Ibid., p. 51. See also Jurgen Ruesch and Gregory Bateson, *Communication: The Social Matrix of Psychiatry* (New York: Norton, 1951), pp. 179–81.

3. Watzlawick et al., *Pragmatics,* p. 52.

4. Stephen W. King and Kenneth K. Sereno, "Conversational Appropriateness as a Conversational Imperative," *Quarterly Journal of Speech* 70 (1984): 264–73.

5. Julia T. Wood, "Communication and Relational Culture: Bases for the Study of Human Relationships," *Communication Quarterly* 30 (1982): 75–83. See also Mary Anne Fitzpatrick and Patricia B. Best, "Dyadic Adjustment in Relational Types: Consensus, Cohesion, Affectional Expression and Satisfaction in Enduring Relationships," *Communication Monographs* 46 (1979): 167–78, and Gerald M. Phillips and Nancy J. Metzger, *Intimate Communication* (Boston: Allyn and Bacon, 1976).

6. Robert C. Carson, *Interaction Concepts of Personality* (Chicago: Aldine, 1969); see in particular Chapter 6, "Contractual Arrangements in Interpersonal Relations."

7. Ibid., p. 184.

8. See, for example, Gregory Bateson, "Culture Contact and Schismogenesis," *Man* 35 (1935): 178–83; William C. Schutz, *The Interpersonal Underworld* (Palo Alto, Calif.: Science and Behavior Books, 1966); Timothy Leary, *Interpersonal Diagnosis of Personality* (New York: Ronald Press, 1957). For a summary of early relational work, see Malcolm R. Parks, "Relational Communication: Theory and Research," *Human Communication Research* 3 (1977): 372–81.

9. Judee K. Burgoon and Jerold L. Hale, "The Fundamental Topoi of Relational Communication," *Communication Monographs* 51 (1984): 193–214.

10. Frank E. Millar and L. Edna Rogers, "A Relational Approach to Interpersonal Communication," in *Explorations in Interpersonal Communication*, ed. Gerald R. Miller (Beverly Hills, Calif.: Sage, 1976).

11. B. Aubrey Fisher, *Small Group Decision Making*, 2nd ed. (New York: McGraw-Hill, 1980), p. 327.

12. Burgoon and Hale, "The Fundamental Topoi," p. 198.

13. Ibid.

14. For a general overview of some classic research on similarity and attraction, see Ellen Berscheid and Elaine Walster, *Interpersonal Attraction* (Reading, Mass.: Addison-Wesley, 1969). For a discussion of similarity as a device in developing relationships, see Steve Duck, "Interpersonal Communication in Developing Acquaintance," in *Explorations in Interpersonal Communication*. For experimental evidence of the effects of attitude similarity on attraction, see the work of Michael Sunnafrank; for example, "Attitude Similarity and Interpersonal Attraction in Communication Processes: In Pursuit of an Ephemeral Influence," *Communication Monographs* 50 (1983): 273–84.

15. Evelyn Sieburg, "Dysfunctional Communication and Interpersonal Responsiveness in Small Groups," unpublished dissertation, University of Denver, 1969. For a good summary of Sieburg's theory, see Frank E. X. Dance and Carl E. Larson, *Speech Communication: Concepts and Behavior* (New York: Holt, Rinehart & Winston, 1972), pp. 140–43.

16. Watzlawick et al., *Pragmatics.* See Chapter 6 for a discussion of the "logic" of paradox.

17. Gregory Bateson, Don D. Jackson, Jay Haley, and John H. Weakland, "Toward a Theory of Schizophrenia," *Behavioral Science* 1 (1956): 251–64; Jay Haley, *Strategies of Psychotherapy* (New York; Grune & Stratton, 1963).

18. Lynda Rummel, Sarah Trenholm, Charles Goetzinger, and Charles Petrie, "Disconfirming (Double Bind) Effects of Incongruent Multichannel Messages," in *Interpersonal Communication: A Rhetorical Perspective*, ed. Ben Morse and Lyn Phelps (Minneapolis: Burgess, 1980).

19. The Palo Alto group includes Gregory Bateson, John H. Weakland, Paul Watzlawick, Janet Beavin Bavelas, Don D. Jackson, and Jay Haley. To understand this approach, see the section on the pragmatic perspective in B. Aubrey Fisher, *Perspectives on Human Communication* (New York: Macmillan, 1978).

20. For an overview and model of interact sequences, see B. Aubrey Fisher and Leonard C. Hawes, "An Interact System Model: Generating a Grounded Theory of Small Groups," *Quarterly Journal of Speech* 57 (1971): 444–53.

21. See Watzlawick et al., *Pragmatics,* pp. 54–59 for the original example.

22. William W. Wilmot, *Dyadic Communication* (Reading, Mass.: Addison-Wesley, 1979).

23. Ibid., p. 127.

24. Vernon E. Cronen, W. Barnett Pearce, and Lonna M. Snavely, "A Theory of Rule-Structure and Types of Episodes and a Study of Perceived Enmeshment in Undesired Repetitive Patterns ('URPs')," in

Communication Yearbook 3, ed. Dan Nimmo (New Brunswick, N.J.: Transaction Books, 1979).

25. Wilmot, *Dyadic Communication,* p. 128.

26. Gerald R. Miller and Mark Steinberg, *Between People: A New Analysis of Interpersonal Communication* (Chicago: Science Research Associates, 1975), pp. 167–73.

27. Ross Buck, "Recent Approaches to the Study of Nonverbal Receiving Ability," in *Nonverbal Communication: The Social Interaction Sphere,* ed. John Wiemann and Randall Harrison (Beverly Hills, Calif.: Sage, 1983), pp. 209–42.

28. Ross Buck, "Emotional Communication in Personal Relationships: A Developmental–Interactionist View," in *Close Relationships,* ed. Clyde Hendrick (Newbury Park, Calif.: Sage, 1989), p. 159.

29. B. Aubrey Fischer, *Small Group Decision Making,* 2nd ed. (New York: McGraw-Hill, 1980), pp. 327–29.

CHAPTER 10

1. John Cheever, "Goodbye, My Brother," in *The Stories of John Cheever* (New York: Knopf, 1978), p. 3. Reprinted with permission.

2. See, for example, Salvador Minuchin, *Families and Family Therapy* (Cambridge, Mass.: Harvard University Press, 1974), pp. 50–51.

3. Virginia Satir, *Peoplemaking* (Palo Alto, Calif.: Science and Behavior Books, 1972).

4. Kathleen M. Galvin and Bernard J. Brommel, *Family Communication: Cohesion and Change* (Glenview, Ill.: Scott, Foresman, 1982), p. 4.

5. Ronald E. Cromwell and David Olson, eds., *Power in Families* (New York: Halstead Press, 1975), p. 5.

6. Basil Bernstein, *Class, Codes, and Control* (London: Routledge and Kegan Paul, 1971).

7. Ralph Turner, *Family Interaction* (New York: Wiley, 1970), pp. 97–116.

8. Minuchin, *Families,* p. 53.

9. David Kantor and William Lehr, *Inside the Family* (San Francisco: Jossey-Bass, 1976).

10. Minuchin, *Families,* pp. 54–56.

11. Christopher Lasch, *Haven in a Heartless World* (New York: Basic Books, 1977).

12. David Olson and Hamilton McCubbin, *Families: What Makes Them Work* (Bevery Hills, Calif.: Sage, 1983), pp. 30–34.

13. D. R. Entwistle and S. G. Doering, *The First Birth* (Baltimore: Johns Hopkins University Press, 1980); B. C. Miller and D. L. Sollie, "Normal Stress During the Transition to Parenthood," *Family Relations* 29 (1980): 459–65.

14. J. H. Meyerowitz and H. Feldman, "Transition to Parenthood," *Psychiatric Research Reports* 20 (1966): 459–65.

15. Hilary Lips and Anne Morrison, "Changes in the Sense of Family Among Couples Having Their First Child," *Journal of Social and Personal Relationships* 3 (1986): 393–400.

16. S. A. Anderson, C. S. Russell, and W. R. Schumm, "Perceived Marital Quality and Family Life Cycle Categories: A Further Analysis," *Journal of Marriage and the Family* 45 (1983): 127–39; B. C. Rollins and K. L. Cannon, "Marital Satisfaction over the Family Life Cycle: A Re-evaluation," *Journal of Marriage and the Family* 36 (1974): 271–82.

17. S. A. Anderson, "Changes in Parental Adjustment and Communication During the Leaving-Home Transition," *Journal of Social and Personal Relationships* 7 (1990): 47–68.

18. Ibid.

19. Anne-Marie Ambert, "Relationship Between Ex-Spouses: Individual and Dyadic Perspectives," *Journal of Social and Personal Relationships* 5 (1988): 327–46.

20. F. F. Furstenberg, "The New Extended Family: The Experience of Parents and Children After Remarriage," in *Remarriage and Step-parenting,* ed. K. Pasley and M. Ihinger-Tallman (New York: Guilford Press, 1987), p. 342.

21. Ambert, "Relationship Between Ex-Spouses."

22. Galvin and Brommel, *Family Communication,* p. 234.

23. See John M. Gottman, *Marital Interaction: Experimental Investigations* (New York: Academic Press, 1979).

24. Mary Anne Fitzpatrick, "A Typological Approach to Marital Interaction: Recent Theory and Research," in *Advances in Experimental Social Psychology 18,* ed. Leonard Berkowitz (New York: Academic Press, 1984), pp. 1–47. See also Mary Anne

Fitzpatrick and Diane M. Badzinski, "All in the Family: Interpersonal Communication in Kin Relationships," in *Handbook of Interpersonal Communication*, ed. Mark Knapp and Gerald R. Miller (Beverly Hills, Calif.: Sage, 1985), pp. 687–736.

25.   Fitzpatrick and Badzinski, "All in the Family," p. 700.

26.   B. Rollins and R. Galligan, "The Developing Child and Marital Satisfaction of Parents," in *Child Influences on Marital and Family Interaction: A Lifespan Perspective*, ed. Richard Lerner and Graham Spanier (New York: Academic Press, 1978), pp. 71–106.

27.   Alice Rossi, "Transition to Parenthood," *Journal of Marriage and the Family* 30 (1968): 26–39.

28.   Linda K. Acitelli, "When Spouses Talk to Each Other About Their Relationship," *Journal of Social and Personal Relationships* 5 (1988): 185–200.

29.   Paul H. Zietlow and Alan L. Sillars, "Life-stage Differences in Communication During Marital Conflicts," *Journal of Social and Personal Relationships* 5 (1988): 223–46.

30.   Ibid.

31.   See, for example, B. Rollins and D. Thomas, "Parental Support, Power, and Control Techniques in the Socialization of Children," in *Contemporary Theories About the Family*, Vol. 1, ed. Wesley R. Burr, R. Hill, F. I. Nye, and I. L. Reiss (New York: Free Press, 1979), pp. 317–64. See also S. Steinmetz, "Disciplinary Techniques and Their Relationship to Aggressiveness, Dependency, and Conscience," in *Contemporary Theories About the Family*, Vol. 2, pp. 405–38.

32.   Desmond Morris, *Intimate Behavior* (New York: Bantam Books, 1971), pp. 252–54.

33.   Roger Jon Desmond, Jerome L. Singer, Dorothy G. Singer, Rachel Calam, and Karen Colimore, "Family Mediation Patterns and Television Viewing: Young Children's Use and Grasp of the Medium," *Human Communication Research* 11 (1985): 461–80.

34.   Ibid.

35.   William Rawlins and Melissa Holl, "Adolescents' Interaction with Parents and Friends: Dialectics of Temporal Perspective and Evaluation," *Journal of Social and Personal Relationships* 5 (1988): 27–46.

36.   Anderson, "Changes in Parental Adjustment."

37.   For a brief review of this research, see Fitzpatrick and Badzinski, "All in The Family." pp. 713–17.

38.   A. Goetting, "The Developmental Tasks of Siblingship over the Life Cycle," *Journal of Marriage and the Family* 48 (1986): 703–14.

39.   Victor Cicirelli and Jon Nussbaum, "Relationships with Siblings in Later Life," in *Life-Span Communication: Normative Processes*, ed. J. Nussbaum (Hillsdale, N.J.: Lawrence Erlbaum, 1989), pp. 283–99.

40.   D. T. Gold, "Sibling Relationships in Retrospect: A Study of Reminiscence in Old Age," doctoral dissertation, Northwestern University, Evanston, Illinois, 1986. (Cited in Cicirelli and Nussbaum, "Relationships with Siblings.")

41.   Brant R. Burleson, "Age, Social-Cognitive Development, and the Use of Comforting Strategies," *Communication Monographs* 51 (1984): 140–53.

42.   D. R. Lehman, J. H. Ellard, and C. B. Wortman, "Social Support for the Bereaved: Recipients' and Providers' Perspectives on What Is Helpful," *Journal of Consulting and Clinical Psychology* 54 (1986): 438–46.

43.   James L. Applegate, "Adaptive Communication in Educational Contexts: A Study of Teachers' Communicative Strategies," *Communication Education* 29 (1980): 158–70.

44.   Brant R. Burleson and Wendy Samter, "Consistencies in Theoretical and Naive Evaluations of Comforting Messages," *Communication Monographs* 52 (1985): 103–23.

CHAPTER 11

1.   The authors would like to thank Vernon Cronen for providing this example. We have paraphrased the account; any inaccuracies are our own.

2.   Ellen Berscheid, Mark Snyder, Allen Omoto, "Issues in Studying Close Relationships: Conceptualizing and Measuring Closeness," in *Close Relationships*, ed. Clyde Hendrick (Newbury Park, Calif.: Sage, 1989), pp. 63–91.

3.   Ibid.

4.   See William K. Rawlins, "Friendship as a Communicative Achievement: A Theory and an Interpretive Analysis of Verbal Reports," Ph.D. dissertation, Temple University, 1981. See also Kaspar D.

Naegele, "Friendship and Acquaintances: An Exploration of Some Social Distinctions," *Harvard Educational Review* 28 (1958): 232–52.

5. Virginia Kidd, "Happily Ever After and Other Relationship Styles: Advice on Interpersonal Relations in Popular Magazines, 1951–1973," *Quarterly Journal of Speech* 61 (1975): 31–39.

6. Howard Gadlin, "Private Lives and Public Order: A Critical View of the History of Intimate Relations in the United States," in *Close Relationships: Perspectives on the Meaning of Intimacy,* ed. George Levinger and Harold Raush (Amherst: University of Massachusetts Press, 1977), pp. 33–72.

7. For models of relationship development that portray participants as making rational choices and being highly aware of the process, see Irwin Altman and Dallas Taylor, *Social Penetration: The Development of Interpersonal Relationships* (New York: Holt, Rinehart & Winston, 1973); Charles Berger and Richard Calabrese, "Some Explorations in Initial Interaction and Beyond: Toward a Developmental Theory of Interpersonal Communication," *Human Communication Research* 1 (1975): 99–112. For arguments that people are less conscious of these processes, see Charles Berger, "Self-Consciousness and the Adequacy of Theory and Research into Relationship Development," *Western Journal of Speech Communication* 44 (1980): 93–96; Jesse Delia, "Some Tentative Thoughts Concerning the Study of Interpersonal Relationships and Their Development," *Western Journal of Speech Communication* 44 (1980): 97–103.

8. Harriet Braiker and Harold Kelley, "Conflicts in the Development of Close Relationships," in *Social Exchange in Developing Relationships,* ed. Robert Burgess and Ted Huston (New York: Academic Press, 1979), pp. 136–68.

9. Mark L. Knapp, *Interpersonal Communication and Human Relationships* (Boston: Allyn and Bacon, 1984), p. 192.

10. Warren Shibles and Charles Zastrow, "Romantic Love vs. Rational Love," in *The Personal Problem Solver* (Englewood Cliffs, N.J.: Prentice-Hall), p. 21.

11. See Stanley Schacter and Jerome Singer, "Cognitive, Social, and Physiological Determinants of Emotional State," *Psychological Review* 69 (1962): 379–99; Miles Patterson, "An Arousal Model of Interpersonal Intimacy," *Psychological Review* 83 (1976): 235–45.

12. Gregory L. White, Sanford Fishbein, and Jeffrey Rutstein, "Passionate Love and the Misattribution of Arousal," *Journal of Personality and Social Psychology* 41 (1981): 56–62.

13. Richard Sennett, *The Fall of Public Man* (New York: Random House, 1978).

14. Steven Duck, "Interpersonal Communication in Developing Acquaintance," in *Explorations in Interpersonal Communication,* ed. Gerald R. Miller (Beverly Hills, Calif.: Sage, 1973), pp. 127–48.

15. Elaine Walster, Vera Aronson, Darcy Abrahams, and Leon Rottman, "Importance of Physical Attractiveness in Dating Behavior," *Journal of Personality and Social Psychology* 4 (1966): 508–16.

16. For a summary of this research, see William Griffitt, "Attitude Similarity and Attraction," in *Foundations of Interpersonal Attraction,* ed. Ted L. Huston (New York: Academic Press, 1974), pp. 285–308.

17. Thomas Lickona, "A Cognitive–Developmental Approach to Interpersonal Attraction," in Huston, *Foundations of Interpersonal Attraction,* pp. 31–59.

18. Charles Backman and Paul Secord, "The Effect of Perceived Liking on Interpersonal Attraction," *Human Relations* 12 (1959): 379–84. See also Fritz Heider, *The Psychology of Interpersonal Relations* (New York: Wiley, 1958).

19. Benjamin J. Broome, "The Attraction Paradigm Revisited: Responses to Dissimilar Others," *Human Communication Research* 10 (1983): 137–52.

20. See David R. Mettee and Elliot Aronson, "Affective Reactions to Appraisal from Others," in Huston, *Foundations of Interpersonal Attraction,* pp. 235–83.

21. William C. Schutz, *FIRO: A Three-Dimensional Theory of Interpersonal Behavior* (New York: Holt, Rinehart & Winston, 1958).

22. Kenneth Villard and Leland Whipple, *Beginnings in Relational Communication* (New York: Wiley, 1976); U. G. Foa, "Interpersonal and Economic Resources," *Science* 171 (1971): 345–51.

23. John Berg and Richard Archer, "The Disclosure–Liking Relationship: Effects of Self-Perception, Order of Disclosure, and Topical Similarity," *Human Communication Research* 10 (1983): 269–82.

24. Rawlins, "Friendship as a Communicative Achievement."

25. Margaret E. Gruhn, "German-American Language Patterns as Indicators of Cultural Communication Boundaries: A Cross-Cultural Analysis," paper presented at the Speech Communication convention, Denver, Colorado, November 1985.

26. Paul H. Wright, "Self-referent Motivation and the Intrinsic Quality of Friendship," *Journal of Social and Personal Relationships* 1 (1984): 115–30.

27. Robert B. Hays, "The Day-to-Day Functioning of Close Versus Casual Friendships," *Journal of Social and Personal Relationships* 6 (1989): 21–38.

28. Suzanna Rose and Felicisima Serafica, "Keeping and Ending Casual, Close and Best Friendships," *Journal of Social and Personal Relationships* 3 (1986): 275–88.

29. Ibid, p. 280.

30. Knapp, *Interpersonal Communication*, pp. 29–58.

31. Robert A. Bell and John A. Daly, "The Affinity-Seeking Function of Communication," *Communication Monographs* 51 (1984): 91–115.

32. Leslie A. Baxter and William Wilmot, " 'Secret Tests': Social Strategies for Acquiring Information About the State of the Relationship," *Human Communication Research* 11 (1984): 171–202.

33. James H. Tolhuizen, "Communication Strategies for Intensifying Dating Relationships: Identification, Use and Structure," *Journal of Social and Personal Relationships* 6 (1989): 413–34.

34. Malcolm R. Parks and Mara B. Adelman, "Communication Networks and the Development of Romantic Relationships: An Expansion of Uncertainty Reduction Theory," *Human Communication Research* 10 (1983): 55–80.

35. Leslie A. Baxter, "Symbols of Relationship Identity in Relationship Cultures," *Journal of Social and Personal Relationships* 4 (1987): 261–80.

36. William Rawlins, "Openness as Problematic in Ongoing Friendship: Two Conversational Dilemmas," *Communication Monographs* 50 (1983): 1–13; Leslie A. Baxter, "Dialectical Contradictions in Developing Relationships," *Journal of Social and Personal Relationships* 7 (1990): 69–88.

37. Baxter, "Dialectical Contradictions."

38. Alan L. Sillars and Michael D. Scott, "Interpersonal Perception Between Intimates: An Integrative Review," *Human Communication Research* 10 (1983): 153–76.

39. Ibid.

40. Sally Planalp and James Honeycutt, "Events That Increase Uncertainty in Personal Relationships," *Human Communication Research* 11 (1985): 593–604.

41. Morton Deutsch, "Conflicts: Productive and Destructive," in *Conflict Resolution Through Communication,* ed. Fred E. Jandt (New York: Harper & Row, 1973), pp. 155–97, 156.

42. Joyce Hocker Frost and William W. Wilmot, *Interpersonal Conflict* (Dubuque, Iowa: Brown, 1978), pp. 17–19.

43. Raymond S. Ross and Mark G. Ross, *Relating and Interacting* (Englewood Cliffs, N.J.: Prentice-Hall, 1982), p. 124.

44. George R. Bach and Peter Wyden, *The Intimate Enemy: How to Fight Fair in Love and Marriage* (New York: Avon Books, 1970).

45. David W. Johnson, *Reaching Out: Interpersonal Effectiveness and Self-Actualization,* 3rd ed. (Englewood Cliffs, N.J.: Prentice-Hall, 1986), pp. 81–83.

46. Frost and Wilmot, *Interpersonal Conflict*, pp. 136–38. See also Roger Fisher, "Fractionating Conflict," in *Conflict Resolution: Contributions of the Behavioral Sciences,* ed. Clagett G. Smith (Notre Dame, Ind.: University of Notre Dame Press, 1971).

47. Frost and Wilmot, *Interpersonal Conflict,* p. 138.

CHAPTER 12

1. Ken Auletta, "Power, Greed and Glory on Wall Street: The Fall of Lehman Brothers," *New York Times Magazine* (17 Feb. 1985): 29–43.

2. Rom Harre, *Social Being: A Theory for Social Psychology* (Totowa, N.J.: Littlefield, Adams, 1979), pp. 22–26.

3. For example, see Richard Sennett, *The Fall of Public Man* (New York: Random House, 1974). See also Christopher Lasch, *The Culture of Narcissism: American Life in an Age of Diminishing Expectations* (New York: Norton, 1979).

4. Erving Goffman, *Interaction Ritual: Essays on Face-to-Face Behavior* (Garden City, N.Y.: Anchor Books, 1967), pp. 47–95.

5. Ibid., p. 76.

6. Ibid., p. 79.

7. Sennett, *The Fall of Public Man.*

8. John Naisbitt, *Megatrends* (New York: Warner Books, 1982).

9. E. Foster and others, *A Market Study for the College of Business Administration, University of Minnesota, Twin Cities* (Minneapolis: College of Business Administration, University of Minnesota, November 1978).

10. Daniel Katz and Robert L. Kahn, *The Social Psychology of Organizations* (New York: Wiley, 1966), pp. 239–45.

11. Gerald A. Goldhaber, *Organizational Communication* (Dubuque, Iowa: Brown, 1983), p. 226.

12. Fredric M. Jablin, "Superior–Subordinate Communication: The State of the Art," *Psychological Bulletin* 86 (1979): 1208.

13. William C. Redding, *Communication Within the Organization: An Interpretative Review of Theory and Research* (New York: Industrial Communication Council, 1972), p. 443.

14. Fredric M. Jablin, "An Exploratory Study of Subordinates' Perceptions of Supervisory Politics," *Communication Quarterly* 29 (1981): 269–75.

15. For a review, see P. D. Krivonos, "Distortion of Subordinate-to-Superior Communication," paper presented at the annual meeting of the International Communication Association, Portland, Oregon, 1976. See also Norman Maier, L. Richard Hoffman, and William Read, "Superior–Subordinate Communication: The Relative Effectiveness of Managers Who Held Their Subordinates' Positions," *Personal Psychology* 26 (1963): 1–11.

16. Cal Downs and C. Conrad, "Effective Subordinancy," *Journal of Business Communication* 19 (1982): 27–37.

17. Charles B. Truax and Robert R. Carkhuff, *Toward Effective Counseling and Psychotherapy* (Chicago: Aldine, 1967).

18. Loyd Pettegrew and Richard Thomas, "Communicator Style Differences in Formal vs. Informal Therapeutic Relationships," in *Communication Yearbook 2*, ed. Brent D. Ruben (New Brunswick, N.J.: Transaction Books, 1978), pp. 521–37.

19. Ibid., p. 534.

20. Ibid.

21. Daniel Costello, "Health Communication Theory and Research: An Overview," in *Communication Yearbook 1*, ed. Brent D. Ruben (New Brunswick, N.J.: Transaction Books, 1977), pp. 557–67.

22. See, for example, Paul Arntson, David Droge, and Harry E. Fassl, "Pediatrician–Patient Communication: Final Report," in *Communication Yearbook 2*, pp. 505–22; B. Freeman, V. Negrete, V. Davis, and M. Korsch, "Gaps in Doctor–Patient Communication: Doctor–Patient Interaction Analysis," *Pediatrician Research* 5 (1971): 298–311.

23. See "Professionals," *Buyer's Market* 2 (3), ed. Luke W. Cole (March 1986): 3.

24. Arntson and others, "Pediatrician–Patient Communication," p. 521.

25. For a review of trait research, see R. D. Mann, "A Review of the Relationship Between Personality and Performance in Small Groups," *Psychological Bulletin* 56 (1959): 241–70.

26. Charles O'Reilly and David Caldwell, "Informational Influence as a Determinant of Task Characteristics and Job Satisfaction," *Journal of Applied Psychology* 64 (1979): 157–65.

27. Irving Janis, *Victims of Groupthink: A Psychological Study of Foreign Policy Decisions and Fiascos* (Boston: Houghton Mifflin, 1972).

28. Daniel C. Feldman, "The Multiple Socialization of Organization Members," *Academy of Management Review* 6 (1981): 309–18.

29. Fredric M. Jablin, "Task/Work Relationships: A Lifespan Perspective," in *Handbook of Interpersonal Communication*, ed. Mark Knapp and Gerald R. Miller (Beverly Hills, Calif.: Sage, 1985), p. 633.

30. Julie Foehrenbach and Karen Rosenberg, "How Are We Doing?" *Journal of Communication Management* 12 (1982): 3–11.

31. Keith Davis, *Human Behavior at Work* (New York: McGraw-Hill, 1972), p. 280.

32. William Davis and J. Regis O'Connor, "Serial Transmission of Information: A Study of the Grapevine," *Journal of Applied Communication Research* 5 (1977): 61–72; Evan E. Rudolph, "Informal Human Communication Systems in a Large Organization," *Journal of Applied Communication Research* 1 (1973): 7–23; Eugene Walton, "How Effective Is the Grapevine?" *Personnel Journal* 38 (1961): 45–49.

33. For a discussion of relational and personal goals in a management context, see Robert R. Blake and Jane S. Mouton, *The Managerial Grid* (Houston: Gulf, 1964), and Jay Hall, *Conflict Management Survey* (Woodlands, Tex.: Teleometrics International, 1969). See also Raymond S. Ross and Mark

G. Ross, *Relating and Interacting* (Englewood Cliffs, N.J.: Prentice-Hall, 1982), and David W. Johnson, *Reaching Out: Interpersonal Effectiveness and Self-Actualization,* 3rd ed. (Englewood Cliffs, N.J.: Prentice-Hall, 1986), pp. 207–10.

34. Ross and Ross, *Relating and Interacting,* p. 145.

35. Our discussion of negotiation strategies is based on two basic sources: Dean G. Pruitt, *Negotiation Behavior* (New York: Academic Press, 1981), and Roger Fisher and William Ury, *Getting to YES: Negotiating Agreement Without Giving In* (Boston: Houghton Mifflin, 1936).

36. Pruitt, *Negotiation Behavior,* pp. 149, 152.

37. Ibid., p. 153.

38. Fisher and Ury, *Getting to YES,* p. 24.

39. Ibid., p. 32.

40. See ibid., pp. 51–56, for a development of this example.

41. Pruitt, *Negotiation Behavior,* p. 201.

42. Ibid., pp. 215–17.

CHAPTER 13

1. Thomas Kochman, *Black and White Styles in Conflict* (Chicago: University of Chicago Press, 1981), pp. 16–17. Kochman's source for this story is "Mr. Trotter and Mr. Wilson," *Crisis* (January 1915): 119–27.

2. Ibid., p. 44.

3. Young Yun Kim, *Communication and Cross-Cultural Adaptation: An Integrative Theory* (Philadelphia: Multilingual Matters, 1988), pp. 46–47.

4. William D. Brooks, *Speech Communication* (Dubuque, Iowa: Brown, 1974), p. 24. The original source for this anecdote is John Wilson, "Film Literacy in Africa," *Canadian Communications* 7 (4) (Summer 1961): 7–14.

5. Carley H. Dodd, *Dynamics of Intercultural Communication,* 2nd ed. (Dubuque, Iowa: Brown, 1987), p. 49.

6. Ibid., p. 44.

7. Larry A. Samovar, Richard E. Porter, and Nemi C. Jain, *Understanding Intercultural Communication* (Belmont, Calif.: Wadsworth, 1981), p. 119.

8. Dodd, *Dynamics of Intercultural Communication,* p. 45.

9. Edward T. Hall, *The Silent Language* (Garden City, N.Y.: Doubleday, 1959), p. 67.

10. Dodd, *Dynamics of Intercultural Communication,* p. 92.

11. Samovar and others, *Understanding Intercultural Communication,* p. 94. The quote is from K. S. Sitaram and Roy T. Cogdell, *Foundations of Intercultural Communication* (Columbus, Ohio: Merrill, 1976), p. 51.

12. Hall, *The Silent Language,* p. 191.

13. Ibid., p. 209.

14. Dodd, *Dynamics of Intercultural Communication,* p. 174.

15. E. C. Condon, "Cross-Cultural Interferences Affecting Teacher–Pupil Communication in American Schools," *International and Intercultural Communication Annual* 3 (1976): 108–20.

16. Michael L. Hecht, Peter A. Andersen, and Sidney A. Ribeau, "The Cultural Dimensions of Nonverbal Communication," in *Handbook of International and Intercultural Communication,* ed. Molefi Kete Asante and William B. Gudykunst (Newbury Park, Calif.: Sage, 1989), pp. 166–67. Note that the first four dimensions are borrowed from G. Hofstede, *Culture's Consequences* (Beverly Hills, Calif.: Sage, 1984), the fifth from Edward T. Hall, *Beyond Culture* (Garden City, N.J.: Anchor, 1976), and the final one from Albert Mehrabian, *Silent Messages* (Belmont, Calif.: Wadsworth, 1971).

17. Hecht and others, "Cultural Dimensions," p. 173.

18. Stella Ting-Toomey, "Identity and Interpersonal Bonding," in *Handbook of International and Intercultural Communication,* p. 352.

19. Ibid., p. 364.

20. For a discussion of the problems of deciding what is "natural" about sex and gender, see Jane Flax, "Postmodernism and Gender Relations in Feminist Theory," in *Feminist Theory in Practice and Process,* ed. Micheline R. Malson and others (Chicago: University of Chicago Press, 1989); this article also appears in *Signs* 12 (4) (Summer 1987).

21. Samovar and others, *Understanding Intercultural Communication;* see especially Chapter 3, "Understanding Ourselves: American Cultural Patterns."

22. Ibid., p. 46.

23. Ibid., pp. 46–47.

24. Ibid., p. 68.

25. Ibid., p. 74.

26. Ibid., p. 76.

27. Ibid., p. 93.

28. Kalvero Oberg, "Cultural Shock: Adjustment to New Cultural Environments," *Practicing Anthropology* 7 (1985): 170–79.

29. Kim, *Communication and Cross-Cultural Adaptation*. See also Young Yun Kim and William B. Gudykunst, eds., *Cross-Cultural Adaptation* (Newbury Park, Calif.: Sage, 1987).

30. Kim, *Communication and Cross-Cultural Adaptation*, pp. 56–57.

31. Dodd, *Dynamics of Intercultural Communication*, p. 102.

32. Kim, *Communication and Cross-Cultural Adaptation*, p. 113. See also Brent D. Ruben, "Intrapersonal, Interpersonal, and Mass Communication Processes in Individual and Multi-person Systems," in *General Systems Theory and Human Communication*, ed. Brent D. Ruben and John Y. Kim (Rochelle Park, N.J.: Hayden, 1975), p. 174.

33. Kim, *Communication and Cross-Cultural Adaptation*, p. 116.

34. Ibid., pp. 145–46.

35. Tuen A. van Dijk, *Communicating Racism: Ethnic Prejudice in Thought and Talk* (Newbury Park, Calif.: Sage, 1987).

36. Ibid., p. 220.

37. Ibid., pp. 235–36.

38. Ibid., p. 372.

39. Ibid., pp. 44–45.

40. Jack L. Daniel, "The Facilitation of White-Black Communication," *The Journal of Communication* 20 (June 1970): 134–41.

41. Kochman, *Black and White Styles*, p. 4.

42. Ibid., pp. 13–14.

43. Ibid., p. 18.

44. Jack L. Daniel and Geneva Smitherman, "How I Got Over: Communication Dynamics in the Black Community," *Quarterly Journal of Speech* 62 (February 1976): 26–39, 27.

45. Ibid., p. 38.

46. Molefi Kete Asante and Alice Davis, "Encounters in the Interracial Workplace," in *Handbook of International and Intercultural Communication*, p. 387.

47. Dodd, *Dynamics of Intercultural Communication*, p. 71.

48. Our review of gender differences is taken from Laurie P. Arliss, *Gender Communication* (Englewood Cliffs, N.J.: Prentice-Hall, 1990). See in particular pp. 63, 67.

49. Ibid., p. 46.

50. Barbara Westbrook Eakins and R. Gene Eakins, *Sex Differences in Human Communication* (Boston: Houghton Mifflin, 1978), pp. 48–49.

51. Arliss, *Gender Communication*, p. 50.

52. Nancy M. Henley, *Body Politics* (Englewood Cliffs, N.J.: Prentice-Hall, 1977).

53. Eakins and Eakins, *Sex Differences in Communication*, p. 121.

54. Ibid., p. 120.

55. Ibid., p. 141.

56. Robin Lakoff, "Language and Woman's Place," *Language in Society* 2 (1973).

本書由 International Thomson Publishing 授權發行中文版

人際溝通　　　　　　　　　　　　　心理學叢書 4

著　　者/ Sarah Tremholm

　　　　　 Arthur Jensen

譯　　者/ 李燕　李浦群

出　　版/ 揚智文化事業股份有限公司

登 記 證/ 局版北市業字第 1117 號

發 行 人/ 葉忠賢

責任編輯/ 賴筱彌

地　　址/ 台北市新生南路三段 88 號 5 樓之 6

電　　話/ (02)23660309　23660313

傳　　真/ 886-2-23660310

印　　刷/ 偉勵彩色印刷股份有限公司

法律顧問/ 北辰著作權事務所　蕭雄淋律師

修訂版三刷/ 1998 年 3 月

定　　價/ 新台幣 600 元

I S B N/ 957-9272-18-2

E-mail/ ufx0309@ms13.hinet.net

國立中央圖書館出版品預行編目資料

人際溝通／*Sarah Trenholm, Arthur Jensen*著
；李燕、李浦群譯. --修訂版. --臺北市：
揚智文化，*1995*〔民*84*〕
面；公分. --(心理學叢書；*4*)
譯自：*Interpersonal communication, 2nd ed.*
ISBN 957-9272-18-2 (精裝)

1.溝通　2.人際關係

177   *84004236*